JN267595

国民の道徳

西部 邁

編／新しい歴史教科書をつくる会

産経新聞社

国民の道徳

ブック・デザイン　**清水良洋**

はじめに――なぜ道徳について語らざるをえないのか

いわゆる世論において流通している生活上の価値観が道徳というものであるなら、私は物心ついてからこの方、不道徳漢として生きてきたし、これからもそのように生き、そして不道徳漢のままに死ぬのであろう。

のっけから自分のことで恐縮であるが、小学生の頃、私はおおむね孤独を好むようにして生きていた。いや、他者との接触が否応もなく喧嘩沙汰に至るので、孤独に傾かざるをえなかったのである。中学生の頃は、遠方からの汽車通学のためにさらに独りになることが多く、一時とはいえ万引きに耽《ふけ》るというような形で、少々不良化していた。高校生の段階では、妹を交通事故に遭わせるという失策をやったこともあって自閉的でありつづけていた。

その自閉症の気味を打ち破りたいという衝動に駆られてのことであろう、大学生になると、政治運動に参加し、二度逮捕され、三つの裁判で被告人をやっていた。被告人になると同時に政治運動はやめ、また独りになった。家族や友人との付き合いなしに、物質的に最低の暮らしをしながら刑務所に入るのをただ待っているというのも、「小人、閑居して不善を為す」の一種であったとしかいいようがない。

妙な具合で刑務所にいかずに済むことになり、そして学者の職業に就くことになった。だが、自分のやっていた学問分野がとてもつまらないものだと思われはじめ、そこからの脱出口がみつからぬという苛立ちのせいもあって、麻薬や賭け事を少々体験しながら、憂鬱な時間を過ごしていた。当時、高校時代のたった一人の親友であった在日朝鮮人が暴力団の行動隊長のようなことをやっていて、そうしたアウトローとの付き合いだけが私の生活に緊張感を運んでくれていた。

仕事の上での脱出口の見当が何とかついたあと、留学と称する精神の休眠状態に入り、国に戻ってきて、日本における「戦後的なるもの」が高度大衆社会の徒花《あだばな》となって咲き誇っていることに精神的な嘔吐を催しはじめたときに、私はもう四十歳代になっていた。その代が終わりに近づく頃、訳あって所属大学と喧嘩しなければならなくなり、それから十二年間、主として評論家という世間からは蛇蝎《だかつ》のように嫌われる、また嫌われて当然の、職種のあたりをうろうろして今に至っている。

敗戦とともに自意識というものを持つこととなった私の人生はいつも世間からずれていた。その意味でならば私は不道徳漢であったし、またそうであることに居直って、我ながら制裁を受けて然《しか》るべしと思うしかない行為に走ることも間々あった。私の心理の奥底には、どうも、制裁を受けてみたいと思う性癖があるようでもある。その意味では、軽率を美徳とみなす不徳の気味が私にはある。だから、いくらつまらない時代とはいえ、よくもこういうつまらぬ人生を送ってきたものだ、という虚無の気分が、ごく軽いものではあるのだが、私の脳髄に黴《かび》のようにとりついていることも否めない。

そんな私がなぜ道徳について語ることになったのか。

もちろん、本書『国民の道徳』を書くになったについては直接の契機があった。一つに、「新しい歴史教科書をつくる会」から「公民」についても新しい教科書を作ってくれとの要請があった。教科書をどう書き改めたとてどうにもならないような深い昏睡に陥っている、あるいは激しい混乱のなかに舞っている、それが現代日本人の姿だと私は思っている。しかし、愚劣きわまる教科書を書き直すというのは文句なしに理に叶ったことで、私の不道徳癖は理を踏みにじるような類《たぐい》のものではないのである。そして、その会の会長である西尾幹二氏が『国民の歴史』を発表され、それの姉妹編として『国民の道徳』を書かないかとの依頼がきたとき、それも理のある話だと私は思った。

二つに、もし価値観への強い関心を道徳心とよぶことが許されるなら、私にあって、道徳心なしに執筆できた例《ためし》は一度もない、いや、道徳心の何たるか、何たるべきかについてしか執筆した覚えがない、という事情がある。

文筆を伴わない行為においてならば、若いときのみならず還暦を過ぎた今においても、その道徳心が軌道を外れて世間から不道徳と指差されてやむをえない振る舞いに及ぶ、ということも私において起こっている。少なくとも、そう指弾されても私は抗弁しない。しかし、文筆においては、そうした自分の振る舞いにたいする省察《しょうさつ》のことも含めて、道徳心の制御において大きく失敗したことは一度もないと自負している。少なくとも、自分の不道徳のことが気になってならぬという意味では、私は道徳漢なのであろう。そのことをここに生まれてはじめて公表するのは、「国民の道徳」と大きく構えるに当たっての挨拶だと受け取っていただきたい。

このように私は「戦後」の世間からみればとても道徳漢とはいえない。また、その反戦後としての不道徳においていささか暴走したことも認めねばならない。しかし、私にいわせれば、「戦後」こそが不道徳の苗床なのである。つまり「戦後」とは、アメリカ経由でのいわば純粋近代主義の価値観をふりまいてきた半世紀間のことである。しかも「戦後」は、その価値観を、道徳とよばずに、「人類普遍の原則」と名づけたのである。進歩主義、ヒューマニズム、平和主義そして民主主義、それらの原則こそが戦後の半世紀間を徐々に不道徳の泥沼へと引き込んだのであった。私のような、生来、環境に順応しにくい人間が道徳を語るに至ったのは、戦後の環境があまりに不道徳であったからとしかいいようがない。人類普遍の原則とやらの精神奴隷になってはならぬ、という命令が休みなく聞こえているという意味では、アメリカの戦車に石礫《つぶて》を投げつけていた六歳の頃から、私はずっと神風特攻の子である。

そして、この世紀の変わり目において、戦争世代の孫たちや曾孫たちが、「戦後」の原則のもたらした当然の帰結として、アンファン・ホリブルに、つまり、「身の毛のよだつ子供たち」に成長しつつある。それは「戦後」の本質を映し出す鏡である。そうとわかっているのに、それは「戦後」の原則がまだ徹底されていないことの現れだと言い逃れする人々が、戦後知識人を先頭にして、雲霞《うんか》のように群れている。というより、群れることによって可能となる「世論の支配」が、彼らの虚偽を隠蔽《いんぺい》している。

この世が、少なくとも戦後の世の中が、「世論の支配」を受けざるをえないものだということについては、私も重々承知してはいる。しかしかつて、私は、そういう世論に唱和している自分の姿を想像して、身震いした。戦後の世論とそれを煽動してきた戦後知識人は一貫して私の敵であった。私が反米主義者のレッテルを貼られるのを厭《いと》わないのも、アメリカニズムになびいていく「戦後」が厭わしいからにすぎない。そして今でも、アメリカニズムの世論の虚偽にまみれて生き老いそして死んでいく人々に対して、なぜそういう不快な人生をわざわざ選びとらなければならないのか、私には正確には少々不思議なのである。

私は、恥ずかしくも述懐してしまうと、子供っぽいほどに知識について素直なところがある。それは、たぶん、私がたまたま知識人という部類の人間になってしまった、ということと関係があるに違いない。つまり、知識方面での表現活動において権力や地位や名誉を得たいという欲望が私にあって極度に弱いのである。それで、他人の話したり書いたりしていることの本意をできるだけ好意的に受け止めようとする。それはどうやら御人好しの振る舞いにあたるようなのだが、それについて反省する気がまったく起こらない。

その結果、他者の言い分を理解するにつれ、私のうちに、そう簡単には折り合いのつかぬいくつもの意見が併存することになる。そして、遅ればせながら三十歳の頃、他者理解が価値判断を是非もなく要求することに気づいた。なぜといって、自分の精神のうちに入り込んできた何人もの他者たちのあいだの優劣判断を、とりわけ他者たちを理解する以前の自分と彼らのあいだのそれを下さなければ、自分が分解してしまうからである。

その優劣を科学が決めてくれるというのは虚偽だということはわかっていた。科学は何らかの前提の下に出発し、何らかの枠組のなかに収められ、何らかの方向へと発展させられる。そしてその前提・枠組・方向は科学以外の判断によって定められ、その科学以外のものが科学の成果の優劣をおおよそ決めるのである。その物事の優劣を決める肝心要の基準は、つまるところ、人々のあいだで長期間にわたって共有されるコモン・センス（共同の感覚および共同の意味）だということになる。そういう常識があるとしなければ、私のなかで錯綜しているさまざまの感覚・意味を整序できないのである。

そうわかって以来、価値の多様性とか意味の差異性を呑気に主張する人々の表情に、私はエゴティズム

（自己中心主義）をみるようになった。つまり彼らは、他者の抱いている自分のとは異なる感覚・意味・価値に、実は、何の関心もないのである。それで彼らの精神は葛藤から無縁でいることができているわけだ。だから彼らの唱える個人主義や自由主義は他者への冷酷な無関心と張り合わせになっているといわざるをえない。そうでないとしたら、彼らは価値判断の問題に、いいかえれば道徳の問題に、死活の覚悟で取り組んでいるはずである。

もちろん、私は、エゴティズムと完全に無縁であったと胸を張りたいのではない。私とてエゴティズムの坂を滑り落ちてしまったことが何度かありはする。しかしそうしたとき、私はやはりそういう自分の姿に嫌悪を抱かずにはおれなかったのである。

自慢したくていうのではないのだが、私は、あまりにも多くのエゴティストに会ってきたせいで、他人が私に無関心であり、私のいったことに馬耳東風であることについては、さしたる嫌悪は感じない。ただ、自分にのみ関心があるという私自身の精神状態がおぞましいものに思われ、いつのまにやら、「他人のことを理解しようとしている自分がいる」と考えるようになったのである。

だが、コモンセンスはほとんどどこからも聞こえてこなかった。これほどにコモンセンスを切望している以上、自分のうちにコモンセンスを聞き取る能力が潜在しているに違いない、という確信めいたものはあった。しかし、私の出会う知識人やその人の表す知識は、ほとんどすべて、「これみよがし」の臭みが強すぎて、そういうものにコモンセンスを感じとるわけにはいかなかったのである。

コモンセンスとは何かと尋ねているうち、自分としてはゆるがせにできない経験として、次のようなことを学んだ。作品でいえば、長く持続して現在にまでかろうじて手渡されている古典群に接すると、おおむね、納得を覚えることができた。また人間でいえば、どんどん少なくなっているとはいえコモンマン(普通人)とでも言うべき人がいて、そういう人々と世間話をしているときに、コモンセンスを濃く感じとることができた。同時に、状況の最先端にいて、伸《の》るか反《そ》るかの決断を下している人々にも会うことがあり、そういう折に、彼らがいわば限界状態のなかで喘《あえ》ぐように欲しているのが、古典群からの知恵であり普通人からの激励であることも察しられた。

このようにして私は保守「主義」者になったのである。保守的精神は、主義という言葉によって示されているような、思想のイデオロギー化を嫌う、などと悠長に構える気はなかった。枯死寸前のコモンセンスを生き長らえさせるための言論には、無理を承知でとりかかるほかなく、で、好むと好まざるとにかかわらず、それは言論戦の様相を帯びる。つまり、滅びゆくものに哀切《あいせつ》の情を寄せるとなると、内心では、負けを覚悟の喧嘩であるから肩肘いからせても仕様がないと知りつつも、せめて外見で、新奇なものにとびつく自称進取の態度を撃つについては、守旧と罵《ののし》られるのを誇りに思うくらいでなければならないのだ。

そう身構えてみると、意外にも、すでに滅びたと思っていたトラディション(伝統)が、つまり歴史という時間の流れのなかで「運ばれ来たりしもの」が随処で命を長らえていることに気づかされた。あえていえば、自分の感覚や意識の主観世界が、そしてそれに対応する客観世界も、自分の決心一つで、相当に色合を変えるものだと改めて知らされたのである。つまり、それまで私の眼によくみえていなかったトラディションが生きいきと現前するのを感じることできるようになったということだ。

換言すると、人間は、狂気に彷徨《さまよ》うのでないかぎり、保守的でしかありえないということである。というのも、人間を人間たらしめているこの言葉というものは、そのほとんどすべてがトラディションというほかないものだからである。独創性とかいう代物も、言葉の未来への運び手の一人たる自分がその運搬の途上で、言葉を揺るがせたり、ひび割らせたりしている程度のことにすぎない。

ただし、自分の、(言葉をめぐる) 保守性を自覚している保守主義者と、それを自覚することのできない進歩主義者がいる。「これみよがし」であるのは後者であって、彼らの楽しげな慣習破壊によって、慣習的な言葉づかいのうちに含まれていたコモンセンスが、いいかえれば伝統の精神が、無残に傷つけられていった。つまり進歩主義者には、自分の表現の前提・枠組・方向を良識につなぎとめてくれている伝統に攻撃を仕掛けるという点で、自殺狂の癖があるのである。

その意味で、私はたくさんの自殺者をみてきた。知識人として名を馳せたいという野望を抱き、そのための並でない能力を持ち、異常なばかりの努力を重ねた人々が、実際にやったことはといえば、自らを表現障害者に追い込む所業なのである。それもそのはず、彼らは、自分の着込んださまざまな観念の衣装のあいだの優劣の判断をつけずにきたので、最後には、自分は何者であったのかと茫然自失するのだ。あるいは、そうなるのを恐れて、たった一つの観念だけで身を装っているうち、その観念が拘束衣のように硬化して、彼らの精神を締めつけるのである。

眼前に刻々と展開される知識人の表現障害の模様を眺めるのは、私には苦痛であった。というのも、私自身がかつて病理的な意味での表現障害者であり、そして自己診断によれば、その障害はバランス感覚の欠如によると思われたからである。つまりバランス感覚を失っている知識人を眼にするたび、自分も、ちょっと注意を怠ると、ふたたび言葉のバランス感覚を失うのではないか、と不安になったわけだ。

私の吃音《きつおん》はどうして治ったのか。振り返ってみると、コモンセンスと思われるものを手放さないようにすること、つまり新奇なことや奇異なことをいって他人の関心を惹《ひ》こうなどという卑しい心根はきれいさっぱり捨てることであった。その意味でも、道徳が表現障害の最も有効な矯正法なのである。

コモンセンスは、ちょうど、綱渡り師がバランス感覚の助けとして手にする唐傘《からかさ》のようなものである。そのように考えて自分の言葉の貯蔵庫を見てみると、そこには、私が発明したのではない唐傘めいた言葉づかいが、つまり平凡ではあるが巧みな言葉の用法が、たくさん蓄えられているのであった。

まずやるべきことは、その伝統としての言葉の用法を、自分が直面する時と所と状況に応じて応用することであると私は心に決めた。「思想」なるものは、そういう私の生き方として少しずつ分泌されるものであって、私の外部にある、権威ある思想の数々の中から拾ったり捨てたりするようなものではないと了解したのである。そう思うと、急に心身が軽くなった。転落するのではないかと下を見下ろして目線が目標地点から離れるということもなくなり、自分にも何とか表現の綱渡りができそうに思われた。

逆に、バランス感覚という視点から言葉というものを眺め直してみると、たしかに、どんな言葉にもあまりにも多くの感情・意味・価値が込められており、しかもそれらが時々刻々と変化しているので、何かの助けがなければ言葉の海を渡ることは不可能と判明する。私が伝統として習得しているバランス感覚は、たった一艘《そう》の小舟であり、たった一本の櫓《ろ》であるのかもしれないが、それなしには私は言葉の荒海に寸刻も漂えないのだと自覚した。そのとき、自分がとても小さな存在なのだと気づき、そしてその言葉の荒海が、そこに吹きつけている時代の風雨のことも含めて、ほとんど神秘に近いような圧倒的な魅力をもった存在なのだとも気づいた。

こんな調子で私は表現障害から脱出した。そしてそれは、この世を驚きの眼でみることを可能にしてくれたという意味で、大仰を恐れずにいえば、私にとって救済でもあった。驚くべきは、北海道という慣習薄き土地から出てきた私にあってすら、私と他者とをつないでいる言葉はそれ自体として慣習の体系であり、そのなかにバランス感覚の知恵としての伝統があるという一事についてである。

その伝統のおかげで、私は人間関係の悲喜劇の登場人物たりえている。しかもその演劇の脚本たるや、伝統を下敷にしていながらも、私自身も一筆入れる形で、日々書き認《したた》められているのである。そうと知って私は、この世が私に与えてくれている快楽のみならず私に強いる苦痛についてまで、面白味を感じることができるようになった。つまり伝統は、進歩主義者のいうような退屈なものでは全くなく、逆に人々の精神の活力を鼓舞してやまないものなのである。

伝統の中心に道徳があることは疑いない。なぜといって、「徳」とは「正しさを知る力」のことにほかならず、そして正しさとは、神仏にまつわる超越次元のことを持ち出さないとしたら、感情・意味・価値における葛藤を平衡させる（さらにできるなら総合させる）ことと解されるからだ。もちろん、神仏に頼らないかぎり、正しさの何たるかを明記することはできない。しかし伝統は、歴史の経験のなかから、しかも人間の展開してみせた合理の経験をも含む形で、正しさへの接近法を暗示してくれている。そう思うのでなければ、経験においても合理においても、徳においても知においても、不完全きわまりない私がなぜまだ気も狂わずに、家族や友人や職業をまで与えられて、曲がりなりにも健常に生き長らえられているのかが説明できなくなる。

いずれにせよ、人間の生は選択の連続であり、あれとこれのいずれを選ぶか、あるいはあれとこれをいかに組み合わせるかという作業にあって、価値判断が不可欠である。そして、あの価値判断とこの価値判断についてどう選択するかもまた（より上位の）価値判断である。結局、価値判断をより正しいものにし、より上位へとのぼらせていくに当たっての精神の平衡術、それが道徳だということになる。道徳をなおざりにすることができるのは、選択肢がたった一つしかない生においてのみであり、それをニーチェは「鎖につながれて踊る猿」の生とよんだのだ。

ところが奇妙にも、道徳について論じるものを道学者とよび、道学者を「生の選択肢を縮小させるもの」として非難するのが近代の習わしであった。とくに戦後日本ではその非難が大きくなり、とうとう道学者という言葉すらもが廃語になっている始末である。

なるほど、たとえば江戸時代にあって、儒者は特定の価値判断を徳目の体系にまで具体化して、それに合わぬ振る舞いを禁圧せんとした。しかし、羹《あつもの》に懲りて膾《なます》を吹くがごとくに、価値の優劣にかんする解釈体系としての道徳を一般的に拒絶するのは、むしろ人間性の圧殺だといったほうがよい。というのも、人間の感性にも理性にも、そして両者の結合にほかならないものとしての言葉にも、優れたものと劣ったものがあるとしなければならないからである。

どんな表現も互いに等価だなどというのはおふざけにすぎない。それはいわゆる「ビュリダンの驢馬《ろば》」の喩《たと》え通りに、人間の生における選択を不能にする。つまり、互いに背反する価値が自分のうちに常在しているなら、どちらの餌を食べるべきか迷いつづけた驢馬がとうとう飢え死にしたように、その人の生が無気力に沈むだけのことである。

戦後知識人が道徳論を道学と貶《けな》したのは、彼ら自身が江戸期の儒者も顔負けの「腐儒」であったからにすぎない。つまり、すでに言及したように、彼らの道徳にかんする選択肢はたった一つ、つまり戦後的価値に固執することであったのだ。戦後的腐儒が日本社会を爛《ただ》れさせていることはあまりにも明らかである。道徳論を戦後的腐儒の軛《くびき》から解き放って歴史の良識の上に据え直す、それが本書の狙いである。

だが、現代のような不断に変化しゆく社会にあって、道徳論は二つの方向で難関にぶつかる。というより、それらの難関は道徳論に一般的につきまとうものなのだが、その難度が現代にあって幾重にも拡大するということである。

一つに、慣習体系が動揺する現代において、慣習という制度的実体に内蔵されている伝統（精神の平衡術にかんする歴史的英知）という精神的形式を「解釈」によって取り出す作業が複雑にならざるをえない。たとえば、長幼の序の慣習が安定しているなら、人生経験というものによって形成される徳の力について、ことさらの解釈を加える必要はない。あの事実をみよ、といっておけば大概のものが伝統の何たるかを了解するからである。

しかし長幼の序を壊すことが自主的精神の発揮としてもてはやされる現代にあっては、人生経験と伝統習得のかかわりを解釈しようとすると、言語学やら社会学、あるいは心理学やら認識論といったさまざまな知見を動員せざるをえなくなるわけだ。または、長幼の無秩序がもたらした出来事について多面多層の解釈を加えなければならなくなる。それが面倒で戦後的腐儒でありつづけるのは、たしかに「思考の節約《エコノミー・オブ・スインキング》」ではある。しかしその結果として思考が爛れるのは眼にみえているのであるから、伝統とは何か、についての長い解釈学的な論及を避けて通るわけにはいかないのである。

二つに道徳は、状況に応じて異なった現れ方をする。たとえば、長幼の序が具体的にどうであるべきかは、その年長者が謙虚であるか傲慢であるか、その弱年者が勇敢であるか臆病であるか、などに依存して、さまざまに変わりうる。つまり道徳をいささかでも具体的に語ろうとすると「状況」の具体的様相についても描写しなければならないわけだ。

その状況が、現代にあって、錯雑《さくざつ》になり転変しつづけている。だから、文化、政治、経済そして社会の諸相について、さらにはそれらにおける過去への遡及と未来への展望について、その状況をいかに解釈するかということと道徳論とが密接不可分だということになる。いいかえれば、現代の道徳論は現代人の生の全貌を価値論の見地から解釈することとほぼ同義なのである。何らかの（社会的）価値を背負って生きる人間を「公民」とよぶならば、本書の別題は『公民の価値』だといってさしつかえない。

人間は、価値についてのみ本格的な関心を抱くという意味で、奇妙な動物である。それが人間の宿命であるからには、私は、この三十年間がそうであったように、道徳についてしか語りえないし語る気も起こらない。そういう私が普段から考えていることを一気呵成《いっきかせい》に書き下ろしてみたら、本書のようなものが出来上がった。できるだけわかりやすく書こうとしたのだが、道徳論はあまり分かりやすくすると、腐儒の所業になってしまう。ともかく、私が道徳論において精神の平衡を保ちえたかどうか、読者の審判を俟《ま》ちたいと思う。

国民の道徳　目次

三章……政治——道徳を傷つけた「アメリカ的なるもの」

六章……社会——我々は道徳を取り戻せるのか

用語解説

編集部より…本書では以下の言葉について、通常の辞書的解釈にはとどまらない意味合を与えている場合もあります。本文中にしっかりとそのことは解説が加えられていますが、本ページを読書上の手助けとしてご使用いただければ幸いです。

【慣習】一般的には「ある社会で、長い間にみんなに認められるようになったならわし」のこと。これらは心理的にいえばおおよそ無自覚に繰り返される。（⇔伝統）

【伝統】一般的には「ある集団・社会において、歴史的に形成され、世代を超えて受け継がれた精神的・文化的遺産や慣習」。これらは慣習とは何かを意識にのぼらせて、そこで何ほどか定着した解釈を長年にわたって積み重ねたもの。

【危機 クライシス】一般的には「（1）危険な時期。きわめてあぶない状態。（2）既存の社会体制・価値観などが崩壊しようとする、時代の転換期」ということになっているが、本書では「危険」の対語として「不確実な未来のなかで確率的な予測の不可能なもの」という意味合で使用する。（⇔危険〈リスク〉）

【危険 リスク】一般的には「あぶないこと。身体や生命に危害または損失の生じる恐れがあること。また、そのさま」とのことだが、本書では「危機」の対語として「不確実な未来のなかで確率的な予測を下すことができるもの」という意味合で使用する。（⇔危機〈クライシス〉）

【技術知】テクニカル・ナレッジ。状況とはおおよそ無関係に、普遍的なものとして示される知識のこと。（⇔実際知〈プラクティカル・ナレッジ〉）

【実際知】プラクティカル・ナレッジ。実践的な、たとえば政治的実践や生活的実践の過程においておのずと具体的な意味が付与されていくような知識。（⇔技術知〈テクニカル・ナレッジ〉）

【個人性】言語的動物である人間存在としての「自分」のなかの「おのれ」にかかわる側面（⇔集団性）

【集団性】言語は他者、集団がなければ成立しえない。言語的動物である人間のなかにはその内面に他者、集団とつながる集団性をもっている。（⇔個人性）

【私人性】人前では容易に示しえないひそやかな感情や理屈。プライヴェイト。（⇔公人性）

【公人性】人前であからさまに表現し、そうすることによって他者から理解されようとする活動のこと。パブリック。（⇔私人性）

【公徳】人間たちの外面的な関係における道徳。たとえば公平や勇気。（⇔私徳）

【私徳】人間の内面的な倫理。たとえば誠実や謙遜。（⇔公徳）

【公民】人間の内面で、社会全体の利益や関心という観点から行動する側面。（⇔市民）

【市民】人間の内面で、社会のなかで他人とかかわりながら、もっぱら「私」の権利を主張し、「私」の利益を追求し、「私」の欲望を満たそうとする側面。（⇔公民）

【国民】国民には歴史感覚とそれにもとづく道徳感覚がなければならない。ネーション（国）を正面から引き受ける民。とりわけ日本のような長い歴史を有する国では、慣習のなかに伝統の精神があると考えられ、そしてそうした精神を身につけようとするのが国民である。

【国家】「国民とその政府」のこと。「国」が国民、「家」が政府に対応している。ネーション・ステート。

【庶民】歴史につながらんとする人々。(⇕大衆)

【大衆、大衆人《マスマン》】自分の意見に責任を持たず、政治的に主体性がなく、劣等と評価せざるをえないような大量の人々。自分らの判断能力を疑うことをすら知らない民衆が大衆とよばれる。(⇕庶民)

【常識】(1)庶民が長きにわたって抱く考え方。(2)コモンセンス。もともと「共通の感覚」ということで、国民には、自然環境、文化環境あるいは歴史環境などをおおよそ同じものとして受け取る共通の感覚が、なにほどか実体を持つものとして、保有されていると考えられる。国民のルールの根本。(⇓良識〈グッドセンス〉)

【良識】(1)常識という考え方に解釈を加えたあとに確認・是認される知恵。(2)国民のルール(あるいは常識)のなかに蓄えられている(歴史の英知としての)伝統。(⇑常識)

【正当】論理的に考えて、正しいといえるもの。(⇓正統)

【正統】歴史的連続性から考えて、正しいといえるもの。(⇑正当)

【折衷】幾つかの「不徳」のあいだで、考え方をないまぜにする態度。マイナス価値。(⇕平衡)

【平衡】幾つかの「徳」のあいだで、良いバランスをとる態度。プラス価値。(⇕折衷)

【戦後民主主義】民衆が政治に参加するための資格は、歴史的なるものとしての常識・良識を一応は備えている、という点にある。そういうデモクラシーへの見方が、戦後においては、日本の歴史にたいする日本人自身の自己不信のために、徹底的に排除された。それをさして戦後民主主義とよぶ。

【大衆民主主義】大衆が、さまざまな形で社会の意思決定に参加してくることをさす。

【デモクラシー】通常の辞書などでは「民主主義」という訳語が使われるが、本書では「民衆政治」の意味として使用する。

【専門人】(1)大衆の世論に無自覚にせよ依存している、擬似大衆人。(2)事実は一般に多面多層をなしているのだが、専門人の専門人たるゆえんは、そのうちの単面単層しか取り上げないところにある。だから専門人は、事実全体にたいしては何の評価も下せない。(⇕知識人)

【知識人】(1)文明の長所を伸長させて短所を短縮するように図るのが仕事。(2)おのれの知識の有り様にも批評を差し向ける人々のこと。(3)歴史から英知をくみとるような知識を発展させようとする人々。(⇕専門人)

【徳律】人民ではなく「国民」の権利としての歴史的ルールであり、そしてそれによって可能になる葛藤・危機のなかでの精神の平衡術を記述したもの。しかし、徳律は形式であり、具体的内容まで具体的に記述することは不可能。実際知に属する。

【平和主義】戦争についての思考停止。

【平和】戦争がない状態(消極的な概念)。

一章……歴史

道徳の歴史と日本の国柄

1 「江戸」以前の道徳

日本の学生やビジネスマンが外国人の前で最も恥ずかしい思いをするのは、日本のことについて尋ねられても答えられないときである。そういうことが実に多いといわれている。日本のことを知らない日本人のことが取り沙汰されはじめてから優に四半世紀は超えている。他国においても、自国の歴史や文化について無知であるものがたくさんいるが、日本人の場合で目立つのは、それが一流といわれている大学の出身者であったり在籍者であったりする点である。

ところが奇妙なことに、外国の事情については詳しい日本人ならわんさかいる。著名な人物の墓の所在から有名な事件の裏話まで、外国事情に通じているのが知的ステータスの一つのシンボルとなる、これがつねに変わらぬ近代日本の特徴であるようにみえる。私がその姿を十分に免れているというのではないのだが、それを恥とみなす程度には自国に敬意を払っている。望むと望まざるとにかかわらず日本人でしかないものが、日本の歴史・文化を背負わないとしたら、そういう身軽な人間は時代の風に舞って行《ゆ》き方《かた》知れずになるに決まっている。

もちろん、ディスカヴァー・ジャパンへの揺り戻しがほぼ定期的に起こりはする。今も、J（ジャパン）回帰とやらが各方面で生じていると報告されている。しかしそれらは、おおむね、日本の「作品」にかんしてであって、そこに含まれている「精神」を再発見しているのではない。いや、作品評を通じて日本的精神の繊細や穏健などについて喋々《ちょうちょう》されはするのだが、物事の真と偽、善と悪そして美と醜を峻別するための価値判断については、疎んじて遠ざけるのが常である。

その結果、たとえば、偉大な宗教革命であった鎌倉仏教においていかなる価値観が主張されていたのか、知っているのは専門家だけということになっている。またたとえば、江戸時代における朱子学にたいする反発や離反が、日本人の道徳にとってどんな意味を持つのか、斯界《しかい》のもの以外は無関心のままでいる。

その他あれこれ、先人たちの価値観を、つまり宗教感覚と道徳意識と価値思想の歴史を、ないがしろにしてきたのが我々戦後日本人である。ニーチェは現代人における価値判断能力の「衰退」のことをいったが、我々が行ってきたのは、価値判断能力の「扼殺《やくさつ》」とでもいうべき残酷な振る舞いなのであった。

道徳は宗教と思想を伴う

人間は言葉の動物であり、言葉に意味を求める動物である。予想されるさまざまな言葉・意味のいずれにより多くの価値が宿るかということについて、つまりそれらに含まれる真善美の質量について、いかんともしがたく感じ、かつ考えてしまう動物である。その意味で、価値を求めて生きるほかないのが人間の本性だといってさしつかえない。

この価値追求の精神史がこの日本においていかなる展開を示してきたかを概観してみよう。

一口に価値といっても、宗教、道徳そして思想という、互いに関連してはいるが、やはり異なっているとしかいいようのない表現類型がある。この場合、宗教というのは何ほどか世俗を超越した精神の次元を垣間見んとする企てであり、道徳というのは世俗の次元において価値を定着させようとする試みであり、そして思想というのは知識の次元において価値が何であるかを分析し解釈しようとする営みのことである。

本書のテーマは「道徳」ということなのであるが、当然ながら道徳は、一方で宗教の活動とかかわっているし、他方では思想の作業ともつながっている。そのかかわり方は相互作用的なのであって、たとえば道徳と宗教のことを取り上げてみると、世俗に定着している道徳観を超越次元へと引き上げようとするのが宗教感覚だともいえるし、逆に、超越的な宗教感覚を世俗次元にいかに引き下ろすかというのが道徳行為であるということもできる。したがって道徳の系譜を探ろうとするとき、道徳を両がわからはさむものとしての宗教と思想にも触れざるをえないのである。

宗教、道徳そして思想の三者を切り離そうとする試みがなかったわけではない。とくに唯一絶対神を想定するような種類の宗教にあっては、純粋に超越的な観念世界の構築がめざされた。

つまり、世俗の世界からの断絶・飛躍、それが宗教だとみなされたのである。しかしそういう場合においてすら、その飛躍・断絶の精神的冒険を突き放して解釈してみれば、当の唯一絶対神にたいする意味づけが世俗の道徳と無関係だということはまずありえない。たとえば、中近東に興ったエホバのような絶対神は、その砂漠的な風土における厳しい生活環境で人々が紡《つむ》ぎ出さざるをえなかった想念だと解釈されている。つまり、森林という自然風土における狩猟採集生活や定住民の集団的な農耕生活とは異なって、砂漠における危険で孤独な遊牧生活という生活習慣は一神教を産み出しやすいのである。そういう意味においても、道徳と宗教は無関係ではありえない。

また人間は、宗教や道徳における価値を一個の知識と見立て、その知識を分析的に吟味したり、総合的に判断したりする。それを思想とよべば、宗教と道徳と思想とは相互に規定し合いながら歴史のなかで変遷を積み重ねてきた。したがって、日本の道徳史を概観してみるに当たって、その宗教史と思想史にも言及しなければならないのである。

神道と他宗教との融合

日本人には、おそらくは一万年を超える昔から、神道的な共有感覚と共同儀式があったといわれており、いまもなおそれが、強かれ弱かれ、日本社会を包んでいる。神道は、一言でいえば、アニミズム（自然の精霊にたいする信仰）に属するが、そこにはたぶんシャーマン（精霊との交信を司《つかさど》るもの）がいたのであろうと想定されている。邪馬台国の女王であったといわれている卑弥呼にしても、おそらくはシャーマンではなかったかといわれている。神道には、明確な教義の体系が今に至るも備わってはいないので、厳密な意味では宗教ではないという見方もある。しかしそうみるのは宗教にかんする狭い定義というものであって、超越界との交信が宗教の本質だと広く定義しておけば、神道を宗教の一種とみなして何の不都合もない。

この自然崇拝に祖先崇拝がいつ入ってきたか、明確ではないようである。おそらくは、祖先崇拝を旨とする儒教が伝来したのちに神道においてもそのことが確認されたのであろう。しかしその以前においても、自分の由来を尋ねるのが人間の本性の一部なのであってみれば、祖先への崇敬の念がなかったとは思われない。不明確にせよ、当初から神道のなかに自然崇拝とともに祖先崇拝が含まれていたのであろう。

そういう人間の生命のことも含めた広い意味での自然崇拝が、日本では農耕生活と結びつく形で、産土《うぶすな》神《がみ》を祀《まつ》るものにも発展していった。産土神とは、自分たちの生まれた土地の守り神のことであり、それは土地の生産力にたいする崇敬の念を表している。

日本におけるカミの概念は、たとえばキリスト教におけるゴッドの観念と、一線を画していることを確認しておかなければならない。

ゴッドは唯一絶対神であり、それは「完全な存在」と想定されている。それにたいして日本のカミは、要するに「畏《かしこ》きもの」ということであって、畏怖《いふ》の念を差し向けるべきものがカミとなる。つまり、完全と思われるから畏《おそ》れる場合もあるし、悪霊じみた暴虐のゆえに畏れる場合もある。つまり、（祖先を含めた意味での）自然にたいするいわば愕《おどろ》きの念が、それが愉悦であるか恐怖であるかについてはいろいろな場合があるのだが、カミの概念である。たとえば、モンスーン地帯の東のはずれに位置しているという日本の地勢学的な事情からして、季節風は農耕を破壊すると同時に、土地の生産力に転化する、という自然の両義性が顕著である。つまり、モンスーンは良きものと悪しきものという両方の意味においての畏きものだということである。

しかしながら、神道という原始宗教の流れにあるものは、日本の歴史の発展のなかで、さまざまな修正を内外から加えられざるをえなかった。たとえば、すでに奈良期において、神仏習合《しんぶつしゅうごう》の企てが始まったのである。注目すべきは、この奈良期における神仏習合は、仏教のがわからのイニシアティヴによって行われたということである。つまり、中国大陸方面からやってきた外来のものとしての仏教の感覚・意識を、一般庶民にまで広めるために、あるいは一般庶民にあった神道的な感覚・意識との相剋《そうこく》を避けるためには、神仏を習合させる政治的な必要があったのである。それを表すのが仏教から出てきた本地垂迹《ほんじすいじゃく》の考え方である。

この本地垂迹説にあっては、インドに発生した仏の意識が世界に広まるにつれて姿を変え、それが日本ではカミという形で現れてきたととらえられる。つまり、衆生済度《しゅじょうさいど》のためにとった仏の仮の姿、それがカミだとされる。神道を仏教に包摂せんとする仏教がわからの仮説、それが本地垂迹説なのであった。これについては、いろんな流派があるようであるが、代表的なのがいわゆる両部神道《りょうぶしんとう》である。これは仏教の金剛経《こんごうきょう》と胎蔵経《たいぞうきょう》を中心にして神道をも包み込もうとする考え方である。

さらに注目しなければならないのは、この神仏習合の動きのなかで、唯一絶対神とはいわないまでも、「最高神」という考え方がおのずと出てこざるをえなかったという点である。つまり、さまざまな神や仏を習合するときに、それらのあいだの位置関係を定めなければならなくなる。あっさりいえば、もろもろの神仏のあいだの優劣関係を論じる必要に迫られるということである。結局、大日如来《だいにちにょらい》を最高仏とするという形で神仏の習合体系をまとめあげようとする動きが出てきたのである。

この神仏習合の企てが順調に進んだわけではない。神道のがわからの反発として、いわゆる反本地垂迹の動きが出てきて、神道は神道としての純粋性を守ろうとしはじめた。その代表がいわゆる伊勢神道《いせしんとう》である。これがのちに、日本の国家象徴としての皇室にとっての、宗教的な拠点となったわけである。

また、神儒習合も当然行われざるをえなかった。たとえば江戸の草創期に官用の道徳体系となった朱子《しゅし》学《がく》を率いた林羅山《はやしらざん》（一五八三～一六五七　儒学者）は、『本朝神社考』を著して、儒教のがわから神道を包み込む思想を展開しようとした。また、その朱子学のなかから出てきた山崎闇斎《やまざきあんさい》（一六一八～八二　儒学者・神道家）も、いわゆる垂加《すいか》神道の祖となったということからもわかるように、神儒習合の思想を推し進めた。彼は、朱子学において正統論（つまり名分論）を展開することを通じて権威の最高形態は何であるかということを検討し、天皇からの「宣下《せんげ》」が権力の正統・名分の根拠なのだと主張した。そしてそれは、天皇と神道との強いかかわりからして、神儒習合とならざるをえなかった。

つまり、外来思想である朱子学を日本に定着もしくは帰化させるためには、宗教的には神道と、そして文化的および政治的には天皇とのかかわりを明確にしなければならず、そこで朱子学（儒学）のがわから神儒習合が試みられたということである。

また、朱子学への反発として起こってきたいわゆる国学派においても、道徳および思想の根本を日本国の経験のなかに求めようというのが国学の基本姿勢であることからして、神道との習合が起こってむしろ当然である。つまり復古神道の動きがそれである。元来、多神教の神道にあっては、徳川家康が日光東照宮の社《やしろ》で自分自身をカミとして祀《まつ》らせたことからも察せられるように、畏き人間を神と見立てることも許される。そして江戸末期ともなれば、国学派のなかからたとえば平田篤胤《ひらたあつたね》（一七七六～一八四三　国学者）

が出てきて、平田神道という形で国学の道徳と神道の信仰との結びつきを政治的に表現する動きが出てきた。つまり、神道の始源へと遡及《そきゅう》せんとする復古の思想が政治的な復古主義をも巻き起こしたのである。

それのみならず、江戸時代においては、たとえば石田梅巌《いしだばいがん》（一六八五〜一七四四　心学者）によって始められた石門心学《せきもんしんがく》においては、主として町人に道徳的な生きかたを口授するなかで、神儒仏三者の習合が世間道徳の中心とされていった。また、そういう庶民における道徳運動がのちにいわゆる教派神道を生み出すことにもなった。つまり「教祖」の受けたと称するカミからの啓示やその人生で得た教訓が一応の教義となるわけであるが、それが人生の体験に密着しているため、日本の文化的風土のなかではおのずと神儒仏の習合となることが多いのである。そして、その習合において神道的な感覚・意識が中心に据えられるのも、日本の文化的風土のなせる業だと思われる。

同時に、こうした政治や金銭の動きともかかわった神道の目立った動きのほかに、旧来からの農耕生活と結びついたいわゆる神社神道というものが持続してもいる。つまり、村落共同体のなかでの氏神・氏子という神社組織があり、それが、村々における四季折々の儀式を通じて、村落共同体の一体化を確認するのに貢献している。

神道は日本人の精神に定着しているのか

現代日本では、農耕文化は衰退する一方ではあるけれども、しかし神社神道の名残りはまだ日本人の生活儀式のなかに浸み込んでいる。たとえば清めとかお祓《はら》いといった儀式が、いまも結婚式や地鎮祭において踏襲されているとはいえ、「物の怪《け》が憑《つ》く」といったような前科学的な気分も残っている。また薄められているとはいえ、「物の怪が憑く」といったような前科学的な気分も残

っている。そうした呪術的《じゅじゅつ》な説明を信じているわけではないけれども、出来事を整理する際の枠組としては、そういう「畏れ」の感情に頼る習慣が消え失せてはいないのである。

とはいえ、神道は明確な教義を持たず、それゆえアニミスティックな言葉でしか自己を表現できない。だから、儀式としては長く続いているが、日本人の意識の世界に鋭く分け入り重く定着する、ということにはなっていない。したがって、明治維新のあと、いわゆる廃仏毀釈《はいぶつきしゃく》によって神道が政治的に持ち上げられ、しかも国家神道という形で政治体制と強く結びついたにもかかわらず、日本人の精神にたいしてさほど強い感化を及ぼしてはいないのである。

たとえば靖国神社ができたのは明治二年であるし、大東亜・太平洋戦争が始まる直前には護国神社の全国システムができた。（なお、あの大戦争を当時の日本がわの呼び方をとって大東亜戦争とよぶか、それともアメリカがわの呼び方をとって太平洋戦争とよぶか、という論争がある。私は、その戦争がアジア大陸と太平洋の両方面に及んでいたことをさして、大東亜・太平洋戦争とよぶことにする。つまり、それが白人帝国主義からアジアを解放するための戦争であったかどうか、という議論の余地の多い論点をひとまず回避しようというわけだ。というより私の判断によれば、あの戦争には、アジアへの侵略とアジアの解放という両面があったのである）だが、その敗戦のあとでは、しばしのあいだ、神社はまったく見捨てられてしまった。そういう近代日本の推移を振り返ると、神道は、制度的には強い持続力を持ってはいるが、日本人の精神への定着度は深くはなかったといってよい。もちろん、そのような思想的深みに至っていなかったために、思想的な争いごとに深くかかわる必要がなく、それゆえ儀式の制度としてかえって長く持

続するという面もある。その意味において、神道は日本人の精神の衣装のようなものである。神道は、ほかの宗教・道徳・思想と結びついて、たとえば国学におけるように、道徳の根本を日本的なるもののなかに求めようということになれば、そこで日本古来の精神の在り方が神道とのかかわりで抉《えぐ》り出されるということになる。しかし、神道それ自体としていえば、日本人の精神の深部には至っていないといえる。

仏教は国家的権威になった

それと比べて仏教は、相当に深く日本人の精神の奥底にまでかかわってきたといえる。仏教は六世紀の前半に日本に公式に伝来されたといわれているが、それはやがて日本の国家宗教として枢要な立場を占めるにいたった。崇仏派の蘇我《そが》氏と反崇仏派の物部《もののべ》氏との争いの結果は、崇仏派の勝利であった。それが、聖徳太子の時代、国家形成を促しもした。聖徳太子のいわゆる十七条の憲法をみれば、その第二条に「篤《あつ》く三宝を敬へ。三宝とは仏法僧なり」といわれており、仏教の精神が日本の国家建設の中心に据えられることが明記されている。

聖徳太子の時代においても、すでに諸宗教の習合は行われていた。十七条憲法の第四条をみれば、「群卿百寮、礼をもって本とせよ」とあるが、それは儒教精神の反映だとも考えられる。いずれにしても、六世紀の末から七世紀の初めにかけて、仏教が日本国家の中心に登場し、それ以後、国家を動かす重要な価値要素となったのである。

奈良時代に天武天皇が仏教による鎮護国家の旗幟《きし》を掲げたことは周知のところであるし、さらに聖武天皇が全国的に国分寺を建設し、さらには奈良東大寺の大仏を建設するというふうに、仏教が国家にとっての最高の精神的権威として樹立されたのである。しかしながら、奈良時代の南都仏教はあくまで貴族階級のものである。つまり、貴族たちの精神的不安や政治的争いをなだめるために加持祈禱《かじきとう》をするというのが仏教の最大の役割であった。

七一二年に『古事記』が書かれて、日本国家の天地開闢《かいびゃく》の神話と天皇の皇統の連綿が書き記され、またそれが八年後の『日本書紀』において整理された。つまり、このような国家建設の物語と軌を一にして仏教が国家建設の精神的支柱になったのだが、それがすでにして一種の神仏習合であったということができる。天照大御神《あまてらすおおみかみ》による天地開闢の物語は仏教には属さない。それは、どちらかといえば神道的な思想に依拠した歴史物語だと思われる。そういう事情にあったのであるから、飛鳥時代から奈良時代にかけての貴族階級にとっても、仏教は制度的な支柱ではあったけれども、仏教の精神が彼らに内面化されていたとはいいにくい。むしろ、仏教は外来の高級思想、高等儀式あるいは最新流行といったものだったのであり、それを外面的に身につけることが貴族階級にとっての安心材料となったのである。

それにたいして、平安時代の北嶺《ほくれい》仏教はもうすこし貴族階級の精神の内面に食い入ったと思われる。つまり、空海《くうかい》（七七四～八三五）の真言宗にせよ最澄《さいちょう》（七六七～八二二）の天台宗にせよ、その中心には密教があり、それが仏の心を察する特別の手法を与えるとされていた。その手法を身につけることによって即身成仏《そくしんじょうぶつ》が可能だといわれたのであるから、北嶺仏教の場合は、貴族階級の人々は仏の真言に触れることをもっと真剣に欲したのである。

もちろん真言宗と天台宗のあいだにはかなり大きな差がある。真言宗の場合には、まさしく加持祈禱を中心にしながら密教の精神に深く食い入ろうとした。それにたいして天台宗の場合には、一種の総合仏教として、密教にもとづく加持祈禱も行うが、同時に、念仏の修行や宗教にまつわる芸能の訓練などにも手を染めていた。そうであればこそ、当時の貴族階級の生活全般に関与するという政治的な力を発揮できたのである。そうしたこともあって、これは南都仏教からすでに始まっていることではあるが、仏教が単に国家宗教として使われるだけではなくて、いわゆる氏寺《うじでら》という形で貴族階級の内部にまで伝播《でんぱ》していったのである。

確認されるべきは、真言宗にあっては大日如来という最高神的なものが想定されていたし、天台宗にあっても、それが包括的な仏教運動であったために、さまざまな仏の位置関係をいかに定めるかという関心も強かったという点である。つまり、どの仏にどのように接近するかという宗教意識の整理と訓練が北嶺仏教のなかで行われていたのだ。それは鎌倉時代における日本独自の仏教運動の準備であったということができる。

鎌倉仏教は日本人の精神革命

北嶺仏教は、十一世紀の中頃から急速に崩壊過程に入っていく。それは、当時の貴族階級の荘園制度が経済的かつ政治的に混乱してくるということを背景にしていたものではあるが、同時に、仏教のいわゆる末法《まっぽう》思想のせいでもある。一〇五二年から、つまり釈迦の寂滅《じゃくめつ》からおよそ千五百年で、末法の時代に入るという説があり、それが当時の政治経済の混乱という客観情勢と結びつき、貴族社会のあいだに大きな不安と動揺を惹《ひ》き起こしたのである。

そのなかから、たとえば源信《げんしん》（九四二〜一〇一七　天台宗の僧）の『往生要集』が出され、厭離穢土欣求浄土《おんりえどごんぐじょうど》が唱えられた。つまり、この汚き末法の世から離れて浄土にいくことをひたすらに念願しようではないか、という訴えが人々の気持ちを揺るがしたのである。それに続いて、法然《ほうねん》（一一三三〜一二一二）が浄土宗を開き、ここにはじめて外来文化としての仏教を受容することを超えて、日本人の精神の内面から発する仏教運動が開始されたのである。

法然が一日六万遍の念仏を唱えたというのが本当かどうかはともかくとして、末法の世における心の不安を解決するために、主体的に念仏修行に入ることによって、つまりいわゆる称名《しょうみょう》念仏によって、浄土に向かおうという宗教運動が展開された。

そして、法然の弟子であった親鸞《しんらん》（一一七三〜一二六二）がついに浄土真宗というものを創始することになった。浄土宗と浄土真宗の根本的な違いはどこにあるのか。法然の場合には、おのれの主体的な決意と努力によって念仏を唱えることにより浄土に入ろうと構えていた。それにたいして親鸞の場合には、いわゆる他力本願である。念仏のための主体的な努力をしたからといって浄土にいけるとは限らないという意味において、人間の運命は決まっている。そういう一種の宿命説に傾きながらも、阿弥陀仏《あみだぶつ》という絶対者の前では、徹底的におのれを小さいものとみなして、仏の慈悲の心に受け身で感動する気持ちを大事とする。阿弥陀仏の慈悲に触れたならば、それをただひたすらに尊いと感じる心を「南無阿弥陀仏」の念仏で表現しようとしたのである。それを典型的に表す仮説が悪人正機説《あくにんしょうきせつ》であって、それは、自分のような悪人をも救ってくれる大慈悲が阿弥陀仏にはあるということに感動するということ、つまりその感動は悪人にあってむしろ大きいということである。このようにプロテスタント派のキリスト教に一脈通じるのが真宗である。

それがプロテスタンティズムと同類だというのは、たとえばカルヴィン派にあっては、自分が救われるか救われないかは運命によって決まっているとし、しかしその運命は知らされていないのであるから、おのれは神の啓示に打たれるかもしれないという期待に駆られて、勤労と祈りに身を捧げようと構える、ということである。真宗にあっても、阿弥陀仏という絶対者の慈悲が啓示されるのを待つという精神の在り方である。これが北陸や関東の農民たちに深く浸透していった。そして蓮如《れんにょ》（一四一五〜九九　浄土真宗の僧）の時代になって、真宗派が一向一揆《いっこういっき》を起こすことについてはよく知られている。

もう一つ、鎌倉仏教のなかで注目すべきは日蓮宗（法華宗）である。親鸞の真宗が宗教精神における感情の要素を大切にして、それを念仏を通じる救いというかたちで表現しようとしたのにたいして、日蓮（一二二二〜八二）の法華宗は、宗教精神における意思の力というものを重んじようとした。つまり、仏教の仏典のなかで最も原理的なのは法華経であるとみなし、法華経に示された釈迦の根本精神を理解することによって、その信徒たちは仏の遣いとなる。仏から遣わされたものとして、仏の意思を国に広めるべく、政治にもかかわるかたちで活動しなければならない、それが日蓮のいった立正安国《りっしょうあんこく》である。つまり法華経の精神という正しい法を立てることによって、国の民人《たみびと》は救われるのである。親鸞と日蓮こそは、日本に内発する独立の宗教者であったということができる。

もちろん平安仏教のすべてが鎌倉仏教へと不連続に変身を遂げたわけではない。平安の末期に、中国から禅宗の考え方が栄西《えいさい》（一一四一〜一二一五）などによって輸入・紹介され、鎌倉の初期に臨済宗が打ち立てられていた。禅宗とは何か。それは、中国の儒教精神や（老荘に始まる）道学を仏教のなかに取り入れた思想だといって大過ないであろう。つまり、儒教的な道徳的訓練と、老荘的な無為の精神に立つ宇宙観や人生観が仏教と合体したわけである。

それを受ける形で、道元《どうげん》（一二〇〇～五三）が中国に渡り、そして曹洞宗《そうとうしゅう》を開いた。この曹洞宗も、相当程度、日本に内発する宗教運動であったということができる。それくらいの強い意志と努力で、道元は思索と修行を続けたということである。つまり、鎌倉の武士の時代も、秩序が乱れているということにおいては末法の世の中であったのだが、末法であればこそ仏教の原理的な精神に深入りしなければならない、それを自分でつかみだしてこなければならないと考えて、道元は類《たぐい》まれな道徳的修行と宗教的思索を積み重ねた。そのはてに、そうしたものからさらにおのれ自身を超越させるという悟りに、つまり無の境地といわれる次元にまで、おのれの精神を純化させていくという思索運動を道元は展開した。それはかなりに知的な営みであって、それが厳しい修行と結びついて、鎌倉武士たちに強い影響を与えることになった。

死という絶対無を覚悟しなければならない武士たち、しかもそれまでに厳しい武術の修行を必要とする武士たち、そういう武士の生活の在り方が禅宗の修行や思索と重なりあうところがあり、それで武士階級に支持されることになったわけだ。日本の武士によって支えられる日本の宗教という意味で、道元の曹洞宗は鎌倉期を特徴づける日本人の内発的な精神の在り方の一翼を、親鸞、日蓮とともに担ったのである。

しかしながら、それ以後の仏教運動は、戦国の一向一揆や日蓮一揆という形で戦乱に巻き込まれた挙げ句に、江戸時代には、ふたたび政治のなかに接収されていくことになる。そして実際、徳川の統治は徹底していたのであって、仏教についていえば、宗門改帳や檀家《だんか》制度を作り出すことによって、宗教団体を幕《ばく》藩《はん》体制の政治機構のなかにしっかりと組み込んだのである。

江戸時代において、実質上、日本の内発的な宗教運動はいちおう収束を遂げたということになる。それと同時に、宗門・檀家の制度のなかで、日本人の生活的儀式のなかに仏教がいっそうしっかりと根づくことになりもした。とくに世俗の仏教儀式は、死後の浄土ということについて語ることが多かったために、日本人の葬儀にとって重要な要素となった。

もちろん、江戸期にあってキリスト教が禁制であったことはよく知られている。すでに戦国時代に、カソリックの世界布教運動の一環として日本にもキリスト教が入ってきていて、デウス（ゴッド）の概念が紹介された。そして、ほんの一時ではあったが、キリシタンが急速に増えた。その当時の戦国大名のうちの一部がキリスト教を利用して南蛮貿易の利益や政治的立場の装飾を狙い、その風潮が一般農民にまで下降していったのである。

つまり、宗教が政治と結びつくのは明治以降の国家神道に独特のことではないということだ。飛鳥期、奈良期そして平安期の国家仏教以来、宗教運動の少なくとも一つの面として、国家との強い結合がみられる。キリスト教についても、戦国大名の政治とのかかわりを無視できないのである。

キリスト教にあっても、その世界布教は、大航海時代末期のスペインおよびポルトガルの世界制覇の政治的意思と結びついていた。そのことを、豊臣秀吉や家康が敏感に感じとって、最終的にはキリシタンは不法の存在とされた。つまり「隠れキリシタン」しかいなくなった。キリスト教が息を吹き返すのは、明治の初期にキリスト教が解禁されてからのことである。

儒学と道徳のつながり

儒教が日本に入ってきたのは四世紀あたりだといわれている。だから、それが聖徳太子の十七条憲法に反映されても何の不思議もないわけだ。とくに儒教的精神は、大化の改新以後のいわゆる律令《りつりょう》体制の確立という政治制度の推移と深くかかわっていた。その意味で儒教が日本の国民生活に強い影響を与えたというふうにいうことができる。つまり、国家とは「国民とその政府」のことである以上、政治制度と国民生活を分離することはできない。だから、政治に儒教が関与したからには、国民生活にも関与が及んだとしてよいのである。

儒教は宗教ではなく道徳にすぎないという昔からの議論についてどうみればよいのか。結論をいうと、儒教のなかの宗教的要素を切り捨てるのはいかにも強引な論法だということである。たとえば孔子の『論語』における聖人というのは絶対無謬《むびゅう》の「天」の意思を受け取るものとされている。つまり天というのはそれ自体として超越の次元にかかわることであるから、儒教の道徳体系は超越の観念と無関係であることはできない。

また儒教の道徳基準である「先王の道」は、祖先からの慣習に敬意を払う姿勢から出てきたもので、そこに祖先崇拝という宗教的要素が介在していないわけがない。その意味においても、儒教において宗教と道徳が相互浸透しているととらえても大過ないであろう。

しかし、日本における儒教は、当初、律令政治のなかに隠伏的に示されていただけで、しかもその律令制度とて、（儒教中心の官僚認定試験としての）「科挙」の制度は採用しないということであったのだから、儒教道徳が政治の支配層を強く律したというわけではなかった。もちろん、科挙の制度を導入しようにも、その当時、科挙試験を全国的に展開するような文化水準に日本国がなかったという事情もある。いずれにしても律令政治は、一般国民の意識の外部にあった。それはあくまで統治の技術だったのであり、その技術論のなかに儒教的なものが含まれていたという程度のことにすぎなかった。

儒教が人々の意識の内部に登場しはじめるのもまた、鎌倉時代に入ってからであった。つまり十二世紀の中国で、儒教の合理化・体系化として、朱子学が展開されており、それがわが国に紹介されたのである。しかし、それはせいぜいのところ、禅宗の思想展開のなかに援用されたという程度のことであった。

朱子学が日本社会に明確な姿を現しはじめたのは江戸期においてであった。つまり幕藩体制を正当化する護教論として儒学（朱子学）が使われたのである。そのイデオローグとなったのは、林羅山をはじめとする幕府お抱えの儒家たちであった。

しかし儒学は、それ以後、実におもしろい展開を示した。幕府公認の儒家たちのなかにも、たとえば新《あら》井白石《いはくせき》（一六五七〜一七二五　儒学者・政治家）のような、オランダ経由の洋学に関心を示したり、『日本書紀』などの歴史的文献に関心を示したりするものも出ていた。あるいは幕末ともなると、たとえば佐藤一斎《いっさい》（一七七二〜一八五九　儒学者）のように朱子学に対抗するものとしての陽明学にも関心を示すような人物も出てきた。

それ以上に注目すべきは、合理的体系（性理学）にたいする猛然たる反発が日本のなかで起こったということである。それはたとえば伊藤仁斎《じんさい》（一六二七〜一七〇五　儒学者）の「活物《かつぶつ》」の思想として展開された。その思想は、朱子学の合理はあまりに形式的であって、人間の生の現実、さらにいえば欲望の実態をとらえていない、と批判するものである。たしかに朱子学は、宇宙に始まり生活の隅々に至るまでを体系化してみせた。だがそこには、人間の、とりわけ日本人の、現実に生きる姿が描かれていないのである。

仁斎は、人間の欲望や情動をくみとるような道徳体系を、古義学によって、つまりたとえば『論語』の一つひとつの言葉がもっと生きいきとしたものであったということを抉り出すことによって、浮き彫りにしようとした。そして貝原益軒《かいばらえきけん》（一六三〇〜一七一四　儒学者）なども庶民の現実生活とつながるような道徳は何かを、儒教のいわば応用学として展開したのである。

また、山崎闇斎のように、朱子学の論理体系のなかから、「正統の名分」を探り当てるものもいた。つまり、天皇の宣下を受けてこその幕府であるからには、幕府の上に天皇がいるのではないかということである。

さらに浅見絅斎《あさみけいさい》（一六五二〜一七一一　儒学者）ともなれば、かなりはっきりと幕藩体制は不当な存在であると指摘した。徳川幕府は天皇の宣下を強要したのだと考えれば、幕藩体制の名分が崩れるわけである。そういう反幕の論理までもが儒学のなかから出てきたのである。それが、幕末において水戸学派の会沢正志斎《あいざわせいしさい》（一七八二〜一八六三　学者・藩政家）や藤田東湖《ふじたとうこ》（一八〇六〜五五　政治家・思想家）などに引き継がれていくわけだ。

さらに荻生徂徠《おぎゅうそらい》（一六六六〜一七二八　儒学者）は、古文辞学というものを展開して、中国の儒学よりも徹底した形で、儒学の古典における思想体系を整備して、そこから「先王の道」こそが社会秩序の根源であることを明らかにしようとした。そして、それを現実の政治のなかに生かすことについての、合理的な政治学をも展開してみせた。つまり、徳義をふりかざすような徳治《とくち》主義ではなくて、道徳を法治《ほうち》にまで具体化しようとしたのである。

こうした儒学の内在的な批判が進んだだけでなく、朱子学の対極に立とうとする陽明学が、日本で、独特の展開を示した。十二世紀の中国で、陸象山《りくしょうざん》（一一三九〜九二　南宋の哲学者）によって始められ、そして王陽明《おうようめい》（一四七二〜一五二八　明中期の学者・政治家）によって確立された陽明学は、一言でいえば、朱子学が「性理学」として形式合理化をめざすのにたいして、「心の主体性」とでもいうべきものに関心を寄せたのである。ここで心の主体性というのは、「義」をめぐる情念がいかに決断そして行動へと展開されていくか、という精神の政治学のことといってよい。それは、三島由紀夫もいうように、「危機の哲学」である。人間の生はいつも危機に直面しているのであり、簡単に形式化することのできないものである。その危機を突破するときにどういう心の構えが必要であるか、それを考究するのが陽明学である。

日本人の国民性には、そういう心の問題については敏感に感じる特性があるらしい。たとえば中江藤樹《なかえとうじゅ》（一六〇八〜四八　儒学者）は、学問をとるか親の面倒を看るのをとるのかといわれれば後者をとる、といった王陽明の言葉のままに、脱藩して、母親の面倒を看に近江に帰り近江聖人といわれながら、人間の生き方を心の問題として追求していった。

また熊沢蕃山《くまざわばんざん》（一六一九〜九一　陽明学者）は、朱子学の形式主義を脱するべく、「時処位」の考え方をとった。つまり「どういう時期、どういう場所、どういう相手」であるかに依存して、つまり人間の振る舞いにかんする規範は変わると主張した。そして、岡山藩主池田光政《いけだみつまさ》に仕え、藩政に陽明学の心構えを生かし、実際に大きな成果を挙げたのである。陽明学の思想は、とくに反幕藩体制の姿勢をとる武士たちに、強い影響を与えつづけ、たとえば大塩中斎《おおしおちゅうさい》（一七九三〜一八三七　儒学者・陽明学者：平八郎は通称）

は実際に幕府批判のために決起したのであった。そして幕末の志士たちには、吉田松陰《しょういん》（一八三〇〜五九勤王派志士・思想家・教育者）をはじめとして、陽明学の影響を受けたものが多いのである。

儒教は日本に定着しなかった、としばしばいわれる。儒教はたしかに朝鮮のように、葬式のやり方や長幼の序の礼儀作法の隅々にまで根を下ろすというようなことは、日本ではみられなかった。とくに一般庶民の生活においてはそうである。しかし、朱子学であれ、あるいはそれへのアンチテーゼともいうべき陽明学であれ、江戸幕府の武士階級にあれほど強い影響を与えた道徳が、一般庶民に伝播していないとは考えられない。

中国ほど、ましてや朝鮮ほど、明確な姿をとってはいなかったが、どういう道徳を選ぶかというぎりぎりの地点までくれば、日本人の頼るべき道徳観念が儒教との強いかかわりを示していたことを否定することはできない。そうであればこそ、儒家の道徳によって方向づけられていた江戸幕府が明治維新によって吹き飛ばされたにもかかわらず、いかなる道徳を御一新《ごいっしん》に与えるかとなると、まず、儒教的なものに頼るほかないということになったのである。儒教の受容の仕方は、朝鮮とは異なって、非常に伸縮的ではあったけれども、日本人の振る舞い方のなかに浸透していたのだといわざるをえない。

「国学」、「陽明学」、「洋学」そして「実学」

人間の現実の欲望をどう取り入れるかという日本独自の形で、儒学は発展していったのだが、それを文芸論および思想論の方向に突き進ませたとき、いわゆる国学が成立する。たとえば賀茂真淵《かものまぶち》（一六九七〜

一七六九　国学者）でいえば、『万葉集』の研究を通じて、古代日本の「ますらおぶり」を描き出した。そのようにして国学は朱子学の性理学を突破しようとしたのだということができる。また本居宣長《もとおりのりなが》（一七三〇～一八〇一　国学者）は、たとえば『源氏物語』の解釈などを通じて、「たおやめぶり」や「もののあわれ」というような日本人に独特の感情の核を取り出そうとした。これは、日本人のいわばナショナル・アイデンティティを、感情の面において確定せんとする試みだといってよい。

国学は朱子学や陽明学とは別の思潮であるが、その流れのなかから出た平田篤胤は、そういう日本人の原初的な感情を踏まえつつ、それを神道の再構成に活かそうとしたのである。

また、江戸期にあって、主として町人たちのあいだで独自の思想運動が展開されていた。たとえば大坂の富永仲基《とみながなかもと》（一七一五～四六　儒学者）などは、神道、仏教そして儒教にたいする一種のイデオロギー暴露をやってみせた。山片蟠桃《やまがたばんとう》（一七四八～一八二一　商人・学者）は科学的な思考に向かって、道徳的な観念枠組から逃れようとした。さらに海保青陵《かいほせいりょう》（一七五五～一八一七　経世家）までくれば、幕藩の主従関係を一種の経済取引として合理的に説明してみせた。

もっと一般庶民に密着する形では、家康の部下であった鈴木正三《しょうさん》（一五七九～一六五五　仮名草子作者・禅学者）が士農工商という階級制度を所与とした上で、いわば勤労精神を称揚《しょうよう》した。たとえば商人は、おのれの立場に徹底して、商売に専念するところに幸福を見出すことができる、ということである。さらに、先に述べたように、京都では石田梅巌が出てきて、多くの弟子たちを集めながら、神儒仏を習合したような処世道徳を教えたのである。

さらに、前野良沢《まえのりょうたく》（一七二三～一八〇三　蘭方医学者）や杉田玄白《すぎたげんぱく》（一七三三～一八一七　蘭方医学者）

の『解体新書』あたりから、オランダ経由の洋学が一つの明確な思想潮流となった。とくに幕末になってくると、ロシアが南下して日本近海に姿を現すといった情勢のなかで、林子平《はやししへい》（一七三八～九三　経世家）の海防論などが出され、また佐久間象山《さくましょうざん》（一八一一～六四　思想家・兵学者）などが「東洋道徳・西洋芸術（技術）」を唱えて、砲術をはじめとする洋学を摂取する必要を訴えた。横井小楠《よこいしょうなん》（一八〇九～六九　政治家）も「四海兄弟《しかいけいてい》」といいつつ開国の必要を訴えた。

このように江戸のとくに中期以降において、経世済民《けいせいさいみん》のための学問や洋学が発達し、両者を合わせて（朱子学という虚学にたいする）「実学」という。そして実学のなかで合理的精神が鍛えられていったわけだが、そうした精神のなかには、たとえば三浦梅園《ばいえん》（一七二三～八九　哲学者）のような宇宙論まで展開するような雄大な思弁の作業もあったし、佐藤信淵《のぶひろ》（一七六九 or 六七～一八五〇　経世家）のように幕藩体制を突き抜けたところで社会の在り方を考えるような根本的な社会哲学もあった。

日本的精神の特質――雑種性と包括性

このような日本の宗教・道徳・思想の経緯にはいくつかの特徴がある。

一つは、ハイブリッド（混成・雑種）の文化ということである。日本文化は、その精神の「内容」において、神道あり仏教あり儒教あり、さらに陽明学あり国学あり実学あり、さらには洋学ありというふうに、混成をきわめているのである。

かつてヴェブレン（というアメリカの社会・経済学者）がいったように、イギリスと日本の文化の「進取性」には、そのハイブリディティが強く作用している。雑種の文化においては、それらさまざまな文化のあいだに葛藤が起こり、そこから文化の新しい変化が起こってくる。それが、歴史をダイナミックに変化させる因となるのである。

しかも日本は地勢上の位置からして、欧米はもちろんのこと中国大陸からも、一定の距離をおいていた。その意味において、鎖国などは江戸時代においてすら存在しなかったとはいえ、外国からの直接的な圧力は小さかった。しかし、さまざまな異文化が徐々に到来したという意味では、日本は外国からそう遠くない位置にある。それが国内の歴史におけるいわば「漸進的変化」を可能にしたのである。

たとえば、日本人は好奇心が旺盛だといわれる。それは混成文化にあっては「変化の可能性」が大きいということの素直な反映といってよい。同時に、日本人の好奇心は長続きしない、ともいわれる。それも当然であって、変化の可能性それ自体が次々と新しくなっていくのであるから、その新しさに目が奪われて好奇心が長続きしないのである。好奇心の対象が次々と変わっていく、それが日本の文化なのである。

しかし雑種文化は、当然のことながら、「純粋」もしくは「単純」な文化型を持つのが難しい。それで、単純かつ純粋な文化を外部に向けて誇示したり、内部において固守したりするような必要に迫られるとき、日本は周章狼狽《しゅうしょうろうばい》したり、逆に、急拵《ごしら》えの単純・純粋な文化に短絡していくところがある。それを避けるには、まず、自分らの文化が雑種であることを知悉《ちしつ》しておくことである。そして、雑種のなかから純粋をみつけるのは至難の業だと承知した上で、その発見に倦《う》むことなく挑戦しつづけることなのである。そしてそのように構えることそれ自体が、日本が不純と複雑のうちに、いいかえれば曖昧《あいまい》さのうちに、遊んでいるのではないということの証明になるのである。

二番目の特徴は、日本人の精神の「形式」が、きわめてコンプリヘンシヴ（包括的）だということである。つまり、細かく物事を「分析」し、物事を大きく「総合」し、そしてそういう分析や総合の営みを超えて、物事から「超越」していく。そういう包括的な構えが日本人にはある。

分析的、総合的そして超越的という三種類の精神の形を手放さずに持っているという意味においての包括的な構えがあったからこそ、さまざまな雑種文化を排斥することなしに迎え入れたということもできる。また、雑種の文化内容のあいだの葛藤を平衡させるには、精神の構えを包括的なものにしなければならないという因果もはたらいたに違いない。いずれにせよ、この精神の包括的な構えが日本文化の長所であることは疑いようがない。この長所を存分に発揮して、日本は、分析的な技術知、総合的な実際知そして超越的な宗教知を吸収し発展させてきたのである。

しかし、包括的な精神の形式にあっては、当たり前のことだが、原理をみつけることも体系を作ることも難しい。分析・総合・超越の作業がそう簡単に進行するはずもないからである。それら三者のあいだに、またそれぞれの内部にあっても、矛盾のみならず二律背反までもが、おびただしく横たわっているのだ。それで、原理・体系を欠いたままに、あらゆる外来の宗教や道徳や思想を次々と換骨奪胎《かんこつだったい》するやり方に頼ることになり、それを「日本教」とよぶようである。この過剰適応力が、時として、「日本叩き」の原因となる。ここでも必要なのは、原理・体系を作ることの困難を重々に自覚した上で、その困難を克服する努力を続けることであろう。つまり原理・体系への接近法それ自体が原理・体系になりうるということである。

三番目の特徴は、原理・体系の欠如を補うべく、経験・現実・生活を重んじるという意味でのリアリティへの執着である。実学といい、古学（古義学と古文辞学）といい、陽明学といい、経験にもとづいて物事を具体的に表現する傾きが強い。もちろんそれは、たとえば性理学のような現実遊離の観念論にたいしては、有効な反論となりうる。問題は、経験の具体を「説明」することに終始して、その説明をさらにより広い視野に立って「解釈」する作業がなおざりにされがちだという点である。そうなってしまった場合には、せっかくの精神の包括性が生かされず、各人各派がそれぞれに関心のある具体のなかに埋没してしまうということになりかねないのである。

つまり、さまざまな具体的事物に取り組む人間や集団が、相互の連絡が絶たれたままで、自分らの閉鎖圏に閉じ籠《こも》るといった事態が生じがちとなる。いいかえると、それらの関係が的確に解釈されていないし、その解釈を定着させる制度も欠けているので、たとえば天皇のような国家象徴に社会を統合させる役割が過大に担わされることになる。あるいは、それらの相互関係を制度化するものとしてルール（法律と徳律）が整備されないので、その時々に流行の集団感情に頼って社会を統合しようとする。日本文化における包括的な精神の長所が、具体への執着のために、個別の知識人や個別の知識人集団にあって、活用されないことが多いということである。

また、その具体へのこだわりのせいで、物事をあまりにも実用的にとらえすぎ、物事をめぐる目前の有用性や功利性を過大評価してしまう危険も強くなる。そうなってしまったとき、日本文化はプラクティカリズム（実用主義）のにおいで満たされることになる。逆にいうと、日本文化の具体的内容は何かと性急に問うような日本人論は、ほぼかならず、日本人の示す表面的な特徴を、しかもその目立った部分だけを取り上げることになり、日本人の全体像をとらえるのに失敗するということだ。

最後に付加すべきは、日本人の真面目さということについてである。生活において真面目に働くということをはじめとして、外国から入ってくる雑多な文物を丹念にためつすがめつしつつ、分析し総合し超越してみせるという、働き者の精神が日本人にはある。それが農耕文化によって育まれた精神の形であるのか、それとも「変化の可能性」に対応するには働き者であるほかなかったということなのか、断定は難しい。ともかく日本人の勤勉ぶりは今も世界有数といってよい。

しかし、外国から入ってくる文物の一部は、笑い飛ばしたり無視したりしていいものであるに違いない。そういうものにすら誠実に取り組んで、何か使い道がないかというふうに考えてしまうのは、誠実の過剰としての愚鈍というものであろう。それを排するためにも、やはり、原理・体系への模索が必要なのである。

以上のことを、あえて大胆に図示してみると、次ページのようになる。

ともかくこの図がいわんとしているのは、人間精神の形式と内容にわたる可能な思潮類型のほとんどすべてが、我が国の歴史の経緯において、いわば展示されているということである。そしてそれらを全体として包摂・統合できるような精神の在り方、それが日本人のナショナル・アイデンティティ（の中心）をなすとみてよいであろう。

このように日本の歴史の全体としていえば、人間精神の広がりや深さをおおよそ過不足なく示してくれている。逆にいうと、日本的精神をめぐって発見し構築し保守すべき（文化の内容における）純粋さと豊かさも、（文化の形式にかかわる）原理と体系も、（表現における）具体と抽象の統一も、こういう歴史の広さと深さを引き受けるものでなければならないということである。雑種の諸要素を化合させる文化内容、

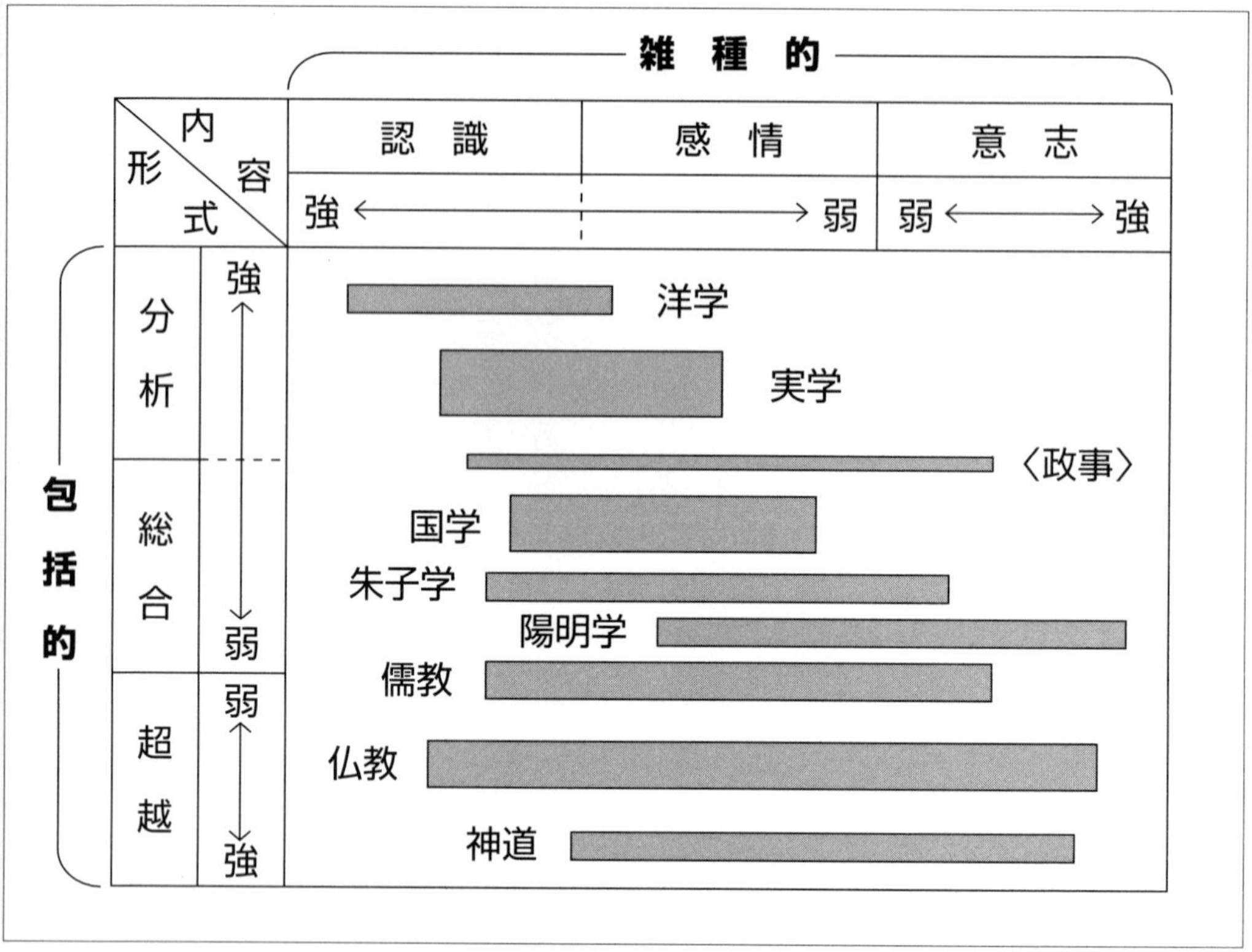

図1　江戸以前の「精神」

この図について若干の説明を加えておこう。

（1）これはいうまでもなく宗教・道徳・思想の相対比較のためのものであり、実際には、それらの思潮は、随処で互いに重なり合うほどの膨らみを有している。

（2）各思潮の横棒の面積は、いわば、日本社会に与えたそれぞれの影響力を示すものである。

（3）洋学は、国内の実学と性質をいささか異にするので、独立に扱われている。

（4）〈政事〉と記したのは、各藩（および幕府）における政策決定の実践学のことである。

（5）この図には書き込まなかったが、（荻生徂徠たちの）古文辞学と政治への関与は、朱子学（儒学）の棒線のすぐ上に位置していて、その形状は〈政事〉のそれに近いと考えられる。また（伊藤仁斎たちの）古義学は朱子学の棒線のすぐ下にあって、その形状は国学のそれに似ているとしてよい。

包括的な精神における平衡の形式、経験に接近しつつ突き放してみせる生き方、それらは歴史を振り返ることによってしか見出すことができない。そうでないような非歴史的な宗教・道徳・思想は、結局のところ、日本人にとって、移りゆくさまざまな意匠ということにしかならない。

日本の文化史に優越感を抱く必要もないし、劣等感を抱く必要もない。必要なのは、日本人の国民性の種々相を開示してくれている歴史の全体像につながるような解釈の仕方をみつけることなのである。その解釈法が我々の拠るべき道徳の原点を与えてくれるのではないか。というのも、道徳《モラル》の根本の意味は国民精神の慣習《モーレス》というところにある。つまり、我々の精神を支えている慣習の形式、それを議論するのが道徳論である。

2 「明治」以降の道徳

福澤諭吉の顔は、その名前は知らずとも、日本人ならば誰でも知っている。その謹厳そうな顔が一万円札に印刷されているからである。しかし、諭吉のなした言動については、「文明開化」を唱えたということ以上に知っている日本人はほんのわずかである。それもそのはず、諭吉礼賛を繰り返してきた「進歩的文化人」の指導者ですら、たとえば丸山真男ですら、自分が諭吉の揶揄《やゆ》してやまなかった「開化先生」に当たるのだということを、亡くなるまでとうとう自覚できなかったのだ。

また諭吉の著作では「報国心」という言葉が連発されている。それがパトリオティズム（愛国心）に対応するとも明記されている。それのみならず、諭吉の「武士の子」および「儒者の子」としての心性は、ついに、死に至るまで消え失せることはなかったのである。しかし、そういうものとしての諭吉の表情が一万円札に刻されているわけではない。今は、明治維新、対米敗戦に続く「第三の開国」の真っ最中だといわれているが、諭吉の存在も、そうした開化のブームに乗って、お札とともに流通しているにすぎない。

諭吉の世代のことを「天保の老人たち」とよんだ新しい世代が、明治の三十年頃から、「国粋」の立場を明らかにしようとした。戦後日本人の多くは、国粋と聞けば耳を塞《ふさ》ぐ。しかし当時の国粋はナショナリティ（国民性）のことであったのだ。その意味での国粋の気持ちを持てなかったために、我々は、近隣諸国から、「領土の返還には応じないが、友好のために経済援助をせよ」、「あと二十年も経てば、日本という国は消失しているだろう」、「日本の領海に工作にいくのはピクニックのようなものだ」といわれて、唖然としているのならばともかく、平然としている。

近代日本の対米敗戦に至るまでの七十八年間、ナショナリティをめぐる日本人同士の真剣かつ熾烈《しれつ》な論戦があった。それが物理的な抗争に高まることもあった。そうした歴史的経緯に乱れも汚れもありはした。しかし「戦後」とは、「産湯《うぶゆ》とともに赤子《あかご》を流すな」の格言に逆らって、我々の国粋心の出発点となるべき「戦前」を、きれいさっぱり捨ててしまった五十五年間のことである。

国粋心という言葉がどうしても嫌だというのなら、諭吉に戻って「公徳心」といい直してもよい。諭吉がいったのは、公徳心がなければ文明人ではない、文明は現実には「国民の文明」でしかありえない、報国心を持たなければ国民ではない、ということであったのだ。敗戦までは、そこにおびただしい苦難と過誤がありはしたものの、時代も人間も立派であったと認めるほかないのではないのか。そう素直に構えなければ、我々の子孫は安楽の洪水のなかで溺死するのではないか。

神儒仏習合に分裂が生じた

明治維新は、それまでの経緯のなかに、すでに二つの大きな矛盾を抱え込んでいた。よく知られているように、反幕府運動は当初は尊皇攘夷《そんのうじょうい》の標語のもとに推進されていた。つまり、最高の権威として天皇を持ち上げ（尊皇）、同時に欧米諸列強を排する（攘夷）という構えが、反幕さらには倒幕にはあった。しかし、幕末における薩英《さつえい》戦争（薩摩藩と英国との戦争）および馬関《ばかん》戦争（長州藩と英米仏蘭四国の戦争）において、攘夷は空文にすぎないと判明した。そのあたりから、明治維新後の日本国家の動きにみられるように、倒幕派が開国を率先するという成り行きになったのである。しかしながら、この攘夷か開国かという論点は、思想的にみて日本の近代史における葛藤の根本因となったのである。

もう一つの矛盾は、倒幕運動が下級武士によって指導されたということもあって、平等化の要求にたいする肯定と否定が相剋を起こしていたということである。つまり一方では、民衆の世論を政治に反映させようという、のちに自由民権といわれることになる、思想の傾きがあった。そうであるにもかかわらず、他方では、明治維新はいわゆる薩長を中心とする藩閥政治になり、それがのちに国権派とよばれることになる。つまり、権力の集中なのか分散なのかという幕末の矛盾を、それ以後の国内政治も引き継ぐことになったのである。そうした大矛盾を二つ抱えながらも、何はともあれ明治の御一新《ごいっしん》がなされた。

いかなる国家（国民およびその政府）にも、国家を支える何ほどか共有の価値観がなければならない。それをいかにして探し出すか、それが明治政府の主要な課題になった。しかし、攘夷か開国か、そして国権か民権かといったような価値論争はそう簡単に解消されず、それゆえ明治政府は、発足に当たって、国家の価値観として日本に独特の歴史的産物をおのずと持ち出そうとした。それが神道を中心とする価値観である。もう少しく特定すれば、平田神学の影響を受けた道徳観である。

明治初年に、いわゆる神祇官《しんぎかん》制度がおかれた。そして明治五年になると、学制が発布され、儒教的な修身教育の方向が打ち出されることになった。

もちろん神道にせよ儒教にせよ、維新当初の大混乱期にあっては、政治の前面に掲げられたというわけではない。しかし、暗中模索のうちにも、そうした神儒習合の方向で国家の共有価値を見出そうとする動きが始められたのである。

そうした背景には、いわゆる廃仏毀釈《はいぶつきしゃく》の運動があった。天皇の存在を価値論的に正当化する際の最も便利なやり方が神道に頼ることであり、そして徳川政治に組み込まれていた仏教体制を壊すことであった。それが廃仏毀釈、つまり仏教を排して神道に就けという運動であった。

つまり江戸期における神儒仏習合に分裂が生じて、少なくとも明治の初期、神儒には接近するが、仏からは離反するということになった。

「文明開化」への信と疑

このように、明治時代は、その開始と同時に、価値観の分裂を抱えていた。逆にいえば、その分裂を弥《び》縫《ほう》しようという価値観の模索もまた重要な問題として浮上したということである。

しかしともかくも、明治は文明開化として始まった。文明開化の思想を押し出すために、たとえば明六社というものが作られ、そこに主として元幕臣の福澤諭吉（一八三五〜一九〇一　啓蒙思想家）、中村正直《まさなお》（一八三二〜九一　啓蒙学者）あるいは西周《にしあまね》（一八二九〜九七　啓蒙学者）などが参集した。倒幕派のなかの開国思想家は、佐久間象山にせよ横井小楠にせよ、幕末の攘夷の嵐のなかですでに葬り去られていた。また倒幕派の思想家のうちには、開国をめぐる実際的な知識なしに思想論として開国の必要を唱えるものが多かったのに比べ、開国を推し進めた、もしくは推し進めざるをえなかった幕府方には、実際的な外国体験もふまえて海外事情に通じた人材が多かった。福澤諭吉がその代表である。だから、開国が実際に始まるや、明六社のような形での文明開化の思想的擁護が行われたのである。

しかし、たった二年間ほどしか続かなかった明六社の動きのなかにも、分裂が胚胎《はいたい》していた。たとえば、福澤諭吉は儒教を「腐儒」とよんで批判していたし、仏教にも神道にもほとんど関心を示さなかった。しかし、たとえば中村正直などは明らかに儒教的な道徳に好意を示していた。このように明治国家をいかなる道徳のうえに建てるかということについては、明六社においてすら統一した見解があったわけではないのである。そうした分裂状態が、それ以降も、いろいろと姿を変えながら続いていくのである。

しかし、一つ留意されるべきは、福澤諭吉が自分のことを「一生にして二身を送る」といったことについてである。つまり徳川の世と明治の世をおおよそ半々で経験することになった「天保生まれの世代」が、文明開化に先鞭《せんべん》をつけることになったのである。

このことによって、封建の世と近代の世が、いわば人格のなかでつなげられていたということができる。宗教を「太古の昔から不変の私徳にすぎない」と言い放っていた福澤諭吉ですら、単なる開化論者ではない相貌《そうぼう》を有していたのである。

たとえば彼は、新しもの好きの開化主義者を「開化先生」とよんで揶揄《やゆ》していたし、それどころか欧米の文物にかぶれるものたちを「心酔者流」といって軽蔑していた。さらには古きものとあらば何であれ壊しにかかるものを「改革者流」といって批判していた。そうした諭吉の言動にはしなくもみられたように、徳川封建時代のものでも、護《まも》るべきものは護ろうという姿勢が諭吉のなかにすら濃厚にあった。また彼は、文明開化をいうときも、創り出すべきは「国民の文明」なのだと繰り返している。そして日本国民の衆論・国論こそが文明を支えるのだが、それは日本人の意識の習慣によってしか打ち固められないのだとも強調している。文明は、外国の文物を取り入れることによってできるようなものではないということである。

さらに彼は、文明を支えるのは報国心であるといいつづけた。その意味において、彼はナショナリズムを精神の大前提として受け入れていた。そういうところに、やはり徳川の「武士の子」として、自分の国にどう責任を持つかというエリートの風貌が滲《にじ》み出ているのである。

それどころか、明治十二年の『民情一新』までくると、技術文明のなかで踊る当時の欧米の人たちをさして、狼狽驚愕《ろうばいきょうがく》して、騒擾《そうじょう》をすら起こしていると指摘している。「思想の大道」つまり蒸気機関、電信、郵便そして印刷という情報の伝達機関の前で、欧米社会が混乱をきたし、未来への見通しを失っているとみたのである。こうした「騒擾としての文明」に日本が巻き込まれたならば由々しき事態がやってくるであろうと警告を発したところに、諭吉の単なる近代主義者でも単なる開化論者でもない姿がありありと現れている。そしてそのような諭吉の人物像の背景をさぐれば、武士の道徳がおぼろげながら浮かび上がってくる。つまり、明治のリストレーションが維新であると同時に復古でもある、という二面性の構図がみえてくるのである。

明治の道徳史において無視できないのは、キリスト教およびキリスト教的思想の導入である。たとえば植村正久《うえむらまさひさ》（一八五七〜一九二五）や海老名弾正《えびなだんじょう》（一八五六〜一九三七）などは、「近代主義」を率いるための道徳的基盤としてキリスト教が必要だ、というある意味では純粋かつ正当な判断に立った。そのあとに内村鑑三《かんぞう》（一八六一〜一九三〇　思想家・宗教家）や新渡戸稲造《にとべいなぞう》（一八六二〜一九三三　教育者）が続いたところをみても、普遍的価値の上での人間の自立という近代主義の根本姿勢とそれに直結するキリスト教的思想への、明治人の関心の強さを窺《うかが》うことができる。

これには強い反発もあって、福澤諭吉などもキリスト教が近代日本の国教的な地位に立つことにたいしてはっきりと拒絶の態度を示している。それのみならず、井上哲治郎《てつじろう》（一八五五〜一九四四　哲学者）や井上円了《えんりょう》（一八五八〜一九一九　仏教哲学者）が、明治政府の御用学者といわれて致し方ないような党派的なやり方で、キリスト教という外来の宗教・道徳・思想に日本国民は身を売り渡してはならぬと論陣を張った。つまりキリスト教は、近代日本に放り込まれた一つの思想的な起爆剤なのであった。

そういうこととも一部かかわりながら、薩長の藩閥強権政治に対抗するものとして、板垣退助《いたがきたいすけ》（一八三七〜一九一九　政治家）や後藤象二郎《ごとうしょうじろう》（一八三八〜九七　政治家）らによる民撰議院設立の運動が起こり、それは植木枝盛《うえきえもり》（一八五七〜九二　政治家・思想家）や河野広中《こうのひろなか》（一八四九〜一九二三　政治家）などによって指導される自由民権運動へと発展していった。そしてそれは、西南戦争（明治政府から下野した西郷隆盛を担ぐ反政府軍と政府軍との内戦）のあとの、四、五年間、最高潮に達したのである。

それにたいして薩長政府は、いうまでもなく天皇の権威に頼ろうとした。そして、その権威を正統化および正当化してくれるものとして、神道や儒教が政治の次元に押し出されてきた。儒教でいえば、西村茂樹《にしむらしげき》（一八二八〜一九〇二　啓蒙学者）や元田永孚《もとだながざね》（一八一八〜九一　儒学者）が、明らかに儒教に頼りながら、天皇論を明確にするための思想を展開し、それが最終的には、大日本帝国憲法施行とほぼ同時に発布された教育勅語のなかに生かされることになっていく。

「日本の立場」が主張されはじめた

なお、憲法のみならず法治の体制を整備するのも明治政府の重要な課題であった。そして、刑法や民法の「法制」を固めることのうちに、近代日本のめざす道徳が反映されることになる。なぜといって、法治と徳治とは不可分だからである。つまり、法律において制裁や訴訟の在り方をどう決めるかということになれば、かならずやその時代の価値観にもとづかざるをえない。いいかえると法律と徳律は、近代社会にあっては食い違う部分も生じてくるものの、やはり、徳律の上に法律が成り立つという形になっているのである。ここで近代日本の法制史を検討する余裕はないが、法制の思想が徳川期よりもはるかに強化されたことを確認しておきたい。

もう一つ、明治時代において特筆されるべきは、文学者が国民の精神運動の前面に出てきたということである。江戸時代にあっては、元禄期の井原西鶴《いはらさいかく》や近松門左衛門《ちかまつもんざえもん》にせよ、あるいは幕末の戯作者にせよ、国家のいわば裏通りにいる存在にすぎなかった。だが、「万機公論に決すべし」（五箇条の御誓文）となって、士農工商の制度が廃止されると、文学者が人々の自我表現を代表する存在となる。

北村透谷《きたむらとうこく》（一八六八〜九四　評論家・詩人）は、「内部生命」つまり個人の情熱が表現の根本なのだと主張した。彼がキリスト教者であったり自由民権に加担したこともあるということからも察しられるように、個人として国家から独立する、それが明治以降に現れてきた文学者集団におおよそ共通する構えであったといえる。

しかし、明治も二十年も経つと、世代交代が起こりはじめる。明治政府は不平等条約を抱え込んで出発していた。そのように欧米にたいして劣等の立場におかれていることへの不満が知識人にとっては論ずべき最重要の問題であった。その不平等条約を改正するために日本の欧化を進めようというので、たとえば鹿鳴館のようなかなり軽薄な欧化運動が始まった。そしてそれにたいする反発も増すなかで、明治二十年代、明治維新の前後に生まれた世代が、「日本の立場」とでもいうべきものを強く主張しはじめた。つまり、欧化から国粋化への思想転換が生じたのである。

しかし、この転換なるものを注意深くみてみれば、そこに思想の飛躍はないも同然といってよい。そのことを端的にあらわしてくれるのが、やはり福澤諭吉の辿《たど》った経緯である。彼は、明治十年代に、『脱亜論』につながるような論文をいくつも書いて、「外戦への準備」を始める必要を訴えていた。とくに欧米諸列強に食い荒らされているにもかかわらず近代化を推進しない中国にたいして、日本人もまた欧米諸列強と同じ姿勢をもって対峙《たいじ》するほかない、と諭吉は構えていた。

しかし新しい世代は、よりはっきりと、今風にいえば日本のナショナル・アイデンティティをふりかざそうとした。三宅雪嶺《みやけせつれい》（一八六〇〜一九四五　評論家）や志賀重昂《しがしげたか》（一八六三〜一九二七　地理学者）などの雑誌『日本人』（明治二十一年創刊）では、「国粋主義」が唱えられた。ただし、この国粋主義はけっしてファナティックつまり熱狂的なものではない。その証拠に、国粋という言葉に対応する英語はナショナリティだとされていた。つまり国粋とは国民性のことなのである。日本国民としての自覚をどこに求めるか、それを探すのが彼らの思想運動なのであった。

それと連帯するようにして、ジャーナリスト陸羯南《くがかつなん》（一八五七〜一九〇七　評論家）が、新聞『日本』（明治二十二年創刊）において、不平等条約の改正を要求する運動のなかで、「国民主義」を訴える。つまり明治二十年代において、国民としての自覚がないような近代化は日本の将来に大きな禍根を残すであろう、という意識が時代の表面に浮上したわけである。

それとはいくぶん系統を別にするが、徳富蘇峰《とくとみそほう》（一八六三〜一九五七　評論家）は「平民主義」を掲げた。それは、一方では自由民権の平等主義に連なり、他方で、平民が国民性の実質を有するからには、国民主義にも通じるという類《たぐい》のものであった。そして蘇峰は、日清戦争を経由するなかで、平民主義を帝国主義（国権主義）へと政治化していった。しかしこれは蘇峰の転向などではない。日本人の国民としての平民意識を政治の場において論じると、当時の状況を反映して、軍国の精神を、さらにいえば帝国の精神を持たねばならぬと考えるようになっただけのことである。

文学方面においても同様の動きがみられた。たとえば高山樗牛《たかやまちょぎゅう》（一八七一〜一九〇二　評論家）は、ニーチェの思想を早々と輸入して、人間の精神的活力の昂揚を礼賛した。それが「日本主義」となって、蘇峰の思想などと呼応したわけである。また岡倉天心《おかくらてんしん》（一八六二〜一九一三　美術行政家・思想家）は、美術家として、外国人に向けてやはりアジアおよび日本の精神の優秀さを説明した。つまり『東洋の理想』や『茶の本』などによって、日本のナショナリティが何であるかを訴えたのである。

しかしながら、そういうコースは一色に塗りつぶされていたわけではない。内村鑑三や新渡戸稲造は、人間の自我の基盤をクリスチャニティに求めたはてに、日本をいわば再発見する必要に迫られた。彼らは、欧米人との接触において、日本人の宗教や道徳の感覚の根源はどこにあるのかと問い質《ただ》され、そこで、たとえば新渡戸の『武士道』（明治三十二年）では、日本人の価値観は武士道のなかにこそあったのだと主張された。同じ頃、内村鑑三も『代表的日本人』を書き、その冒頭で西郷隆盛のことを取り上げ、西郷にみられる陽明学の思想が日本人の心の気高さや純潔を代表しているのだと訴えた。

教育勅語の意味

ここで教育勅語について一言しておく必要があろう。というのもその勅語は、たしかに、明治政府の公式な道徳観の象徴となったのである。つまり、国の内外から押し寄せるさまざまな価値観に対抗して明治政府が掲げた価値の標語、それが教育勅語なのであった。

まず、その基本精神が儒教にあることは明らかである。たとえば、「皇祖皇宗《こうそこうそう》国《くに》ヲ肇《はじ》ムルコト宏遠《こうえん》ニ徳《とく》ヲ樹《た》ツルコト深厚《しんこう》ナリ」というのは、祖先崇拝を道徳の起点に据えた儒教精神の発露だといってよい。また「父母《ふぼ》ニ孝《こう》ニ兄弟《けいてい》ニ友《ゆう》ニ夫婦《ふうふ》相和《あいわ》シ朋友《ほうゆう》相信《あいしん》シ恭倹《きょうけん》己《おの》レヲ持《じ》シ博愛《はくあい》衆《しゅう》ニ及《およ》ホシ学《がく》ヲ修《おさ》メ業《ぎょう》ヲ習《なら》ヒ以《もっ》テ智能《ちのう》ヲ啓発《けいはつ》シ徳器《とくき》ヲ成就《じゅうじゅ》シ進《すすん》テ公益《こうえき》ヲ広《ひろ》メ世務《せいむ》ヲ開《ひら》キ常《つね》ニ国憲《こくけん》ヲ重《おもん》シ国法《こくほう》ニ遵《したが》ヒ……」もすべて儒教精神に立脚するといってさしつかえない。

儒教は、道徳とは何かを考える際の概念装置としては、日本に定着している。そのことが、教育勅語に現れてきているとみるべきではないのか。元田永孚が天皇の名をかりて、教育勅語によって日本国民に人為的な道徳をあてがったということではないのである。明治維新において、拠るべき道徳は儒教的なもの以外にはみつからない、ということを端的にあらわしてくれるのが、皮肉にも、福澤諭吉の言説である。諭吉は儒教を「腐儒」とよんで批判したが、それは当時の儒教学者を軽蔑してのことであって、儒教精神そのものについては、一貫して守ろうとしていた。自分は「儒者の子」であると明言してもいる。

彼の『学問のすゝめ』や『文明論之概略』のエッセンスは、「公徳」の大事さを訴えるところにあるのだ。「一身独立して、一国独立す」というけれども、その一身がいかなる精神の地盤の上に独立するのかというと、やはり公徳の上にである。そしてその公徳を支えるのは、「國体」であると彼は認めている。國体とはナショナリティつまり国民性のことであると解説してもいる。文明開化のイデオローグとみなされていたものすらもが、公徳としての國体を文明の基礎とみなしていた。その公徳論において、彼が儒教精神を、そしてそれと密接にかかわって武士道精神を重んじていたことは、西郷隆盛を弁護した『丁丑公《ていちゅう》論』や勝海舟《かつかいしゅう》と榎本武揚《えのもとたけあき》を批判した『瘦我慢《やせがまん》の説』に明らかといってよい。

もちろん、義務教育で責任を持つのは天皇ではなくて政府のはずである。したがって教育の基本姿勢も政府によって示されるのが本筋である。また、教育勅語のように「子孫臣民」とか「爾臣民《なんじ》」といったような表現で教育の方向を示すのは穏当とは思われない。天皇は、諭吉のいうように「政治外」の存在であって、政治にかかわるとしても、政治に「名誉」を付与するという脈絡においてであるべきだ。

そういう意味では、教育勅語は天皇を政治的に利用したといわれて致し方ない。しかし、そこに明治の絶対君主制をみようとするような左翼主義は誇張にすぎない。それは、天皇を政治的に逆利用して、自分たちのイデオロギーをふりまく振る舞いといってよい。

見逃しにできないのは、戦後の教育基本法もまた、文化的権威の政治的利用だということである。教育勅語の表現における「朕」（天子）が「アメリカ」に変わったとすれば、教育基本法はまさにアメリカの臣民を創るための教育となっているのである。

思想の拡散が進んだ

もう一つ明治の時代を複雑にさせたのは、経済の進展である。日清戦争をくぐり抜けることによって、日本の資本主義的な産業体制も一応の成立をみる。それにつれて、労働争議という近代的現象も生じ、明治三十年代には、高野房太郎《たかのふさたろう》（一八六八～一九〇四　労働運動家）や片山潜《かたやません》（一八五九～一九三三　社会運動家）などが、社会民主主義的な運動を始める。また、幸徳秋水《こうとくしゅうすい》（一八七一～一九一一　社会主義者）や堺利彦《さかいとしひこ》（一八七〇～一九三三　社会主義者）は、もっと急進的な形で、社会主義や無政府主義に近づいていく。また、北一輝《きたいっき》（一八八三～一九三七　国家社会主義者）のように、天皇を包摂するような社会主義を構想するものも現れた。

日露戦争あたりからは、道徳的矛盾が激しく渦巻きはじめたということができる。国民主義、キリスト教、アナーキズム、ソーシャリズムが複雑な衝突を演じていた。そして、もちろん、大日本帝国憲法体制のもとで、神道・儒教の政治化と絡み合いながら、天皇の政治的利用（天皇主義）も着実に進んでいた。またそれにつれてステイティズム（政府主義）も強化されていった。

さて、文学者たちの運動にあっても田山花袋《たやまかたい》（一八七一〜一九三〇　小説家）や岩野泡鳴《いわのほうめい》（一八七三〜一九二〇　小説家・評論家・詩人）のように、自然主義的な自己描出にのめり込むものが出てきた。雑誌『すばる』は北原白秋《きたはらはくしゅう》（一八八五〜一九四二　詩人・歌人）にみられたように美意識の表現を重んじ、雑誌『新思潮』は芥川龍之介《あくたがわりゅうのすけ》（一八九二〜一九二七　小説家）におけるように理知的な表現に傾き、雑誌『白樺』は武者小路実篤《むしゃのこうじさねあつ》（一八八五〜一九七六　小説家・劇作家）のように教養主義のにおいを醸し出す。このように明治の最後の十年間くらいに、さまざまな文学潮流が入り乱れたのである。そしてついに、明治四十三年、「大逆事件」が起こった。これが捏造《ねつぞう》された事件か否かについて論じる余裕はここではないが、ともかくこれによって明治の反体制運動は、時代の総体とともに、冷え込まされたのである。

第一次大戦（大正三年）には、日本は「日英同盟」（明治三十五年）にもとづいて参画することができ、経済的にも潤った。そのおかげで政治的にも相対的安定期が訪れ、そこでいわゆる大正デモクラシーが花開いた。それは、天皇をふりかざすような政府主義や国粋主義にたいして、抵抗を示しながらも、真っ向から歯向かいはしないという微温的なやり方で、大正の人々の気持ちに浸透していった。白樺派的な人格主義にせよ、吉野作造《よしのさくぞう》（一八七八〜一九三三　政治学者）をイデオローグとする民本主義にせよ、天皇制をしっかりと認めたうえでの民衆の自由という、妥協的であるがゆえに受け入れられやすい性質のものであった。

しかしそこでも、かなりに深刻な軋轢《あつれき》が生じはじめていたことを確認しておいたほうがよい。たとえば天皇中心の国粋主義を唱えんとする上杉慎吉《うえすぎしんきち》（一八七八〜一九二九　憲法学者）と吉野作造や美濃部達吉《みのべたつきち》（一八七三〜一九四八　憲法学者）が対立するという光景が、明治の最末期から大正の初めにかけて起こっていた。

そして、一九二〇年代に入れば、足腰の弱かった日本経済は戦争の終結とともに動揺にさらされ、それに続いて関東大震災が起こるという顚末になった。関東大震災の直前に有島武郎《ありしまたけお》（一八七八〜一九二三　小説家）が自殺するといった事件に象徴されているように、大正の相対的安定期に暗い影が差すということになった。

昭和に入ると、金融恐慌が勃発し、さらには世界大恐慌に呑み込まれる。そうした時代背景がエロ・グロ・ナンセンスの世相をもたらし、時代が腐臭を放ちはじめる。大正の末期につくられていた日本共産党がそうした混乱に乗じ、そうした腐敗を撃とうとするが、あっさりと弾圧され、一九三〇年代の戦争準備の時代に入っていく。そうした時代の窒息のなかで、思想表現がいわば神経過敏状態になるのもやむをえぬ成り行きで、横光利一《よこみつりいち》（一八九八〜一九四七　小説家）の新感覚派にせよ、保田与重郎《やすだよじゅうろう》（一九一〇〜八一　評論家）の日本浪曼派にせよ、精神にたいする主観の負荷が異常に大きくなっている。

そして昭和六年に満州事変が起こり、翌年に満州国が成立する。さらに国際連盟からの脱退（昭和八年）、そして（一部）軍人や右翼人士による体制改革運動が二・二六事件で終結を迎え、国家総動員法（昭和十三年）によって、日本は「戦争の時代」という世界情勢に対応せざるをえないことになっていった。

そうした戦争準備の運動のなかで、北一輝や大川周明《おおかわしゅうめい》（一八八六〜一九五七　国家主義者）による国家主義（国粋主義および政府主義）的な思想の影響が強まっていった。もちろん一口に国家主義といってもその内容はさまざまであって、北の場合は明らかに社会主義の変種であるし、大川の場合は「アジアへ向けての日本の道義」を唱えるというふうに、いわゆる「大東亜共栄」の思想が強い。

以上述べてきたことを、乱暴を承知の上で、近代日本人の諸類型として分類して、前近代のものと対応させてみると、次ページの図2のようになる。

この図からあきらかになるように、近代日本において目立つのは、「科学」の影響力、「社会人文学」の守備範囲の広さ、「文学」の自立、哲学による宗教・道徳への解釈、天皇という国家象徴を重んじる国民運動の展開、そしてキリスト教や社会主義による普遍主義的な価値観の注入といった諸点である。いずれにせよ、この図から、宗教・道徳・思想の大いなるリシャッフル（切り直し）が明治維新のあとに生じたことがみてとれる。

こうした明治維新から対米敗戦までの約八十年の、その近代日本の前半期には、日清、日露そして大東亜・太平洋という三つの戦争があった。それらの戦争とともに道徳も思想も転変したのだが、それは、アジアに先駆けて近代化した日本にとって、ほぼ不可避の過程であった。少なくとも、後世にいるものとしては、そのようにいうほかない。日本は近代化に、間に合いはしたが、遅れて参加した。つまり日本は、否応もなく、欧米諸列強と対峙しなければならない事情にあったのである。

アメリカの西漸運動はカリフォルニアを突破して、太平洋からさらにはアジアへ向かい、そこで日本という新興国に衝突した。また、ツァーリズムにせよスターリニズムにせよ、南下政策を続けるロシアとも、満州から朝鮮半島にかけて、対決を強いられた。イギリスについては、対露・対中の外交政策上、日本と同盟したが、アメリカとの連携を優先させるのがその不動の路線であった。だから、その八十年を大きく俯瞰《ふかん》すれば、近代日本国家は戦争に巻き込まれ戦争を選びとる運命にあったというほかない。

しかし、もう少し状況に接近してみれば、そこに道徳をめぐる悲喜劇をみてとらざるをえない。人命を

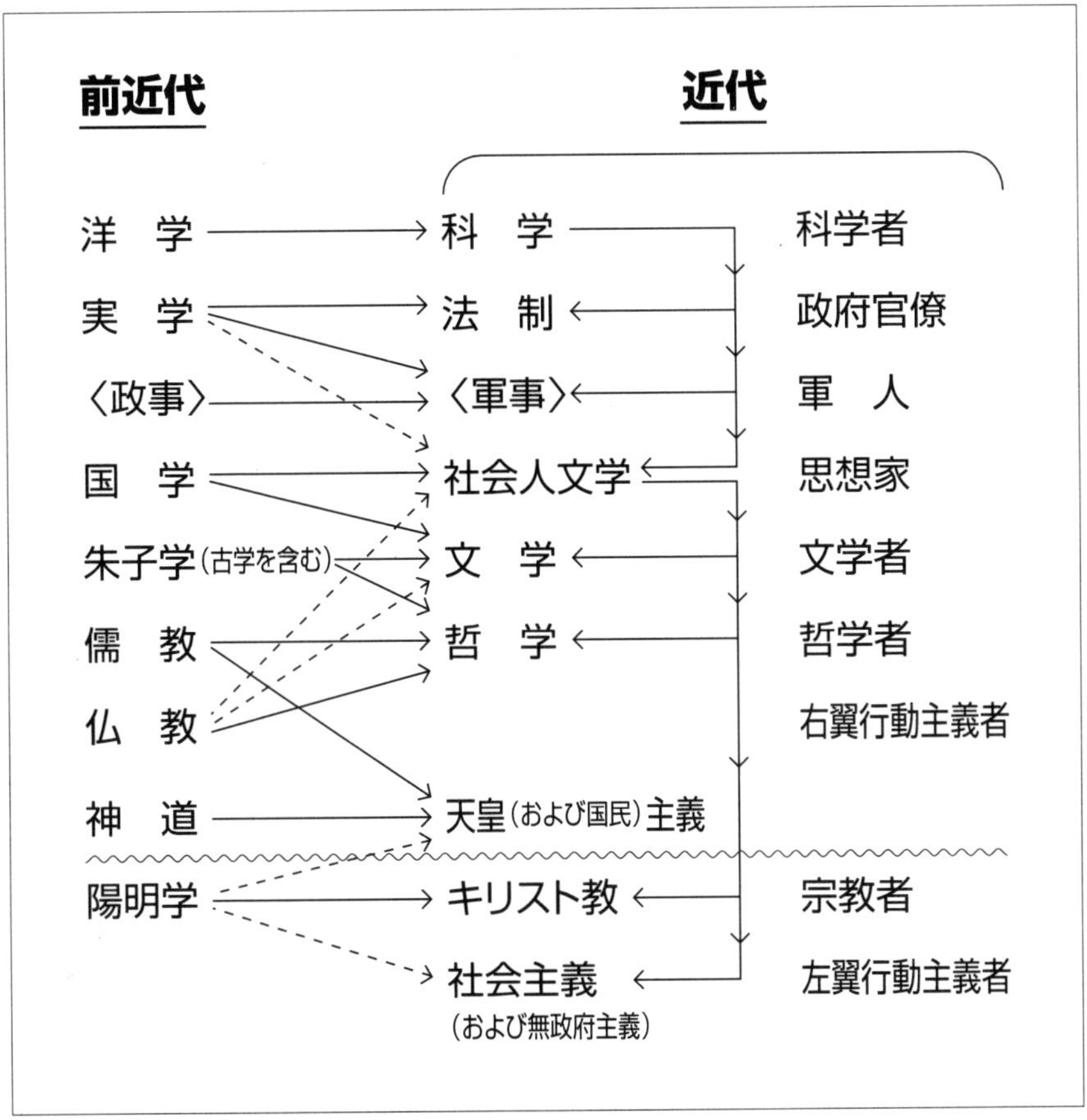

図2　近代日本人の諸類型

この図について説明を補足しておこう。

(1) 矢印の方向は影響の向かう(あるいは吸収される)先を示している。

(2) ここで〈軍事〉というのは広い意味のことで、客観的な判断を重んじた戦略的決定一般のことをさしている。

(3) 天皇(および国民)主義というのも広い範囲に及ぶのであり、日本浪曼派やアジア主義や右翼行動主義なども含んでいる。

(4) 波線の下にあるもの(前近代では陽明学、近代ではキリスト教と社会主義)は、日本にあって禁制扱いされることの多かった思潮、あるいは日本の精神史にとってかなりに異質な思潮にほかならない。

含めて膨大な犠牲の生じる戦争という国家的出来事に、国民は、道徳的に関与し、そして道徳的に混乱させられる。たとえば、その道徳劇のなかで人々は過大に誠実になって、愚鈍に陥る。また過大に反逆して無秩序をもたらす。

そうしたさまざまな道徳の絵模様の全体を肯定するか否定するかを問うのは無意味であろう。近代日本人の示してきた勇気と臆病、思慮と蛮勇、といった矛盾せる道徳の図柄のなかから、あとから生まれてきた世代がいかなる道徳の基準を探り当てるか、と構えるしかないのである。

近代日本人の「自我探し」

近代日本の八十年間を振り返ってみて、確認しておかなければならないことがいくつかある。

一つは、明治の初めから自我探しの営みが始まったということである。つまり封建の世であれば、その人の存在の場所も役割もあらかじめ制度的に決められている。自分は何ものであるかという自我探しは、ことさらに大きな問題にはなりえなかった。しかし、そういう身分が急速に取り払われたとき、自分を支える精神の基盤は何であるかを問う自我探しが起こらざるをえない。

これは、文学者の場合においてとくに鮮烈であって、たとえば、自然主義的な自我探しにあっては、葛《か》西善蔵《さいぜんぞう》（一八八七～一九二八　小説家）や嘉村礒多《かむらいそた》（一八九七～一九三三　小説家）にみられたように、自我探しが自我壊しに至ることも少なくなかったのである。そういう極端なものを含めて近代日本文学は自我探しの表現運動であった、といって過言ではない。

もちろん、自我の基盤を日本人の国民性に見出そうとする知識人も少なくなかった。福澤諭吉のいった「国民の文明」そして三宅雪嶺や陸羯南の国民主義がその代表である。あるいは自我基盤を国の枠を越えて求め、左翼主義であれ教養主義であれ、ヒューマニズムが自我を支えるとするものたちもいた。いずれにせよ、そういう自我探しの思考実験の連綿は、あの大戦争によって灰塵《かいじん》に帰せられた。その過程を悲劇というか喜劇とよぶかはともかくとして、近代日本人が、近代人の宿命ともいうべき自我探しをかなりに純粋な形で行ってきたことは確かである。そしてその悲喜劇は「戦後」にあってなおも続行中なのである。

近代日本の特徴の二つめは、オポチュニズム（状況適応主義）ということである。近代日本の思想遍歴は実にめまぐるしい。欧米の新思想が次々と紹介される。しかも日本の内外情勢が狂おしく変化する。そうした状況の変化に合わせて、日本人の表現活動が、そこに含まれる価値観とともに、万華鏡のように変わっていく。その意味で、きわめて状況適応主義的な道徳の変遷があったといえる。これもまた戦後においても繰り返されている日本人の表現法である。

プリンシプル（原理）やシステム（体系）を持たないままに、いわば外発的に近代化の波に洗われた日本人には、好意的にいえば、万やむをえずオポチュニズムに走るしかなかったともいえる。しかしそうなのだと自覚した上でなおも状況適応を専《もっぱ》らにするのは、あきらかに病理に属するというべきであろう。

近代日本の「国民性探し」

三つめの確認点は、江戸時代までの「精神の形式における包括性」がいわば分解状態に入ったということである。つまり近代日本の精神は分裂の様相をあらわにしているのだ。たとえばナショナル（国民的）なものを重視する思想の流れや人間の個性を探ろうとする表現の流れは個別主義の方向にある。それにたいしてキリスト教や社会主義や教養主義は普遍主義の方向をめざしている。その両者が互いの脈絡を絶たれたまま分裂し、さらには争い合うという分裂状態がやむことなく続けられている。

明治の時代は、日清戦争の圧勝にせよ日露戦争の名目的勝利にせよ、国家として立派な骨格を示しているかにみえる。実際、明治を褒《ほ》め称える声が多いのである。しかし少し腑分けして考えてみれば、さまざまな思想の分裂が明治時代を彩っている。また、そうだとしなければ、なぜ、大正時代にデモクラシーやヒューマニズムといった微温的な、というより偽善的な思想がはびこったのか、うまく説明できなくなる。また昭和前期のように、矯激《きょうげき》な右翼主義やプロレタリア主義の発生源もみえなくなる。明治の時代にすでに、思想・道徳の深刻な分裂状態があったのである。天皇という国家象徴に過大に政治的な意味合を持たせることになったのも、その分裂を何とか縫い合わせるためであったと考えるべきであろう。

四つめに確認すべきは、国民国家の形成にあって日本の「国民性」があまり明確にされないままであったということである。その意味で、それは早産の国民国家であった。もちろん、早産せざるをえない国際情勢があったことは認めなければならない。ナショナリティ（国民性）が何であるかということが国民に共有されるような時間の余裕がないままに日本は近代に突入した。そのため、一方で日本人一人びとりの自我探しが始まり、他方で国民全体の自我探し、つまりナショナル・アイデンティティ探しが起こってしまう。いわゆる天皇主義にしても、支配階級にいる権力者の策謀とみるべきではなく、ナショナル・アイデンティティ探しの最も簡単な方法であったというべきであろう。つまりナショナル・アイデンティティの意義を認めるのでなければ、天皇主義を批判する資格はないということである。

実は、戦後においても、ある意味での天皇主義が引き継がれている、というより形式的には天皇主義がいっそう露骨になっているということもできる。つまり戦後日本は、まずアメリカに占領され、次にアメリカニズムの思想にほとんど席捲《せっけん》されたわけであるが、それでも「日本」の国家である証拠を残そうとして、憲法第一条に「天皇は、日本国の象徴であり日本国民統合の象徴である」といわなければならなかった。その天皇条項だけによって日本のナショナル・アイデンティティを確保しようというのであるから、思想の形式としては、天皇主義の完成といわなければならない。

五つめは外部からのクライシス（危機）ということである。江戸時代までとは比較にならないほどの質量で、危機の要因が外部から押し寄せてきた。ここで危機というのは、確率的な予測を下せるリスク（危険）とは異なり、それらが予測不可能なものであったという意味である。その危機の前で、いわば客観的な力学として、日本人の精神の包括的な構えも分解を強いられるほかなかったのである。外部の危機に対応するのは、政治家や軍人や外交官の仕事である。しかし彼らの仕事がうまく進行するためには、国民にあってナショナル・アイデンティティが共有され維持されているのでなければならない。そして国民全体にナショナル・アイデンティティの自覚がないならば、外部の危機に対応するものたちは独走を許されたり強いられたりする。逆にいうと、一般の国民は、外部からの危機にたいして鈍感なままに、天皇を象徴的な頂点とする国家形態のなかで、あたかも自分たちが赤子《あかご》のように護られていると錯覚する。そういう危機を遮断した上での保護を「母性」の方式とよべば、日本は内面的には母性的な国家である。そういう母性の方式に守られながら、国民は互いに啀《いが》み合ったり傷を舐《な》め合ったりしているのである。

その精神の構造は、戦後においても踏襲されている。外部の危機に対応してくれるのは、この場合は、アメリカであるとされている。そしてその安心感の下に、国内においては、相互依存と相互反発の、遊び事めいた所業を繰り返している。

六つめとして、国民的な基盤を持った上で外面的危機への対応がなかったものだから、対外的に世界戦略もなければ、対内的に経世済民のための一貫した国内戦略もなかった。そういいたくなるくらいに、この八十年間、日本国家は右往左往している。文明開化に走るかと思いきや国民主義に逆戻りする。国民主義かと思えば左翼主義が出てくる。それを弾圧したにもかかわらず大正デモクラシーが高まる。デモクラシーが普及したはずなのに、エロ・グロ・ナンセンスやプロレタリア革命の空理空論が流行る。そうした混乱があっさりと軍国主義によって収束させられる。それこそ、福澤諭吉が欧米について予測した、「思想の大道」の前での驚愕であり騒擾である。その意味でも、近代日本は、近代主義の病弊に染められていた。

そしてアメリカがやってきた

最後に、歴史への全体的な遡及が乏しかったことである。鎌倉仏教の意義、江戸時代において成長した合理精神の意義、朱子学と陽明学が対立したことの意味、神儒仏の習合にみられる日本人の宗教・道徳の性格、武士道とエリート意識のかかわり、そうした重要な事柄を歴史的物語として構成する努力がなおざりにされていた。

日本にあって、「歴史」感覚こそがナショナル・アイデンティティの育つ場所であり、またそこにしか宗教・道徳の停泊地を見出せない。その歴史的感覚を天皇主義の方向において歪《ゆが》めたり、近代主義にもとづいて放棄したりする傾向が強すぎたのである。

「戦後」にあっても、あの大敗戦の根因を「近代」における歴史感覚の衰弱に求める、という思想はあまりにも微弱であった。あの大敗戦に直面したときに、軍人が悪かった、右翼が悪かった、昭和天皇が悪かったというごく安直な総括の上に、戦後民主主義が満開となったのである。戦前にもまして歴史への振返りが一面的になり、そして日本の歴史から離れることをもって進歩とみなすようにすらなった。歴史のなかに道徳の基準を探すことを道徳的犯罪とみなすような人権主義までもが跋扈《ばっこ》する仕儀となったのである。

国民精神の在り方が混乱し低迷しているという近代の傾向が一貫して続いているのである。大東亜・太平洋戦争は、国民精神の整序と向上を願った起死回生の企てであったのだろうが、それが大敗北に終わったため、それ以後の国民精神の落ち込みも極度に大きかったということなのであろう。その意味でなら、今は、「歴史」がすでに夜の闇に入った時代なのである。今が途方もなく明るくみえるのは、「近代」の提供した物質的富裕や社会的平等のためであり、だから今は、いわば「歴史の白夜」と形容されて然るべきなのである。

ただ、この百三十余年の歴史の下降線のなかで、やはり大東亜・太平洋戦争の前と後を区別するとしたら、戦前のほうに精神的な優位があるといわざるをえない。戦前は、敗戦を味わうことがなかったおかげなのであろう、日本が独立国としての体面を保ちえていたおかげで、自我探しにせよナショナル・アイデンティティ探しにせよ、素朴ではあったが、真摯《しんし》であった。曲がりなりにも自力でもってそれらを求める動きが続いていた。しかし、この大敗戦のあとは、アメリカ的な考え方と行い方、というよりその上澄み液だけがこの国に降り注いだ。そのせいで、そういう自我探しはエゴの容器を拡大するだけに終わり、そこに盛り込むべき内容は束の間の欲望のほかには何もないといった有り様になっている。それもそのはず、セルフ・アイデンティティの少なくとも一本の足はナショナル・アイデンティティにこそあるのである。その肝心のナショナル・アイデンティティがアメリカニズムによって切除されてしまっているということだ。

しかもそのアメリカが、平成の時代が始まる頃から、日本にたいしてははっきりと敵対的になっている。日本人の生き方が、日本の集団の生き方が、日本の集団の作り方が、日本の政府の運営の仕方などのすべてが間違っていると、アメリカが非難しはじめた。つまり、日本および日本人における歴史のわずかな残影をすら消し去れと要求しているわけである。保護者であるはずのアメリカからすら拒絶されて、今の日本人は、まるで孤児のように、途方に暮れている。この国民精神の臨界状態において、日本の歴史とその道徳に遡及するしか途がないということを、日本国民は少しずつ感じとっているのではないか。

3 日本は本当はヨコ社会である

弱年者ならばともかく、相当の年配になってなおも「規制緩和」が一般的によいことであると思っている日本人が少なくない。そういう人は、両親や教師や上司の規制にあまりに素直に従っているうちに年配者になり、振り返りみれば自分の人生がどうも幸せであったとは思われず、それで、規制緩和を、と叫びたくなるのであろう。私の場合はむしろ逆で、自分の野放図な言動は何かよき基準によって律せられて然《しか》るべきだ、と少年の頃から思っていた。

私のことはともかく、上からの指揮・命令に過剰に順応していると、この世が上意下達のタテ社会とみえてくる。そして、タテ社会だから規制が多いに違いないと思い込んでしまう。この思い込みは実に強固なのであって、子供が親を殴ろうが、生徒が先生を刃物で傷つけようが、若者が老人を足蹴にしようが、それらのすべてがタテ社会において上のものが下のものを過剰に抑圧したことへの反発なのだろうとみなされる。

年間に千七百万人もの日本人が国を離れるのであるから、外国にどれほど凄いタテ社会が存在しているか、そろそろわかられてよい頃である。それればかりか、日本のヨコ社会に、格差という、存在していて当然のものがあまりに少なかったり弱かったりするため、悪平等が蔓延《まんえん》し、そこで大人たちまでもスポイルド・チルドレンつまり「甘やかされたお坊ちゃん」の言動に明け暮れていることが看《み》て取れるはずである。だが、その千七百万人とて、大概は「パック旅行」というヨコ社会の見本例のような形で外国を見て歩くものだから、眼にみえている文物は異国のものでも、気になる人間は日本人ばかりということになる。

ヨコ社会をよいものと思い込んでしまうと、ほんのわずかなタテ社会ぶりも異様な不満を惹《ひ》き起こすことになる。その不満を利用してか、それに乗じられてか、日本通と称する外国人たちがしゃしゃり出てきて、「日本人を不幸にするタテ社会」というような御託宣を垂れ、それを聞いて、日本人が溜飲を下げている始末である。

たとえばこのように、大方の日本人論は、事態の一つの点にだけ注目して、「特殊な国・日本」の幻影をみている。これまでの日本人論では、たとえば日本人は正直であるとか嘘吐きであるとか、勤勉であるとか怠け者であるとか、曖昧であるとか繊細であるとか、勇敢であるとか臆病であるとかいったような、さまざまの互いに矛盾する仮説が並べられているだけである。必要なのは、それらの諸仮説から日本人の全体像を構成することではないのか。そうすれば、日本の一般性と特殊性あるいは普遍性と個別性がともども浮かび上がってくるに違いない。

日本批判を誘発するタテ社会論

日本人ほど「日本人論」を語る国民はいないといわれている。そういういわば自分探しの性癖において、日本人に次ぐのはアメリカ人ではないかともいわれている。その通りなのであろうが、それは十分な理由があってのことなのである。

アメリカについていえば、アメリカは移民国家であるから、ナショナル・アイデンティティをあえて創り出さなければならないという建国の事情がある。そして日本にはもっと長い歴史的な事情がある。何千年の昔から、日本の文化はハイブリッド（雑種）であり、したがってその混成の模様を明らかにしたいという欲求に日本人はとりつかれる。

さらに近代になってから、その雑種ぶりがもっと急激かつ多様に進んだ。この百三十余年、日本人は、まるで食欲過多の雑食動物のように、さまざまな文明を吸収してきた。自分たちのナショナル・アイデンティティを問わずにはおれないわけである。自分が何者かをわかっていないものが自分は何者かと考えるというのは、厄介な仕事ではある。しかし、自分に信念を持ちたいがゆえに自分に疑念を寄せるのが人間の本性だと考えれば、日本とアメリカは大いに面白い事情の下にあるといえなくもない。

自分が何者であるかについてすっかりわかっているような気でいたら、その人の感情や思考や行動は平板になる。それは、その人たちの文化の色合を単純にしてしまう。だから、日本人が日本人論を逞《たくま》しくするということそれ自体は有益なこととしてよいのである。

しかし実際に発表されてきた日本人論は、あまりにも雑多である。それらは、要するに、「木を見て森を見ず」式で、日本のほんの一面だけを取り上げて日本の全面を論じている。そうであるにもかかわらず、固定観念のようにして持続している日本イメージというものがいくつかある。その第一は「日本はタテ社会である」というものである。

卑近なことでいうと、九〇年代のさまざまな日本改革論のなかで、官僚批判をはじめとする日本的組織の批判があった。つまり、日本はタテ社会で、それゆえ規則にがんじがらめにされているというのである。そういう日本特殊論に傾くのはまず日本に反発の感情を抱いている外国人で、次に、外国人から批判されることを喜ぶのを習わしとしている日本人である。

外国人の日本批判にいわば種本を供給しているのは日本人自身だということもできる。近代日本の成立は、幕末における短期間の混乱のなかから突如として世界に躍り出た、といった様子であった。したがって、封建の制度や意識を本当に払拭《ふっしょく》したのかという疑問が、主として反体制陣営から突きつけられ、また日本の知識人の気分はおおむね反体制的であるから、日本は未だ近代化されていない、という種類の言説が多くなるわけである。

とくに戦後日本では、日本の近代化の遅れがあの大東亜・太平洋戦争を出来《しゅったい》させた、という議論が多かった。前近代の標準は、士農工商の身分制度を典型とするタテ社会である。つまり、近代日本の始点においては封建のタテ社会のことが、そして今という近代の到達点では日本的組織のタテ社会性のことが、日本人による日本批判として展開されているのである。それを受けて、外国人が日本は世界のなかであまりにも特殊な国である、といいつのることになる。

日本は平等社会である

しかし、ここに一つの奇妙な事実がある。日本は世界に冠たる平等社会なのである。昭和の五十年代、日本人の九割が中流意識を持つほどに、また日本は無階級社会であると多くの外国人が認めざるをえないほどに、日本は平等社会なのである。

歴史的にいっても、日本の国家象徴たる天皇および皇室は、平安の末期から、物質的には質素な生活を送っておられる。皇室が酒池肉林をやっているなどという話は聞いたことがない。さらに日本の貴族階級は、武士によって土地を奪われて以来、社会にたいして実権を行使できなくなっていた。明治以降、皇室を守るために創られた華族にしても、大して権威のある存在ではなかった。ましてや、戦後、華族解体や農地解放で、その特権も剝奪《はくだつ》された。また、近代日本では、下級武士によって明治維新が遂行されたという経緯もあって、精神的にいっても、階級意識が強いとは思われないのである。だから日本が平等社会だということは認めるほかない事実なのだ。

平等社会がタテ社会だというのは悪い冗談ではなかろうか。

日本は平等社会だという事実をみて、多くの外国人が、それは戦前の不平等社会を反省したことの結果なのだろうと推測する。そして、文化の遺制は根強いのであるから、現代日本人の精神に不平等を容認し歓迎する気風が残っているに違いないと憶測する。しかしそれは見当違いの勘繰りである。もちろん、被差別部落というものが露骨に存在していたし、有産階級が目立つ形で存在してもいた。しかしそれとて、欧米や発展途上諸国に今もいる豪壮な有産ぶりと比べれば何ほどのこともない。日本には昔から絶対的権力がなきに等しいのである。そうであればこそ、明治維新において下級武士が簡単に権力を手に入れることができたともいえる。つまり藩主や老中たちが下級武士に操作されるというのは、日本だから可能だったということである。要するに戦前の日本は不平等社会で、戦後にも意識としてその風習が残っている、というのは頷《うなず》きえない仮説である。

政治的にいっても、デモクラシーの基本たるいわゆる合議制は武士社会のなかで発達していた。参会者に一定の平等を認めるから合議が成り立つわけであって、それをみても、日本がタテ社会であるというのは誇張した言い方だとそろそろ確認しなければならない。

日本の組織は共有の道徳に支えられている

第二に指摘しておかなければならないのは、日本人は組織づくりの名人といいたくなるほどに、まとまった動き方をする、ということである。しかも、そのまとまり方は、開放的かつ伸縮的であり、それゆえ日本の組織はおおむね動態的に発展してきたのである。

これは日本の歴史をみればすぐわかることだ。たとえばロシアにみられたような硬直した官僚体制、つまりノーメンクラツーラのようなものは日本にはなかったといってよい。またヨーロッパの一部にいまもなお残っているような強い階級社会は日本とは無縁である。日本の組織は、外部の刺激を敏感に受けて、内部の在り方を変えていく。それをタテ社会のイメージでとらえるのは無理なのである。

第三に指摘されるべきは、日本は集団・組織をみごとに作りだしてきたけれども、それは欧米にみられるような形式合理性を備えてはいないということである。なお、共通の目的が明示され、それゆえ共通の規制も明示されている集団、それが組織なのであるが、ここでは集団と組織を区別して論じることはしない。

アングロサクソン系の組織では、人々は契約を結び、契約で指定されたことだけ果たせば、あとは集団から自由になる。その意味で、その組織は機械システムに似ている。

しかし日本の組織にあっては、組織を支えるものとしての共有の道徳が重んじられる。つまり、組織の構成員が価値意識や規範感覚においておおよそ共通していることが暗々裡に要請されるということである。ほかの言い方をすると、いわゆる黙契（暗黙の契約）にもとづいて契約が結ばれ、そして黙契に沿うように指揮・命令の規則が定められるということである。

より広くいえば、人々の「関係にかんする道徳」として公徳が、黙契として成立しているということで、それはタテ社会のイメージとは背反するものである。公徳が当該の組織に限定されて、社会全般に及ばないという悪弊はたしかに日本社会にみられる。しかしそれはタテ社会ということとは別の問題である。タテ社会ならば、その上部と下部で道徳が違って当たり前である。公徳を共有しているということ自体が、ヨコ社会的な性格のものなのだ。問われるべきは、そのヨコへの関心がなぜ組織の外部へと広がらないのか、ということである。

そのことと関係して第四に確認しておく必要があるのは、日本の場合、組織や集団の権力がどういう権威（共有価値）に由来するものかが問題にされるという点である。タテ社会ならば、権力の地位にいることとそれ自体が権威である。公徳にもとづく集団・組織にあっては、共有される権威を名分とよべば、名分が正統性を保証する。そして日本では、武士の権力が正統な権威を持つかどうかが問題にされてきたのである。そして権威が問題にされるということそれ自体が、タテ社会の権力構造ではないということを意味しているとみなければならない。

実は、これは封建の世の中から出てきたことである。ヨーロッパと日本が似ているのは、封建の時代を経過したという点なのだが、そこでは、日本語でいえば「御恩と奉公」の関係があって、これが契約思想の基礎となった。つまり、幕府のような権力がいわゆる「安堵《あんど》」によって土地の使用権を認めることと権力への忠誠とが、契約関係にあるということである。封建の主従道徳は単なるタテ社会の関係にはなかった、ということがまだ広くはわかられていない。そして、御恩と奉公という契約が安定するためにも、恩を与えるがわとそれに奉じるがわとを結ぶ、共通の権威がなければならない、ということもよく理解されてはいない。

もちろん、この御恩と奉公の関係が、明治になってから、忠君愛国という形で政治的に利用される嫌いがあったことは認めなければなるまい。しかし、それを批判するあまりに公徳の観念そのものを否定するのは、近代社会の基礎をなす契約そのものを破壊する所業なのだ。そうであればこそ、契約思想が広まるにつれて、社会に不平不満が多くなるという皮肉な事態が生じている。

集団主義と個人主義の、それぞれの二面性

集団を作るのがうまいことをさして「集団主義」とよんでさしつかえないとしても、集団主義には表と

裏があるのであり、それをタテ社会とみるのは短絡である。

集団主義の振る舞い方は、その表面をみれば、たしかに人々は同一の規則に従っている。その意味では集団主義の表面には明らかに（規則をめぐる）同一性が観察される。しかし、機械の部品ならざる人間の集まりとしての集団にあっては、その裏がわでは、関係者が互いに差異性を競い合っている。

集団の内部でのプロモーション（昇進）をめぐって、日本では大いに競争が行われていた。また、これは集団主義の短所に当たるのだが、集団の裏がわでは、嫉妬や中傷がとびかうことも多い。しかしそれも、日本人が皆して同じ行動をとるというのが表面の観察にすぎない、ということの有力な証拠なのである。

一つの具体例でいうと、旧日本軍の組織にあっては、「生きて虜囚の辱《はずかし》めを受けず」と規定されていたせいもあって、忠義の精神に満ちていたといわれている。しかし、実際に観察されたのは、捕虜になったときに仲間を裏切りがちになる、という逆の現象である。それを、規定があったので捕虜になったときの振る舞い方を知らなかったため、とみるのはおそらく皮相の理解である。建て前としては死ぬまで戦おうとするが、本音としては仲間を売ってでも生き延びたい、という心理の分裂が生じたということなのであろう。いずれにせよ、日本人は団結と統一を旨とする集団主義者であるという理解では、この忠義と裏切りという背反をうまく説明できないのである。

こういう表裏二面の心理構造というのは集団主義にだけ特有のことではない。個人主義にも同じことがいえるのである。

アメリカ人のことを例にとると、彼らは、観察可能な表面では、互いの個性の差異を競い合っている。それが能力主義や競争主義と形容されてもいる。しかし裏がわでは、アメリカ人ほど同一の価値観を強固に持っている国民も少ない。つまり「アメリカ的なるもの」を疑うのはアメリカ人にとって禁句だといってさしていいすぎではない。とくに戦争のような国家の危機にあっては、アメリカ人は驚くほど画一的にアメリカのために戦うのである。逆にいうと、アメリカン・フリーダムのような価値を裏がわでしっかりと共有しているせいで、表がわでは激しく競い合うことができるということなのであろう。

要するに、裏がわでの同一性と表がわでの差異性、それが個人主義というものだということである。

日本の集団主義には伸縮性がある

日本の集団主義に話を戻すと、福澤諭吉が封建日本における「権力の偏重」を批判したのも、権力構造があることとそれ自体についてなどではなく、上に隷従《れいじゅう》したがる卑屈な心根をさしてのことである。仮に諭吉のいう通りだとしても、問題は、そういう卑屈な心根が近代日本においてどれほど強く残っているかということである。

他国との比較において、今の日本人には上にへつらう卑屈の態度がある、とみるのは間違いであろう。日本は平等社会なのであって、だからこそ主従道徳という形での世俗の儒教精神はこの国に根を下ろしていない、といったほうがよほど正しい。とりわけ戦後ともなると、民主主義の花盛りであって、むしろ上に逆らうのが個性の発揮だといったような風潮が強まりつづけているのである。

このように日本の集団・組織の表裏を少し綿密に検討してみると、その構成員たちに自発性あるいは主体性がある、それを発揮することがかなりの程度で許容され歓迎されている、とみなければならない。少なくとも他国との相対比較でいえば、日本の組織は、組織としてのまとまりを保ちつつも、構成員たちの能動的活動を禁圧することが少ないために、けっして閉鎖的でも硬直的でもないのである。そうであればこそ、戦国時代の下剋上、安土桃山時代の南蛮文化の取り入れ、江戸時代の諸藩の改革政策に典型的にみられたような進取性が、日本の歴史を特徴づけることになったのである。

いや、そうした個別の事例を出すよりも、我が国において貨幣（的市場）経済が持続的に発展してきたこと、またそれにつれて技術的体系の継続的な発達があったことが、日本的組織の外部にたいする開放性と内部における伸縮性をよく物語っているといえる。つまり、貨幣は産業制におけるメッセージ（通信）であり、技術はそのコード（規準）なのだが、両者は、企業組織にせよ産業組織にせよ、組織の質量両面にわたる裏づけがなければ発達しえないものなのである。

集団・組織において、構成員の自発性を重んじるという点では、アメリカのそれと同じ方向にある。アメリカの集団・組織は日本のよりも開けていて柔らかではあるが、日本とて、大きくいえば、「集団主義の個人主義化」とでもいうべきやり方で人々の集まりを差配してきたのである。短絡を恐れずにいえば、日米が経済のスーパーパワーになりえたについても、そうした文化的な基礎条件があったればこそだと思われる。

日本の個人主義は「間柄」を重んじる

他方、いうまでもないことだが、日本にだって個人主義がある。個人主義がないというのは、単に前近代的であるというのにとどまらず、ほとんど非人間的というのと同じなのだ。なぜといって、言葉といい意識といい、まぎれなく、一人びとりの人間において発せられ保たれるものだからである。しかし、日本の個人主義は、かつて和辻哲郎《わつじてつろう》（一八八九〜一九六〇　倫理学者・文化史家）が（モンスーン地帯における農業の協同作業という点から風土論的に）説明したように、「間柄《あいだがら》」を重んじる。つまり、関係者とのつながり方を意識した上で、自分の独自性を主張するということである。

それを集団主義に括《くく》るのは間違いである。なぜといって、関係者との間柄を気にするということは、彼らが自分のとは異なった振る舞いに及びうることを察しているからにほかならないからである。彼我の差異を前提にした上で、それから生じうる関係の攪乱《かくらん》を一定の範囲内に収めよう、と構えることをもって相互的な個人主義とよんでよいであろう。日本の個人主義は、間柄のことをあまり重んじないアメリカ的な原子的個人主義ではなく、それにしっかりと配慮する相互的個人主義だといってさしつかえあるまい。そしてそれは、「個人主義の集団主義化」とよばれて然るべきものである。このように、相互的個人主義が、その根底に、平等主義への志向を秘めていることは論を俟《ま》たない。相互の間柄を大事にするとき、彼我のあいだに何ほどかの平等性を確保しなければならない。そうでなければ、間柄そのものが壊れてしまう恐れが大きくなるからである。もっというと、平等主義が民主制の眼目だという点を考慮に入れるなら、相互的個人主義は民主制に馴染みやすい性質を持っているのである。

この点では、アメリカと異なるのみならず、西ヨーロッパとも違う。西ヨーロッパは、もちろん国によって差はあるが、大まかにいって、アメリカのに類似した原子的な個人主義に傾いている。要するに、個人として振る舞うときには、他者との関係を軽んじてでも、おのれの個性を発揮しようと努める。それが、

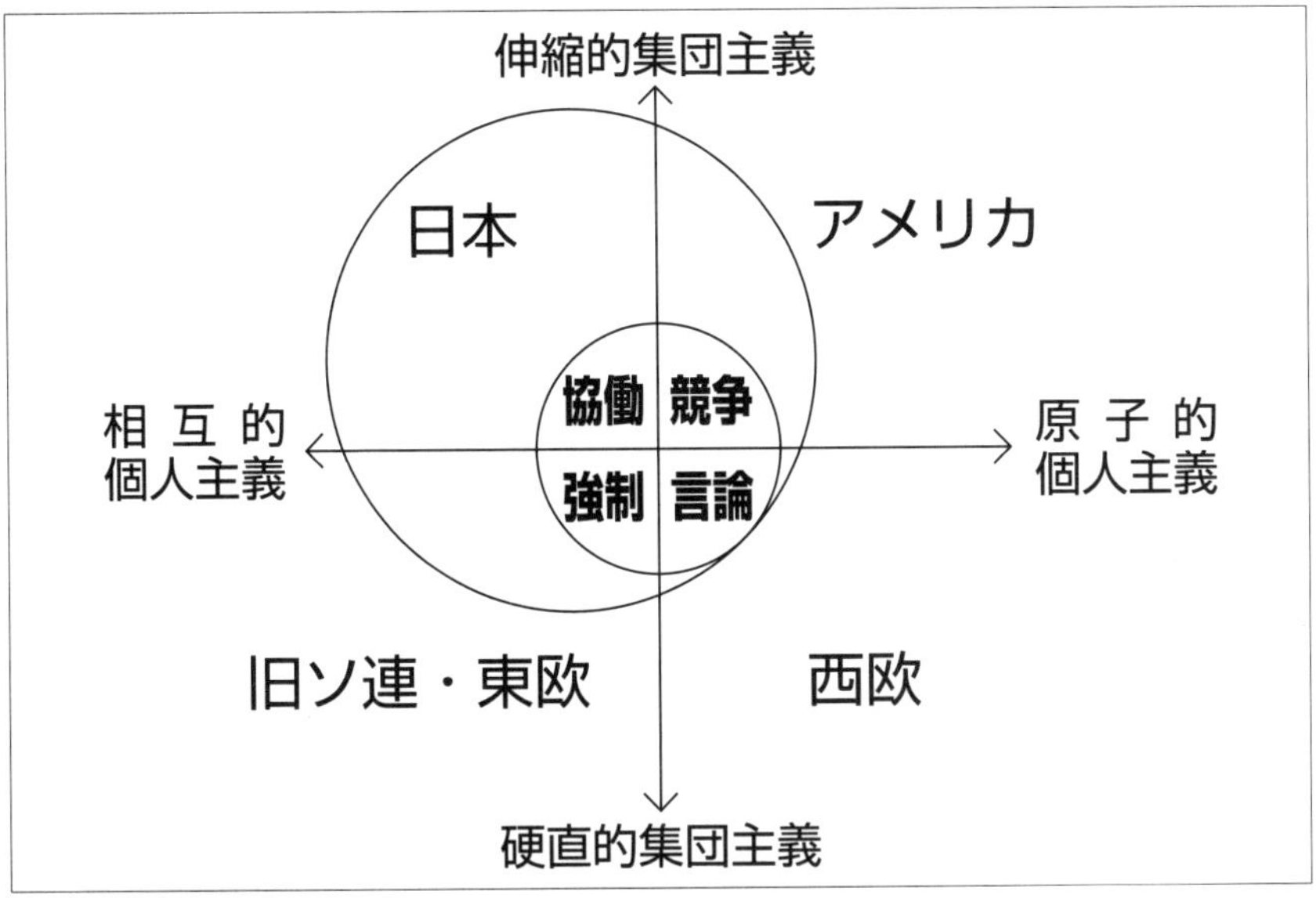

図3　先進諸地域の文化比較

風土論的にいえば、遊牧民としての歴史からきたものであるかどうか、ここでは詳《つまび》らかにしえない。いずれにせよ、欧米と日本の懸隔《けんかく》といわれているものは、この個人主義における原子性（孤立性）と相互性（関係性）の差のことであるに違いない。ついでにいっておくと、欧米において（平等主義という意味での）民主制への「要求」が強かったことにしても、相互性への配慮の不足のために不平等が拡大していたということの反映だと思われる。あるいは、平等要求それ自体が、原子的個人の自我の拡大を図るという動機に根差していたということである。

ただし、西欧とアメリカのあいだには、集団主義において、小さくない隔たりがある。西欧の集団主義は、アメリカや日本のとは逆に閉鎖的で硬直的であるようにみえる。階級制も根強く温存されており、また集団・組織における慣習体系も、日米と比べれば、強固である。したがってそこでは、集団・組織の構成員の自発性・主体性が抑え込まれることが多い。またこの硬直的集団主義という点では、ロシアをはじめとする東欧が西欧よりもさらに顕著であると概観してよいのではないか。

さらに概観してみると、東欧の個人主義は、それにツァーリズムやスターリニズム、ロシア正教やギリシャ正教そしてハプスブルク家やオスマントルコの政治手法がいかなる影響を与えたのか明らかではないものの、いわば官僚体制の下における相互的個人主義というような種類のものではないかと思われる。そこに社会主義なるものが何ほどか定着したことについても、この相互的個人主義によって要請される平等主義が官僚制と結びついたという経緯があってのことではないかと推測されるのである。

以上のことを図示してみると、前ページのようになる。

なお、そこでは、各文化圏のあいだに重複する領域もある、と想定されている。いずれにせよ、二種の個人主義と二種の集団主義によって形作られる「競争・協働・強制・言論」という人間の基本的な活動類型のいずれに傾斜するか、それがそれぞれの文化圏の在り方を特徴づけているわけである。ここで若干の説明を要するのは、「言論」という活動類型についてであろうが、それは、硬直的な集団のなかにおかれた孤立した個人は、その緊張に堪えるために、是非もなく、認識の努力にもとづいて「言論」を開始するほかない、ということをさしている。

日本が外圧に弱い理由

日本のことに話を戻すと、我が国には、(原子的個人主義という) 純粋な個人主義と (硬直的集団主義という) 純粋な集団主義が、良かれ悪しかれ、不足している。良かれというのは、そういう極端な価値がないおかげで、平等を重んじる民主制と成長を重んじる産業制が順調に発展しえたということである。しかしそれは、いわば文明の「内部」における傾きであるにすぎない。それは、文明の内部が、「個人主義の集団主義化」と「集団主義の個人主義化」という互いの歩み寄りによってきわめて安定的なものになっているということでもある。

しかし、この内面的安定性は、裏を返せば、外面的不安定性である。つまり、外部からその文化に圧力や攻撃を加えるような (一般に危機とよばれる) 事態が生じたとき、いいかえれば人々の間柄や集団・組織の構造が脅かされるとき、日本型の文化は激しい動揺にさらされる。というのも、原子のように孤立することを恐れないような強い個人も、おのれの構造を断固として守り抜こうとする強い組織も、日本には多いとは思われないからである。実際、日本がどれほど「外圧」に弱いかはすでに実証済みのことである。

内面的安定と外面的不安定という日本型文化の対極にあるのは西欧型のそれである。西欧型文化は極端な個人主義と極端な集団主義に引き裂かれる傾向にあるので、内面的には不安定である。だからそこから、さまざまな革新の要求が噴出しもする。しかし、それら極端な構えは、外圧にたいして粘り強い抵抗力を示すことができる。その意味で西欧は外面的には安定である。実際、この半世紀間をとってみても、「西欧の没落」を一世紀前から予告されているにもかかわらず、西欧は今もなお文化的に優等の地位を世界に

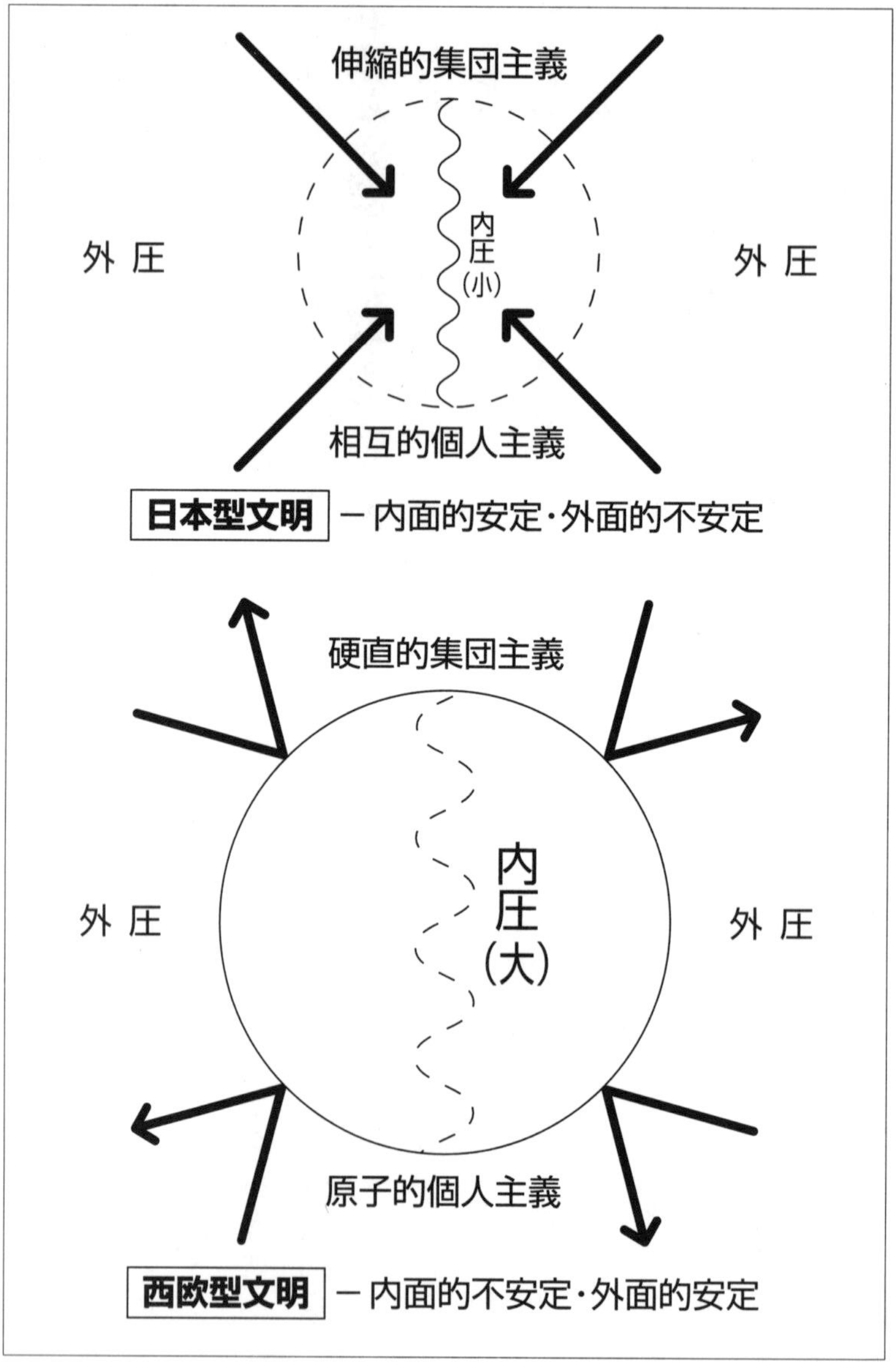

図4　日本文明と西欧文明の違い

誇示しつづけているといってよい。このことを図示すると右のようになる。

だが日本と西欧は、それぞれの文化型が対蹠《たいしょ》的な位置にあるにもかかわらず、それらの文化型を支える精神の土壌がまずもって「歴史」に求められてきたという点では、類似しているともいえる。それは、あえて大胆に言い切ってみると、外面もしくは内面のいずれかに、大きな不安定を抱えている文化型にあっては、それを乗り超えるための方策を探さなければならず、そして、そうした「危機」に対処するための英知は歴史のなかにしか見出されない、という真実の反映なのだと思われる。

もっというと、そうした歴史の英知を探索できるものは、自分を性格づけている文化型の長所のみならず短所をも、可能性だけではなく限界についても、見抜くことのできる人である。それを（誤解を恐れずに）エリートとよべば、戦前までは日本にもそういうエリートがかろうじていたといえる。それは、たぶん、武士道の残影ということだったのであろうが、ともかく、政界、官界、財界そして知識界に、強い個人主義と強い集団主義を持ち長らえている人々がいて、彼らが、国家の危機に備えようと努力していた。その努力によって国体つまり国家の体裁が何とか保たれていた。

「戦後」における最大の問題点は、外部からの危機に対抗する勢力が根こそぎいなくなってしまったという点にある。そして危機への対処はすべて戦勝国アメリカに任せることにして、自分らは内面的に安定した「日本」のなかでまどろむ、という精神の深い昏睡《こんすい》状態が日本を襲ったのである。

そのことを指摘するためには、「甘えの構造」という見方のほうが、「タテ社会」よりもはるかに有効である。「甘え」とは、相手から愛されることを期待して、ということは自分を愛してくれるほどに寛大であることを相手に期待して振る舞うことといってよい。そして内面的に安定した日本の文化パターンつまり日本人の意識パターンのなかには、そういう甘えの構造を簡単にみてとることができる。「甘え」が「モラトリアム」につながりやすいことはいうまでもない。危機において決断と実行を自分に猶予する、それがモラトリアムであるが、事実、モラトリアム現象が、昨今、日本国家の全域を覆っているようである。

しかしそうなったのは、危機への対応の英知を秘めた歴史への洞察がなくなったこと、そしてその洞察を引き受けるエリート層がいなくなったことの結果である。

いや、エリートというのは語弊があるかもしれない。そういう洞察は、本来、普通の人々の気持ちの一部に保持されているものである。モラトリアムを切り上げるほかない人生の局面がいずれやってくることを、普通の日本人は心ひそかにせよ理解している。内面的に安定した人間関係のなかで甘えている自己自身を冷静にみつめ、時至らば、その甘えを乗り超えてみせようとする構えが平均的な日本人にも何ほどかあったはずなのだ。だが、戦後民主主義や戦後平和主義といった、まさに「甘えの構造」にほかならぬイデオロギーが大量に注入されたせいで、日本人の「甘え」からの脱却の可能性がいっそう小さくなってしまったのである。

モラトリアムからいかに脱却するか

しかし同時に認めなければならないのは、日本社会にかつて存在していた一部の（さしあたりエリートとよんでさしつかえない）人々に、強い個人と強い集団を創り出すことを安直に期待してはならぬということである。彼らが日本人の行為のプリンシプル（原則）や日本社会のシステム（体系）のあるべき姿を設計する、などというのは最悪の未来である。

なぜなら、日本人の精神は、すでにみたように、内容において雑種的であり、形式において非常に包括的だからである。知識・情緒・意志の全面において分析・総合・超越をなそうとしている、それが日本人の精神の元来の在り方である。そこで、原理や体系を安直に求めると何が起こるか。

たとえば日本人のプリンシプルを求め、それは仏教的無常であるといって、日本人は「無」の境地において近代の矛盾を超克せんとする。またたとえば国学にもとづいて「たおやめぶり」であるとか「もののあわれ」であるとかいって、美意識に浸ろうとする。またたとえば、儒教から出発して「忠君愛国」を唱え、軍国に奉じようとする。

包括的なのが日本的精神の特性なのだということそれ自体をプリンシプルとする、それ以外に手がないのではないか。また雑種的なのがその特性だということそれ自体を体系とするほかに道はないのではないか。

そのように構えることには、もちろん、曖昧《あいまい》に流れる危険がつきまとう。そうであればこそ、そうした形式において包括的で、内容において雑多な日本文化を的確に構造化するものとしての知識人の仕事が重要となる。また、そうした知識人の仕事が、できるならば、庶民の生活の全体的な在り方とよく対応しているのが望ましい。そういうふうにしてしか、日本人のアイデンティティはとらえられないものなのである。

このような知識人の努力がないままに、また一般国民の常識と呼応する知識人の言説が少ない段階で、日本は近代化に突入した。それで外部からのさまざまの危機に抗《あらが》っているうち、この日本人の精神の形は乱れ、その中身も雑になった。そのような状態であの大戦争に突入していったのであるから、日本国民が精神の深い傷を負わないわけがないのである。

要するに、セルフ・アイデンティティ探しや、ナショナル・アイデンティティ探しにおいて、自分の特定の気分や情報にあまり負荷をかけてはならぬということである。アイデンティティ（恒等性）探しは、自分の生の本質が恒《つね》にそれと等しいと思うことができるような、不動の価値をみつけることにほかならない。そういう不動点は、その所在について仮に見当がついたとしても、そこに達するには、正確には無限の時間がかかるとしなければならない。とくに雑種性と包括性をみせつける日本文化にあってはそうである。そうと察すれば、そこへの「接近法」をもってアイデンティティへの第一次近似とすることが許されよう。

そういうふうに構えないと、次々と移り行く自分の心象風景や自分の周りの社会状況に振り回されて、アイデンティティもまた浮動していく。その意味で分裂気味なのが現代人の精神なのである。

佐久間象山の「東洋道徳、西洋芸術」という路線を進むのも分裂の恐れ大である。この場合の芸術というのは技術のことであるが、ともかく、本筋からいえば、技術を（その変化のことも含めて）選びとるための基準が道徳であるからには、両者は分離できないのである。奈良時代の「和魂漢才」も江戸時代の「和魂洋才」もそうである。卑近な例でいえば「神の国」における「ＩＴサミット」も然《しか》りといわなければならない。漢才にせよ洋才にせよ技術にせよ、それを受容し創造するための道徳が自分および自国にあるということ、さらにはそれらを価値的に評価した上で受容しなかったり創造しなかったりする道徳すらもがあることを、歴史を振り返りつつ、確認していかなければならない。

その「魂と才」のあいだの相互応答を率いるのは、職業でいうと、知識人の仕事である。そういう知識人が育たない、戦後日本における最大の文化的病理はそこにある。道徳を技術と分離したために、道徳が内容の雑種的な豊かさを失い、道徳の形式も狭隘《きょうあい》になってしまった。そして、文字通りに雑多な技術が多様な形態をもって現代社会に押し寄せてきたとき、道徳はいわば窒息死させられたのである。それは道徳がみずからを、たとえば和魂のような、袋小路に追い込んだことの当然の帰結でもある。

知識が必要になるのは、状況が危機的であるからこそである。危機を乗り超えるために、危機に陥っている自己への解釈が必要になる。外面的な危機に弱いという日本の文化型が、戦後においてさらに徹底され、その結果、自己解釈を含むものとしての知識がこの国では育ちづらくなっている。というより、そうなのだということの自覚すらが消え失せている。外面の危機に対応するには、内面において競争・協働・強制・言論という人間活動のいわば基本構造がバランスよく保たれていなければならない。現代日本において、認識（とりわけ自己解釈）の力量が衰えたため、その基本構造が解体も同然に追い込まれてしまった。

それで、あるときは（たとえば日本的経営の精華としての）協働の成果が礼賛され、次には（アメリカに見倣《みなら》って）競争に精出すことが奨励された。やがて、政府の出動という強制の必要が叫ばれることは眼にみえている。これは、社会のあらゆる現象にみられる徴候であって、たとえば教育にあって、子供たちのあいだの連帯、子供たち同士の競合そして子供たちへの強制といった教育政策が、状況適応的に繰り出されてきた。

その他あれこれ、現代日本を蝕《むしば》んでいる自己分解の社会的力学は、つまるところ、自己認識をないがしろにしてきた文明の陥るほかない自己喪失の姿なのだと思われる。自己喪失から脱け出ようとしない戦後日本人が決断をつねに先送りするという「モラトリアム」に陥ったのは、まったく当然の成り行きといってよい。そしてモラトリアム人間が最も嫌うのは、自他の関係についての認識にもとづいて真摯《しんし》な「言論」を展開することなのである。そして、いささか逆説的なことなのだが、この自己喪失という内面の（それゆえに真実の）危機を自覚するのは、人間のみに許された特権なのである。あらゆる価値は、この自己喪失を自覚する快苦入り混じった精神状態のなかからの、いわば精神の冒険として編み出されてきたものなのだ。それがモーレス（慣習）となって蓄積されたものがモラル（道徳）となる。だから、その蓄積を、たった半世紀間で浪費してしまった戦後日本人は、またしても、「日本人とは何か」と最初から問わなければならなくなったわけである。

二章……戦後

敗戦日本人の道徳に何がおこったのか

4 天皇は「聖と俗」の境界に立っている

人間の行為はなべて象徴的である。食事に始まり戦争に至るまで、人間はみずからの求める意味と価値を、何らかの事や物に託して表現する。そしてその事物が象徴にほかならない。だから「国民」も「政府」も、人間が作りだした象徴にほかならない。それゆえ国家（国民とその政府）もまた象徴化の産物である。そうとわきまえていれば、国家をさらに象徴する事物が、天皇とか日の丸とか君が代のような形で存在していたとて、驚くに当たらないのはむろんのこととして、反発するいわれはないはずである。

ところが、ファッション、スキャンダルあるいはオピニオンから技術、商売あるいは学問までのありとあらゆる象徴と遊び戯れているものたちが、国家象徴だけは許せないと目角《めくじら》を立てる。かつて国家象徴をかざして戦争が行われたからだというのだ。それは丁度《ちょうど》、ナイフをふりかざして殺人が行われたことがあるからナイフを禁止しようといっているに等しい。正しい殺人もあるということについてはここでは言及しない。しかし、いかなる戦争にもどんな国家象徴の使用にも「言葉」がつきまとうのである以上、彼ら反国家象徴派には、筋を通して反言語派になり、沈黙してもらいたいと私は思う。

戦争に伴いがちの言葉を挙げてみると、歴史、文化、正義、勇気、士気、連帯、命令、服従、名誉、戦略、戦術、攻略、死守など、つまりは数え切れない。そしてこれらすべての言葉が象徴として機能していることは疑いを容れない。言葉がそうであるように、どんな象徴も善用されたり悪用されたりする。要するに、天皇・日の丸・君が代の存在に反対するものは、それらを善用する能力もしくは事の善悪を区別する能力に欠けているのだ。それも当然であって、言葉の意味について無関心なものが善悪の判断を下せるわけもないのである。

卑近な例でいうと、オリンピック・ゲームで日本の選手がメダルを獲《と》ると、日本人は盛大に日の丸を振り君が代を歌う。だが、それに抗議する反国家象徴派はどこにもいない。それも奇妙であるが、自国のであれ他国のであれ、旗歌に敬礼も斉唱もしない日本の選手たちが目立ってきているのも奇異である。そういえば、かつて銅メダルを獲った女性が「国のために走ったんじゃありません。自分のために走ったんです」と胸張っていた。ちなみに、そのゲームでは、「国のため」といったエチオピアの女性が金メダルを、そして「家族のため」といったロシアの女性が銀メダルをとった。その順位も私には、冗談半分でいうのだが、何らかの「象徴」であるように思われた。国ごとの代表選手の数が限られているために、当該のゲームで劣っている国も代表を送ることができる。つまりは、オリンピックも国家単位のゲームだということである。そのことを押さえられないものだけが、オリンピックを「自分のため」の場と取り違えるということだ。

とかくかように、象徴的動物たる人間が、自分は象徴世界のなかに組み込まれているというのに、その世界から自由でいたり、その世界を自在に操ったりすることができると傲慢《ごうまん》に構えている。国家象徴論は自分象徴論から始められるべきだといっておきたい。

天皇の本質は「最高位の神主」

日本の歴史は天皇制のことを抜きにしては考えられない。「すめらみこと」つまり天皇とは「統《す》べる尊《みこと》」のことであり、その存在の本性は神意を「知る事」である。逆にいえば、直接に執政を行うことはないが、政《まつりごと》のために祭を司るのが、天皇の仕事だということである。こうしたものとしての天皇が日本の歴史を貫いて存在している。神武《じんむ》から今上《きんじょう》まで一二五代にわたって天皇制が続いているわけである。とくに明治維新以降の近代史を振り返ったときに、やはり皇《すめらぎ》の主権か民《たみ》の主権かというふうに政治の根本を設定し、そして後者を支持するのが現代の政治価値でなければならない、とする論調が戦後を覆っている。それゆえ、天皇の存在を何ものととらえるかということが、国家論の要諦《ようてい》であり、日本近代史の解釈における要点となるのである。

なお天皇は、対内的にいえば、日本国家の象徴だという意味で、日本のいわば「中心」に存在している。しかし同時に、日本国家はつねに国際関係のなかにおかれてきたのであり、したがって対外的には、天皇は日本のいわば「国境」にいて、日本を諸外国へ向けて象徴しているのである。換言すれば、天皇が日本のナショナリズムの象徴となるにしても、それはインターナショナリズムを含んだ上のことだということである。そうであればこそ、日本の皇室は、古代から現代に至るまで、外国の文物にたいしてみずからを開いてきた。というより、そうした「開放」をむしろ先導してきたのである。

天皇は、戦後、いわゆる「人間宣言」を果たしたといわれている。しかしこれは、明治天皇の「五箇条の御誓文《ごせいもん》」の精神に立ち返ろうという文言であるから、人間宣言とよぶには当たらない。しかし、戦中、天皇が現人神《あらひとがみ》としばしばいわれたことも事実である以上、天皇は、世間にあって、敗戦により現人神から人間天皇に変じたと受け取られたのも無理はないといえる。

だが、天皇が神であるか人であるかを議論するのは、あまりにも愚かしいことであると気づかれてよい頃である。

天皇は、比喩としてどうよばれるかはともかくとして、いわゆるプリースト・キング（祭祀王《さいしおう》）である。平安時代の前期までは天皇親政という形をとっていたといっても、実際に天皇の行っていたことの主たる内容は国政についての祭祀であったし、それ以後の摂政・関白制度そして幕藩制度にあってはなおさらである。つまり、福澤諭吉のいったように、天皇は「政治外」の存在である、少なくとも現実の政治の外にある存在である、と断言してさしつかえない。国家の祭祀を司ることを主務とするという意味で、天皇はおおよそつねに国家象徴であったのだ。それをさしてプリースト・キングというわけだが、あえて比喩してみれば、天皇の本質は「最高位の神主《かんぬし》」ということにある。

神主はカミとの交話を目的として祭祀を司るヒトにすぎない。その人はけっしてカミではない。しかしながら、俗世の人々の精神のなかにおけるカミの観念の最も近くにまで接近し、そこで神々の意思を物語として俗世に伝え、反対に俗世の思いを神々に伝えもするという媒介者的な演技をするのが神主である。その最高位の御方が天皇だということになる。

ヨーロッパに対応を求めれば、カソリックの法王の位がそれに近い。ただし天皇の場合は、日本の歴史性の象徴でもあるから、その位は皇統として定まる。現憲法の第一条で「天皇の地位は国民の総意に基く」といっていることの意味も、歴史上の総国民の意思、つまり「伝統の精神」が天皇の地位を保証している、というふうに解釈されなければならないのである。他方、カソリックは歴史を超えた普遍の真理なるものを想定するので、それは最高に適格の神父が法王に選ばれる。そういう違いがあるものの、両者とも「聖と俗」の境界線上にいるとみてさしつかえない。最高位の神主である天皇が国家の最高の象徴であるという事実は、その象徴に負荷される意味は時代によって変わるけれども、天皇制の歴史とともに古いのである。

なお、天皇「制」という言い方には、それを支配の「制」度とみる左翼的な固定観念が含まれている、という見方がある。実際にその通りであるのだが、それが「観念の制度」としての「聖と俗」の区別に由来しているとみれば、むしろ天皇制という命名のほうが便利だともいえる。いずれにせよそろそろ銘記さるべきは、天皇は昔も今も国家（国民とその政府）の象徴であり、その象徴能力の基礎は国民の聖俗意識にこそあるという点である。つまり「戦後、天皇は象徴になった」というのは誤りだといわなければならない。ましてや、「天皇は象徴にすぎない」というのは言語道断といってよい。なぜなら、「象徴」というのは軽んじてよいものではなく、人間を人間たらしめている言語能力の深部から発するものだからである。つまり、意味・価値の体系をまとめ上げるのが象徴にほかならない。

聖と俗というからといって、聖の領域が人間の外にあると考えてはならない。つまり、聖なるものは人間自身の抱く観念だということである。つまり、人間を離れて超越の次元があるのではなくて、超越の次元を人間自身が想念してしまうということだ。国民のなかにある俗的な観念と聖的な観念の境界線を象徴するのが天皇なのであってみれば、天皇（という観念の）制度は実に人間的なものだといってよい。その意味で、「天皇は、日本国の象徴であり日本国民統合の象徴である」という現憲法の規定は、日本にあって通歴史的なものだといってよいのである。

さて、国民の精神における聖と俗の葛藤とその平衡は、「物語としての歴史」において表現される。したがって、天皇の主たる役割は、そういう国民精神の歴史物語を国家儀式の司宰《しさい》を通じて演じてみせるところにある。その意味で、天皇は日本国民のナショナリティ（国民性）の表現「形式」だということができる。天皇崇拝というものも、そうした形式が持続していることへの敬意であり愛情である、ととらえるべきものであろう。確認さるべきは、天皇は、国民の観念の聖と俗とにまたがるものとして、半神半人のフィクション（仮構）だということである。いわゆるアルス・オプ・フィロゾフィ（「かのようにの哲学」）をつかっていえば、国民が共同して「神聖であるかのように」思いなした制度、それが天皇制だということである。

無宗教の儀式は最悪の儀式

次に、国家儀式と宗教とのかかわりを問題にしなければならない。まず、無宗派の儀式というものはありえても、無宗教の儀式とは厳密にはありえない。たとえば祭壇が花だけで飾られているような場合でも、それはやはり、祭壇だということそれ自体で、多少とも宗教性を帯びている。それもそのはず、無宗教もまた、無神論という名の宗教とみなされなければならない。宗教性をまったく持たない儀式がありえたとしても、それは宗教の「否定」を訴えるという形で、宗教とかかわっている。そしてそうした類《たぐい》の無神論は、社会主義における個人崇拝などの歴史が教えてくれたように、最悪の宗教となる。つまり、「聖」を想念せずに「俗」に徹するのは、人間・社会から価値を剝奪《はくだつ》するに等しいのである。それゆえ無神論が最悪の宗教なら、無宗教の儀式もまた最悪の儀式だといわなければならない。

　現在、たとえば全国戦没者追悼式などは、無宗派の儀式をとっている。それは無宗教を良しとする考え方にもとづいているという点では、最悪の儀式に近い。また神前でも仏前でもない「人前」結婚式なるものが増えているようであるが、それも噴飯物《ふんぱんもの》といってよい。永遠の愛を参会者に誓い、その承認を参会者に与えてもらうというのは、俗世の人間が「永遠」を理解していると想定しているという意味で、いわば人類教である。それは、自覚しているかどうかはともかくとして、ヒューマニズムという劣等の宗教を採用した儀式だといわざるをえない。いずれにせよ、全き無宗教の儀式というものはありえず、実際にあるのは、無宗教を装うという悪しき宗教感覚にもとづく儀式にすぎない。

　そうした悪しき儀式は、結局のところ、儀式の否定につながっていく。だから、儀式主義という言葉は軽蔑《けいべつ》語として用いられてもいる。もちろん繁文縟礼《はんぶんじょくれい》のような儀式の過剰は軽蔑されて致し方ないのだが、人間の行為から儀式性を追い払うのは文化破壊と同じだといってよい。なぜなら、人間の生の中心をなす言語活動は儀式性を伴わずにはいないからである。それは言葉づかいに「作法」というものがあることからしても明らかといってよい。

国家儀式は最古かつ最長の歴史を持つ神道を

では、いかなる宗教を、とくに皇室をめぐる国家儀式にあてがうべきなのか。可能な方法は次の三つだけである。

日本にはさまざまな宗教がある。神道、仏教そしてキリスト教などがあり、それらのすべてが多様な宗派に分かれている。そして各宗派がそれぞれに特有の儀式の体系を備えている。儒教にも宗教の側面があり、それを儀式化することも可能である。さらには、旧宗教とのつながりが希薄な新興宗教が無数といってよいほどにある。したがって、そのなかからどの宗教の儀式を選ぶかという選択問題が出てこざるをえない。一つのやり方は、さまざまな宗教を、とくに主だった宗教の儀式を混合させた儀式を行うというやり方が考えられる。たとえば、儀式の時間を神道、仏教、キリスト教そして儒教に四等分するというふうにである。しかしながら、これは間違いなく無宗教の次に劣った儀式になる。というのも、さまざまな宗教のあいだには深刻な相剋《そうこく》が孕《はら》まれているはずなのに、そのことに頓着《とんちゃく》せずにもろもろの儀式を混合させるのは、宗教にたいする冒瀆《ぼうとく》にほかならないからだ。たとえ国民の多くが結婚式は教会で、季節ごとの祭りは神社で、葬式は寺院でやっていたとしても、つまり宗教の習合《しゅうごう》を行っていたとしても、単一の儀式において習合をなすのは宗教の存在基盤そのものを打ち壊すに等しいのである。

二つめのやり方は、国民の多数派が支持する宗教の儀式を採用することである。しかし、これは国家儀式においては退けざるをえない。なぜなら、国家は、国民といいその政府といい、歴史にかかわる存在だからである。そして現在世代の多数派が歴史の連続性をいつも的確に引き受けているとはかぎらない。戦後をみれば一目瞭然のように、日本の歴史から離れようとするものが多数派を占めるというような時代もありうる。また、宗教における折衷《せっちゅう》主義が進んでいる我が国では、そもそも、多数派の国民においてとて、特定の宗教を一つだけ選びとるのは難しいという事情もある。

最後に残るのが、やはり長きにわたって持続し、今後も持続するであろうと予想されるような宗教である。その持続性を持つ宗教が国家の儀式を飾ることになる。日本の場合は、それは神道だといわざるをえない。神道が教義や儀式の体系を整えてきたのは仏教や儒教との習合において、またそれへの反発においてではある。しかしそうだとしても、神道が一つのまとまった宗教的体裁を持っていることは明らかであり、同時にそれが最古かつ最長の歴史を有することも歴然としている。

その意味において、明治以降、天皇制は形式としてはむしろ整備されたのだといえる。明治以前では、皇室と仏教のつながりが大変に強かった。それにたいして明治以降は、人為的にせよナショナル・アイデンティティを確認する必要に迫られたために、神道という古来の宗教を皇室にまつわる儀式にあてがうことになった。廃仏毀釈《はいぶつきしゃく》などは、国民の信仰にまで政府が介入するという意味で、認め難いやり方ではあったが、国家の儀式という点では、国家神道は納得できるものだといってさしつかえない。天皇・皇室の存在がいわば歴史論的に整備されたということである。

政治と宗教は根本ではつながっている

急いで付け加えなければならないのは、これは政教分離の思想を否定するものではないということである。というより、政教分離という近代の原則をどう解釈するかということである。明治維新から敗戦までの八十年間近く、実際には、国家神道が政教分離の原則を逸脱する傾向にあったことは否めない。要するに神道の儀式が、皇室の儀式を超えて、政治の現場に現れすぎたということである。政治と宗教のつながりは、あくまで間接的なもの、つまり儀式的なものでなければならない。特定宗教が政治的決定に直接的に影響を与えるというのは、宗教的原理主義であって、近代日本は欧米とともにそうした国家体制を否定したはずなのである。さらにいえば、文化と宗教もまた直接的なつながりを強制されるべきではないとされたはずである。国民の思想（とくに信仰）に容喙《ようかい》するような国家宗教は、日本のような習合宗教の国家にあっては、国民性に反するというほかない。戦争という国家的一体性を誇示しなければならない状況が立て続いたせいとはいうものの、神道が儀式の範囲を逸脱したことへの批判には正当性があるとしなければなるまい。

しかし、現憲法の第二〇条でいわゆる政教分離が確認されたことをもって、宗教が国家儀式とつながってはならないという規定だとみなすのは、大きな誤りである。第一に、国家の観念を支える歴史物語がすでに何ほどか宗教的な想念とかかわっている。それゆえ第二に、国家儀式は宗教性を帯びざるをえない。そして第三に、日本には天皇制というものがあって、その主たる役割が国家の祭祀を司ることなのであってみれば、儀式における国家と宗教のつながりが戦後においても保障されていると考えなければいけない。

逆にいうと、第二〇条の第三項には「国及びその機関は、宗教教育その他いかなる宗教的活動もしてはならない」とあるが、それは、「宗教教育のような直接的な宗教活動」を政府に禁止した、と解釈さるべきである。またその第一項の「いかなる宗教団体も、国から特権を受け、又は政治上の権力を行使してはならない」という規定も、「政治上の権力行使をもたらすような直接的な特権を受けること」を宗教団体に禁止したということにすぎない。現憲法の解釈をどうするかということではなく、そういう規定こそが（政教分離にかかわる）正常な憲法だということである。逆にいうと、国家儀式における宗教の関与は、そのかかわりが間接的なものであるため、禁止するいわれがないということである。

アメリカ人の書いた憲法草案では、宗教的活動は「レリジアス・アクション」となっている。そしてアクションというのは積極的な行為のことをさす。儀式の営みは、おおむね慣習的な振る舞いに属するのであるから、それに対応する英語はビヘイビアだとすべきであろう。つまり政教のかかわりについて、アメリカ人の精神のほうが、戦後日本人のそれよりも柔軟であったということだ。

ヨーロッパでも、国家と教会の分離が行われはした。教会が国家と政治権力を争奪し合うという経緯のはてに、国民国家の成立に当たって、国家と教会の分離が推し進められたのである。

しかし、国民の精神において政治と宗教が分離されるわけがない。たとえば、ドイツにはキリスト教民主同盟という政党があり、イタリアにもキリスト教民主党という政党がある。それは、キリスト教がその国の国民精神に内在していることを主張せんがためである。そういう主張が容認されているからには、国家の儀式にキリスト教が関係してくるのは当たり前のことである。そしてヨーロッパにおいてキリスト教の儀式が採用されているのは、それが各国民国家にとって最も長く重い宗教であるからにほかならない。

またアメリカの大統領が、その就任式において、聖書に手をかけて国家に忠誠と貢献を誓うのも同じ伝である。

政治は何らかの目的の下に遂行されるのだが、その目的は何らかの価値にもとづいており、そしてその価値は何らかより上位の価値から導かれたものである、としなければならない。そして、さらにより上位の価値を求めていけば、論理的には、最高の価値を想念するほかはなく、その想念が宗教とつながっていく。そのつながりの可能性を象徴するのが国家儀式である。そのつながりをまで断てというのは、むしろ政治を堕落させる因となることを忘れるべきではない。

靖国神社に参るのは道徳的義務

このことに関連して、日本で政治問題化することの多いいわゆる靖国問題を取り上げてみたい。

靖国神社が（東京招魂社の名で）できたのは明治二年であるが、戦没者を靖国神社に祀るということになり、大東亜・太平洋戦争のあと、首相や大臣がそこに参拝することにたいして、左翼陣営からの強い反発が続いている。たとえば公人として参拝するか私人として参拝するかなどが今も取り沙汰されている有り様となっている。

政治が宗教と間接的にかかわっており、それが国家儀式という形で示されるということを考えると、政治家は公人として靖国に参加すべきである。もちろん、その参加の仕方は問われなければならない。たとえば首相や大臣が、積極的な宗教活動として、戦没者追悼にある種の政治的イデオロギーを吹き込んだり、逆に神道の教義を政治に直接的に持ち込んだりするようなことは禁じられなければならない。

しかし、国家儀式としてならば、たとえその政治家がクリスチャンで神道に甚《はなは》だしく反発していたとしても、靖国神社に参るのがいわば道徳的義務なのである。なぜといって、自分の国家のために戦って死んだものたちに公式に哀悼の意を表することを避けるのは、公徳に反するからである。かつて靖国神社をめぐって一種の好戦主義が謳《うた》われたからといって、戦争遂行には好戦主義がつきものなのであってみれば、その記憶を嫌悪するのはそれこそ私人の感情論にとどまるのである。靖国神社に極東軍事裁判でのA級戦犯が祀られていることを公式参拝否定の論拠とするのは、次の5節でみるように、その裁判が「みせしめ」裁判であることからして、認めるわけにはいかない。また、「無宗教の戦没者追悼場を設けよ」という要求も、それが最悪の儀式であることからして、論じるに足らない。

もう一つ具体例を挙げれば、いわゆる玉串料裁判というものがある。地方公共団体の役人が神道にまつわる儀式にたいして公費で玉串料を出すのは不法だとする判例がいくつも出ている。これは戦後の裁判所が、戦後的価値観に毒されていることの端的な現れである。それが儀式の範囲にとどまるかぎり、金銭の収支もまた人間の意思疎通の一つの現れなのである以上、玉串料は公務と宗教的儀式とのかかわりにたいする一つの表現である。つまり玉串料は、それが公的儀式であることからして、公費で賄われるべきなのである。

いわゆる自衛隊合祀事件にしても然《しか》りである。自衛隊の公務において亡くなられた自衛隊員を神道儀式を伴う形で合祀しようとしたのは、自分のキリスト教にたいする信仰の自由への侵害である、とその未亡人が訴え出た。これも、政治と宗教にまつわる論点の未整理がもたらした訴訟事件だといわざるをえない。

自衛隊による合祀は、あくまで公的な儀式であり、したがって神道的なものになって当然である。国家は歴史性を持ち、それゆえ国家を守るものとしての自衛隊も歴史につながり、そして歴史を象徴する儀式にあっては最長の宗教である神道が用いられるということだ。また、神社への初詣に三千万人が押しかける国柄なのであってみれば、その歴史的持続の効果は現在にもありありと及んでいるのである。

他方、キリスト教徒としての当人の立場は、国家儀式との相対でいえば、私的信仰の問題となる。それ以上に、宗教的な信仰を抱くものが、無宗教という最悪の宗教を神道よりも好むというのは明らかに矛盾なのである。

天皇と国旗・国家は別次元の国家象徴

さて、国家儀式には日の丸が掲げられ君が代が歌われることが多い。そしてこの国旗・国歌もまた国家象徴であることはいうまでもない。

平成十一年に国旗・国歌法ができた。戦後、とくに教育の現場において、いわゆる日教組教育が日の丸・君が代を戦前の軍国主義・天皇主義の象徴であるとして、排斥してきた。国旗掲揚と国歌斉唱を拒否する教育が子供を健全な国民にするためのものである公教育の場に広がっていった。また、戦後的な価値観を奉じる多くの知識人が日の丸・君が代という国家象徴にたいして嫌悪と反発を隠さなかったのである。そのせいで、日の丸・君が代の衰運は、戦後日本人における国家意識の衰弱の象徴となってしまった。

この日の丸・君が代にたいする反対論がいわば二枚舌で吐かれていたことについても指摘しておくべき

であろう。たとえばオリンピック・ゲームで日の丸が掲げられ君が代が歌われることに、ほとんどすべての日本人が興奮している。だが戦後知識人はそういう日本人の振る舞いを批判したことはほとんどない。それは、天皇制に反対しておきながら、天皇条項を含んでいる日本国憲法を礼賛するのと同じ二枚舌だというほかない。つまり、日の丸・君が代は、こうした否定・肯定の同時存在によって、いわば無に帰していったのである。

こうした国家意識の低さが日本人の活力の低下となって具体化するという昨今の事情のなかで、日の丸を国旗とし、君が代を国歌とするという法律が定められたわけである。それはとくに初等・中等の教育段階にある日本の次の世代に健全な国家意識の発育を促すことを狙いとしているとみてよい。

しかしこれには非左翼の陣営からすら反発があった。そのうちの有力な意見は、日の丸・君が代は日本人の慣習的な意識にかかわることであるのだから、法制化にはなじまないというものである。法律で日本語を国語と規定するのが珍妙であるのと同じように、日の丸・君が代を国旗・国歌とすると成文法に記すのは奇妙だというわけだ。

もちろんその言い分にも一理ある。日本人が自分らの歴史・慣習・伝統を大事にしているならば、わざわざ法律によってそれを規定する必要はない。それを法制化すれば、国家への過剰な関与を要求する国家主義が出てくるという懸念もあながち否定することはできない。

しかし、「戦後」は歴史・慣習・伝統を放棄し破壊することに進歩を見出した時代である。そうならば、万やむをえずそれを法律に明記することによって、日本人の慣習意識とそこに内在されているはずの伝統精神との覚醒をうながすというのも理解できる。また日本語を国語と法制化する必要がないのは、どんな法律も日本語によって書かれていることによってすでに法制化が済んでいるからだ、と考えればよいということになる。

国旗・国歌の法制化は、本来ならば、憲法に書き記されるべきなのであろう。実際、憲法において国旗・国歌を指定している国家も少なくないのである。というのも、成文憲法は、国民の歴史的常識のなかにある価値・規範の感覚を明文化したものであるべきだからだ。国旗・国歌があるのが国民の常識ならば、それを憲法に規定して何の不都合もないのである。

しかし、天皇もまた日本人の歴史・慣習・伝統の精神にもとづくものであるが、天皇という象徴と国旗・国歌という象徴とは、別次元にあることも確認しておかなければならない。

おそらく、憲法の第一条において天皇の存在を規定し、国旗・国歌については補則において規定するのが妥当なのであろう。国家象徴でも(天皇という)人間による象徴と(国旗・国歌という)モノによる象徴は次元を異にしている。人間象徴は位が高く、モノ象徴は位が低いということである。そのことを憲法第一条と補則という位置関係として示すのが適切と思われる。

どうして人間象徴がモノ象徴より、国民の価値意識において上位にあるのであるか。国家の祭祀にかかわるのが天皇の主たる機能となるのは、その根底に国家の歴史における時代区分が天皇によって与えられるという構造があるからなのである。その意味で、天皇は日本国家の在り方の根本にかかわっているとみなければならない。

日本人の時間意識を構成する天皇制

歴史を物語として展開するということから明らかなように、人間の人生および社会の時代にかんする時間意識は自然時間とは別ものである。自然時間とは、地球が太陽の周りを一回転すれば一年、と規定するというような計り方のことであるが、歴史時間はそうではない。歴史にたいして物語を与えうるような時間単位、それが歴史時間である。

人間は、自分がある時点で生誕し、ほかのある時点で死亡するであろう、と意識する。つまり生死のことを意識してしまうのが人間精神の独特なところである。それゆえ歴史時間も、人間の死生意識をくみとりうるようなものでなければならない。

そうかといって、国民はいまでいえば一億二千万人強いるわけであるから、すべての国民の時間意識を時代区分に反映させるわけにはいかない。そこで、国民の象徴的な人物（つまり天皇）を創り出し、その人物の生涯によって時代を区切るというやり方がとられるのである。

もちろん天皇の生涯というのは誇張であって、天皇は生誕してすぐその地位につくわけではない。また、一世一代の制度が確立されたのも明治以降のことにすぎない。しかし、天皇制の歴史をみれば、基本的な流れは一世一代ということで、一人の天皇のおおよそ生涯を思い浮かべて「時代」のことを想念している、それが国民精神の標準の在り方といえるのではないか。この意味でも、明治にあって、天皇制は形式において完成へ向かったといえる。そして天皇が変わるごとに、国民は新しい時代の到来を予感し、そして古い時代に、その生から死までの、物語を与えようとするのである。事実、明治人、大正人、昭和人といった人間類型のことを想定しながら、国民は歴史を語り継いできている。ここに日本人の時間意識の最も基本的な構造が与えられたのである。そして日本人の時間意識をまで構成するのが天皇制であるからには、天皇のことを抜きにして日本のナショナリズムのことを考えるのは、原理的に不可能といってよい。またその原理は、天皇にたいする崇敬とか愛着といった国民「感情」に先行するものとしてある、国民精神の「論理」なのである。

このようにいうと、天皇制を持たないたとえば欧米の国々には、歴史時間の意識がないのかという反論が寄せられる。たとえばイギリスのような、ジョージ三世期とかヴィクトリア期とかエドワード期とかいった時代区分を可能にする君主制の国家もあるが、国王を持っていない国の歴史時間はどうなるのか。

自然時間の世紀（百年間）そのものがフィクションとして人間の生涯を示唆している、と考えることができる。つまり百年間というのは人間の最も理想的に長生きした生涯に当たる。したがって、たとえば国家についての人間象徴を持たないような国々においても、十八世紀人とか十九世紀人とか二十世紀人というものを類別することができている。そしてそれらの世紀人がどのような性格を持っていかなる生涯を送ったかを、物語として構成している。そういう歴史叙述が、暗々裡にせよ、続けられている。たとえば、十八世紀人は啓蒙《けいもう》主義に、十九世紀人は個人主義に、そして二十世紀人は民主主義に、それぞれ傾いた類型の人間であるというふうにである。そのように百年という生涯を送った典型的人間を想像してみて、それでその世紀間に歴史物語を与えているのである。

自然時間を歴史時間に変換し、それにもとづいて人間社会についての物語を語り継ぐに当たって、我が国は、天皇制というみごとな観念の制度を図らずも創造し継続し発展させてきた。その歴史の英知を、あの戦争において天皇の地位が悪用されることが多かったというくらいのことで、捨てるべきではないのである。

三島由紀夫が「週刊誌天皇」といったような状況、つまり皇室が大衆文化状況に呑み込まれるという事態がかつてよりもさらに進んでいる。またそれは、今上天皇が「日本国憲法を尊重する」と公式に発言したこととよく見合ってもいる。つまり、日本国憲法によって代表される「戦後」は、日本の歴史にたいする甚だしい蔑視《べっし》によって彩られているということである。その意味で、歴史の象徴としての天皇の地位は揺らいでいるといえる。しかし、天皇の地位を定めるのは、「国民の総意」であって、その場合、国民とはいうまでもなく「国の民」である。つまり「国の民」ならば「国の歴史」を背負うのであり、現代日本の人民が歴史を投げ捨てているからといって、天皇不要論を唱えるのは本末転倒である。逆に、天皇の存在から日本の歴史のことを想う、それが日本人の義務なのであり、そうすることによって日本の「人民」は国民に還ることもできるのだ、とみなければならない。

5 戦争責任をめぐる道徳論の歪み

一般に、他者の責任を追及する言動には卑しさがつきまとう。少なくとも、そういう場合が多い。というのも、法律という成文にせよ徳律という慣習にせよ、ルールがはっきりしているなら、ルールにもとづいて制裁を科せばよいだけの話だからだ。責任が発生するのは、そのルールを運営しているものにおいてであって、罰せられるものにさらに責任を負えというのは残酷というものである。

ルールが明確にされていなくても、道徳というものが物を言う場面があることは否定できない。それは行為の「動機」において、怠慢とか杜撰《ずさん》とか、軽率とか傲慢《ごうまん》とか、臆病とか野蛮とかいった類《たぐい》の、自分でも忸怩《じくじ》と思わざるをえないような不徳があった場合である。だが、他人の不徳とおぼしき動機を追及することそれ自体、えてして不徳に陥りやすい所業である。なぜなら、一つにそれが憶測にすぎないため、二つに完全な徳者がいない以上、その不徳追及が無際限になりがちだからである。たとえば、汚職行為で既に罰せられた役人が、その道徳的責任を追及されて、〝終生〟、社会から抹殺されるというようなことである。本人の自省を促すべく示唆を与える、それが道徳的な責任論の基本でなければならない。

しかし、行為者の動機がさほど不徳にまみれていなくても、その被害が甚大で、しかもルールが不備なために厳しい制裁が科されない場合がある。たとえば、不注意運転で何人もの人間が死に至らしめられても、たかだか数年の懲役ですむようなことがある。そのようなとき、被害者のがわは深い「怨恨《えんこん》」の感情を抱く。それが責任論をいつまでも長引かせることになる。過去の大戦にかんする戦争責任論で配慮しなければならないのはそのことだけといってよい。

逆にいうと、怨恨を抱く事情がないにもかかわらず、自分の反体制気分を満足させることを狙って、戦争責任論を逞《たくま》しくしているいわゆる戦後知識人は卑しい心根の持ち主だといわざるをえない。ましてや、被害を受けた他国人の（主としてその子孫たちの）怨恨に便乗して、それをなすのは言語道断である。さらにいえば、その怨恨とて、半世紀を閲《けみ》すれば外交上の駆け引きのための演出であることが少なくないのである。

いずれにせよ、戦争責任論がはびこったせいで、戦後日本人は道徳のことを自ら考察し実行することができなくなった。つまり、戦争についてはてしなく反省し謝罪することに忙しく、それ以外の道徳的な振る舞いをなす余裕がなくなったのだ。なぜといって道徳心は、道徳をわきまえる能力が自分には備わっていると構えるという意味での、自己への信念を要求するからである。この自尊の気持ちを戦争責任論は打ち砕きつづけている。それが敗者にありがちの自信喪失の現れだとはいうものの、かかる醜態をみせつけた親の世代からどんな子供たちが育ってくるかを考えたら、いつまでも戦争責任論を弄《もてあそ》んでいるわけにはいかないのではないか。

心情倫理と結果責任

戦後日本人が国家のことを、さらには国防のことを真剣に考えなくなった大きな原因は、過ぐる大東亜・太平洋戦争における日本人の戦争責任ということが念頭から離れないからである。国家の問題が浮上すると、他国との紛争のことを、そして紛争が戦争に発展する可能性のことを想定しなければならなくなる。しかし、あの戦争についての責任問題が解決されるまでは、将来における戦争の可能性のことについて論及したくないし、論及できもしない、という思考の抑止装置が戦後日本人にはたらいているようなのである。

さらに逆の因果もはたらいている。国家のことを考えなくなったという意味で公共心を失った日本人は、戦争のことを考えるとみずからの公共心の欠如が暴露されてしまう。それで、国防論や戦争論から身を遠ざけつづけていたいために、戦争責任論を持ち出すということである。このことを察知している日本の近隣諸国は、日本の国家としての弱体化を狙う目論見《もくろみ》で、折に触れ、あの戦争についての責任論を蒸し返してもいる。

最初に、「責任」とはそもそも何ものであるかを整理しておかなければならない。責任と倫理は密接不可分である。倫理に悖《もと》る行為への制裁、それが責任をとるということだといってさしつかえない。もちろん、その倫理が慣習の体系にとどまっているか、それとも法律体系にまで明文化されているか、によって責任のとり方はさまざまではある。それればかりか、その慣習と法律のあいだに隔たりが生じている場合には、責任のとり方はいっそう複雑になる。たとえば、復讐の慣習を法律でどう扱うかが問題となる。

倫理の本来の意味は、国民の共有感情といったくらいのことである。しかし近代では、一人びとりの人間のもつ価値基準、それが倫理だとされている。そしてその意味での倫理について、カント（一七二四〜一八〇四　ドイツの哲学者）は心情倫理および動機責任のことに論及した。それは、あっさりいえば、その人の行為の「動機」が、心情的にみて頷《うなず》きうるものであるかどうかということである。たとえば、「自分に為してもらいたくないことを他人に為すようなことはしない」と構えるような誠実さをもっているか否かを問う責任論である。

もう一つはマックス・ウェーバー（一八六四〜一九二〇　ドイツの経済学者・社会学者）のやり方、それは行為の「結果」にたいして感じる倫理のことである。たとえば、悪い（良い）動機にもとづいていても、その結果が良い（悪い）のならば、報賞（制裁）が与えられる、というふうに考える。それが責任倫理とか結果責任とよばれている。

結果責任という概念はどこまで有効であろうか。つまり、動機と結果の関係についてなのだが、まず行為の結果については、予測を組み立てなければならない。だが、まったく正しい予測などというものは、未来が不確実である以上、一般的にはありえない。そうすると、最大限の努力をしたにもかかわらず、予測したような結果が出なかった場合に、どこまで責任を問いうるかという問題が起こってしまう。

もちろん、その場合でも「立場」の責任ということはありうるであろう。当人は最大限の努力をなしたと思っても、振り返れば、立場に甘えて努力が足りなかった、とみなすことはつねに可能である。しかし、その努力の程度について後追いで考査するのは難しいので、結果に応じて立場上の責任をとるということになるのもやむをえないともいえる。しかし同時に、それ以上の的確な予測は天才のみがなしうることだとなれば、結果責任のことをあまり大きく取り沙汰するわけにはいかないということも認めておかなければならない。

結果責任論の危険

どうしてこのことに触れるかというと、歴史上の出来事についての責任は、おおよそつねに、あとの世代のものたちによって問われるからである。後生にとっては当時の歴史的事情のことをいくら追体験してみても、想像の域を出ない。それにもかかわらず、あの悪しき結果は当事者の努力が足りなかったことによる間違った予測のせいだ、だからその当事者の責任を問えというのは、後生の傲慢《ごうまん》であり、歴史にたいする軽蔑だといわざるをえない。その点で、戦争責任論において結果責任を振り回すのは要注意なのである。

したがって、最初に問われるべきは動機責任のほうだということになる。当時の行為者に、予測努力の動機・心情において最大限のことをなそうとする構えがあったかどうか、また予測が失敗したについても無理からぬ事情があったかどうか、それが問い質《ただ》されなければならない。そして事に当たった政治家や軍人に軽率や傲慢があったとしか思いようがなければ、心情倫理・動機責任にもとづいて制裁を受けなければならない。逆に、心情・動機において大きな瑕疵《かし》がみつからなければ、結果責任はそのぶん減殺《げんさい》されなければならない。

たとえば、大東亜・太平洋戦争において、当時の政治家や軍人に、戦略・戦術にかかわる予測において怠慢を決め込んだことが明瞭ならば、責任を追及されて当然だということである。

ただし、それを追及するには資格がなければならない。大日本帝国憲法（明治憲法）の下では、一切の政策についての最終審判は帝国議会の権限であったといってよい。つまり、その議会に直接的および間接的にかかわる（天皇から一般国民に至る）当時の日本人のみが、戦争責任を問いうるということである。もっと正確には、それは敗戦責任である。あのような大敗北をもたらした責任はどこにあるかを、当時の日本人のみが問いうるのである。外国人がそれを問うてもよいが、それは国際社会の道徳や法律といった別次元での議論にならざるをえない。

国内法的にも国際法的にも天皇に責任なし

このことを前置きにしておいて、あの戦争にかんする責任問題で、第一に取り上げられなければならないのは、昭和天皇に戦争責任があったか否かということである。

大日本帝国憲法の第一条に「大日本帝國ハ萬世一系ノ天皇之ヲ統治ス」とあり、第三条では「天皇ハ神聖ニシテ侵スヘカラス」といわれている。それのみならず、第四条に「天皇ハ國ノ元首ニシテ統治權ヲ總《そう》攬《らん》シ」とあり、加えて第一一条では「天皇ハ陸海軍ヲ統帥ス」とあり、さらに第三一条において「戦時又ハ國家事變《へん》ノ場合ニ於テ天皇大權ノ施行」ということも規定されている。こういう憲法体制のもとで行われたものであるから、天皇の影があの戦争全般を覆っているのは否定できない。

しかも、宣戦布告は天皇の詔勅《しょうちょく》という形でなされ、終戦も天皇の玉音放送によってなされた。だから、天皇の存在とあの戦争を切り離すことはできない。実際、そのようなものとして天皇の戦争責任論が問題にされてきたわけである。

しかし、そうした責任論はいわば感情論にすぎない。国内法的にいえば、憲法第四条の統治権の総攬は「此ノ憲法ノ條規《じょうき》ニ依リ之ヲ行フ」とある。第五条に「天皇ハ……立法權ヲ行フ」とあるものの、それとて「帝國議會ノ協贊ヲ以テ」ということにすぎない。また、第五五条では「國務各大臣ハ天皇ヲ輔弼《ほひつ》シ其ノ責ニ任ス」とされている。輔弼とは、天皇の政治を助けるという意味であるが、助けるのみならず、「責に任ず」という形で、国務大臣が責任をとることになっている。つまり天皇には国内法の法律的責任はない。そのことが憲法に明記されていたのである。

思想的にいえば、そもそも、「天皇ハ神聖ニシテ侵スヘカラス」というフィクションを立てたのだから、天皇を神聖と見立てたものたちは、つまり日本人は、天皇の責任を問うことはできないのである。

国際法的にはどうであろうか。一九二八年のパリ不戦条約においては侵略戦争は禁止され、その条約に日本も参加してはいた。しかし、何をもって侵略とみなすかという明確な規定があったわけではないし、そのための議論も判例もあったわけではない。それどころか、パリ不戦条約には罰則規定がないのであるから、それは一種の理念的な宣言であって、法律とはいえない。そのために、第二次世界大戦において、この条約は何らの効力も発揮できなかったのである。

つまり、パリ不戦条約にもとづいて日本の法律的な戦争責任を、ましてや天皇の戦争責任を問うというのは、詐術にすぎない。

極東軍事裁判（東京裁判）において、パリ不戦条約にもとづきつつ「平和にたいする罪」とか「人道にたいする罪」などといった規定を設けたのも法律的には詐欺である。それらの「罪」は事後的に設けられたものであり、そういう罪刑法定主義に公然と反する裁判を行うのは、少なくとも、法の適正手続き《デュー・プロセス》に完全に反した振る舞いである。

もちろん極東軍事裁判に天皇が被告席に立たされたわけではない。オーストラリアやソ連からの圧力があったが、アメリカが戦後日本の政治的安定のことを優先させ、天皇はその裁判劇では訴追されなかった。いずれにせよ、当時のいかなる国際法にもとづいても、天皇の法律的な戦争責任などを云々することはできないのである。

天皇に政治的責任なし

次に天皇の政治的責任についてはどうであろうか。道徳的責任とは一応切り離されたものとしての政治的責任とは、政策決定におけるいわば結果責任のことである。しかし、これまでみたように、結果責任の多くは、予測努力のことをめぐって、動機責任へと差し戻されるのであるから、昭和天皇のあの戦争にかんする心情のことが議論されなければならない。よく知られているように、天皇が大東亜・太平洋戦争で積極的なイニシアティヴを発揮したという証拠はどこにも見当たらない。逆に、天皇はおおよそ一貫してあの戦争にたいして消極の態度を持していたのである。つまり、戦争への心情的なコミットメント(関与)が少なかったということを考えれば、天皇の政治的責任を問うのはほぼ不可能といってよい。

しかしながら、ここに一つの異様な論点が持ち上がっている。それは、昭和天皇が賢帝であられたということをいわんがために、たとえば、二・二六事件を収束させたのも大東亜・太平洋戦争を終戦に至らせたのも、昭和天皇の御聖断《ごせいだん》であったことが強調されている、ということである。しかし、これは大変に危ない理屈である。第一に、国家の最高象徴たる天皇については、それが象徴であるがゆえに、その政治的能力について公言するのは憚《はばか》られるべきであろう。またそうしておかなければ、愚帝については国民が批評してもよいということになり、そんなことを続けていると、国家象徴としての意義が剝奪《はくだつ》されてしまうのである。第二に、昭和天皇の優れた政治能力のことが問題にされてよいのなら、なぜその判断力や決断力を行使してあの戦争を阻止しなかったのか、あるいは早期に終結に至らせなかったのか、という議論も起こってくる。ましてや、明治憲法の第三一条には、「戦時又ハ國家事變ノ場合」における「天皇大權ノ施行」のことも規定されているのであるから、その大権を行使しなかったことの政治的責任を追及されてしまうということになる。現に、事情に疎い外国人たちは、しばしばそのことを指摘して、天皇に政治的責任ありとしている。

昭和天皇の御聖断についていうと、二・二六事件にあっては軍隊の分裂とそれに伴う内閣の崩壊があり、そして敗戦時にあっては軍隊の崩壊とそれに伴う内閣の分裂があったとみるべきであろう。つまり、国家体制が無秩序に陥り国家意思が判断停止の状態になっていたということである。そういうときにのみ「聖断」が天皇大権として発動される、という不文律があったと考えておくのは十分に合理的である。というのも、「戦時又ハ國家事變」というのを広く解釈してしまうと、天皇大権が頻繁《ひんぱん》に行使されることになってしまうからだ。なぜなら、当時は、戦時または国家事変が相次ぐ時代だったのだからである。

天皇の道徳的責任を問うてみれば

残るのは、天皇の道徳的責任は如何ということである。まずはっきりしているのは、国家象徴について道徳的責任を喋々《ちょうちょう》することは、明治憲法においてであれ昭和憲法においてであれ、憲法違反の態度だということである。しかし、一つに憲法違反は罰せられれば済むことであるし、国家象徴のあるべき姿について論じるのは国民の義務だという点では、その罪も減じられる。ともかく昭和天皇の道徳的責任についていうと、その責任が天皇の「立場」から発するものであるからには、「退位」という形での責任のとり方があったと思われる。名目上のこととはいえ、あの戦争は天皇の名において行われた。そしてあのような大敗戦とそれに伴う大被害は国民の予期するところではなかった。また国家象徴はそもそもが名目を大事とするのでなければ成り立ちえない以上、戦争責任ではなく、敗戦（の在り方にかんする）責任を道徳的に引き受けるのは天皇の地位にふさわしいことであろう。天皇がそのように振る舞われてはじめて、心情倫理の何たるかが国民に示されようというものである。

ただし被占領期においては、日本は、国民もその政府も、混乱のただなかにあった。あの戦争を国民とともに経験した国家象徴が存在することの意義が、文化的にも政治的にも、大きかった。また天皇が交替することが混乱の引き金となる危険もあった。それゆえ、日本がサンフランシスコ講和条約において独立を回復するまでのあいだ、昭和天皇はその地位にとどまりつづけられたのは、やむをえぬこととしてよい。

しかし、日本の戦後復興が軌道に乗りはじめ、そして国際社会に再登場した時期、つまりサンフランシスコ講和条約のあとに、天皇は退位なさるべきではなかったのか。あの戦争への道徳的責任を明確に述べる必要は、おそらく、なかったであろう。ともかく退位なされて、その地位を皇太子に譲られれば、国民はそれが天皇における責任のとり方と了解したに違いない。それが道徳にかんする天皇と国民のあいだの象徴的行為ということなのである。

巷間《こうかん》の情報によれば、天皇ご本人は退位を希望されていたという。さらには、日米の陸上決戦において多大の損害を被ることになった沖縄を訪れたいというお気持ちも天皇にあったといわれている。しかし俗世の政治が、天皇がそのようになされることの政治的な悪影響をおそらくは過大に心配して、天皇の道徳的な振る舞いの邪魔をしたのであった。そのこと自体よりも、道徳的責任にかかわる天皇の象徴的な行為が封じられたことによって、戦後という時代の不道徳が象徴されてしまったというべきである。

加えて、国民への敗戦責任をとった政治家や軍人も少なかった。いや、そうしたものたちも何人かいたのだが、それらは、アメリカによる戦争責任なるものの追及の前に影を薄くしてしまった。

東京裁判を「みせしめ」と認定できない戦後日本人

極東軍事裁判は法律的裁判ではなく、「みせしめ」もしくは「復讐」という上等ならざる道徳をめぐる裁判劇であった。

アメリカが日本に「みせしめ」や復讐を行うというのは、不当なことではない。それを法律的裁判と偽装したのは、正当とはいえないが、「みせしめ」・復讐を公言できないのがヒューマニズムなのであってみれば、半ばはやむをえぬこととしてもよい。

いずれにせよ、「みせしめ」・復讐という一種の道徳はそう簡単になくなるものではないのである。その証拠に、戦争のあとの国家賠償は、負けたがわが勝ったがわに賠償金を払うと決まっている。国家賠償は勝者の敗者にたいする「みせしめ」・復讐なのである。

もし、客観的な戦争被害という基準で賠償問題を論じるのならば、日本に原爆をはじめとする空襲の被害、南太平洋の戦争における殺傷の被害をアメリカがわは支払わなければならないということになってしまう。いわば勝てば義軍であって、「みせしめ」・復讐を行う権利を勝者が得るのである。

東京裁判というのは、太古の昔から戦争につきまとう「みせしめ」の儀式であった。だから、東京裁判を不当と詰《なじ》るのは適切ではない。詰られるべきなのは、東京裁判を「みせしめ裁判」とまだ認定できていない戦後日本人のほうである。

東京裁判を立派な法律的裁判だと考えて、そこで戦犯にされたものを日本人自身が不法者とみなし、自分の家族がA級戦犯と一緒に靖国神社に祀《まつ》られるのは嫌だといったりするものがたくさんいる。政府すらもがA級戦犯を別に祀ろうと企てたりもしている。したがって、中国や東南アジアで人民裁判も同然の形で処刑されたBC級戦犯の名誉を回復しようと企てるものは皆無に近いのである。それらはすべて、法律、政治そして道徳の区別と関係づけが明瞭になっていないこと、そして道徳にも「みせしめ」・復讐のような、上等とはいえないが、根強いものもあるのだということが理解できていないことの結果といってよい。

なぜこのような戦争責任論の混乱が生じてしまったのか。その一つの大きな理由は、日本の国民自身によって敗戦責任の追及がなされるべきかどうか、もしそれを行うとしたらどういう形のものになるべきか、それが不分明なままだからではないのか。

もちろん、それをできなかったのは、あの戦争が基本的には国民の支持の下に行われたからである。また、日本の国家（国民とその政府）を戦争へと傾かせる時代の強い圧力が作用していたことを認めざるをえないからだ。

当時の戦争指導者たちが政治力や道徳力において欠けるところがあったことについては、歴史的考証がたくさんある。そうした考証が国民による敗戦責任論だということもできる。そしてそれらの論がいうように、日清戦争以来、ノモンハン事件などを別とすれば、敗戦というものを経験してこなかった日本の政治家や軍人に、そして国民にも、傲慢と軽率が忍び寄ったことは確かと思われる。しかし、旧世代の指導者の政治的・道徳的な責任をそれ以上に強く追及したのでは、むしろ追及するがわが不道徳だということになってしまう。なぜなら、一つに、その時代のその状況に身をおいてみなければわからぬ真実というものがあるからであり、二つに、旧世代の失敗もまた後世には大きな教訓となるのだからである。

二十世紀の戦争が総力戦の様相を呈し、したがって戦争の遂行においてしばしば粗暴、残虐、無慈悲といわざるをえない戦術や行動が生じたことも認めなければならない。いわゆる「南京事件」の真相はここでは問わないが、というよりこれまでの「報告」が虚偽と誇大に満ちていたことはどうやら疑いのないところであるが、日本軍がアジアの各地で今もなお非難されて致し方ない行動をしたことも否定できないであろう。

したがって、「恨み」を買うのも罪であるという（あまり上等とはいえないが、昔から根強くある）道徳の一種からすれば、被害を受けた他国民がこれからもしつこく日本の道徳的な戦争責任を追及してくるのであろう。また日本の一般国民とて、自分らの家族を戦争で失ったことへの恨みを晴らしたいとこれまでも思ってきたし、今後も、自分らの祖先の味わった戦争被害のことに恨みを抱きつづけるものもいて何の不思議もない。

しかし、そうだからといって、占領軍や外国人たちによって自分の復讐を代行してもらおうとするのは、不道徳の振る舞いといわざるをえない。しかも責任における法律、政治そして道徳の要素を区別することすらしないのは、旧世代にたいする粗暴、残虐、無慈悲に当たる。しかもそれを国家解体の方向で行うのは、昔ならば、売国の誹《そし》りを受けるところである。

ましてや、子供たちへの教科書において、「国民の歴史」に恥を覚えるようにと教えるのは、不道徳のきわみである。国民であることに誇りを持つためには、歴史上の(今から思えば)失敗といわざるをえない出来事についてすら、先人たちの営為の偉大と哀切の両方を感じとるくらいでなければならない。それを感じられるような子供を育てるには、その前に、親たちの世代が日本の歴史に敬意をもって接する必要がある。世界各国はおおよそそのように教育を編成している。日本だけが、戦争責任なる題目を繰り返しつつ、国民ではなく人民を育てる教育にのめり込んでいるのである。

戦争で死んだものたちを「犬死」とみなすのが不道徳への第一歩だといってよい。それが徒《いたず》らの死であるかどうかは、後生がその死者たちの意志を活かすかどうかにかかっている。わかりやすい例でいえば、「国のために」との意志で特攻隊員がみずから選びとった死は、「国のために」と思うのを罪とみなしてきた戦後教育にあっては、犬死とみえるであろう。しかし、「公」の意思が過剰に及ぶなら、「私」の抹殺《まっさつ》という無理を犯すことになるであろうが、同時に、私の欲望が過剰に及べば公の扼殺《やくさつ》となる。そして、健全な「自分」の姿はどんなものかと考えてみれば、公の気持ちと私の気持ちにおいてバランスをとっていることだとわかる。そうならば、戦争に責任をとるということの真髄は、公と私のバランスのための知恵を先人たちの戦争の経験から学ぶ点にあるということになる。そうした良識を打ち壊してきたのが戦後の戦争責任論であったのだから、道徳を回復するためには、まずこの責任論から脱却しなければならないのである。

6 祖国のために戦うということ

「いくら祖国のためとはいいながら、死ぬのは嫌だ、それがホンネというものだ」と言い張る人間が多い。実際に私は、あるテレビ・キャスターからそのような言葉をあびせかけられたことがある。戦後日本人の多くは、ホンネとは私心のことであり、タテマエとは公心のことである、という固定観念にいつのまにやらとりつかれている。人によって強弱の差はあろうものの、ホンネにおいて公心の一片も抱かぬものは自分自身を侮《あなど》っている。そのことに、彼ら反戦主義者は気づかないのである。

「侮り」とは「相手を人間ではないとみなすこと」である。たとえば、自分の家族を守るために命を賭《と》すのは御免だ、という私心しか持たぬものは、人間の家族を、そして家族を守るものとしての（国家をはじめとする）人間の制度を、それゆえ人間自身を小馬鹿にしているのだ。そのくせして、自分らは人命を大事と思うヒューマニストだと思い込んでいるのだから、始末に負えない。

まず、私的には死にたくはないが、公的には死なねばならぬかもしれないと考える。次に、その公的な義務を放棄したような自分のことを考えると、私的にも不愉快になるので、公的に進んで危地に赴こうとする。しかしそこでも、私的には、なおも死にたくないと願う。こういうホンネの気持ちにおける循環は誰にでも生じることで、その循環に終止符を打つべく、人間の社会は徳律と法律のタテマエを蓄えてきたのである。つまり、タテマエなんかどうでもよいと考える人間は、ホンネにおいて公私の葛藤がない単純人間、いいかえると私心しかない人非人なのである。

実際には、そう簡単に公心を捨て切れるものではない。だから、自分のかかわる集団や組織のために戦う人間たちの物語は、今も、世界中で大いに人気を博している。日本もその例外ではない。テレビのいわゆる大河ドラマのほとんどは戦争物なのである。それにもかかわらず、あの湾岸戦争で日本人が国を挙げて世界に示したのは、「イラクのクウェート侵略に反対します。でも私たちは死ぬのは嫌ですので、カネを出しますから、アメリカをはじめとする皆さん、イラク制裁で戦って下さい」という態度であった。イラクのやったことが侵略であったかどうかはここでは問わないが、ともかく日本人は、世界秩序のために公的に引き受けねばならぬ死の危険があって然《しか》るべきだといった上で、他人がそれを引き受けよと、願ったばかりか、公表したのである。

これが度外れの破廉恥《はれんち》であることを知らぬのは日本人だけである。それであればこそ、「国のために戦うか」という質問にたいして世界各国の青年たちのおおむね八〇%以上が「戦う」と答えているのに、日本の青年たちにあってはそれがたったの一五%ということになっている。おそらく、我らの世代は我々の子孫にたいして道徳的な「不戦争責任」を負うことになるであろう。

死をめぐる私徳と公徳

国のために死ぬのは嫌だ、と日本の青年たちはいう。

そういう青年たちを育てたのは、その親たちの世代が作った家庭、学校、地域社会、議会である、つまりその青年たちを取り囲む社会環境である。その環境のうちには、「社会が悪い」とすることによって自分の責任を回避する、といった態度を青年たちに許すような不道徳のことも含まれている。そのような青年たちが子供をつくり、その子供たちがさらに自分の子供たちをつくる、という連鎖が何代か続けば、日本人は他者のために危地に赴くことそれ自体を不道徳とみなすようになるのではないか、とすら予想される。これは日本人の多くがグローバリズムを唱えているという状況のなかにあってはまことに皮肉なことに、グローブ（地球）では日本のほかにみられない現象である。

人間にあって、勇気が過剰になると蛮勇《ばんゆう》になる。昭和前期、たしかにそうした蛮勇が日本を覆っていた。戦後になって、蛮勇の反対価値としての思慮が重んじられることになり、そしてそれはまたたくまに過剰になって臆病をもたらした。だから、やがて、臆病の反対価値としての勇気がふたたび尊ばれることになるに違いないと楽観してよいのであろうか。さらに、思慮も価値であると記憶されているなら、勇気と思慮の平衡・総合こそが、とくにいかなる死を選ぶかに際して肝要な道徳となるのだ、ということが理解されるようになるのであろうか。

しかしそうなるにしても、それは、なぜ途方もない臆病がこの国を包むことになったのか、ということについての解明がなされたあとの話である。その解明を困難にする一つの事情は、道徳には私徳と公徳とがあるという点である。誰のためであれ、すすんで死にたくはないと思うのは、私人性という自分の性格側面からみれば、一つの徳でありうる。つまり「生き抜く」意志を私徳に数え上げることもできるのである。しかし公人性の側面からみれば、国民たちの関係の網目を総括するものとしての国家のためにならば「死を選ぶ」こともありうべし、というのが公徳に含められるであろう。「勇気と思慮」は「公徳と私徳」に、一対一にではないが、重なるところが多いのである。今の道徳状況は、私徳と公徳のあいだのかかわりを日本人がとらえられなくなっていることの現れである。

ちなみに、私徳とは人間の内面的な倫理（たとえば誠実や謙遜《けんそん》）であり、公徳とは人間たちの外面的な関係における道徳（たとえば公平や勇気）である。戦争および平和の問題が主として公徳にかかわることはいうまでもない。ところが、戦後にあって、公徳の衰弱が著しく、その結果、戦争や平和が、たとえば「人を殺したくない、人に殺されたくない」といったような私徳の次元で論じられつづけているのである。こうした事柄の解明のためには、まず、戦後平和主義とよばれているものの正体を腑分《ふわ》けしてみるのが便利であろう。

戦争についての思考停止が平和主義

日本国憲法には、平和「主義」という言葉はないが、平和という言葉なら前文にも第九条にも記されており、その教科書的な解説ともなれば、平和主義という言葉の羅列《られつ》である。

戦後日本では、平和主義という言葉の意味はもちろん肯定的なものである。しかし外国でパシフィズム（平和主義）あるいはパシフィスト（平和主義者）といえば、否定的な意味合で用いられることが多い。あっさりいうと、卑劣漢、臆病者ということである。だから、「お前はパシフィストだね」といわれたら、常識を持った外国人なら、「俺は卑怯《ひきょう》でも臆病でもない。いざとなったら家族のため、祖国のために戦うことを厭《いと》わぬ人間である」と抗議するに違いない。

もちろん例外はある。たとえば十七世紀のイギリスに発生したフレンド宗派（クエーカー教徒）は、今はアメリカのペンシルバニアあたりに多く住んでいるそうだが、宗教の信仰箇条として武器は手にしないということになっている。したがって、国家が戦争を行うときにも、政治と宗教との妥協として、あるいは国家と教会との協定として、後衛的な活動にのみ従事することを許されている。

また、ヒンズー教のなかから出てきたガンジー主義も、非暴力の抵抗を唱えたわけであるから、まぎれもなき平和主義であったといってよい。しかし、戦後日本人はいったいいつクエーカー教徒やガンジー主義者になったのか。それどころか、日本には強い宗教感情はめったにみられないといわれている。また、暴力で打ちのめされている自国や外国の人々に、日本人がこぞって同情したり、彼らを救済すべく起ち上がったりしたこともありはしない。

戦後日本人は、結局のところ、平和つまり「戦争のない状態」をアメリカに守ってもらうという前提のもとで、自分たちは平和の維持や回復のために戦うことを不徳とみなしてきた。平和主義とはそういう精神の生活習慣病のことなのであろうか。それとも、言葉で平和といっておけば事実として平和がやってくると思い込む、という痴愚《ちぐ》の群れが戦後日本人ということなのであろうか。たぶん、そのいずれでもないのであろう。要するに、戦争についての思考停止、それが平和主義ということであるに違いない。

占領軍のマッカーサー司令官ですら、ほんの一時ではあったが、非武装の理念が世界に普及しつつあると錯覚したくらいであるから、敗戦の痛手に打ちひしがれた日本人たちの感情が平和主義に傾いたのもわからぬではない。しかし、日本国憲法の草案が書かれる直前に「鉄のカーテン」というチャーチル（元英国首相）の発言があり、それ以後、米ソの冷戦が展開され、その代理戦争が、一九五〇年から始まった朝鮮戦争を手始めに、四十余年にわたって続いた。つまり日本人たちは、戦争（国家間の武力衝突）およびその可能性をも伴うのが世界の現実だと知りながら、それについては日米安保条約という前提のもとにアメリカ軍に思考し準備し行動してもらう、自分たちはそれについて見ざる言わざる聞かざるを決め込む、という態度をとってきたとしかいいようがない。

しかし、その日米安保条約すら、近年の「ガイドライン」にみられるように、アメリカ軍が日本の施設をこれまで以上に自在に使えるような類《たぐい》のものになってきている。武力の問題を他人事として傍観しておれるような状態ではないということだ。現に朝鮮半島にも台湾海峡にも、軍事的危機がはっきりと存在している。だが、米中韓台から軍事的な禁治産者とみなされている日本のできることはといえば、カネを供出することだけ、といった状態が続いている。

それのみならず、経済大国としての日本にとって、マラッカ海峡をはじめとするシーレーンの安全をいかに確保するか、また広くいって、経済にかかわる技術・情報の国際的システムをいかに守るか、それが焦眉《しょうび》の課題になりつつある。それが日本に影響を及ぼさないなどと考えるのは本当の痴愚のみである。加えて、湾岸戦争においてそれが炙《あぶ》り出されたのであるが、世界秩序の防衛のために物的貢献による後方支援は行うが、人的貢献による前方支援はしないという日本のやり方がもう通用しなくなっている。というより、そういう見下げ果てた国民からは金銭・物資を絞りとれるだけとれ、それが国際世論になってきている。

憲法第九条の第一項と第二項の解釈をめぐって

日本人は平和主義について常識にもとづいて正面から考察しなければならない。その時期がとうにきている。もちろん、「戦争と平和」はさまざまな次元の議論を必要とする。最も根源的なのは、人間はファリブルである、つまり誤りを犯すものである、という点である。つまり、知的にも徳的にも誰しもが平和を望んでいたとしても、不完全でしかありえないものとしての人間は、過誤を犯しうる。たとえば、相手の平和の意志を信じることができずに、やむをえず自分から戦争を仕掛けるということも起こりうる。逆に、仮に自分が知と徳において完成に近づいていたとしても、完成から程遠い相手から戦争を仕掛けられる可能性もある。あるいは、現在世代がほとんど完全であっても、後世がそうであるという保証はどこにもなく、そして後世のことに配慮するかぎり、戦争への対応が欠かせないということになる。

国際関係が友好のみによって貫かれていたことは、人類の歴史において、一度もなかった。その事実に戦後日本人は、「平和を愛する諸国民の公正と信義に信頼して」(日本国憲法前文)という文句に素直に従うようにして、眼をつむってきた。しかし、そのこと自体が「人間は誤りを犯す」ということの歴然たる証拠なのである。平和というのは、あくまで消極的な概念である。つまり「戦争のない状態」にすぎない。そういう状態を創るために何が必要かと積極的に考えると、戦争にたいする備えとして武装する必要があると認めるほかない。さらに防衛のための武力の保有ということだけではなくて、積極的にみずから武力を発動しなければならないときもありうる。

現に今の国際社会においてもそういう事実がみられる。放っておくと深刻な国際間の紛争が生じ、それが巨大な戦争へと発展する危険があるとき、その巨大戦争を避けるための先制攻撃として武力を発動する必要が生じる。大きな戦争を避けるために小さな戦争を選択しなければならないということである。

アメリカはまさにそういう理屈で一九八九年パナマを攻撃した。湾岸戦争にしても、その引き金となったイラクのクウェート侵攻が大したものではなかったとの評価に立てば、アメリカの先制攻撃であったといえなくもない。コソボ空爆も、コソボ問題がユーゴスラビアの内紛であるとみなせば、大戦争をあらかじめ回避するためにNATOが仕掛けた小戦争であったといえる。それらの先制攻撃は、国連をはじめとする国際機関の同意を取りつける形で行われることが多いのだが、しかしどんな国際機関も諸国家を離れてあるものではない。さまざまな国家の代表たちが集まって作っているのが国際機関なのであるから、それらの同意なるものは多数派諸国の意志の押しつけだといって過言ではないのである。

したがって、自分および自分たちからすすんで武力をもって他国に先制的に攻撃を仕掛けることを「侵略」とよぶならば、侵略もまた認められるときがある、実際に認められてもいるのだ。

このことを日本国憲法の第九条でいえば、第一項に書かれている「国際紛争を解決する手段としては、永久にこれを放棄する」という条文をどう受け止めるかということである。これについてすら、日本では、どんな戦争も放棄することだと誤解されてきたが、この「国際紛争を解決する手段としての戦争」というのはいうまでもなく一九二八年のパリ不戦条約における用語法である。そこでは、インターナショナル・ディスピュート(国際紛争)を解決するための手段としての戦争は侵略戦争であり、他方、「自国の安全を守る手段としての戦争」が自衛戦争だというふうに区別されていた。最近では、その第九条第一項は侵略戦争の禁止という規定だと解釈されており、それ自体は、不当な侵略が多かったことを考えると、一応は結構なことのようにみえる。しかし、侵略とは自分から武力を発動することだとするならば、その規定すらきれい事にすぎないとみなければならない。

つまり侵略の正当性が問われなければならないということである。その正当性について国際世論を説得できるのなら、個別的自衛であれ集団的自衛であれ国際警察活動であれ、国家間の秩序を維持したり回復したりするための先制武力攻撃つまり侵略をしてもよいということになる。

しかし、歴史上の経験からいって、国際秩序を口実にして得手勝手な侵略を行ったり、特定国家の個別利益にもとづく侵略に名分を与えるために国際警察活動を利用したりする場合がきわめて多い。したがって、侵略戦争は禁止するという規定に逆らうのは大変に難しい。「国際警察あるいは集団安全保障としての十全の理由がないかぎり」侵略は禁止する、というくらいの警戒が必要なのであろう。

現憲法の第九条が異常なのは、その第二項の「前項の目的を達するため、陸海空軍その他の戦力は、これを保持しない。国の交戦権は、これを認めない」という文言にある。芦田均修正条項として「前項の目的を達するため」という限定が付されたのだが、そのときの当事者たちの思い込みを別とすると、その文章の意味は真に恐るべきものといわなければならない。

第一項で侵略戦争はしないと決めたのであるから、その第二項の意味は「侵略戦争をしないという目的のための戦力不保持と交戦権否認」ということになってしまう。自衛のための戦力も自衛のための交戦もありうるのであるから、「日本人には自衛と侵略の区別がつかない」もしくは「日本人は自衛を口実にして侵略をやる」というようにしか解釈できない。つまり、日本人は阿呆か野蛮かのいずれかである、といっているのが第九条の第二項だということである。このように単純な日本語の文章の意味をすら押さえないできたのだから、「平和」という魔語の前で戦後日本人の精神が麻痺したのだとしか思いようがない。

この限定は逆の形に、つまり「前項の目的に反するような」となるべきである。侵略戦争のための戦力や交戦を禁止するということだ。侵略と自衛の区別がつかないほど日本人が愚鈍であるというのがたとえ本当だとしても、そのことを憲法で認めるのは自己不信の表明である。自己不信にもとづいて国を建てるのは憲法精神に反するとしかいいようがない。

紛争と戦争の区別すらが曖昧である

侵略と自衛の区別が難しいことはいうまでもない。たとえば、旧満州国は日本国家を自衛するための「生命線」と日本ではいわれていたが、中国やアメリカはそれを侵略とみなした。また、イラクのクウェート侵攻にしても、イラクはそれを旧領土の回復ととらえていた。ましてや、不備をきわめるのが国際法というものなのであってみれば、侵略と自衛の区別はおおむね困難なのであって、それゆえ、侵略戦争を禁止した以上は、自衛戦争についても（禁止しないまでも）自省《じせい》が必要である、という理屈になる。しかし誰かが自衛と侵略とを区別しなければ、今度は、侵略が野放しになってしまう。

侵略と自衛を誰がいかに区別するかというと、今では、国連などの国際機関に頼らざるをえないのである。というより、戦後日本人は国連中心主義なるものを社会正義の一種として受け入れてきたのである。もっといえば、侵略と自衛の区別を、日本自身の判断によって行うのではなく、国連の判断に委ねようというわけである。しかし、その国際連合がどのように形成されるかといえば、各国の代表者たちがその構成員になる、ということによってである。つまり他の諸国の代表者たちは侵略と自衛を区別できるが、日本の代表者だけにその能力がない、とみなすのが国連中心主義だということになる。そういう自己不信を明言してしまっているような憲法は、そもそも、独立国にふさわしくないというべきであろう。国連は無《む》謬《びゅう》の判断を下してくれるような機関などではない。その場所は、世界の各国が自分らの意見をぶつけ合う討議の場所なのだ。だから、少なくとも可能性でいえば、国連のやり方が不当だと思えば、そこから脱退することもありうる、と構えていなければならないのである。

日本人の知性と徳性が格別に優れていると自負する必要は少しもない。しかし、最低限、他国並みの知徳が日本人にもあると考えれば、侵略と自衛の区別については重々に慎重な検討が必要だと認めた上で、個別的自衛および集団的自衛、さらには国際警察活動のための戦力と交戦を認めざるをえないのである。国民の切実な気持ちとして、まず自分たちの国は自分たちで守るという態度がなければ、集団安全保障や国際警察の活動に加わる資格がない。そして国防の気概を持った国民は、短期の必要度において、個別的自衛が一番重く、次に集団自衛、最後に国際警察ということになることを容易に理解するであろう。

しかしながら、国際秩序の長期的な組み立てからいえば、逆になる。日本はアジアのなかの日本であり、アジアは世界のなかのアジアである。つまり秩序の理念的構成としては、国際警察が最も基礎的な次元にあり、中間の層に集団安全保障体制があって、そして最上層の次元に個別的自衛が配置されるということになる。上記までをまとめると図5のようになる。

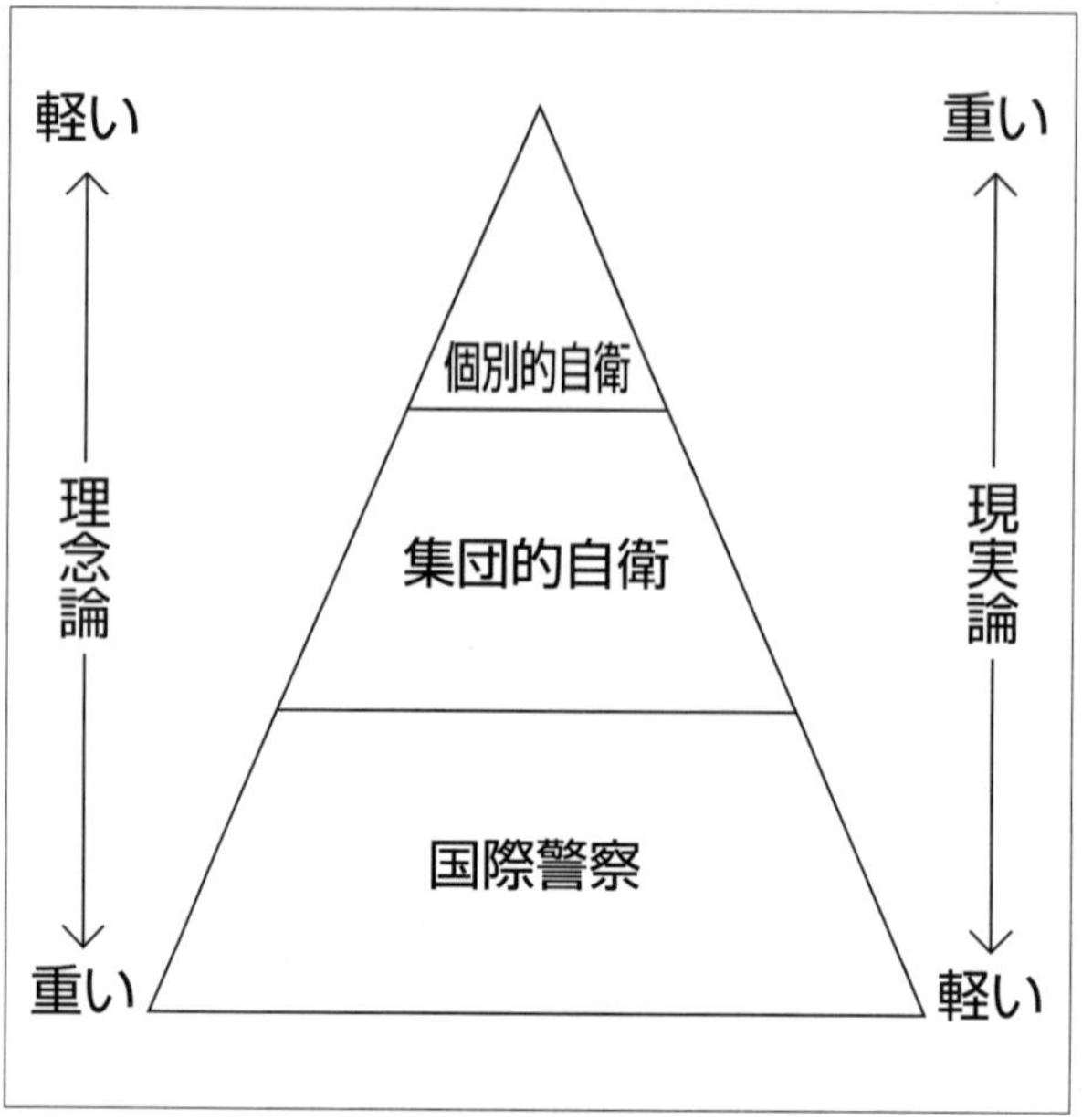

図5　国際秩序の意識の在り方

この短期と長期のあいだの互いに倒立した関係が、議論を錯綜させる。たとえば個別的自衛が現実論として出てくると、それに理念論をぶつけて、世界には核兵器がある、日本も核兵器を持つのか、そんなことをすれば世界を核戦争に巻き込む、といった話になってしまう。逆に、世界平和の理念を理念として検討すべきところに、アジアの軍事的緊張というような現実論を持ち出して、国際的軍事秩序の長期展望について無関心になる場合もある。要するに、理念を逐次的に実現させていくことも大事だが、現実の早急な体制整備も必要だ、といったような包括的な議論をするには、戦後日本人の軍事意識は未熟すぎるということだ。

理念と現実の仕分けは、戦後日本にあって、まったく曖昧《あいまい》なままに放置されている。その一つの見本が、「侵略」の定義にかんするものである。つまり「国際紛争を解決するための手段としての戦争」という表現においてディスピュート（紛争）とは何かということだ。その言葉の最も普通の意味は「口喧嘩《くちげんか》」、「言い争い」あるいは「揉《も》め事」ということである。つまり国際的な口喧嘩を解決するために武力を発動するのを侵略戦争とみなす、それがパリ不戦条約の規定なのであった。言葉の争いまでは認めるけれども、それに物理的な力を介在させるのは暴力である、という日常的な理解にもとづいて、侵略を定義したのだといってもよい。

ところが日本語では、武力の衝突も紛争に含まれることが多い。たとえば機関銃や地雷が用いられても、正式の宣戦布告がなければ紛争とよぶというふうにである。もちろん、武器が高度に発達した現在では、低度の武器による衝突を紛争に括《くく》ってしまうという傾きが全世界的にみられはする。また、正規軍ではなくゲリラ隊の有効性が高まるという状況のなかで、ゲリラ戦を紛争とよぶ習わしが世界に広まっている。それゆえ紛争と戦争の区別が難しくなっていることは否定できない。しかし日本ではその困難すらが自覚されずに、ただ漠然と、「国際紛争」とは国際間の衝突のことなり、ととらえている。したがって、他方で武力衝突を戦争と定義してもいるということを考えると、武力衝突を何ほどか伴う紛争の場合、我らの憲法から「戦争を解決するための手段としての戦争」という珍妙な定義が生まれてしまうのである。

このような憲法解釈における思考の欠如が生じるのは、やはり、平和主義という名の無思慮のせいなのだと思われる。平和「主義」というふしだらな思考習慣が、戦争についての綿密な検討をすら抑圧してしまい、結局、どんな戦力も交戦も認めないという雰囲気だけを戦後日本にばらまくことになってしまった。

国防の義務における「私心」と「公心」

平和主義が戦後日本の国民精神における慢性病となってしまったのは、要するに、国防の義務を投げ捨ててしまったことの帰結である。大日本帝国（明治）憲法の第二〇条には「日本臣民ハ法律ノ定ムル所ニ従ヒ兵役ノ義務ヲ有ス」と明記されていた。現憲法にはそれがない。

いうまでもなく「兵役」が何を意味するかについては検討が必要であろう。たとえば、戦前においても女性は徴兵されなかったのであるから、国民の兵役義務なるものは「国防への貢献」というくらいに解釈しておくべきなのであろう。いずれにしても、国防なしの平和という空論を戦後日本人は半世紀余にわたって楽しんだわけで、そういう愚行にそれなりの報いがあって何の不思議もない。

国防への参加義務における国民の意識と行動における訓練は国家の危機だけにかかわるのではない。より広く、人間の生に一般的につきまとう危機への対応力を養うもの、それが国防意識なのである。たとえば、この少子化時代において子供たちが家庭や学校で何かと甘やかされる。兵役はそうした子供たちの生活態度一般の矯正《きょうせい》に資するところ大と考えられる。逆にいうと、兵役義務を憲法で規定しなかったことの弊害を確認するのが急務だということである。

このこととのかかわりで、現憲法に「非常事態」の規定がないことに注目せざるをえない。憲法に機能停止を宣しなければならないような緊急にして大規模な危機が発生するとは、この憲法では予想されていない。その意味でも、日本国憲法は平和惚《ぼ》けなのである。もちろん、非常事態にはアメリカが対応してくれるものと、戦後日本人は半ば無自覚のうちに思い込んでいるのであろうが、そのこと自体が平和惚けなのである。憲法についての一般論としていうと、俗世の常態を規定するものとしての憲法は、みずからに機能停止を命じる非常事態の条項において、いわば「歴史の危機」へ向けて開口している。そして憲法は、国家象徴という俗世のものならざる存在を設定する天皇条項において、いわば「歴史の超越」に向けて開口している。非常事態条項と国家象徴条項は一対をなしているということである。

なお、非常事態をカール・シュミット（一八八八～一九八五　ドイツの法律学者・政治学者）のように完全な「例外状態」ととらえるのには疑義が残る。歴史を振り返れば、国家が危機に瀕《ひん》するという事態がいくつもあったのであり、さすれば、そうした危機の歴史から多くの実際知を得ることができる。そうであればこそ危機にたいする「管理法」も可能になるのである。一般的にも、管理し難き事態が危機であり、それをあえて管理しようとするとき、是非もなく、歴史のなかにそのための実際知を求めざるをえないのである。

いくぶん幸いなことに、湾岸戦争以来、正当な戦争ならばそれを後方から支援するのは平和主義に反しない、という意見が強まっている。しかし、どんな種類の危機においてであれ、後方支援が正当であるのは前方での戦いが正当であるからにほかならない。だから、その戦いの前線における参加を禁止するものとしての平和主義は不当だということになる。前方と後方を区別するのは、前方においては当事者に死の可能性が高まるということだけなのであってみれば、平和主義とはつまるところ死への恐怖にすぎないのである。

また、あのオウム事件以来、国家への大がかりな「破壊活動」を防止するためなら、言論や結社の自由を禁止することもありうべし、という形で非常事態への認識が少しずつ高まってきてもいる。しかし、それはまだ萌芽《ほうが》の状態にとどまっている。阪神大震災にたいして自衛隊がただちに出動するということが見送られたことからもわかるように、危機の恐怖に際しては悲鳴をあげる以上のことはしないでおこう、それが平和主義なのである。

「祖国のために死ねるか」というふうに問題が提起されたとき、まず冷静に認めなければならないのは、多くの人間の私心においていえば、「死ぬのはいやだ」と思うのは当然だということである。しかし、国家のことにかぎらず、家族をはじめとする集団の危機においては、事は私心ではなく公心によって対応すべきものとして発生する。平和主義に頼っていれば、相手の従僕《じゅうぼく》になってもいいくらいの姿勢でいるかぎり、死なずにすむということになるかもしれない。しかし自分がそうすることによって、家族や同胞が、そしてそれらの子孫が屈辱の生を強いられることに堪えられないと思うものは、危機を引き受けて死ぬこともありうべし、と構えるほかない。それが最も単純な形におけるパブリック・マインド（公心）である。

私心において「死にたくない」と思うものが、公心においては「死んでもやむをえない」と思う。こうした心の葛藤《かっとう》を状況に応じてうまく処理するための基準、それが道徳だということである。私心しか持っていないもののみが、死にたくないから戦いたくない、というふうな短絡を犯すのだ。

国家を愛することも国家のために戦うことも、道徳の「冷静」な発露

戦うためには勇気が、しかも「義」を守るための勇気が必要である。しかし、義はほかならぬ自分および自分たち（家族や同胞）が延命していなければ意味をなさない。もっとわかりやすくいうと、義の担い手である自分（たち）が生き延びるために戦う、それが勇気ということである。だが、勇気とは死を覚悟することだといってさしつかえなく、だから、「生き延びるために死に急ぐ」というパラドックス（逆説）から、私心と公心とをともに持つ人間は、自由になれないのである。この逆説を現実的にどう解くか、そのための指針を与えてくれるのが伝統の知恵である。つまり伝統は、人間の生死にかんする選択を状況に応じていかに組み立てるかの「心の形」とでもよぶべきものを示してくれる。

戦争と平和のことをめぐって、人間の生死にかんする伝統の精神は「愛国心」とよばれてきた。しかし愛国心という言葉は、しばしば、一種の精神の熱狂状態のことだととらえられてきた。そして、そうした熱狂からエスノセントリズム（自民族中心主義）が生まれるのだと批判されてきたのである。しかし愛国心に精神の熱狂をみる必要は少しもない。自分たちの道徳が、とくに公徳が、国家によっても支えられていると認識するならば、さらに道徳のことを気にかけざるをえないのが人間の生死であると自覚するならば、国家を愛することも、国家のために戦うことも、いわば冷静に導き出される道徳的な結論にすぎないのである。

ところで、愛国心に対応する英語はパトリオティズムであるが、それは父祖の地つまり「郷土」への愛ということも意味する。地域コミュニティが崩壊したりゲゼルシャフト（利益調整体）化するという現状

のなかで、郷土愛を語るのは時代遅れだという意見が少なくない。それも違うのだ。「冷静に考えて」、自分が郷土に多くのものを負っていると自覚され、さらには自分の子孫もそうなるであろうと予測されるなら、そしてその自覚や予測が不動のものになってくるなら、それがすでに郷土愛なのである。それは、比喩《ひゆ》としていうと、神仏の存在を実感できなくとも、神仏を崇《あが》める「かのように」行為できるし、行為したくなるというのと似ている。

いいかえれば、愛国心は健全な国民の精神に宿る常識・良識の一つだということである。自分らの精神の根底にある伝統がナショナル（国民的）なものであり、そして国民は自分らのステート（政府）を形成したいと念じるものである、という常識・良識が繰り返し確認されるなら、それがすでにして愛国心であると考えればよいのだ。そういうものとしての愛国心が、敗戦後、徹底的に衰微したため、反軍思想という珍妙な精神がこの列島に繁殖することになってしまった。

しかし幸いにも、自衛隊の存在を肯定する日本国民の数が優に八〇％を超えるほどに増えてきている。その意味では、戦後日本人は平和主義から脱却しつつあるといってよい。つまり、軍隊を存在させるほうが日本国民の公徳における常識に叶っており、それを違憲とする日本国憲法がそれから逸脱しているということにほかならない。そして、憲法第九条の改正に反対するものが今も少なくないというのは、公徳に発してのことではなく、「戦争に巻き込まれて人を殺したり人に殺されたりするのはいやだ」という私徳における常識に発してのことだと解釈せざるをえない。しかし憲法意識はあくまで公徳にかかわるものであるから、こうした私徳の表明は抑えられて然《しか》るべきものである。

しかし、自衛隊が厳密な意味で軍隊たりえているかどうかという問題が残っている。国防義務が憲法に規定されていないものだから、具体的な戦闘行為にかんする規則がないも同然なのである。逆にいうと、軍規に違反した兵士たちを軍事法廷においていかに裁くかという規定が自衛隊にはない。たとえば北朝鮮の対日工作船が日本の領海を侵犯したとき、それを「緊急事態もしくは正当防衛」に当たるとして、自衛隊が発砲したり爆撃したとしよう。それが本当に「緊急事態と正当防衛」に当たるかどうかについて法律的な疑義を呈するものがいたら、自衛隊の関係者は、通常の法廷で殺人罪や銃器の不法使用の咎《とが》で裁かれることになるわけだ。また、その工作船を追っていた自衛隊員が戦線逃亡したとしても、それは単なる職務怠慢で自衛隊から馘首《かくしゅ》されるくらいのことですむといったことになる。戦線逃亡罪で不埒《ふらち》な軍人を裁くための軍事法廷は日本には存在しない。可能性としていうと、戦争状態に直面して自衛隊自身が戦争放棄に入る、というとんでもない事態までが起こりうる、それが今の日本の軍事意識の水準なのである。

今、最も必要なことは、日本国憲法という成文をいわば「括弧《かっこ》に入れる」ことであろう。そして、その成文から離れて、日本人がみずからの「国家の根本規範」にかんする常識・良識を確かめてみることであろう。そうしてみればこの米定の（つまりアメリカ製の）憲法がいかに自分らからはるかに離れた存在であるかが否応もなく理解されるに違いない。さらに、それを理解しようとしないのは、何らか特定の観念や利害が固着してしまった連中に特有の心理現象であることもみえてくる。国家の常識・良識を憲法によって教えてもらうというのは子供の所業なのだ。今からでも遅くはないから、国家にかんする大人の常識・良識を坦々《たんたん》と書き記したもの、それが憲法なのだという常識・良識に立ち戻ればよいのである。

7 「民主」憲法の不道徳

「民主」という言葉に意味が宿るとしたら、それは、少数の特権者が我が物顔をしている場合に限られる。たしかに、多数者が真底から嫌悪を催すような特権者の振る舞いは、長続きしないという意味で正統性がなく、それを説得的に弁護できないという意味で正当性がない。

日本の現在に、そんな専制権力はまったく存在していない。そこでなおも民主をいいつのると、民《たみ》の欲望が主《あるじ》となって、民主主義は、民権神授説に変じてしまう。つまり、民の欲望は神意の現れであるからしてサヴリン（崇高）なり、それゆえ民がサヴリン・パワー（主権）を握るべし、ということになる。デモクラシーは素直に民衆政治と訳されるべきだったのであり、そうしておけば、民衆の多くが愚鈍ならば民衆政治が愚劣な結末になるとすぐわかったに違いない。逆にいうと、民衆の多くが賢明であるためには何が必要か、という議論にまっすぐに入っていけるのである。

憲法という根本規範は国民が賢明さを保つために守らなければならない義務の体系を示すものではないのか。そしてその体系が偉大な政治家や高名な学者によって指定されるというのは、まったく不当である。いや彼らの偉大や高名が実質あるものならば、それはその国民の歴史の英知にもとづいているのでなければならない。その意味で、真のデモクラットは歴史に棹差《さお》すのである。

敗戦日本には、この歴史への慮《おもんばか》りがない。だから、天皇条項という「異物」を除いたものとしての、この「民主」憲法には、歴史を背負うもの、つまり国民がいない。そして単なる人民の欲望が人権の名目で擁護される仕組になっている。

憲法調査会の成立とともにようやくにして始まった憲法改正の動きから、いったい何が出てくるのか。おそらくは、環境権をはじめとする「新しい権利」の承認ということである。また改正派も、戦争放棄条項との引き換えなら、どんな新権利でも歓迎してみせるという態度に出るのであろう。結局、モラル（道徳）が歴史のモーレス（慣習）のなかに胚胎《はいたい》するということをわからずじまいの半世紀間であったということである。

欽定でも民定でもない「米定」憲法

日本国憲法は、大日本帝国憲法もそうであったが、不磨《ふま》の大典とみなされたまま、一言一句修正されていない。これは世界に前例のないことで、他国の憲法は戦後の半世紀余のあいだに、多いところで七十回、少ないほうで十回といった調子で改憲を行っている。一度も変えなかったのは、日本のほかには、ローマの一角にあるバチカン市国であるが、そこはカソリック派の宗教の総本山であるから、俗世に合わせて憲法を変える必要のない格別な場所である。

もう一つの例外として台湾があったが、本省人（台湾人）李登輝国民党主席（当時）が政権を握るあたりから、憲法改正に着手した。要するに、日本だけが憲法の修正をやみくもに拒絶し、そのことに何の疑問も感じないままでいるのだ。

これはあまりにも異常な事態である。他国がほんの数回しか憲法を変えていないのならば、日本の修正回数がゼロというのもありうるとしなければならない。しかし、他国は数十回も改憲を行っている。日本が変えないというのは、常識をはたらかせれば、日本国憲法を執筆した人々はさぞかし憲法についての天才であって、半世紀以降の国家の事情についてまで的確に見通すほどの類《たぐい》まれな才能の持ち主であったのだろうということになる。

ところがこの憲法は、敗戦の翌年、一九四六年二月の初めに日本の言葉や文化について無知も同然のはずの占領軍の、とくに民政局のケーディス次長あたりが中心になって、わずか一週間前後で書き認《したた》めた草案である。しかもその執筆陣には憲法学の専門家は一人もいなかった。その年の六月から第九十帝国議会で憲法制定の審議に入ったが、それも実質は一カ月程度で、その内容も占領下での型通りの議論があったにすぎない。つまり、占領軍の書いたものを大きく修正することなく迎え入れるべし、という暗黙の前提に立つ議論なのであった。したがって、これを不磨の大典としたのは、日本人がこの憲法について思考停止になり、憲法擁護を先験的な社会正義とみなしたことの結果であるといってさしつかえない。

これは、欽定《きんてい》でも民定でもなく、「米定」の憲法であるが、反左翼の人々がよくいうような「押し付け憲法」などではない。占領軍がいなくなってからすでに半世紀近く経っている。占領軍の総司令官マッカーサーが、日本に憲法改正を促したにもかかわらず、そのときもそれ以後も憲法改正を政治の俎上《そじょう》にのせなかったということは、その憲法をすすんで迎え入れたということであるから、つまりは「押し戴《いただ》き憲法」ということになる。有り難く押し戴いたものであるから、それに修正を加えるのは不遜《ふそん》だとでも思われたのであろうか。

憲法では「丸裸の個人」が想定されているだけ

この憲法の前文には、きわめて普遍主義的な価値が高らかに謳《うた》われている。つまり、主権在民主義、平和主義、人権主義そして（コスモポリタニズムとしての）国際主義が「普遍の原理」なのだと宣せられている。普遍の原理であるからそれは変えること能《あた》わずというわけだ。もちろん改正条項もあるにはあるが、国会の三分の二の賛成で発議され、国民投票の過半数で議決といういわゆる硬性憲法である。つまり変えにくい憲法なのである。

たしかに、シュミットがいったように、憲法は、二つの部分に分かたれる。一つはその根幹部分であり、それは国を建てるにあたっての原則を示すものであるから、革命のような社会の大変革によってしか変えられない、と考えるのが道理である。もう一つは憲法律とよばれるもので、憲法と法律のいわば中間形態である。憲法律の部分は、国の具体的な事情が時代の推移とともに変わってくるので、それに応じて変えて構わない。つまり変えてはならぬ硬性な部分と変えてもいい軟性な部分とから成る、というのが憲法の根本的な組み立てである。しかしながら日本国憲法は、第一条の天皇条項を別とすれば、建国の原則において普遍主義が打ち立てられ、それが憲法律に当たる部分にまで浸透している。だから、日本国憲法は全体として硬直的なのである。

この憲法は、即席で書かれた草案を即席で翻訳したものにすぎないので、日本語として失格だとよく指摘されている。その通りであるが、論理としては、ほかの国の憲法よりはるかに体系的になっている。つまり、人間の尊厳といった種類の普遍的原理を掲げて、その原理からさまざまな規定を論理的に導出する、つまり演繹《えんえき》する、という体裁になっている。いいかえると、設計主義の態度が他国よりも徹底しているのである。だから、部分と全体が整合的につながっており、それで、部分的修正が難しいわけだ。

ほかの国の憲法は、普遍的な部分とその国にとっての個別的な部分が混在しており、体系として不完全である。それは、純粋法理からみれば矛盾が多いといえるが、逆にいえば、やはり世界の普遍性と国家の個別性は、きれいにつながるものではないということの現れである。また、文化的統一性としての国体と政治的統一性としての政体のあいだに多少の矛盾がある、というごく当然の事態を反映してもいる。ともかく、他の国々は、まとまらないものをそのままに受け入れているので、状況に応じて変えやすい憲法になっているわけだ。

その典型はアメリカ憲法のいわゆるアメンドメント（修正条項）であろう。本文を変えずに修正条項を次々と付け加えていき、本文と修正条項のあいだに矛盾があっても構わない、という臨機応変の態度をアメリカ憲法は採用している。本文は往時における判断であるとして、それを記憶しておくのも、国民の価値・規範の意識を鍛える点で、重要だということであろう。日本の場合は、米定憲法ではあるものの、人工的に書かれたもので、文章は下手であるけれども、体系的な論理になっている。それゆえ変えづらいのである。

日本国憲法の矛盾は、その論理体系の前提そのものにある。民主、人権、平和、世界といった普遍主義的な諸概念は、全世界に共通するはずのものであるから、今風にいえば世界主義に属する。他方、個人主義というのはいうまでもなくパティキュラリズム（個別主義）を旨とする。問題は、日本人という個別の人間集団が何ものであるかということが、この憲法では、天皇条項を除いては、何一つ示されていないということだ。国家の歴史にも文化にもかかわりのない、それどころか只今の日本の状況とすら無縁の、いわば丸裸の個人が想定されているにすぎない。それが「日本」の人間であるのは、日本の国籍を取得しているということのみにもとづくのであり、しかもその国籍取得に当たって、日本の歴史・文化を尊重すべし、などといった条件は一切ないのである。

したがって、ここでの「個人の自由」というのは抽象的な個人の抽象的な自由である。それに何ほどかの現実味を与えてみても、せいぜいが自分の「欲望」というこれまた漠たるものを自由に解き放つこと、といったことにしかならない。だから、この憲法は「日本国」のものでなくてよいのである。天皇条項と戦争放棄条項を除けば、世界中のほとんどすべての国家の憲法に（少なくともその一部として）組み込まれてもおかしくない、それがこの平和憲法とか民主憲法とかよばれているものなのだ。

一方における世界主義と他方における個人主義、これら両極端にまで離れた二つの原理をつなぐのは「欲望」だとし、それに基本的な権利が宿る、とするのがこの憲法である。というより、アメリカニズムとはそうした精神の分裂状態のことにほかならないのだ。人間の欲望をこうまで肯定することをさして欲望民主主義とよぶことがあるが、実に適切な表現といってよい。アメリカ人たちが一週間前後でこの草案を作ることができたのも、アメリカニズムという下敷きがあったからにほかならない。

憲法とは「国家の根本規範」のことである。いいかえれば、国民とその政府とにとっての根本道徳である。つまり、戦後において生じたことは米定道徳への屈従と拝跪《はいき》ということであったのだ。そうである以上、戦後日本人の道徳意識が空洞化して何の不思議もない。世代が進むにつれてその空洞ぶりが目立ってくるのも自然の成り行きである。ホセ・オルテガ(一八八三～一九五五　スペインの哲学者・文明評論家)がいったように、「外部への適応を専《もっぱ》らにすることは、その国の文明にとって命取りとなる」のである。

第一条と第二条で、天皇の伝統性を図らずも確認した

この憲法で日本固有の事情にたいする配慮が一つだけある。それが天皇条項であって、アメリカ占領軍は日本の政治的安定のことを慮《おもんぱか》って、「天皇は、日本国の象徴であり日本国民統合の象徴である」とした。ソしかしながら、連合国がわは、最初の段階では天皇制を廃止すべきという方向に傾いていたのである。ソ連やオーストラリアがそれを強く主張しもした。しかしアメリカは、すでに始まりつつあった米ソの冷戦構造とのかかわりもあって、天皇制を残すことによって日本の政治的安定を図ろうとした。つまり、この天皇条項は、政治的動機にもとづいて、現憲法における原則の外部から、むりやりに憲法の冒頭に接《つ》ぎ木されたものといってよい。

この憲法の第一章第一条の、いわゆる象徴天皇制というものをどう理解すべきか。これまでは、長きに

わたって、象徴天皇制における象徴ということを軽く考えて、象徴を単なるデコレーション（お飾り）とみなす向きが多かった。しかし、「日本国の象徴であり日本国民統合の象徴である」という表現を字義通りに解釈すれば、そこにのみ、かろうじて、日本の文化的一体性や歴史的連続性が確認されているとみるべきであろう。

ところでその第一条には、天皇の「地位」について、それは「主権の存する日本国民の総意に基く」とある。この文章をどう理解すべきか。国民の総意にもとづいて天皇の地位が定まるのであるから、天皇より国民の地位のほうが上だ、ととらえなければ前文における「主権は国民に存する」という規定と矛盾する、というのが通常の解釈である。だが、国民とは誰のことをさすのか。それが過去から現在に及ぶ総国民のことをさすというのなら、「国民の総意」とは過去から受け継がれた「伝統の精神」のことにほかならない。同じようにして、現在から将来にわたる総国民のことも含むという場合にも、そこにおける「国民の総意」とは将来も持続するであろうと予測される「伝統の精神」のことだとなる。

もちろん、過去の死者たちの意見も未来の子孫たちの意見も、直接に聞くことはできない。過去の世代の意見に敬意を払い、未来の世代の意見を思いやる、という構えが現在の国民にあるのなら、そのときにはじめて天皇が象徴しているのは日本の国家（国民とその政府）の基盤としての「日本の伝統」だということになる。そのことが確認されていれば、たまたま現在世代が、天皇象徴などはもういらないとか、人間象徴よりトーテムのような物体象徴のほうが安上がりでいいなどといったとて、それは「日本の伝統」に反することであるから、憲法違反の言動とみなされる。

そのように解釈しておかないと、第二条の「皇位は、世襲のもの」という規定と矛盾を来たす。つまり

第二条は、現在世代が皇統の外部から天皇を選ぶことを禁止しているのである。第一条は、民意を重んじているのだから民主制の宣言であり、第二条では、民意がどうであろうとも天皇の地位は世襲されるということだから君主制の宣言である、と三島由紀夫は指摘した。もちろん、日本の国民が単なる人民であれば、つまり「日本の伝統」と無関係というのであれば、三島のいう通りである。しかし、その国の伝統を担うのが国民である、としておけば第一条と第二条のあいだには矛盾はない。天皇をめぐる日本の伝統の在り方を確認した、それが両条だということになる。

象徴という言葉は、文化論一般においてそうなのだが、超越性の次元と何ほどかかかわるとみておくべきであろう。実際、どの国にあっても、国家象徴というフィクションには、多かれ少なかれ、超越的な性格が伴っているのである。憲法という世俗の次元の根本規範は、それが根本的であるためには、究極の価値（つまり超越）のことに触れざるをえないということだ。

憲法は、日本国憲法も含めて、世俗の次元において定められたものではある。しかし、何ほどか世俗を超えたものとしての天皇（つまり最高位の神主《かんぬし》として国家の祭祀《さいし》を司る存在）は、特定の憲法などには拘束されないし、されてはならぬものなのである。というのも、日本国憲法という特定のものは、一九四六年に公布されて、まだ半世紀間余しか施行されていない。だが天皇によって象徴される日本の伝統は、二千年に及ばんとする（いや、その神道とのかかわりにおいては、それをはるかに超える長期間の）日本の歴史から産み出されたものである。天皇によって象徴される日本の伝統は、日本国憲法のよりも数十倍の時間的つながりにかかわっている。世俗を超えた存在のことを世俗の法（憲法）において規定するのは、形式合理としては矛盾である。しかしそれは、超越への志向の少なくとも可能性が世俗のうちに潜在している、という点からみれば実質合理に叶っている。この憲法の弁証法とでもいうべきものが戦後日本ではわかられていない。だから、戦後、日本の伝統を（天皇制を除いては）破壊することを狙いとしている日本国憲法を「尊重する」と昭和天皇や今上天皇が宣言してしまった。あえていえば、そのときから、天皇制は空虚なものになってしまったのだ。なぜといって、それは、歴史の総体を象徴すべき天皇が特定の時代の法律に従属することを宣したことになるからである。

憲法は「政府から国民を守る」ためのものなのか

しかし、日本の伝統の確認が天皇条項だけに封じ込められ、あとは個人の尊厳や個人の自由の掛け声で伝統破壊を促す条項が満載となれば、天皇が時代のなかで孤立するのは当然のことである。伝統の保守という仕事をすべて天皇に担わせ、自分らは伝統の恩恵にあずかりながら、忘恩の徒よろしく伝統破壊の遊びに明け暮れる、それが戦後の日本人民であったといって少しもいいすぎではない。

そうしたふしだらな行いにたいする報いは、戦後日本人が「公共性」の何たるかをうまく規定できないでいるという形で現れている。憲法の第一三条に、「すべて国民は、個人として尊重される。生命、自由及び幸福追求に対する国民の権利については、公共の福祉に反しない限り、立法その他の国政の上で、最大の尊重を必要とする」とあるものの、肝心の「公共の福祉」が何を意味するかについては一言もないのである。

公共の福祉という概念は、日本人の公共心にもとづいてしか規定できず、そうするためには日本人の国民性がどのようなものであるかを見定めなければならない。しかし、個人の尊重、個人の自由、個人の権利を原則とする日本国憲法では、公共の福祉の基準は、社会の多数派が欲望するところのもの、ということにしかなりようがない。

たとえば、どこかの地点における道路や空港や原子力発電所の建設を、当地の住民の多くが反対するならば、その地域内での多数決によって否決されるか、逆に、国全体での多数決によって（具体的には国会の決定という形で）強行されることになる。いずれにしても、そうした決定に至る過程で、公共性とは多数派の欲望のことだとされてしまっている。その欲望の当否が日本（および日本のなかの当該地域）の歴史・慣習・伝統に照らして審査される、そのための議論が活発に展開される、ということはめったにないのである。それは、結局のところ、アレックシス・ド・トックヴィル（一八〇五〜一八五九　フランスの思想家・政治家）のいうところの「多数派の専制」にほかならない。

このようにいうからといって、少数派の保護なるものをやみくもに主張したいのではない。現代の少数派は、多数派が個人の尊重・自由・権利という憲法の原則を踏みにじっていると言い張ることによって、多数決の結果に反逆することを自分らに許している。つまり、その原則にもとづけば、自分らこそが憲法の枠内での多数派だと居直ることができるのである。

いずれにしても、「日本国」憲法と銘打たれておりながら、それには日本国の固有性は（天皇条項を除いては）示されていない。というより日本国の固有性に重大な関心を払うことが前文によって（また第三章の「国民の権利及び義務」の諸条項によって）禁止されている。つまり、この憲法は、実験的につくられる国ならどこにも適用可能なものである。そういう個人主義を原則とする社会実験および社会設計の思想がこの国に流布され浸透した結果、公共性の基準がすっかり見失われたのである。公共性なき国家、それは私的で個的な欲望、いいかえれば利己心の跋扈《ばっこ》する国民精神の荒野であるのみならず、私的な欲望をすら衰弱に至らせる国民精神の砂漠である。

規範とは守るべき義務の体系ということだ。だがこの憲法は、全体として国民（というより人民）の権利条項の集まりとして表現されている。このことを正当化するために、多くの憲法学者が、憲法は「政府から国民を守る」ためのものだと主張している。つまり、「国民の権利」は「政府の義務」だというわけだ。つまり憲法は政府にとっての規範なのだといわれている。

たしかに歴史的には、イギリスのマグナ・カルタ（大憲章）がそうであったように、旧体制の横暴を咎《とが》めるための規範として憲法が制定されることが多かった。しかしそれは、民主主義が未熟であったり成立の途上にあったりした段階のことにすぎない。しかし今では、民主主義はすでに確立されきっている。少なくとも、多数参加と多数決という民主主義の手続きとしては、そうである。国民の世論や選挙を軽んじては、どんな政治家もその地位にとどまることはできない。家庭においても、両親の立場は子供の欲望によって、ある場合には親殺しの欲望によって、不安定にさせられている。学校にあっては、日の丸を掲げた校長が、生徒たちに土下座せよと迫られるというふうに、教師の地位が危うくなっている。あるいは企業のような職務の階層の明確なところにおいてすら、技術革新には弱年者のほうが適応しやすいという事情のために、指揮命令が円滑に進まなくなっている。さらにマスメディアは、世論を操作しつつ、自分のもの以外の一切の既成権威に攻撃を仕掛けることを主要な商売種としている。このように民衆の意見と立場がすっかり強化されてしまった状況において、「政府から国民を守る」ための憲法を、というのは欺瞞《ぎまん》の最たるものといってよい。

「国民」をつくるための教育義務

福澤諭吉《ふくざわゆきち》のいった「政府は国民の公心の代表なり」といったテーゼの実現がすでに十分に可能になっているからには、その公心の在り処を「国民の義務」として示すのが現代の憲法の本旨でなければならない。だが、その義務の内容を憲法で細々と書くわけにはいかない。国民の義務とは大きくいえば遵法《じゅんぽう》の義務、納税の義務、（子供への）教育の義務そして国防の義務の四つしかない。前の三者については、現憲法にも一応は示されているが、数々の権利条項のなかに埋もれており、また弱い形での表現にしかなっていない。「国家への義務を果たすこととの引き換えで各国民に権利が与えられる」という観点がまったく曖昧《あいまい》になっているのだ。というのも、人権の原則にもとづく立法、という建て前になっているので、問題が人権に及ぶとなると、「禁止の体系」を本質とするものとしての法律は重みを失うのである。そのことを最も端的に示すのが、現憲法には国民の国防の義務がない、という事実である。もちろん、国防義務といっても、現代のように武器が高度に発達した段階では、徴兵制が必要かどうかは議論の余地がある。しかしともかく、一般的にいって、国防に貢献する義務、つまり国際危機のなかで自分らの国家を自分らで守ってみせる義務がこの憲法で規定されていないのであってみれば、その程度の国家においては、遵法や納税や教育の義務が重んじられないのは当然の成り行きというべきであろう。

納税の義務についていうと、「国民は、法律の定めるところにより、納税の義務を負ふ」としか記されていない。本来ならば、国民は、自分たちの政府が費用なしに運営されるはずはないのだから、また政府によって保護されることも多いからには、政府にたいして納税をもって貢献すべし、ということが高らかに謳われていなければならない。

たとえば国家の象徴としての天皇なのであるから、国民には税金によって皇室の財政を賄《まかな》う義務がある、となるのが当然であろう。しかし、現在の憲法学者たちによる憲法解釈の多くは、言論の自由も職業の自由も移動の自由もないような天皇であるにもかかわらず、天皇も国民なのだから皇室には納税の義務があるものとしている。イギリスのような君主制ならば、最も強力な政治権力であった君主の家系が、その国のあくまで世俗的な歴史を象徴するということであるから、王室の納税義務も頷《うなず》けるところだ。しかし天皇は、聖性にもいくぶんかはかかわる文化的象徴にほかならない。そういう存在に納税の義務を負わせるべきかどうか、少なくとも議論があって然《しか》るべきだ。しかし、人民の主権という思想は、人民の欲望以上の価値を認めようとしないので、そうした論議を最初から封じてしまうことになる。

また、子弟への教育義務についていうと、教育のあるべき内容について一言の示唆もない。極論をいえば、国語も国史も道徳的古典も教えずに、外国に早々と流出してしまうような才能を育てる類《たぐい》の教育であっても構わないのである。

憲法における教育義務は、「国民」をつくるための教育でなければならない。国民には歴史感覚とそれにもとづく道徳感覚がなければならない。そういうことが現憲法には示されていない。そもそも米定にして人工の憲法はそうした感覚を破壊するものである以上、そこにおける義務教育もまた、国民教育とは無縁の普遍主義的なものにしかなりえないのである。

遵法の義務についていうと、ルール（法律と徳律）を人工的に設計できるとする構えにあっては、その設計の前提をなす人権主義のような原則の遵守を別として、遵法の精神は育ちようがない。つまり、ルールの変更こそが遵守だとみなされがちとなる。本来、憲法はその国の歴史にもとづく常識・良識を成文として確認するものだということであるならば、最初にルールありき、ということになり、そしてルールとは、それを侵犯することにたいする「禁止の体系」である。だから、ルールを守る責任、そして責任を果たす義務が的確に規定される。逆に、ルールに違反しないことを為す自由が許され、その自由を遂行する権利が認められる。つまり自由と責任そして権利と義務が、ルールというものにもとづいて、相補うものとして導き出される。しかし、最初に人権ありきとしてしまうと、人権を満足させるようなルールをいかに設計するかが関心事になり、権利が肥大し義務が縮小する。その典型が現憲法である。

常識・良識から遊離した条文に機能停止の宣告を

しかし、歴史的なるものとしての根本ルールを成文化するのには危険が伴う。なぜなら、義務・権利の内容は、状況のなかではじめて具体化されるものだからである。たとえば、親子のあいだの扶養義務は根本ルールとして示しうるであろうが、何をもって「扶養」とみなすのかは、当事者の事情に依存してさまざまである。子供は自分の身を滅ぼしてでも親を扶養せよ、などと明記できるわけがない。

したがって、本来は、成文憲法ではなく不文憲法のほうが優れているのである。今の世界で不文憲法をもっているのはイギリスのみで、そこでは、マグナ・カルタやビル・オブ・ライツ（権利章典）を含めて、歴史上の憲法的基本文書が認定されている。それらの文書の意味するところは、この国民がみずからの根本規範は何かと考えるときに参考にしなければならない文献ということである。

これを日本に移しかえていえば、聖徳太子の十七条の憲法、大宝律令《たいほうりつりょう》、貞永式目《じょうえいしきもく》、武家諸法度《ぶけしょはっと》、五箇条の御誓文《ごせいもん》、そして大日本帝国憲法ということになるであろう。鎌倉時代のは民法的な色彩が強いし、江戸時代のは刑法的な色調が強いから、はたして憲法といえるかどうかは別であるが、ともかくそうした文書に含まれている日本人の秩序感覚つまり義務・権利観念から、日本人の常識・良識としての根本ルールについて示唆を得る、それが不文憲法の考え方である。もちろん、それらから有益な根本ルールを導くためには、自分たちの常識・良識が何であるかをきちんと議論する場所なり手続きが重要となる。そこに、パーラメント（議会）がパロール（発話）の場所であるということの根本的意味がありもする。

しかし不文憲法が有効であるのは、社会が漸進的《ぜんしんてき》変化を享受している場合に限られる。そういう場合には、人々の常識・良識も何ほどか安定していると考えられるからである。

だが、社会に大きな変化が立て続くようになると、常識・良識が具体的に何であるかの判断が難しくなる。何年か経つと、常識が非常識となり非常識が常識になったりする。というより、それが何であるかの議論に収拾がつかなくなる。万やむをえず、根本ルールを成文憲法として明記しなければならなくなる。しかし、成文憲法は両刃の剣であって、成文が強制力となって、不安定な社会に規制を与えることもできるが、同時に明文化された（人権のような）権利が独り歩きして、社会の不安定を強めることもある。

日本の場合がとくにそうであって、第九条の戦争放棄条項が独り歩きすることになった。三百万人の国民が死んだ敗戦のすぐあとの、硝煙のまだ消えやらぬ時期にあって、非武装でありたいと思った当時の国民の気持ちはわからぬではない。しかし、それがひとたび明文化されてしまうと、戦力不保持と交戦権否認を戦後の日本人が自動的に口にするようになった。国民の規範意識を表現するはずの憲法が、逆に、国民の規範意識を設計することになってしまった。

成文憲法がすでに存在しているという事実から出発すると、憲法についての「解釈」の積み重ね、それが国民の規範意識を訓練するというべきであろう。ただし、これまで解釈改憲といわれてきたのは、憲法の条文にかんするテクニカルな辻褄《つじつま》合わせのことで、たとえば自衛隊を「違憲合法」とみなすような不条理を押し出したり、あるいは主権国家には自衛権があらかじめ保証されているのだから、それは合憲であるとみなすような理屈を押し通したりするというやり方であった。

ここで憲法解釈こそが根本規範だというのは、その（不文の）解釈にかんする議論の蓄積のほうにこそ国民の根本規範にかんする常識・良識が反映されているということである。それは、常識・良識から遊離した成文憲法の（第九条のような）条文にたいして、機能停止の宣告をするということでもある。

それはまた、憲法学者のような特別な存在はいなくてよいということでもある。憲法学者の解釈に合わせるように国民の常識・良識を変えるというのは、憲法論として倒錯している。憲法学者がいてもよいが、その最大の仕事は、憲法の条文を解釈して、それを国民にあてがうことではなくて、国民自身の根本規範感覚がどうであるかを解釈して、それを成文憲法と突き合わせ、改憲案を練ることにある。そうでなければ、憲法学者というのは無用の長物、さらには有害な代物《しろもの》であるといってよい。

8 米ソの歴史軽視に擦り寄った戦後知識人

情報の時代といわれる。そうならば、情報を取り扱うのを専業にしている知識人は、学者であれ評論家であれジャーナリストであれ、政府の政策立案や企業の経営方法や家計の生活設計に、主としてマスコミ世論を経由する形で、重大な影響を与えているに違いない。同時に間違いないのは、この半世紀間、知識人の判断や予測は、おおよそことごとく間違っていたということである。だが彼ら知識人は責任をとろうとしない。それどころか、政治家や役人や経営者に責任をとれと迫るマスコミ世論の先頭にいるのは、いつも知識人である。

彼ら知識人には、翼の左右を問わず、「日本的であること」を欠点とみなす通弊がある。なるほど、自国の欠点を指摘するのは重要な仕事である。夜郎自大の国民は晩《おそ》かれ早かれ深傷《ふかで》を負う、それが歴史の通り相場といってよい。しかしその欠点をあげつらう視点が狂っている、それが日本的知識人の欠点である。戦後の前半にあっては、社会主義に共感を示す知識人からの日本批判が相次いだ。その社会主義の失敗が、というよりも犯罪が明らかとなっても、左翼知識人からほとんど一言の反省の弁もない。またその後半では、アメリカ的な個人主義や自由主義に同感を隠さない知識人からの日本批判が繰り広げられている。そのアメリカニズムが世界を荒廃させているとの批判がアメリカの内部からすら起こっているにもかかわらず、非（もしくは反）左翼知識人が自分らの言説に批評を加えたことはまずない。

何と気楽な人種であることか。しかしその安逸を羨《うらや》む気持ちは私にはない。自分の言説の無意味さを薄々ながらも自覚するのが苦痛でないわけがないからである。その苦痛を癒《いや》すはずのものとして人気とか金銭があるわけだが、それらは、せいぜいのところ、手段としての価値しか持たない。しかし知識人は、可哀相に、いかなる目的のための手段なのか、ということに多少とも配慮してしまう性癖を有している。つまり、知識人は、有意義な目的を発見しえたときにはじめて、自己実現をはたしうるのである。逆にいうと、人気や金銭といった手段にしか関心をもたなくなった現代の知識人は、自己実現から最も遠いところにいるということだ。それゆえ彼らの筆づかいや口振りのみならず、その顔相にも、濃い虚無の影が漂っている。それは、生きながらにして腐っていくものたちの、悲痛な姿である。

欧米的な価値基準でみた日本の成功

六〇年代半ばまで、進歩的文化人といわれるものたちが言論界をほとんど占拠し、またマスメディアにおける世論に強い影響を与えていた。進歩的文化人とは何か。それは、あきらかに社会主義とその基礎をなす進歩主義とに強い共感を寄せる知識人たちのことであった。その文化人ということの意味合も、文化を歴史・習慣・伝統のなかに育《はぐく》まれるものとしてみるのではなく、文化もまた新しい知識の上に構築されるべきものだと判断する人々のことであった。

しかし、六〇年代の半ばあたりから、旧ソ連のスターリニズム体制において秘密警察KGBが実際に行った抑圧のことなどが明るみに出されはじめた。また、コミンテルン（国際共産主義運動）による社会主義革命の外国への輸出が、どれほどソ連の国家的エゴイズムにもとづく謀略であったかということなども暴露され出した。さらに、六〇年代半ばから始まった中国の文化大革命についても、さまざまに陰惨な事実が報告されるようになった。

そのころすでにソ連と中国は対立関係にあったわけだが、「ソ連は間違っていたが中国は正しい」などといえないことは、文化大革命の紅衛兵を中心とする反体制運動が、おそらく二千万の人命の損傷を伴うような無残な出来事であった、ということをみれば一目にして瞭然である。そういう情報が日本に徐々に入ってくるにつれ、進歩的文化人の影響力は急速に衰えていった。

六〇年代の日本はまさしく高度成長の時代で、人々のモノとサーヴィスをめぐる（つまり市場にかかわる）生活が豊かになってくる。それにつれ、往時のような貧困ゆえの反体制という直情径行の動きも薄らいでくる。そうした背景もあって、進歩的文化人つまり旧左翼の知識人たちの退潮が六〇年代の半ばから顕著《けんちょ》になってきた。それのみならず、ヴェトナム戦争が一つの大きな動因となって、全世界的に青年たちが反体制もしくは脱体制に走ろうとし、アメリカ国内でいえば、ヒッピーといわれる体制からドロップアウトする若者たちが増えていった。またドイツにおいても日本においても、新左翼に傾いた学生運動が展開されて、旧左翼の牙城であった大学の管理体制が次々と破壊されていく。こうした状況のなかで、旧左翼の代弁者ともいうべき進歩的文化人の影響力はさらに地に堕《お》ちることになった。

だから、社会主義に典型をみる社会的実験主義、つまり社会を大がかりな実験として構築しようとする設計主義の影響力は、六〇年代いっぱいで退潮に向かったといってよい。つまり、それらの青年運動には、破壊のエネルギーはあったものの、建設への展望はなかったということである。

そして七〇年代以降にいかなる現実がやってきたか。日本についていうと、その経済的成功はアメリカよりも効率的な経済体制を作るに至っていた。アメリカのがわも、国家構造、産業形態そしてコミュニティや学校や家庭などの社会組織といったあらゆる領域で、秩序のひびわれを生じさせていた。文化大破壊を行っていたのは中国ばかりではないということだ。その間隙に乗じるようにして日本が経済的成功をふりかざし、日本流の生活のやり方や秩序の作り方に大きな優越感を持つようになっていた。

戦後、四半世紀間にわたって続いた米ソをはじめとする欧米への劣等感を払拭《ふっしょく》したのであるから、日本人が歴史の大地の上にみずからの足場をみつけてしかるべき時期、それが七〇年代、八〇年代であったはずである。それへ向けて国民の覚醒《かくせい》を促すのが知識人の責務であり、その責務を果たすこと以上に大きな悦《よろこ》びを知識人は見出せなかったはずである。しかし実際に起こったことはそうではなかった。その優越感は、欧米的な価値基準でみた日本の成功に満悦するものであった。欧米の価値基準で自分を評価することには、日本人は、知識人すらもが、疑義を覚えなかったのである。

日本人がみずからの文化に自負心を抱いたというのではなくて、経済という進歩主義的な基準にもとづいて正当化されやすい領域における日本人の勝利を言祝《ことほ》いだということである。その結果、日本の勝利を自負する意見は、かつてのものよりもさらにアメリカナイズされているという始末になった。

たしかに、日本的経営の優秀さを賛美するという脈絡で、日本文化が持ち上げられるということはあった。それに加担する外国の知識人もたくさんいた。しかしそこでも、自国の文化への本格的な自負心は、それに信念を抱くだけでなく、それに疑念を寄せる努力のなかからもたらされるということが忘れられていた。つまり、信念なしの疑念が虚無に落ちるのと同じように、疑念なしの信念は軽信にはまるのである。日本的経営は軽信されただけであって、深い自負心にもとづいてはいなかったといってよい。

平成改革の基本線はアメリカニズム

アメリカニズムについていうと、敗戦直後に輸入されたのは、アメリカ本国ですら冷やめしを食わされはじめていたニューディーラーたちの設計主義であった。ニューディーラーたちは、いわばソフト・ソーシャリスト（柔らかい社会主義者）の集まりであった。それが本国では、一九三七年あたりから始まったアメリカ経済の復興に伴って用済みになり、それで、自分たちが本国で果たしえなかった柔らかい社会主義の理念を、占領下の日本に植えつけようとした。

そういう背景のなかで、日本国憲法や教育基本法に象徴されるような社会的実験主義が日本の焦土の上に花開いたのであった。もちろん、ニューディーラーたちの政治的役割は、冷戦構造の深刻化につれて、終止符を打たれた。しかし彼らのイデオロギーは、自由、人権、民主そして平等などといった一連の価値観となって、日本の戦後を色づけたのである。その彩色を最も濃く帯びていたのが日本の知識人であった。

そうであればこそ、七〇年代以降、技術主義と個人主義に決定的に傾斜したアメリカニズムがこの国に定着することもできた。つまり、ニューディーラーたちの散布した価値観は技術主義や個人主義と両立するものだったのである。なぜといって、「技術の合理」と「個人の自由」は、それを政府が誘導すればソフト・ソーシャリズムになり、それが市場に放置されればキャピタリズムになる、といった種類の価値観だからである。

日本の知識人は社会主義のイデオロギーを捨てると同時に、アメリカニズムに擦《す》り寄ったのであった。結局、「技術の合理」と「個人の自由」が日本においてアメリカ以上に満たされている、それが、七〇年代から八〇年代にかけての、日本人のプライドの根拠となったのである。

それに触発されて、思想界では、いわゆるポストモダニズムが個人主義にもとづく欲望の解放をさらに称賛しはじめた。つまり、価値の絶対的基準などはありはしない、価値はいつもそれを感じそれを論じるものの立場に依存して相対的である、というふうに価値相対主義を唱導するポストモダニズムが、アメリカニズムをさらに膨らませるにあたって、小さくない貢献をした。

つまりそれは、モダニズムを乗り超えようとする欧米に本来のポストモダニズムではなく、モダニズムが高度技術や高度情報によって不安定になっていくのに歩調を合わせようとするものであったのだから、ウルトラモダニズムとよばれるべきものにすぎなかったのである。

事の善悪にかかわるものとしての価値のことだけでなく、何が真であり何が偽であるかにかかわる認識のことも、さらに何が美であり何が醜であるかにかかわる審美のことも、相対主義の思想に委ねられていった。それは、近代とともに古い欧米の思想傾向なのであったが、繁栄の挙げ句としての混迷のさなかにあった七〇年代の欧米に、広く流行したのである。その流行が、ポストモダニズムという破天荒《はてんこう》な体裁をもって、経済的繁栄の絶頂を迎えていた日本に大量輸入されたわけである。その結果はといえば、表現界のパラダイム（範型）をずらしたりもじったりするという、いわばパロディ製作の自動化なのであった。そしてその産物がまたたくまに商品化されていったことはいうまでもない。

ポストモダンを偽装するウルトラモダンの様式は経済界にまで影響を及ぼして、たとえば少衆・分衆の時代ということすらいわれた。つまり、自分たちだけの欲望を共有しあう少衆・分衆というものが生まれてきているのであり、日本人の価値観はこれから種々雑多なものに枝分かれするに違いないとの理由で、そういう新しい状況に適した商品のマーケティングのことが事々《ことごと》しく論じられはじめたのである。政治的にいえば極端な個人主義、哲学的にいえば極端な相対主義、それが経済界にも導入されて、これからの消費文明にあっては少衆・分衆にたいしていかに多品種少量の供給体制を確立するかが最重要の課題だと騒がれたわけだ。

日本の知識人たちも、エコノミストを中心にして、アメリカニズムを旧来よりももっと単純な形で日本に導入するための論陣を張った。つまり、個人の自由と技術の合理、これに逆らうことは能《あた》わず、といった風潮が我が国で高まった。

そこで失念されたのは、アメリカニズムは設計主義あるいは実験主義の変種であるということである。つまり、アメリカニズムにおける個人は、歴史・慣習・伝統のなかでその欲望や意見そしてその価値や態度が形成されるというようなものではない。移民国家というアメリカの国柄の由来からしても、そこでの個人はおおむねアトミスティックなもの、つまり原子のように孤立した存在ととらえられている。

つまり歴史的秩序がないところでの個人的自由は、人々の私生活を間断なき設計・実験に追い込む。いかなる設計・実験を選ぶかというと、アメリカン・デモクラシーの下では、世論における流行がそれを大きく左右するのである。技術の合理にしても、科学や技術の前提・枠組・方向が歴史的なるものとしての常識・良識によって支えられるというのではない。そこでも、世論での流行が技術変化の在り方に大きな影響を与えるわけである。

官僚組織による設計・実験か、それとも流行世論による設計・実験か、という差はあるものの、（アメリカ流の）個人主義は、歴史不在（もしくは歴史破壊）という点で社会主義に類似している。日本の知識人が、ソ連型の思考からアメリカ型のそれへとおおよそ無理なく移行しえたのも、両者が類似していたからにほかならない。

八〇年代の半ばから、さすがのアメリカも日本商品のとめどない売り込みに音をあげて、日本に内需拡大を要求してきた。つまり、日本人の作った品物は日本国内で売りさばいてくれという要求がアメリカから出され、それに政治的に抵抗することのできなかった日本は、内需のために膨大な流動性つまり貨幣を国内市場に撒き、日本経済はたちどころに巨大なバブル化に巻き込まれた。

そのなかで日本人の行動パターンはいっそうマモニスティック（拝金主義的）あるいはスペキュラティヴ（投機主義的）になり、それが五、六年続いたあとで、バブル経済が音立てて破裂することになった。そこで日本人は、アメリカの圧力の下に、政治改革をはじめとするいくつもの改革に着手することによって、バブル崩壊の痛手から立ち直ろうとした。戦後知識人の多くがその動きに拍手を送り、さらには旗を振ったことはいうまでもない。しかし、それらの改革の基本線は、日本の歴史をその廃墟のなかから救い出すということではまったくなく、反対に、戦後習い覚えてきたアメリカニズムにさらに深くのめり込むような種類のものであった。アメリカニズムにできるだけ合致するように、日本の政治、経済、社会そして文化のすべてを抜本的に改革する、それが平成改革といわれるものである。アメリカニズムの実験場であった「戦後」がその頂点に達したというべきであろう。

ソ連とアメリカは歴史軽視の「二卵性双生児」

社会主義型であれ個人主義型であれ、実験主義を批判的に眺めるときに、その実験の態様を定めているのはデモクラシー（民衆政治）だということに気がつかざるをえない。人民民主主義のもたらした「官僚の支配」あるいは大衆民主主義のもたらした「世論の支配」、それが個人の生き方や技術の在り方をほとんど決定するということである。

デモクラシーの根本には、トックヴィルのいう「知性に適用された平等主義」という考え方がある。つまり、人々に知性の力がほぼ平等に配分されているという想定から始めると、足し算の問題として、多数派のほうに知性の量が多いということになる。それ自体は子供だましの見解にすぎないが、その背後に社会契約論が控えているために、それを一蹴するのは簡単ではない。とくにそれは、自然権の何たるかを理解する知性が人々に等しく賦与《ふよ》されていると考えられている。その意味で、ユナニミティつまり全員一致が理想とされている。そこから、理想における全員一致を現実においてより良く反映するのは多数参加と多数決制だ、という判断が導かれる。「自然」は全員によって文字通りに共有されていると考えられたからだ。あるいは、「多数性」はディヴァイン・ウィル（神意）への近似だということである。そのようにして、デモクラシーの決定方式には、社会的決定のための時間と費用を節約するという単なる便宜の問題を超えた、価値的な正当性が与えられているのである。その正当性の司祭が戦後知識人であったといって少しも誇張ではない。

デモクラシーにポピュリズム（人民主義）のにおいが、もっとはっきりいえばポピュラリズム（人気主義）とでもよぶべき気配が漂うのはそのためである。人々のあいだに広くいきわたっているほぼ画一的な意見、それが今も民衆政治を動かしている。

もちろん、民衆がこぞって政治に参加しはじめたのは第一次大戦からであったといってよいであろう。実は第一次大戦それ自体が民主主義的な出来事なのであった。つまり、それまでは主として支配階級出自《しゅつじ》の職業軍人という専門人によって戦争が担われていたのだが、第一次大戦はトータル・ウォー（総力戦）であったために、一般民衆がこぞって戦争に参加しなければならなかった。また戦争を指導するがわも、一般民衆を動員できるような形での政治的煽動なり政治的組織化を展開しなければならなくなった。その意味において、第一次大戦はまさしく民主主義的な出来事であったわけである。

そこで、まず、大混乱に誘い込まれたロシアが社会主義という名の全体主義に向かい、つづいてイタリアにおいてファシズムという全体主義が、そしてドイツにおいてはナチズムという全体主義が成立した。とくにナチズムは、まさしく技術合理的に社会を設計して、あの大不況のなかからドイツを立ち上がらせた。そうするための最も簡便な方法として、好戦主義の態度をもって国際社会に立ち現れた。

「民主か独裁か」などという図式は過《あやま》てるものであって、ほかならぬ民主主義のなかから、たとえば国民投票による独裁制の採用という形で、全体主義が生まれてくる。民衆の歓呼に迎えられて独裁者が権力を握る、それがポピュリズムの顛末《てんまつ》だといってよい。

いずれにせよ、日本は不当にも全体主義国家とみなされたまま敗者となった。第二次世界大戦の終結に踵《きびす》を接して始まった米ソの冷戦構造において、戦後日本は、まず、米ソの代理思想戦争を演じることとなった。つまり、六〇年代までは進歩的文化人が社会正義はソ連がわにあるといいつのり、アメリカに与《くみ》すると表明するのは為政者およびその周辺に限られていた。しかしそれ以後は、社会正義はアメリカがわにあるという意見を日本の知識人がとりはじめ、それが一般民衆にも浸透していった。それはまるで思想の振り子運動であったのだが、米ソの文明のあいだに本質的な差はないとなれば、戦後日本の思想潮流は、歴史軽視という点で一貫していたということもできよう。歴史が語られることは少なくなかったが、戦後にあって、歴史は、新知識によって乗り超えられるべき対象でないとしたら、余暇における知的娯楽にすぎなかったのである。

表面上は、アメリカの自由にたいしてソビエトの規制、アメリカの個人主義にたいしてソビエトの社会主義、アメリカの市場的競争にたいしてソ連の官僚的計画、アメリカの（世論にもとづく）人気政治にたいしてソ連の（KGBによる）恐怖政治というふうに、正反対の立場にありはした。しかし、両方とも歴史という要素をくみとっていないという意味においては同類なのである。このような冷戦構造の基本性格を日本の知識人は見誤った。そして米ソの両極のあいだで右往左往するばかりであったのだ。

アメリカニズムもソヴィエティズムも、自由と秩序を歴史感覚という精神の土壌の上で平衡させようとはしなかった。その非歴史的な性格という点で、米ソは二卵性双生児ぐらいの親近関係にあったのだが、このような奇型の文明が、近現代の表舞台に立ち現れるに至ったのはなぜか。

西欧近代は個人主義と集団主義に引き裂かれていた

次のように解釈するのが妥当と思われる。まず欧米と日本との文化比較は、前者の個人主義にたいする後者の集団主義といった対比で行われる。しかしこれは、「日本は本当はヨコ社会である」の項ですでにみたように、過剰な単純化というものである。欧米にも集団主義はあるし、日本にも個人主義がある。

西ヨーロッパに生まれた近代社会は、一方ではもちろん個人主義の価値を押し出した。しかしそこにおける個人の姿はどちらかというと「原子的」であった。つまり他者から孤立して存在していると想定されていた。というのも西欧は、中世そして近世のゲマインシャフト（感情共同体）を破壊せよというイデオロギー、そして技術的合理にもとづく産業制と個人の自由にもとづく民主制とを創出せよというイデオロギーの先達《せんだつ》であるから、その個人主義も過激たらざるをえなかったのである。事実、いわゆる資本の原始的蓄積期における村落共同体の破壊、産業革命期における市場機構の無慈悲な運動そしていくつもの政治革命における熾烈《しれつ》な闘争、それらは人々の社会的連帯を断ち切るものと受け止められたのである。

他方、その個人主義にたいする反発も強かった。それゆえ西欧には、硬直的な集団主義が根強く残りもした。そうであればこそ西欧には、階級制をはじめとしてさまざまに慣習的な制度が残存させられている。教会制度や財産制度に始まりコミュニティ制度や家族制度に至るまで、西欧の集団主義は、みずからの個人主義が原子的であるのに対抗すべく、かなりに閉鎖的である。だから、西欧の近代文明は、原子的な個人主義と硬直的な集団主義という両極端に引き裂かれ、分裂症状を呈していた、ということができるであろう。

これも前に言及したことだが、その分裂はけっして弱いものではない。原子的な個人主義にもとづく孤立を恐れない態度は剛直であり、閉鎖的な集団主義にもとづく集団死守の構えも強靱《きょうじん》である。西欧文明が、「西欧の没落」を予告されながらも、文明として独自の形態を示しつづけているのはそのためであろう。したがって、技術的にはとうにヨーロッパを追い越したはずのアメリカや日本も、そういう粘り強い西欧文明の在り方にたいする劣等感を拭い切れないでいる、というのが現状なのである。

しかし西欧文明は、その仕組の内部にあっては、大きな緊張や圧力を味わっている。そして、人間が思索や議論の必要に迫られるのは、この緊張・圧力があればこそである。その結果、芸術や哲学が紡《つむ》がれ、あるいは科学や技術が編み出される。褒《ほ》めすぎであるのを承知でいうと、西欧の知識人は日本やアメリカのそれより優等であると思わざるをえないのは、その根底に人間精神における並でない葛藤《かっとう》とそれを克服せんとする意志が横たわっているからなのだ。

しかしそういうふうに個人心理や集団心理における内的分裂を知的な生産力に転化することができるものは、そう多くはない。個人主義と集団主義がそれぞれ極端な形をとる西欧にあっては、一般民衆の生活心理は動揺にさらされて、その組織形態も混乱に見舞われがちであったといってよいであろう。

その結果として、西欧の文明圏は、十九世紀の末あたりから顕著に両極分解を遂げはじめた。その集団主義はロシアに伝播《でんぱ》されて社会主義にまで転化し、最終的には東欧全体を呑み込むことになった。他方、個人主義は大西洋を越えてアメリカに移植され、さらにアメリカ型のものに転化していく。つまり西欧は、一方の極においてアメリカ型の（個人主義を旨とする）文明を生み出し、他方の極においてソ連型の（集団主義を柱とする）文明を創り出すという経緯を辿《たど》ったのである。

相互的個人主義と伸縮的集団主義の強さと弱さ

それとの比較において、日本型の文明はどういうものであろうか。

その個人主義は、さすが日本独自の歴史に裏づけられているため、相互的個人主義となる。つまり、人々の間柄のことを考慮に入れたうえで自分の利害損失を考えるというふうに、相互的な性質を持つのが日本の個人主義である。

他方、その集団主義は、それも日本の歴史が要請するところとして、欧米人が誤解するような硬直的なものではけっしてない。江戸期における町人文化の繁栄や各藩における改革運動の展開をみればわかるように、日本の集団はダイナミックに転換を遂げてきた。だからそれは伸縮的集団主義である。そうであればこそ、日本は良かれ悪しかれ近代化に成功したのである。とくに経済にあっては、日本の企業は集団の内外から生まれてくる新しいアイディア、新しいイメージそして新しいプランを逸速《いちはや》く摂取し、その革新の速度と規模の大きさのおかげで、日本経済を世界の最前線にまで押し出すことができたのである。

相互的個人主義は、相互の間柄のことを前提とした上で個人として行為することをさすのだが、その相互の間柄は、人々のあいだに何ほどかの平等が確保されていなければ安定しえない。つまり相互的個人主義は平等主義に親近的である。そのことは同時に、民主主義が平等主義を中心にして構成されるということを考慮に入れると、民主制にも近寄りやすいということを意味する。

また産業制についていえば、産業というものは、近代の機械制大工業にかぎらず、つねに集団の営みとして展開される。これは近代以前の農業も、その基本単位は家族であったという意味で、集団的な作業であった。しかも産業にあっては、効率性が追求されるわけであるから、新しいイノベーション（革新）にたいして開放的でなければならない。つまり、伸縮的な集団主義は産業制に最も馴染みやすい価値だといえる。

日本の歴史を背景とした相互的個人主義は民主主義に近寄りやすく、伸縮的集団主義は産業主義に接近しやすい。そういう価値類型を日本人が無自覚にせよ持っていたために、明治維新後の近代化も成功裡に進んだし、敗戦後のアメリカ化というものも首尾よく展開されたのである。

しかし、日本型文明は、内的にはきわめて効果的に近代化を推し進めるのだが、外的な危機にたいしては脆弱《ぜいじゃく》である。日本を「ひよわな花」とみる見方はその意味で当たっている。つまり、原子的個人という強い態度がないせいで、外的な危機が押し寄せたとき、日本人の心理は簡単に動揺する、少なくともその傾向が強い。実際、異文化のなかにおかれた日本人の心理的不安定ぶりについては、つとに、いくつもの逸話が残されている。

個人間の相互性が自分たちの歴史認識によってしっかりと支えられているあいだは、日本型文明はきわめて安定したものとなりうる。しかし近代化というものに安直にとびついて、歴史の恩恵を空気のように自由に消費できるものとみなしているうち、歴史感覚の支えがなくなり、相互的個人主義が単なる習性になってしまう。そのときに外的な危険にさらされると、やすやすと動揺に追い込まれる、それが相互的個人主義の顛末である。

伸縮的集団主義についても同じである。内的には非常に発展力のある産業制を生み出しうるのだが、それ自身が外部から攻撃されるときには、案外にもろいのが日本の集団である。日本の軍隊も日本の経営も、アメリカから攻撃・非難されたとき、けっして粘り強くはなかった。とくに伸縮的集団主義を単なる習わしとしてそれを踏襲《とうしゅう》している場合には、強い集団意識というものを持っていないので、比較的簡単に瓦解しはじめる。たとえば九〇年代にみられたように、昨日まで自慢の種であった日本的経営が突如として自分たちのお荷物であり、投げ捨ててかまわないものとみなされてしまう。あの敗戦においてもそうであって、日本軍の崩壊は占領軍の予想をはるかに超えて急速に進んだのである。

戦後知識人のひよわさ

こうした日本型文明の内面的安定性という長所と外面的不安定性という短所について分析と解釈を加え、長所を伸長させて短所を短縮するように図るのは知識人の仕事である。戦後知識人はその仕事を放棄した。いや、日本は集団主義で欧米は個人主義だというあまりにも単純な文明比較のなかに閉じこもって、あるときは劣等感に苛《さいな》まれ、ほかのあるときは優越感に舞い上がっていたのである。

精神が内面において安定しているということは、下手をすると、安逸《あんいつ》のせいで精神が弛緩《しかん》するということである。また精神が外面において不安定であるということは、放っておくと、困惑のせいで精神が痙攣《けいれん》するということである。そうした徴候が日本の戦後知識人に顕著にみられる。知識がいわゆるパラダイムとして、つまり集団的に共有される範型として確立されているあいだは、戦後知識人の言動は満悦に浸っている。つまりそのパラダイムに反するものには一顧だにしない。しかしパラダイムが、多くの場合は外圧によって動揺させられると、彼らの周章狼狽《しゅうしょうろうばい》ぶりは一方《ひとかた》ならぬものとなる。実際にソヴィエティスト知識人はそのような振る舞いを存分にさらけ出して没落していったし、アメリカニスト知識人は、まさに今、それと同じ過程を辿って衰滅しようとしている。それは日本の文明型の素直な反映であるということもできるが、しかしおのれの精神をも批評するのが知識人たることの必要条件なのであってみれば、彼らが「ひよわな花」であることをけっして見過ごしにはできないのである。

彼ら知識人の没落それ自体をさしてひよわといっているのではない。自分らの知性における錯誤や徳性における未熟を直視し、そしてそれを公に承認してみせる精神の力量が決定的に不足しているという意味で、戦後知識人はひよわなのである。そのようなものたちが、大学やマスメディアを通じて、まだ世論に根強く影響を与えているというのは、優に一個の巨大なスキャンダルといわなければならない。

もちろん、それは日本人の知識人にのみ特有のことではない。知識人が、自己の生命線である真理の探求を放棄しはじめたことをさして、ジュリアン・バンダ（一八六七〜一九五六　フランスの思想家・評論家）は、「知識人の裏切り」とよんだ。一九二〇年代中頃のことである。時代の雰囲気、政治のイデオロギー、マスメディアの世論などに、現代の知識人が過敏に反応しているのは今更の話ではある。しかし、西欧には、そしてアメリカにおいてすら、知識人の自己批評という精神風土がまだ残っている。しかし我が国では、欧米の知識の輸入商や古物商を営む知識人が多かったというせいもあって、「知識人の裏切り」のことが白日にさらされることはまずない。それが日本の知識人の在り方を脆《もろ》く弱いものにしている。

三章……政治

道徳を傷つけた「アメリカ的なるもの」

9 個人の「何が」尊厳に値するのか

人間が、可能性として、尊厳に値する精神の力を持っていることは否定できない。一介の庶民が類稀《たぐいまれ》な正義、勇気、思慮、節度を発揮することがありうるからこそ、たとえば山本周五郎の作品群が生まれもしたのである。したがって、既存の権力があざとく庶民を騙《だま》したり、残忍に庶民を踏みにじったりしているのをみると、私とて、個人の尊厳を何と心得るのか、と抗議したくなる。

だが、そんなずるい権力者も冷酷な権力者もいなくなった御時世で、幼い頃から、あなたは尊厳さるべき個人ですよ、と甘く耳元で囁かれつづけたら、自尊がいつのまにやら過剰になって不遜《ふそん》になる。しかも、自分のやってきたことはといえば、親に甘えたり、学業に怠惰を決め込んだり、友人を裏切ったり、教師に狼藉《ろうぜき》をはたらいたりの連続である。そこになおも、汝《なんじ》は尊厳に値するものなり、との猫撫で声が聞こえてくるのであるから、よほどに気を引き締めて生きていないと、現代人は阿呆か悪党か病人になってしまう。

言うも面倒だが、異様な化粧をした少女たちが、電車のなかで大声で携帯電話をかけまくり、それが終わると、次はまたぞろそろって異様な化粧の上塗りをしているというような光景は、今や珍しいものではない。そういう少女たちのあとを、性ホルモンのほかには所有するものなし、といった様子でついて歩く少年たちもいれば、そういう気力も金銭もなしに、道端に痴呆症者よろしくへたり込んでいる少年もいる。

それが、尊厳さるべき個人の成れの果てなのである。彼や彼女らにとって、尊厳に値する人間になりたいという願望が何ほどかはあったのであろう。そういう願望を抱くのはどうやら人間だけのようで、だから、その願望は尊いとしなければなるまい。しかし願望は、努力なしには実現しないどころか、いくら努力してもめったに実現されることがないからこそ、貴重なのである。また、願望と実現の隔たりのなかに深い絶望が発生したにもかかわらず、品位を保っている老人たちがかつては少なからずいたが、それは絶望に堪《た》える力と願望を手放さない力をその人たちが持ちつづけたからである。そういう老人たちがすっかり貴重な存在になった。たしかに、早々に朽ちたまま延々と生きる、それを想像するのは若者たちにとって堪えがたい人生であり、願望能力を根こそぎにする暗い展望であろう。つまり、この世にどんなに異様な出来事が起こっても、それは皆して礼賛してきた「尊厳ある個人」の所業なのだ。自分は神の申し子だと申し出るに等しいそんな科白《せりふ》に、軽率にも唱和した愚かしさを嘆くほか手がないのではないか。

道徳について考えなくてよい人間観

道徳という言葉における「徳」とは、「価値にかんする精神の力強さ」のことであり、そしてその「道」は、いうまでもなく「人々の往来する所」を意味する。つまり、「価値ある生」を強く生きるための道筋、それが道徳だということである。その道徳が、どうして近現代社会では薄らいだり混乱したりするのか。近代は、ニーチェという哲学者（一八四四〜一九〇〇　ドイツ）によれば、「価値判断能力の衰退」によって特徴づけられるのである。実際、近代における宗教の衰微とともに、世間の道徳もまた弱まる一方であったといってよい。とくに現代が世紀の変わり目にまで達した今、道徳の衰弱のために家族、学校そして地域社会が赤裸に崩壊の兆しを示し、さらには職場や議会までもが大きく動揺するという事態が世界的な規模で広がっている。

道徳が地に堕《お》ちたことを象徴するかのように、幼児虐待事件や校内暴力事件、少年たちによる残酷な「いじめ」事件や陰惨で突発的な十七歳の殺人事件、セクシャル・ハラスメント事件やストーカー事件そして生命保険金を目当てにした家族殺し事件や役人の汚職事件や経営者の背任事件などが、連日のようにマスメディアを賑《にぎ》わせている。しかもこれは先進諸国に多かれ少なかれ共通する現象といってよい。国柄の違いによって事件や犯罪の性格に多少の差はあるものの、近代化に成功した各国が道徳の崩壊としかいいようのない社会病理に悩まされていることは隠しようもない。なぜ現代はかくも深く不道徳によって彩られているのか。いろいろな理由が考えられるが、その最も根本的な理由は、道徳について考えないで済ましうるような人間観を、まるで観念のトリックのようにして、近現代社会が採用したという点にある。

その人間観とは「個人の尊厳」という価値観のことであり、それが近現代社会の価値の大前提になっているのである。

個人の尊厳という価値にたいする解釈はさまざまではありうる。とりあえず、世俗的な受け取られ方でいうと、どんな個人も生まれながらにして尊厳性を付与されている、という人間観のことをさす。自分は尊厳に満ちた存在であると構えてしまえば、誰しも道徳とは何だろうか、価値的に力強く生きるとはどういうことだろうか、とわざわざ考えなくてよくなる。つまり、生きていることそれ自体によって、すでに尊厳ある生き方を保証されている、と近現代人の多くは考えてきたのである。

尊厳とは、いうまでもなく気高いことをさす。近現代人とて、その本心では、自分が尊いとも厳《おごそ》かであるとも思ってはいない。誰しも、自分の現実は、極端な場合には悪党であるし、平均的な場合では知性においても徳性においても不完全な代物《しろもの》であるということを、心の内面では自覚している。しかし心の外面では、ということは社会という名の世間における存在の仕方としては、自己も他者も尊厳ある人間なのだというふうにいわれている。そういう建て前にもとづいて、尊厳ある人々のコミュニケーション（意思疎通）の場、それが世間であるとみなされている。自分たちのやっている言語的な意思疎通なり経済的な取引なり政治的な交渉なりが、いかにすれば尊厳あるものになるかなどということについては、ことさら考えなくてよいということになる。そういうイデオロギー的な詐術《さじゅつ》が近現代の精神の根底に施《ほどこ》されている。

「他者に迷惑をかけない」援助交際は容認される？

個人の尊厳という大テーゼが、結局は道徳についての努力を放棄させるに至った経緯を、戦後日本に即して考えてみよう。

戦後日本の言論は、左翼的な方向に顕著《けんちょ》に傾いていた六〇年代までの前半期のものと、反左翼もしくは非左翼に逆転しはじめた後半期のものとに分かたれるのだが、両期を通じて一貫している価値観がある。それは、「平和と民主」そして「進歩とヒューマニズム」という価値の四つの柱にほかならない。これらの価値はすべて個人の尊厳ということと関係がある。それはどういうことか。

まず、尊厳ある個人の生が平和であれば、ということはその人の生命が保証されていれば、尊厳ある生活がおのずと展開されると見込まれ、だから生命第一主義を保証してくれるものとしての平和が至上の価値だということになる。次に民主というのは、社会の比較的多くの人々の意見や行動によって物事が決まる方式のことである。したがって、尊厳ある個人という大前提からすれば、社会の多数派のほうにこそ尊厳性が、いわば知性や徳性の足し算として、多いであろうという想念につながり、それで民主が揺るぎない価値となる。

進歩についても然《しか》りである。尊厳ある諸個人が起こす変化なのであるから、そこには良き事態への前進という意味での進歩が内包されている、とみなす価値観が、つまり進歩主義が不動のものとなる。そしてヒューマニズムは、個人の尊厳とほとんど同一の人間礼賛の思想であり、人間の振る舞いをすべて称賛に値するとみなしている。逆にいうと、礼賛できぬ振る舞いがあるとしたら、それは、ヒューマニズムを抑圧する何らかの悪しき勢力や要因のせいだとされる。このようにして、戦後の価値体系には道徳への探究をなおざりにする強い傾向が生まれたのである。

その具体的な事例をいくつか挙げてみよう。一九七七年、日航機が日本赤軍に乗っとられ、機体を爆破すると脅されたいわゆるダッカ事件の際、当時の日本の首相が「一人の生命は地球より重い」といって、国際的なテロリストにやすやすと屈伏するということがあった。それこそは、人間の尊厳という価値に発する人命第一主義の見本である。思えば、日本国憲法の第九条もその価値観にもとづいて擁護されてきたのであった。つまり、「戦力の否定と交戦の否認」がどうして長きにわたってすばらしいことのようにいわれてきたかといえば、尊厳ある人間にとっては、なにはともあれ生き長らえることが大事であると考えられてきたからだ。武力も持たず挑まれた戦いにも応戦せず、ということは敵方に屈従してその従僕《じゅうぼく》になろうが、人間は生まれながらにして尊厳なるものであるわけだから、生きていさえすれば尊厳性が保証されているというわけである。そこからいわゆる絶対平和主義というとんでもない観念が何十年間も生き長らえるということになった。

現在のわかりやすい例でいうと、援助交際という名の少女売春あるいは中年男たちの少女買春がある。尊厳ある人間という前提に立ってしまうと、「他者に迷惑をかけないかぎり」、人間の自発的選択にもとづく行為は容認され、さらには称賛されなければならないという彼女らの言い分の前に、社会のほうが譲歩を迫られてしまうのである。少女売買春の前にたじろぐような価値は道徳の名に値しないと、ほとんど誰しもが思っているのに、その思いを封じ込めてしまうような価値観が、戦後日本で流通してきたということだ。

個人の尊厳はどこからきたのか

日本国憲法の第一三条には、「すべて国民は、個人として尊重される」と謳《うた》われており、また憲法にひと足先んじて施行された教育基本法の前文でも、「個人の尊厳」が高らかに宣されている。これは日本にのみ特有なことではない。それもそのはず、日本国憲法といい教育基本法といい、占領期にアメリカの起《き》草《そう》によって、もしくはアメリカの指導によってできたものである。「人間の尊厳」という思想は、当時も今も世界で最強の政治的かつ軍事的なパワーを誇っているアメリカのものであるから、それは何ほどか世界に共通する人間観だとみてよい。

過去に遡《さかのぼ》ってみてみると、一七八九年、フランス革命における「人及び市民の権利宣言」、つまり通称「人権宣言」にも、個人の尊厳が謳われている。たとえば、前文において「人の譲渡不能、かつ神聖なる自然権として人間は自由と権利において平等なものとして出生し、かつ生存する」というふうにいわれている。さらに遡って一七七六年のアメリカ独立革命における「独立宣言」ではそれがもっと顕著であって、「造物主《ぞうぶつしゅ》によって人は生まれながらにして平等、自由、その他の天賦《てんぷ》の権利を授けられている」と表現されている。ちなみに造物主とは、ゴッド、つまりキリスト教における神のことである。

このように、個人の尊厳（あるいは教育基本法のいう「尊厳ある自主的精神」）が天賦のものとして人間には備わっている、という人間礼賛のイデオロギーが十八世紀末以来の近現代社会を貫いているわけである。

造物主によって天賦の権利として人間の尊厳が与えられている、という見方はあきらかに宗教的なものである。我々日本人も人間の尊厳なるものについては「天賦のもの」という言い方をすることが多いが、それにはもっと厳密な宗教的意味合がある。つまり、まずキリスト教圏に生まれたのがこうした近代的な人間観なのであるから、天賦という表現のなかにはゴッドという観念が陰に陽に想定されているということだ。もちろん、キリスト教が世俗の世界に強く浸透し、それを強く拘束していたというのは近世までであるが、そのキリスト教の世俗社会への影響は、それ以後も弱められながらも続いていた。つまり近現代になって世俗化がどれほど進行しようとも、やはりゴッドが価値の基準を指し示すのだというキリスト教圏の大前提は消え失せてはいない。そういうキリスト教的な人間観を、我々日本人が、おそらくは敗戦のショックのせいで、受け入れてしまった。念のためにいっておくと、キリスト教を受け入れたということではなく、その人間観だけを受容したのである。

個人の尊厳あるいは「人間の権利」という考え方は、もともとはキリスト教圏で自然権として想定されていたものである。この場合、「自然」という言葉にキリスト教的な意味合があることに注目せざるをえない。それは、自然科学などでいうときの自然ではなく、むしろゴッドの差配による「当然」ということをさす。

キリスト教では、本来、ゴッドのみが尊厳性を持つのであって、たとえば原罪というものが想定されているように、人間は欠陥多き存在なのだとみなされていた。それがキリスト教の大前提であった。しかし、世俗化が進むにつれて、ゴッドのみが持つ尊厳性が人間にも付与されはじめた。近現代の世俗化の本質は、ニーチェ流にいえば、「ゴッドは死んだ」、「人間が殺したのだ」ということである。ということは、人間がゴッドに取って代わる尊厳ある存在になったのだ、もしくはなりうるのだ、という考え方に近現代人が立ったということである。

人間がゴッドに取って代わるという傲慢《ごうまん》な観念操作がどうしてなされたのか。ほかでもない、それは近代における人間の理性にたいする称賛のせいである。人間にははてしなく発達する理性の力があるとみなされた。ゴッドから授けられた天賦のものとしての理性の力こそは、人間を神に、到達させないまでも、限りなく接近させる。そういう人間観が近世における人間理性の再発見、つまりルネサンスによって促され、それを近代が強化したわけである。

もちろん、人間理性の確認はギリシャ・ローマの時代にもあったし、サラセン文化にも日本文化にもあった。ただ、それが統一された人間観、社会観そして歴史観として展開されたのは、やはり西欧においてであった。十七世紀のニュートン（一六四二〜一七二七　イギリスの物理学者・数学者・天文学者）、ライプニッツ（一六四六〜一七一六　ドイツの哲学者・数学者・政治家）、デカルト（一五九六〜一六五〇　フランスの哲学者・数学者）たちのいわゆる天才の世紀を経て、十八世紀に、フランスでいえばコンドルセ（一七四三〜九四　啓蒙思想家）やテュルゴー（一七二七〜八一　政治家・経済学者）らに率いられた啓蒙《けいもう》主義の時代に、人間性が、ほとんど宗教におけるように崇拝された。イギリスについていえば、十七世紀にホッブズ（一五八八〜一六七九　哲学者）やロック（一六三二〜一七〇四　哲学者）が、社会は合理的な個人たちが契約としてつくりだすのだという考え方を打ち出した。それを受けて、フランスでは、ルソー（一七一二〜七八　哲学者）が文明批判の見地から社会契約論を発展させた。そういう動きに促されて、フランス革命という社会の大転換が生じ、その影響が十九世紀以降、全世界に拡がっていったのである。

そして今世紀の初め、フランス革命によっても人間の平等化が不十分にしか進まなかったではないか、という社会不満が増大した。ブルジョアジー（有産階級）とプロレタリアート（無産階級）の階級差を取り払うことによって天賦の人権を人々に平等に行き渡らせようとして、ロシア革命が起こった。さらに第二次世界大戦において、米英に率いられた民主主義が日独伊の全体主義に勝利した、という歴史物語のなかで、個人の尊厳が全世界の大テーゼとなってしまったのである。

その証拠に、一九四八年、「世界人権宣言」の前文において、「人間は固有の尊厳と平等にして譲渡不能な権利とを有する」といわれている。その第一条にも「尊厳と権利において人間は平等である」とある。いったいこの尊厳や権利の観念がどこからやってくるかというと、人間の「理性と良心」がその権源（権利の源泉）なのだと定義されている。

キリスト教的な意味合での神から授かった理性と良心の力、そこにこそ個人の尊厳がある、だから個人が尊く厳かな権利を授かるのはまた当然である、という考え方が全世界におおよそ普及したわけである。

敗戦の虚無感が「人間の尊厳」にすがりつかせた

もう少し注意深くいうと、近代が進むにつれ、自然権の考え方に二つの流れができてきた。一つは、宇宙に、ということは人間界にも、神の摂理《せつり》といっていいような真善美の当然の基準があるという考え方だ。その基準に照らして真善美を感じる、考える、行う力を人間は神から授かっている、という「宗教的」自然権である。もう一つ、世俗化とともに神の観念を直接には持ち出せなくなってから、「歴史的」自然権が出てきた。それは、十八世紀に、ヒューム（一七一一～七六　スコットランド出身のイギリス哲学者）が「習慣は第二の自然である」というふうにいったこととも関係がある。歴史のなかでは、慣習が変化しながらも不易《ふえき》なものを保ちつつ続いている。その慣習のなかには伝統の英知とでもよばれるべきものが含まれており、それには大いにくみとるべき価値が含まれている。したがってそれに従う人間の振る舞いを権利として認めるのが当然である、という考え方が歴史的自然権である。つまり「自然」であることの根源を神に求めるか歴史に求めるか、という二つの考え方がしばしば渾然《こんぜん》一体となって自然権を構成している。大まかにいうと、宗教的自然権をとるフランス流と歴史的自然権をとるイギリス流とが混ざり合っているわけである。

フランス革命では、とくにジャコバン派が、理性を宗教にまで高めて、理性宗教というものを創り出そうとした。理性にもとづいて個人生活と社会制度を全面的に設計しようというのであるから、それは信仰としての理性主義にほかならない。この理性を宗教とした上での自然権の考え方は今も衰えてはいない。神のかわりに理性的良心を持ち出すことによってソーシャル・ジャスティス（社会正義）の基準を定め、それを実現するようにさまざまな計画を立案し実行するという姿勢は、強かれ弱かれ、意識するにせよしないにせよ、宗教的自然権に頼っているのである。

他方、フランス革命にはっきりと距離をおいたイギリスにおいては、既存の宗教にたいする破壊は、理性宗教を持ち出すほどには過激ではなかった。むしろ、宗教における慣習のことを含めて、歴史の経験を重んじつつ、そこに含まれているはずの伝統の英知を探索する、という歴史的自然権の考え方が主流となった。

日本の近代についてはどうか。明治維新における「維新」というのは、語感としては、全面的に新たなことを興《おこ》すことだと思われてきた。しかし維新は英語に訳すとリストレーションであり、それは「復古」ということである。つまり、王政の復古であり、そうであればこそ日本の慣習というものに何とかつなげる形で明治憲法や教育勅語が書かれもした。そういう歴史の継承がほぼ最終的に断ち切られたのが大東亜・太平洋戦争における大敗戦であった。

その大敗戦のあとに、歴史的自然権ではなく宗教的（あるいは理性的）自然権としての、人間の尊厳という考えにもとづいて、「個人の尊厳」が憲法や教育基本法に書き認《したた》められ、それが普及されて、権利の肥大化を促すようなさまざまな平等主義的政策が実施されてきたのである。

したがって、自然権というものを現代社会においてどう再解釈するかということが、道徳論の重大な論点となるわけである。思想の淵源《えんげん》としては、あきらかにキリスト教的な流れのなかにあった個人の尊厳という人間観が、なぜ、キリスト教と基本的には無縁といってさしつかえのない日本人の精神の基礎に、戦後のたった半世紀のうちに、定着してしまったのか。

認めておかなければならないのは、個人の尊厳という人間観はキリスト教を離れたところでも普遍的な説得力を何ほどかは持ちうる、ということである。人間は、キリスト教徒であろうが仏教徒であろうが無宗教者であろうが、自己および自己とかかわりのある一切にかんして、何らかの意味を与えつつ生きる。「意味」にかかわらざるをえないのが人間なのであってみれば、その意味を紡《つむ》ぎ出している人間存在にも意味を与えなければならない。そうでなければ、人間は、記号によって操作されるロボットのような、無意味な存在になりはててしまう。そして、人間を意味ある存在とみなせば、人間に何ほどかの尊厳性を付与するのは必然のことといってよい。なぜなら、より上位の意味を求めるという精神の営みのはてに、「究極」の意味とでもいうべきものが展望されるのであり、その究極性あるいは至高性への志向には尊厳の形容がふさわしいからである。

しかし、そうした志向には努力が必要である。人間はその努力において失敗するばかりか、その努力を放棄するかもしれない。少なくとも、自分の能力や才覚だけに頼ってその努力をなしたとて、至高性に接近できるという保証はどこにもない。それをあたかも保証するかのようにみせかけるのが「個人の尊厳」というテーゼである。

敗戦によって価値喪失感が日本人のうちに広範囲に広がったとき、最後にすがりつくべき価値として出されたのが人間の尊厳ということなのであった。その考え方を基軸にして戦後日本を再建しようではないか、というふうに占領軍からいわれたとき、いわば干天《かんてん》の慈雨《じう》のようにして、個人の尊厳という言葉が戦後という時代にふりそそいだ。その言葉が、キリスト教からは独立したものとして、この国に浸透した。日本にかぎらず、発展途上諸国においても、同じ事態が広範囲に広がっているのである。

ヒューマニズムは人間の傲慢な自己礼賛

次のように言い換えてもいい。人間は、大いにしばしば、性悪というほかない振る舞いに及んでいる。性悪といって語弊《ごへい》があるならば、さまざまな欠陥を露呈して生きている。そうであればこそ人間社会には、太古の昔から、『旧約聖書』などにあるように、「殺すなかれ」、「盗むなかれ」あるいは「騙《だま》すなかれ」といった種類の戒律《かいりつ》がある。未開社会にまで遡れば、たとえば近親相姦《きんしんそうかん》のような犯してはならないタブーというものがある。逆にいうと人間は、少なくとも可能性として、殺したり盗んだり騙したりの悪としかいいようのないことをなすのだ、と人間自身が気づいていたということである。そうした人間行為の現象にだけ注目すれば、人間の尊厳というのは人間の盗人猛々しい自画自賛にすぎないと思われる。

しかし、そんな人間観が何百年にもわたって普遍性を誇りながら世界に普及してきたのはなぜか。それは自分の性悪ぶりを意識する力が人間にあるからにほかならない。つまり、人間にとって悪の自覚こそが善の根拠だということである。その自覚は理性あるいは良心によって果たされる。人間は性悪なものである、不完全なものである、と認めればこそ宗教的戒律や道徳的規律や法律的規則という禁止の体系を作る。そしてその禁止の体系にもとづいて、人間は自分らの性悪や不完全さにたいして対応策を練る。ということは、人間にかんして性善説と性悪説のいずれをとるかという二者択一をしているわけにいかないということを意味する。性悪であったり不完全性に転落したりするというのが、人間の現実の少なくとも半面ではある。しかしそのことを洞察し、それにたいしてできるだけの防止策や改善策を張り巡らすべく努力するという意味においては、人間には理性の力と良心の力があると認めざるをえない。

個人の尊厳というヒューマニズムそれ自体は、軽率もしくは傲慢《ごうまん》な人間の自己礼賛にすぎない。しかし、人間にはなかなかに良き精神の力もある。またそういう精神力があるとしなければ、価値について力強くあろうとする、などという道徳的な生の目的も生まれはしない。しかしその力を過大評価して、不完全性を免れえない人間が神に取って代わろうとするのは、傲岸不遜《ごうがんふそん》としかいいようがない。

なぜ、そのような傲慢の罪とでもいうべき態度を近現代人はとりはじめたのか。それは、理性といい良心といい、「個人」の精神的な力量として発揮されるものだからである。デカルトに倣《なら》っていえば、「我思う、故に我あり」である。思うことにかぎらず、感じたり行ったりすることについても、まぎれもなく、個人の振る舞いとして観察される。社会には集団もあれば制度というものもあるのだけれども、集団や制度はそれ自体としては感じたり思ったり行ったりする主体ではない。つまり人間は自意識を発見し、それをサブジェクトつまり主体としたのである。至高の存在がしっかりと想定されている場合にはサブジェクトは、「主体」であると同時に、その存在への「臣下」でもある。しかし、世俗化が進展するなかでは、それは単なる主体と化す。つまり、あらゆる感情、思考そして行動の始発点、それが自己という名の主体だとされる。そういう人間の自己発見とともに近代意識というものが芽生えてきたわけである。その結果、主体としての個人が、その根本に、理性や良心を保有しているのだと思われはじめた。それが「個人の尊厳」というテーゼになり、それを口にしたり耳にしたりするたび、近現代人はユーフォリアつまり多幸症の気分に浸るようになった。

「人間の悪魔性」を感じとれない鈍感の罪

しかし、いったい個人とは何なのかと考えてみると、近代人の意識には個人主義という第二弾のトリックが含まれていることに気づく。

人間は言語的存在であるのだが、その言語ははたして個人のものなのか。理性であれ良心であれ、人間にあっては、言語によってしか規定されえないし、表現もされえない。ボディ・ランゲジ（身体言語）やマシン・ランゲジ（機械言語）といった言語の派生体のことも含めて、また自然（日常）言語と人工（科学）言語の両方を含めて、言語こそが人間存在の証《あかし》だといえる。その言語は、たしかに個人によって発話されたり書記されたりする。しかし個人の言語的表現が同世代の他者によって理解され、さらには過去世代の他者から伝承され、未来世代の他者にも継承されるのはなぜなのか。それは、言語は当初から社会的にして歴史的な性格のものだからだ、ということになる。社会という空間そして歴史という時間にかかわる言語から、個人の価値感覚や規範意識が生まれる。さらには個人の欲望といわれているものにしてすらが言語的な意味づけによって編成されている。そうである以上、個人は単なる個人ではありえない。つまり「分割不能なものとしての個人」というのは錯覚にすぎないということになる。

漢字で「個」というのは人が固いと書く。つまり、もうこれ以上分解できない人間の諸性質が個であるとみなされている。英語でアトムというのも、ギリシャ語のア・トムであって、分解できないということである。ラテン語から英語になったインディヴィデュアルということもデヴァイドつまり分割することのできないものということだ。しかし、個人の感覚、思考そして行動が言語によって編成されているとなると、個人はさらに分解可能なものとしてあるといわざるをえない。

言語的動物としての個人はけっして他者から、あるいは歴史から切り離された存在ではありえない。少なくとも言語というものによって個人が存在しているかぎり、他者とのかかわりとしての社会性が入ってくるし、過去とのつながりとしての歴史性が入ってくる。だから、個人の感情も論理も実践も、言語の次元で、分解可能なものなのである。

もし専制としかいいようのない現実があって、個人がヴォランタリー・ウィルつまり主意をもって自主的に行為することはまったく不可能であるというのならば、言語活動の質量を豊かにするために、個人の尊厳を謳い上げ、そうすることによって諸個人の表現を活発にしなければならない。つまり、個人の尊厳というテーゼは、専制的支配があるかぎり、言語的動物としての人間の本性にもとづいて、守護されて然《しか》るべきものである。

だが、近現代も数百年経つと、個人の主意性や主体性が抑圧されているとはいえない状況になっている。人々がおのれらの主意を自由に表明し、おのれらの主体を存分に活動させているという状態のなかで、なおも個人の尊厳をいうというのは、いったい何を意味するか。それは、自分たちのこれまでの言語表現はつねに間違いなく完成に向かっている、という判断に立って、それをいっそう完全なものにする、という意思表明にすぎなくなる。

近現代人の言語活動は、宗教活動、芸術活動、政治活動、経済活動そして社会活動などの諸方面において、はたして完全性に向かって進んでいたであろうか。問うまでもなく、実際に起こったことはむしろ逆の事態であった。

近代化の扉を開いたといわれるヨーロッパについていうと、フランス革命においてすら、うるわしい革命の旗幟《きし》は、たちどころにギロチンの血によって塗りたくられる始末となった。そのあとに続いたナポレオン戦争においても、大量の殺戮《さつりく》が行われた。十九世紀に入っても、三〇年の七月革命、四八年の二月革命そして七一年のパリ・コミューンに至るいくつもの革命騒ぎは、人間性に内在する残虐ぶりをみせつけて余りあった。さらに今世紀のロシア革命および中国革命にも、怖気《おぞけ》を催すような飢えと殺人がとりついていた。二十世紀の前半、それはまさしく戦争と革命の名における人間の負性や悪性を誇示する世紀であった。また、二十世紀の後半において、いわゆる大衆社会化が進行するにつれ、人々の日常生活は価値喪失と規範溶解にまみれつづけたといって少しも過言ではない。それは、未来への展望における「確信の危機」であり、過去への想起における「伝統の崩壊」であり、自然への接近における「調和の瓦壊《がかい》」であり、自己への洞察における「信念の解体」である。

マスメディアに氾濫《はんらん》するそうした出来事を追っていくと、近現代人の言語活動が完成に向けてひたすらなる前進を続けてきたなどというのは完全な嘘話である、とすぐ判明する。たとえば、ジェノサイド（ある民族にたいする計画的な大量殺戮）の現実をみて「時代の危機」とでもいうべきものを、さらには「人間の悪魔性」とでもよぶべきものを、少しも感じとれないのは、鈍感の罪としかいいようがないのである。

「個人性と集団性」そして「私人性と公人性」

言語活動の主体としての個人とはそも何者であるか、それは言語論的にいかに分解されうるのか。それを明確にしてこなかったものだから、近現代人は「個人の尊厳」という迷妄《めいもう》を振り払うことができないできたのだ。

まずおのれのことを「個人」ではなく「自分」とよんでみよう。なぜなら、個人性は自分の一面として浮かび上がってきはするが、同時に、その半面として自分が集団性を持っていることが確認されるからである。つまり、人間存在を「個人」というふうに表現してしまうと、自分のなかに集団性もまたあるのだということが見過ごしにされてしまう、あるいは過小評価されてしまう。つまり、まず個人があって、集団は諸個人の契約として作られるという考え方に大きく傾いてしまう。もちろん、人々の契約として作られる集団もたくさんある。しかし、どんな人間であれ、自分がさまざまな集団のなかで生まれ育ち、そのあともいろいろな集団の影響を受けつつ人生を送ることを否定できはしない。その意味で人間はすべて、個人性のほかに、社会的かつ歴史的なるものとしての集団性をも有しているのである。そしてそれは、言語がパロール（個人的言語活動）であると同時にラング（集団的言語制度）でもあるということに由来しているのだ。

　また言語的動物としての人間は、「個人性と集団性」の二面を持つのみならず、「私人性と公人性」という二面をも持っている。ここでいう私人性とは、人前では容易に示しえない私《ひそ》かな感情や理屈のことであり、それは英語のプライヴェイトということに対応している。

　その逆の公人性とは、人前であからさまに表現し、そうすることによって他者から理解されようとする活動のことをさす。というのも、「公」とは、その漢字の形象に示されているように、「私」を切り開くことであるからだ。そしてそれは、英語のパブリックに対応する。

　読者の理解を容易にするために、あえて図形的な説明を試みてみよう。

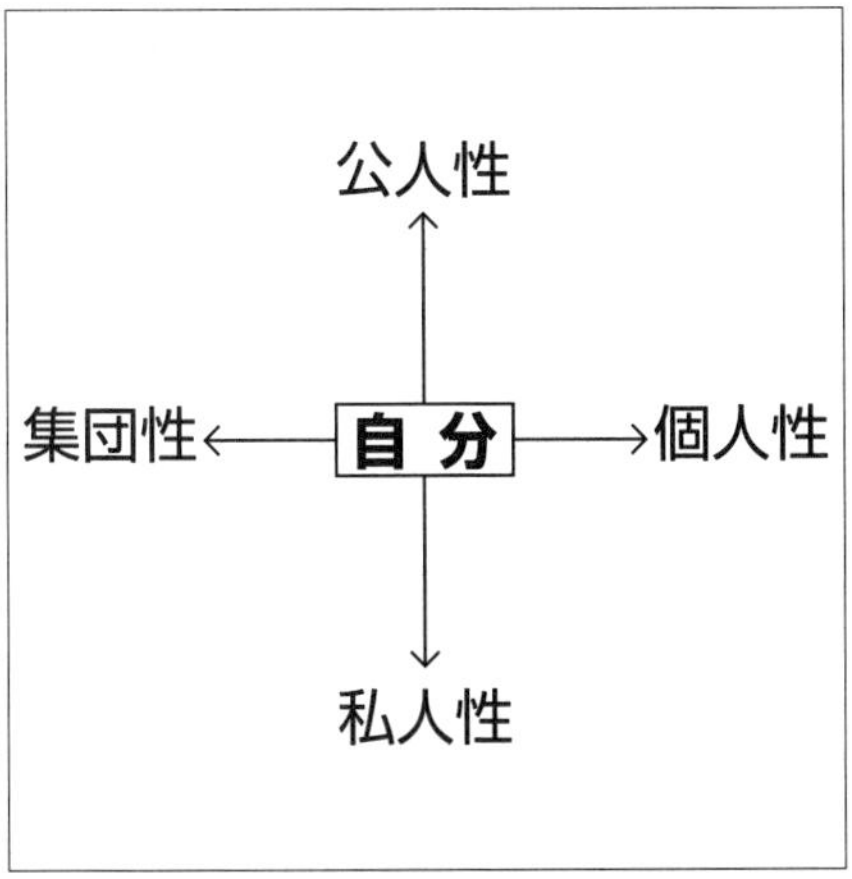

図6　「自分」の多面性

　上の図6によって言わんとする所は次のようなことである。

まず、言語活動をなすものとしての「自分」は、個人性と集団性という横の対比軸と、私人性と公人性という縦の対比軸からなる四元的な性格を持っている。それなのに個人性に「尊厳」という形容を与えてしまうと、自分のなかの公人性や集団性がどうなっているのかということがみえなくなってしまう。そして、公人性も集団性も持たない個的かつ私的な自分に尊厳が宿るということになり、アメリカの流行り言葉でいえばミーイズムが肯定されることになる。

このように個人性と集団性そして私人性と公人性という四元の対比関係において自分をとらえておけば、もはや、自分を分解不能な最終の主体であるとか、社会の成り立ちはそれらの主体の自発性に還元されるとかいったような理屈は通用しなくなる。それのみならず、自分のうちにあるそれら四種の性格のあいだでバランス（平衡）を保つのは容易なことではないと自覚せざるをえない。その平衡をとるのに失敗したときには、図7に示したように、公人性を犠牲にして私人性が膨《ふく》らみすぎたり、個人性が圧殺されて集団性が拡大しすぎたりするというふうに、さまざまに病的な状態のなかに自分が放り込まれる。

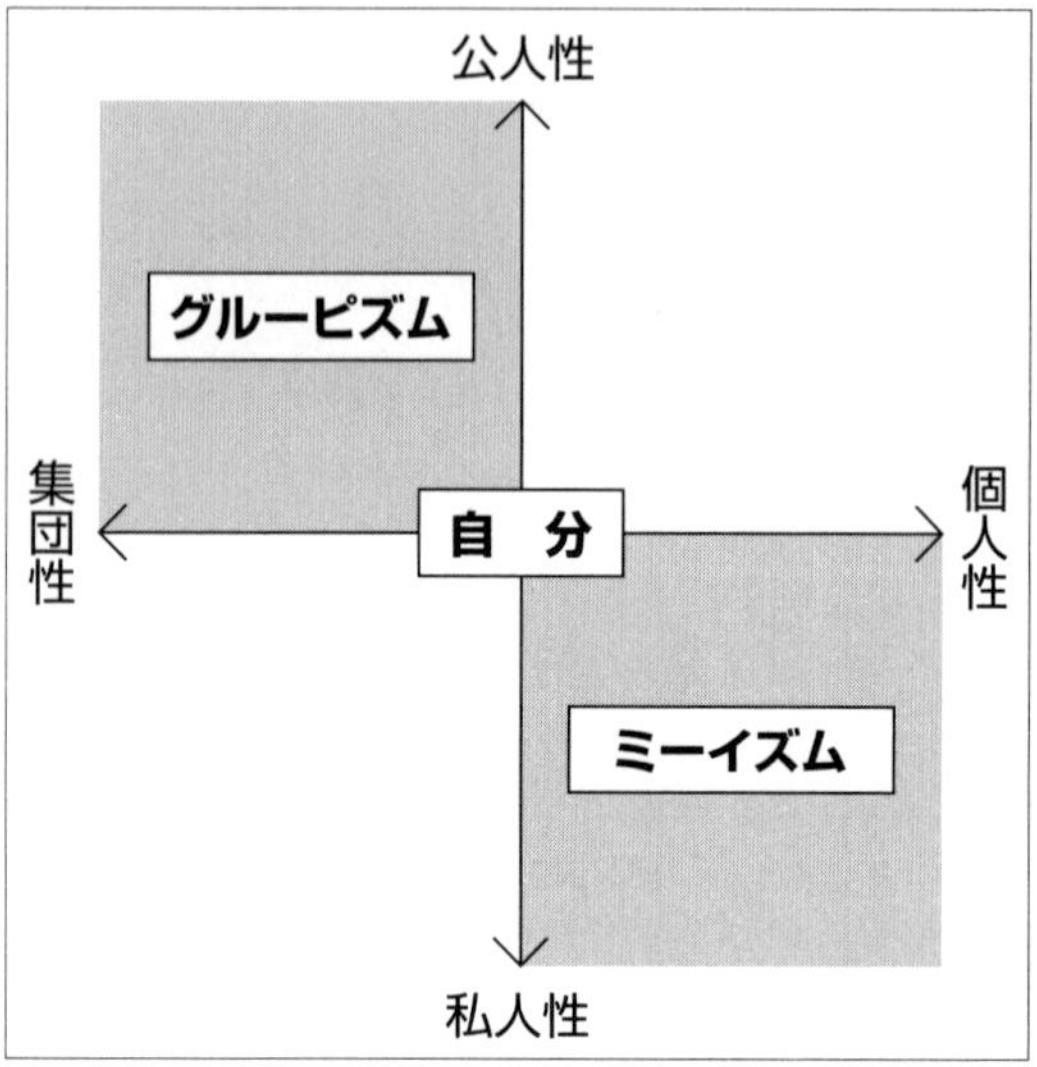

図7　平衡を失った「自分」

現に、そういう病理の結果として、自分の生活を混乱のきわみに叩き込んだり、自分たちの社会を動乱のはてに追い込んだりといった振る舞いが頻発《ひんぱつ》している。つまり、この四元構造のなかにある自分が、おいそれと完成に向かって前進するはずはないのである。

「人間の尊厳」は「人格、規律、帰属、利己」の葛藤と平衡から生まれる

もちろんアメリカの独立宣言にも日本国憲法にも、「人間の自由は国民の不断の努力によって保持されるべきものだ」というふうにいわれている。しかし「不断の努力」とは、四元的な存在としての自分において発生するさまざまな葛藤、亀裂、分裂を乗り超えること以外ではありえない。近現代の個人主義にはそうした自分の分裂をみつめる視点は準備されていない。いや、精神分析学におけるように、人間精神の矛盾のことはさまざまに取り上げられてはいるのだが、それをいかに超克《ちょうこく》するかが主題にされているわけではないのである。だから、自由のための不断の努力というのは、人々に主体性の発揮をさらに促すための単なる叱咤激励《しったげきれい》と受け止められたり、それどころか、尊厳ある個人であるはずの自分がどうして不断の努力を要請されるのか、という人々の反論に出くわしてしまうことすらある。

不断の努力が必要になるのは、自分が多面的な性格を持ち、それらのあいだでの平衡が失われれば自己喪失の危機に見舞われるからである。このように自分のうちに危機の可能性が存在していると察知するなら、個人の尊厳などというのは自分にたいする美辞麗句《びじれいく》にすぎないと見当がつくはずである。そのことをもう少し詳しくみるために、自分の全体像を、図6をふまえて、次ページの図8のように描き出しておくのが便利である。

この図において、まず自分に特有の個人性が公人性として人前に現れてくる姿、それを自分の「人格的」

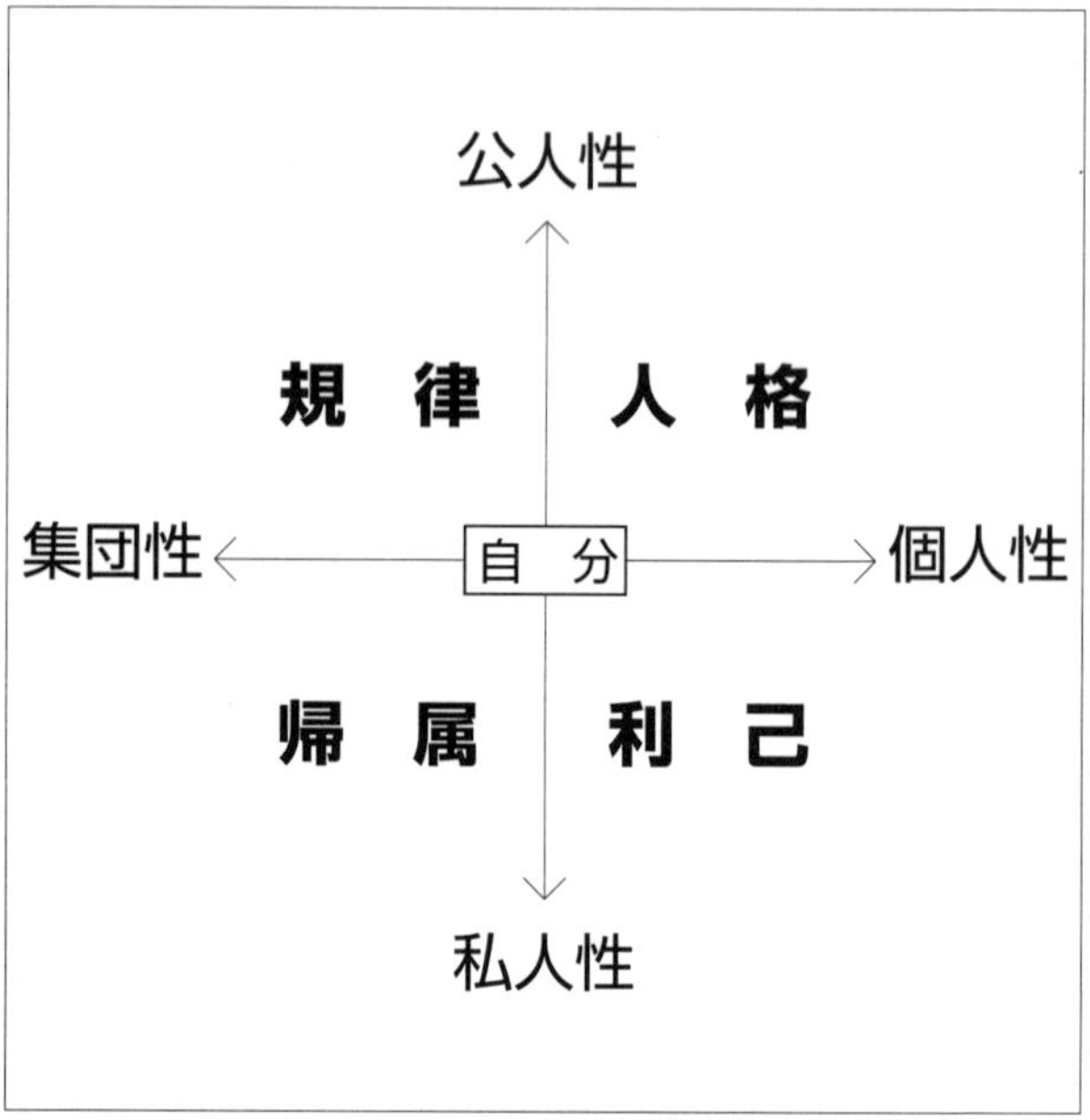

図8　「自分」の多面的性格

側面とよぶ。実際、人格という言葉は「公共の場での個人の言動」にかかわって用いられているのである。次に、自分の持っている集団性が公人性として人前で示される形を「規律的」側面とよぶ。自分の集団とのかかわり方を他者にも理解可能な形で示す、それが規律という言葉の意味するところである。さらに、自分の集団性が私人性となって隠れる形を、ということは自分が何らかの集団と密《ひそ》やかにつながっている形を、自己の「帰属的」側面とよぶ。つまり、自分がある集団に長期にわたって所属し、そこで多少とも運命共同体的な感情を抱くことをさして帰属心というわけだ。最後に自分の個人性が私人性として隠れる姿、つまり自分の独特の個人性が密やかに保持される形を「利己的」側面とよぶ。つまり利己心とは、主として感情面で、自分の固有性に執着することである。「人格、規律、帰属そして利己」という自分の四側面はつねに葛藤を孕《はら》んでいる。その複雑な葛藤の模様を図示してみれば、図9のようになる。

たとえば、人格と規律のあいだでは、強烈な規律を押しつけられるとおのれの人格を傷つけられること

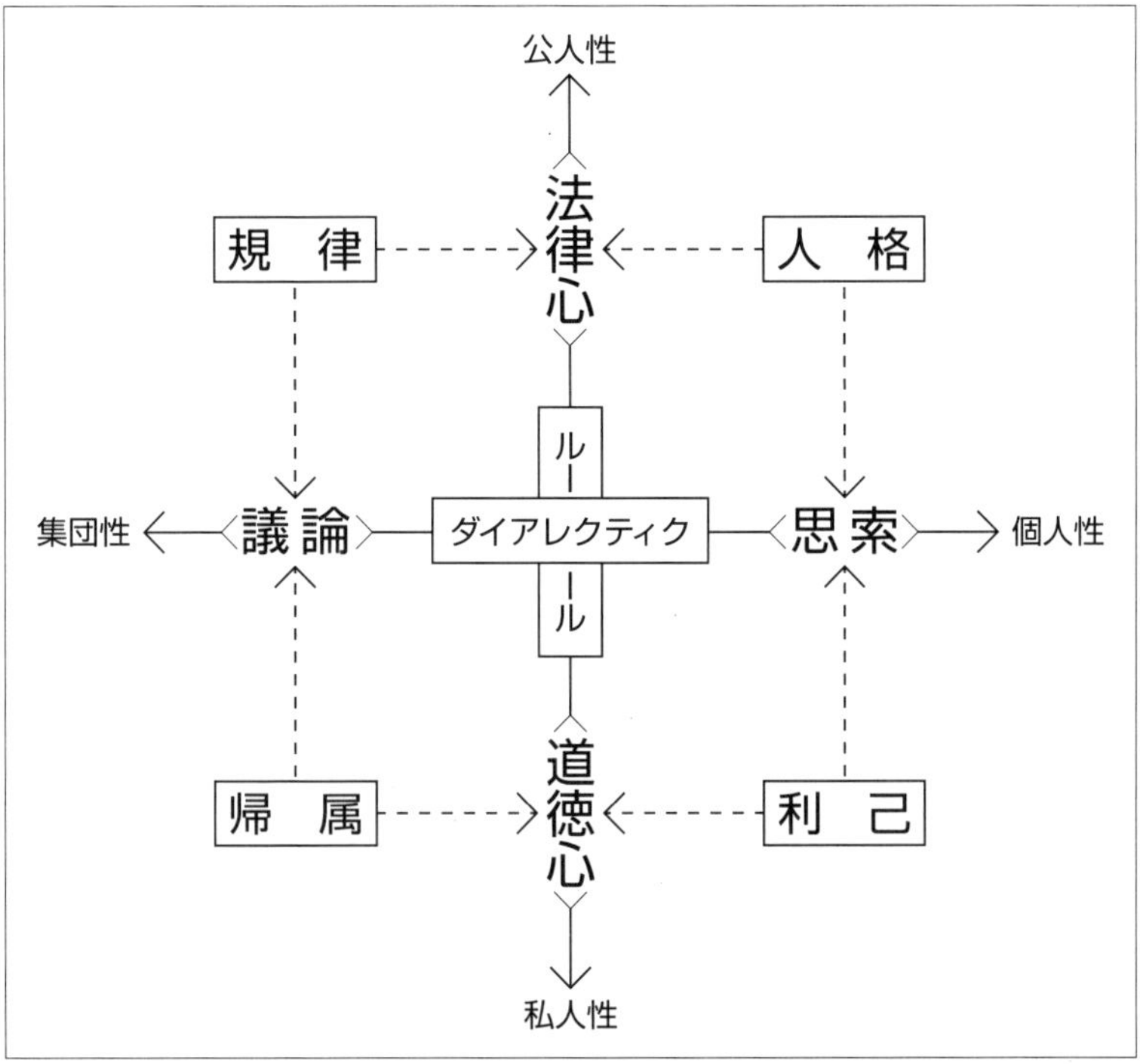

図9　「自分」における平衡の維持

になる。逆におのれの人格を押し出すと集団の規律を壊してしまう。この両者を平衡させるのがリーガル・マインドつまり「法律心」である。

利己心と帰属心のあいだにも葛藤がある。たとえば、国家と国民のことを考えるとすぐわかるように、国家への帰属心からいえば戦争に勇んで参加したいのだが、しかし利己心からいえば、戦争によって死ぬ可能性から身を遠ざけたい、といった葛藤が起こる。その両者の葛藤を状況に応じてどういうふうにバランスをとるかということをさして、モラル・マインドつまり「道徳心」とよぶ。

この法律心と道徳心の両者をあわせて「ルール精神」とよぶならば、言語的動物たる人間にとって、ルール意識が本源的に不可欠であると認めなければならない。

さらに二つの葛藤がある。まず人格と利己のあいだで、利己心からいえば無礼に振る舞っていたいと感じたとしても、人格の表現としては適切な作法に従っていたいということがある。そういう利己と人格のなかに起こりうる葛藤をどう処理するかとなると、言葉をつかって考えてみる構えが、つまり「思索」が必要となる。

最後の葛藤は、帰属と規律のあいだに発生する。たとえば、日本国への帰属心をどういう規律として表すか。戦争についていうと、ある場合には自分から志願兵となって軍隊の規律に殉《じゅん》じるのが帰属心だと思う場合もあるが、ほかの場合、たとえば自分の目の前にいる軍隊がさほど信頼できないという認識がある場合には、前衛では戦わないが後衛で協力するという形で、軍隊の規律から遠ざかる。そのとき、規律も帰属も集団にかかわることであるから、他者とのあいだの「議論」が必要になってくる。

思索と議論の両者を「ダイアレクティク（弁証）精神」とよべば、人間存在にとってダイアレクティク精神はルール精神と並んで、本源的である。ルール精神とダイアレクティク精神を生まれながらに持ちつつ、それらの精神を発揮するのに成功したり失敗したりしながら死んでいく、それが人間存在の偽らざる姿である。そういうものにすぎない「自分」に尊厳の形容を欲するというのは、すでにその人がルールとダイアレクティクの精神において衰弱していることを告白しているのだ。

人間の尊厳なるものは、自分がルール精神とダイアレクティク精神とを最適な形において実行しえたときにはじめて自分に与えられる、というべきである。しかしどんな人間にあっても、ルール精神やダイアレクティク精神の巧みな操縦法が生まれながらにして備わっているはずはない。なぜならばルールとダイアレクティクの良き形は、歴史の流れのなかで、社会の広がりのなかで、かろうじて示唆されるものにすぎないからである。歴史に耳を傾け社会に眼を開き、そうすることによって自分が何者であるかと問う人間は、けっして個人主義者を名乗りはしないし、ましてや個人の尊厳などを口走りはしない。

そのことをよくわきまえている人間が、人民ならざる、市民あるいは公民である。しかし近代が進むとともに、市民といい公民といい、個人主義的にとらえられることになった。つまり、実際には公共心も集団心も持たず、ルール精神もダイアレクティク精神も持たないような人間たちが、いいかえれば利己心を恥ずかしげもなく押し出す人々が、市民・公民を僭称《せんしょう》しはじめた。しかし、たとえばシチズン（市民）というのは、今も、辞書的な定義からいえば「国から保護してもらうかわりに国への義務を果たさんと構えている人々」ということである。ここで「国」というのは、社会的なものと歴史的なものの総称だといってよい。

戦後の日本人は敗戦のショックのなかで、自分たちの過去に歴史の英知を探る作業を放擲《ほうてき》し、アメリカ経由で、「人権宣言」や「独立宣言」や「世界人権宣言」などにみられる欧米精神の上澄み液にすぎないものを、たっぷりと飲まされてしまった。そこにおける一切の価値の出発点である「個人の尊厳」はきわめて人工的な観念であり、そして人工的という意味においてのみ普遍的な類のものである。そういう普遍性を偽装する道徳からは、歴史に遡及《そきゅう》したり社会を洞察したりすることを通じて道徳の正体を探る努力は出てこない。近現代社会の全体にそういう傾向があるとはいうものの、戦後日本ほど純粋な形で近代主義の道徳（というより非道徳）の実験場になった国はほかにない。そのことに気づかないのは、個人の尊厳という甘い囁《ささや》きによって自分の精神がすっかり眠り込まされたせいなのである。

10 自由が道徳を破壊する

「自由とは何だ、言葉だ、言葉とは何だ、空気の振動だ」、これはシェークスピアの『ヘンリー四世』に出てくる人物、フォルスタッフの科白《せりふ》である。つまり、自由にも、言葉にも、それ自体としては意味がないとフォルスタッフはいいたかったわけだ。まったくその通りで、自由も言葉も、道徳による規制がなければ、（声帯を含めての）身体の律動であり空気の振動であるにすぎない。

「絵画の本質は額縁にあり」とチェスタトンはいったが、それは道徳なき自由の無意味さを指摘するための比喩であった。これはシェークスピアの文句よりも優れていて、規制がなければ自由なんぞは、そもそも無意味どころか、不可能だといっているのである。たしかに、アメリカ人がよくやるように、ビルの巨大な壁面がキャンバスとして指定される場合も含めて、何らかの規制が与えられなければ絵の描きようがないのである。

自由は選択肢が複数あるときに生じる。Aをとるか Bをとるか、それが自由の意識である。だが、その選択の基準がどこからやってくるのか。自分のなかから、といってみたとて、自分が万引少年をやっていた頃の選択基準と物書きをやっている今の選択基準のどちらがどう優れているかを判断しなくてはならない。つまるところ、道徳に（順応しないまでも）参照を求めて、人間は選択基準を定めるほかないのである。

道徳なんかいらないといっている連中が、それでも何事かを為しえているのはなぜなのか。それは選択肢がたった一つしかないので、選択基準がいらないからにすぎない。現代に苦笑を差し向けざるをえないのは、自由を謳歌すると称している人々が、とくに若者たちが、たった一つの流行現象にこぞって身を投じている点である。個性の差を競い合っているといってみたとて、旅行先をカリフォルニアにするかハワイにするか、ホンコンにするかシンガポールにするかの違いであって、大衆旅行のシステムに乗せられていることに変わりはない。無個性の個性、そこから不自由の自由が終わりなく奏でられる。それをハメルーンの笛吹き男のごとくに指揮しているのは、もちろん、「匿名の権力」である、つまり「みんなの醸し出す雰囲気」である。

自由と道徳は表裏一体

人間の行為にたいして規制を施《ほどこ》し規範を指し示すもの、それが道徳である。そしてその規制や規範に違反した人間は何らかの制裁を受ける。それが道徳的制裁である。また、道徳の基礎の上に法律の体系が作られる場合には、法律に違反した行為にたいして法律的制裁（刑罰や罰金）が科せられる。徳律と法律のいずれにせよ、それに逆らったなら制裁を甘受《かんじゅ》する、という責任の態度が社会のなかで生きる人間には要請される。

だが、少なくとも人間の自由意思というものを社会的に確認するに至った近現代においては、自由意思にもとづく行為でなければ責任の問いようがないと考えられている。逆にいえば、不可抗力的な人間の振る舞いについては責任を問えないということである。つまり、道徳論と自由論は表裏一体の関係にあるというわけだ。

ところが、近現代が深まるとともに、自由の名において道徳の体系が傷つけられ壊されてきている。それを最近の例でみてみよう。今、サイバー空間と称して、インターネットというコミュニケーション手段が普及している。そこでは、発信者の名前が特定されていないということに乗じる形で、ある特定の人物にたいする罵詈讒謗《ばりざんぼう》が飛び交う、あるいは根拠薄弱な噂話が広められるというようなことが生じている。さらには経済的利得を狙って嘘の情報がまき散らされもする。しかも思想の自由や表現の自由といった社会正義の衣をかぶって、そうした醜行《しゅうこう》がなされている。また、現代の政治や経済や文化を覆っているおびただしいスキャンダリズムも、その大半が、そういう自由の名における秩序への、つまり徳律や法律への破壊工作という色合を強く持っている。巨大に発達したマスメディアは、このスキャンダリズムを有力な武器として世論を操作していると断言してさしつかえない。それにもかかわらず、日本を含め、多くの国の憲法の冒頭には、人間に与えられるべき基本的人権の一項目として自由権が振りかざされているのである。

もう一つ例をあげれば、かつての田園や都市にあっては、人々が何らか共通の利益をめざして、つまり人々の公共心にもとづいて、その景観が守られていた。田園でいえば、あるべき場所に鎮守《ちんじゅ》の森があり、然《しか》るべき時期に公共の催しが展開されていた。都市においても、その中心には、公共精神の現れとして公共的建築物が、さらには公共精神の基礎としての宗教精神を象徴すべく宗教的建築物が設置され、また人々の生活にかかわる市場も交通の便のいいところに開かれるというふうに、都市の安定した構造が守られていたのである。

しかし今では、それら道徳の制度的表現とでもいうべきものを破壊するような形で、市場機構が猛威を振るい、その結果、都市の景観を汚すとしかいいようのない広告看板の類《たぐい》が林立している。田園にたいしても、移動の自由そして職業の自由を標榜《ひょうぼう》しつつ都市文明が流入し、その帰結はというと、田園の破壊である。都市と田園から歴史の姿が消えてゆくという事態が現に起こっている。

それは文明の先進国においてだけ生じているのではない。発展途上国においては、急速な近代化、産業化、商業化のために、自然の美観や歴史の遺産にたいする破壊はさらに深刻なのだ。

これは道徳の破壊でもある。十八世紀、イギリスのシャフツベリー（一六七一～一七一三　倫理学者）が主張したことだが、人間において美の感覚と徳の感覚は互いに深く関係している。安定した美の感覚を、人々の振る舞い方にかんする社会の制度として表したもの、それが徳である。美と徳は一対一に対応しないまでも、密接な関係にある。現在の若い世代は破壊された都市景観そして混乱した田園風景のなかで生まれ育ってきている。彼らが徳の基準を見失っている淵源《えんげん》は何かと尋ねてみると、その一つとして、美にたいする感覚が失われているという事実が挙げられよう。物心ついたころから、性や暴力にまつわる映像、そして人間の精神に麻薬的な興奮しかもたらさないような音響といったものを繰り返し注入されたときに、その人間の美の感覚が狂い、それゆえに人間の振る舞いや社会の成り立ちにかんする道徳の基準を見失うということになる。

自由と道徳は、自由意思の問題をめぐって強い依存関係にあるのだが、肝心の意思がいかに形成されるかという点においては、強い背反関係がある。つまり両者は、対立を含みつつ相互に規定し合っているのであり、重要なのは、両者の不安定な関係のなかでいかに平衡をとるか、ということなのである。そしてこの平衡感覚は人間の尊厳という安直なテーゼによって保証されるようなものではけっしてない。

自由な行為が秩序を破壊している

人間の尊厳という考え方は、通常、ヒューマニズムとよばれている。ヒューマニズムは、直訳すれば人間主義ということであり、それはあらかじめ尊厳を付与されているものとしての人間を物事の中心におく考え方である。

ヒューマニズムは、ルネサンスにおける人間の再発見ということから社会に浸透しはじめたのだといわれている。それまでの宗教的な権威から人間が徐々に解き放たれ、古代アテネの市民による哲学論議、美術論議、政治論議を想い起こしながら、人間中心の社会観を考察しはじめた、それがルネサンス期だというのである。

しかしルネサンスは、日本でいわれているような単純なものではなかった。それもそのはず、古代アテネのデモクラシーはどのようなものになっていったか。多くの貴族たちがさまざまな形で展開した政治的意見や芸術的表現は、堕落の徴候をありありと示していた。たとえば、ペロポネソス戦争でスパルタと戦争をしていたとき、アテネにとどまっていた市民が政治に要求したことは、「もっと安楽な生活を保証せよ、もっと面白い娯楽を提供せよ」ということであった。それを批判したのがソクラテス（前四六九〜前三九九　哲学者）でありプラトン（前四二七〜前三四七　哲学者）であった。「万物の中心は人間である」といったプロタゴラス（前四八五頃〜前四一〇頃　詭弁家）たちが、徳（価値における精神の力強さ）が何であるかを知っていると称して、いわゆるソフィスト的な詭弁《きべん》を逞《たくま》しくしていたのにたいして、ソクラテスやプラトンは、人間の個的で私的な欲望を価値とするのは人間の傲慢《ごうまん》というものだと批判した。ソクラテスの「無知の知」とは、自分は徳が何であるかを知らないが、しかし知らないということを知っているのであり、それゆえに徳が何であるかを探すべくこれからは弁証をしようではないか、と構えることであった。

ルネサンス研究の第一人者であったブルクハルト（一八一八〜九七　スイスの美術史家・文化史家）は、ルネサンス期において、いかにグロテスクあるいはエキセントリックな人間たちが輩出されたかをきちんと描写している。ルネサンスは人間の尊厳性のみを発見したのではない、尊厳性と背徳性が表裏一体になっているということをルネサンスは明るみに出したのであった。

そう考えると、ヒューマニズムが確立されたのは十八世紀、ヨーロッパにおける啓蒙《けいもう》主義の時代であった、というべきである。とくにコンドルセあたりは人間の「完成可能性」をさかんに口にした。つまり人間は、知的にも徳的にも、つまり知識においても価値においても、完全になりうるというのである。そうであればこそ、完成への到達を早めるべく人間の理性の力を啓蒙によって高めよう、と主張する啓蒙主義の時代が生まれたわけだ。そのあたりからヒューマニズムが近代的価値の最高階に登りはじめたのであった。

もちろん、十九世紀であれ二十世紀であれ、革命と戦争そして混乱と腐敗のなかで、ヒューマニズムは幾度となく疑われた。十九世紀でいえば、最終的にニーチェが登場して、ヒューマニズムから出てきたいわゆる民主主義は、弱者の「ルサンチマン」、つまり生の意志の弱いものがそれの強いものにたいして抱く「怨恨感情《えんこん》」であるといってのけた。また、神の前における平等というキリスト教の大前提も、弱者のルサンチマンもしくは偽善にすぎないとニーチェはみた。そこから、ユーバーメンシュつまり「超人」のイメージによって、力強い精神を復興させる必要を訴えたのである。

二十世紀に入ると、ニーチェ的な想念をいわば世俗化させた形でのさまざまな全体主義の動きが荒れ狂った。ともかく、十八世紀の啓蒙主義の時代のように、ヒューマニズムにもとづいて人間の完成可能性を呑気《のんき》に唱えるものは少なくなったとはいえる。

しかし、二十世紀後半、薄められた形でのヒューマニズムが、薄められたぶんだけ効果的に、社会の隅々にまで浸透した。現在、たとえば、アメリカからその人権外交を通じて世界に広められた人権思想が、各国の社会を取り仕切る（というより秩序を解体させる）原理となりつつある。もちろん、人権という普遍的な原理は抽象的に語ることしかできないものであり、それゆえ、その原理が具体的に何を意味するかはかならずしも分明ではない。実際には、アメリカが人権の内容を具体的に指定し、それを各国に要求するというふうになっている。だから、人権の具体化をめぐる国際的葛藤《かっとう》は止むことがない。

しかし、抽象的な表現としては、日本がその典型であるように、人権以外に秩序形成の原理はないということになっている。その意味では、非常に俗悪なニヒリズムが広がっているといえる。つまり、誰も人間の尊厳を信じていないのに、あるいはそれを信じさせないような歴史が十九世紀、二十世紀と続いているのに、人間の崇高な権利を偽装してみせる以外には、人間の生活も社会の制度も秩序化されえないということになっている。しかも、人権の名による人間の自由な（というより放埒《ほうらつ》な）行為が秩序破壊を推し進めているにもかかわらず、それが秩序原理になりおおせたままでいる。信じていないものをあたかも信じているかのように表面に押し出してくるという意味でのニヒリズムに、現代社会は浸っているのだ。

ヒューマニズムを認めてしまえば、人間の権利の冒頭に自由の権利が掲げられることになる。なぜなら、尊厳あるものとしての自由を許すことによって、人間の生活も人間たちの制度も完成に近づくと考えられているからである。そういうわけで、各国の憲法も自由権に崇高な地位をあてがっている。

しかし、前節でみたように、言語的動物としての人間の行為は、（言語における「パロールとラング」にもとづく）「主意と規則」の二重性のなかにある。つまり自発的意思と制度的規制の二面性から逃げられない。ここでの文脈からいえば「自由と秩序」は相互対立的にして相互依存的な関係にあるのであって、自由から秩序が導かれるというようなことではないのである。

人間にとって自由の感覚が決定的に重要であることは論を俟《ま》たない。おそらくは動物のなかで人間だけが自己意識をもつ。言語によって自分の言語を意識するという意味での自己意識は人間にのみ特有のものである。しかもそのようにして意識される「自分」たるや、言語において新しい表現を組み立てる能力を有した存在であり、その能力のために、人間生活と社会制度の内部から新しい変化が起こることになる。

そして、この新しい変化への予期のために、未来という（不確実性を内包した）時間が人間の前に立ちはだかることになる。

人間の理性的能力も歴史的なもの

この不確実な未来に立ち向かう意思は、たしかに、自由という名の、人間の特権だといってよい。しかし、自由意思をもった人間たちが集まって社会を契約として形成するという考え方は、社会の成り立ちのたかだか一面を説明するものにすぎない。

なるほど、今の議会における立法は、人々の（代表者たちの）自発的意思の織りなすところとして、自由に、ただし民主主義の手続き（多数の参加とそのなかでの多数決）を踏まえながら、決められる。しかし、立法が全《まった》き自由のなかにあるわけではない。立法の範囲も種類も方向も、過去からのつながりを完全に断ち切れるものではない。そのかぎりにおいて、立法はいわば決定されてもいる。

ほかの言い方をすると、人々のあいだの自由な契約が成り立つためには、その前段階における暗黙の合意が必要だということである。たとえば、相手が契約をおおよそ守るであろうという暗黙の納得がなければ契約は成立しない。あるいは司法機構が契約を破ったものを取り締まり、自分の損失は公共機関の助けによって補填《ほてん》されるであろう、という社会への信頼がなければ、契約は成立しない。より一般的にいうと、取引のルールも契約で決められるとしてみても、そのルールを決めるためのルールはどこからくるのかというふうに遡及《そきゅう》するほかなく、結局、当事者のあいだに暗黙もしくは潜在の合意が成り立っているからだということになるのである。

これは社会契約の問題である。つまり、人々の自由意思にもとづいて社会が契約として成立するのだとみなすとしても、その前提をなす暗黙の合意をどこに求めるか、という問題である。ホッブズの場合には、「万人が万人に対して狼である」といったような、弱肉強食の自然状態のジャングルのなかで、人それぞれの生命と安全が脅《おびや》かされている。つまり、人々が、皆、不安や恐怖のなかにいるという意味で暗黙の合意があり、そこで、各人がその恐怖から逃れるために主権者に全権を委任するという形で、リヴァイアサンとしての国家が形成される。

ロックまでくれば、社会契約に参加するものは、財産と教養を持った良識ある市民であるという暗黙の前提の上で、政府という統治機構をどう構成するかという話になってくる。ルソーは、ホッブズのとは逆の自然状態を想定して、「高貴なる未開人」という暗黙の前提に立つ。つまり文明以前においては、人々は平和で協力的な社会生活を享受《きょうじゅ》していたとし、そこではいわば「透明なコミュニケーション」が成立していて、自分は相手の立場を、そして相手は自分の立場をそれぞれ理解するととらえた。そのような状態において、人々のあいだに成立する暗黙の相互理解を、ルソーは一般意思とよび、そして一般意思にもとづく形で社会契約が成り立つというふうに論じた。

現在では、ロールズ(一九二一～　哲学者)がいわゆるオリジナル・ポジション(始原状態)を想定し、そこでは、人々は等しく理性的な能力を持っているけれども、具体的な情報は何もないとされる。それをさして彼はヴェイル・オブ・イグノランス(無知の覆い)とよぶ。そして、合理的ではあるが無情報の人間たちが集まって社会を作らねばならないというとき、人それぞれ、自分がその立場におかれた場合のことを懸念して、「最弱者への最低保証」に全員が同意するとロールズは主張した。

いずれにせよ、社会契約論は高度なフィクションの世界にある。私たちは未開のジャングルのなかにいるわけではなく、良識ある市民でもなく、高貴な未開人でもなく、無情報の始原状態にいるわけでもない。私たちは歴史のなかに生まれて、社会のなかで育っている。そして、自分がどの地域に生まれ、どういう制度に囲まれて育ってきたか、ということは具体的な歴史性であり社会性である。国民についていえば、国の歴史のなかで醸成される歴史の英知を参照にしてしか、私たちは社会を具体的に構成することはできない。また、その国民の社会をいかに改変するかに際しても、国の利益を基準にしてしか取り組めない。社会契約論は、

「暗黙の合意」とは、換言すれば、人々のあいだの「信頼」ということである。社会契約論は、信頼とい信頼という社会的要素を明示しようとはけっしてしない。その結果、互いに孤立した合理的な諸個人が、各人の利害のことのみを勘案《かんあん》して社会を意図的に設計する、という話を仕立て上げる。しかし、社会契約論という合理主義的かつ自由主義的な考え方は、ハイエク（一八九九～一九九二　オーストリア系の経済学者）がいったように、やはり過《あやま》てるものとしてのコンストラクティヴィズム（設計主義）である。つまり「理性の力によって社会全体を設計する」というのは、理性の傲慢《ごうまん》としかいいようがない。それは、何よりも、人間・社会にかんする理性は人々の信頼関係の上でのみ十全に機能するということを見逃している。

もちろん、そうした社会契約論の発想にも一理か二理あることは認めなければならない。というのも、ホッブズが「自分は恐怖のただなかに誕生した」といったように、近現代社会は人間を休みなく孤立化させてきたからである。また近現代社会は、科学の名において、人間の理性的能力をひたすらに上昇させてもきた。事実、歴史や社会をどう解釈するか、あるいは未来をどう予想するか、それは理性の自由なはた

らきによってはじめて明らかになることなのである。祖先の営みをどう理解するか、子孫たちに何を残すのかと考えると、そこに合理の力がどうしても必要になる。その際、祖先の立場を想起してみたり、子孫の立場を想像してみたりといういわゆる「立場の互換性」がなければ、過去の経験をくみとることも未来への想像を繰り広げることもできない。

しかし、そのように社会契約論に譲歩したとしても、問題は我々の理性的能力がどこからくるかということである。理性もまた言語によってしか組み立てられず、そして言語は歴史的かつ社会的な存在である。それゆえ人間の理性的能力もまた歴史的にして社会的な存在だというほかない。とくに、人間・社会にかんする理性については、その対象がすでに言語の産物であるからして、そうである。人間の理性の成り立ちそのものにまで思いを致せば、理性によって社会全体を構築しようとする設計主義は、やはり崩壊せざるをえない論理だということになる。

道徳の基準は歴史・慣習・伝統によって示されている

ここでの問題は、理性のなかで道徳がどういう位置を占めるかということである。

道徳のことをできるだけ厳密に規定しようとしたのはカントである。彼は、定言命法、つまり人間はかくあるべしという絶対命令からしか道徳は組み立てられないと主張した。つまり、『論語』にも『旧約聖書』にもある、「汝《なんじ》の欲せざるところを他人になすなかれ」といった命法に立脚して、自分にとっての道徳的なマキシム（格率）を、立法者のごとく、つまり社会全体にも普遍的に当てはまるものとして、考えようとした。その絶対命法に従って、自分の行為のモチベーション（動機づけ）を検査する、それが彼の道徳論である。

それもたしかに頷《うなず》けるところが多い。具体的行為のレベルでいえば、その定言命法として決まってくる道徳律に違反したとき、いかに責任をとるか、という責任の問題が道徳論の中心である。責任をとるためには、決定論に頼るわけにはいかない。つまり責任が問われるためには、道徳違反は自由意思によって行われたということでなければならないのである。

しかしすでにみたように、人間行為にあって、自由意思論によって説明される側面と決定論で説明される部分とが表裏一体になっているということを考えると、カントに全面的には依拠するわけにもいかない。もう一つ、カントのように定言命法によってその人の動機を裁くと、敬虔《けいけん》主義になってしまう。実際に、彼はそうした宗派にかかわっていたのであって、道徳的規律の前でひたすら敬虔な気持ちになれ、というような抹香《まっこう》くさい調子がカントにはある。人間は不完全であり、それゆえ不徳から自由になれない。そういう人間の現実を踏まえれば、ある範囲までは不徳を許す、というほうが道徳律として健全である。

ベンサム（一七四八〜一八三二　イギリスの哲学者・法学者）に始まる功利主義はそうした現実的な解決を道徳にたいして与えようとするものである。つまり、人間の行動原理は快楽を大きくし苦痛を小さくすることにある、という現実的（と彼には思われた）判断を立法の原理にしようということであった。為していいことと為してはならぬことを立法によって決めるに当たり、いかにもアングロサクソン的に、功利というリアリティに立脚しようとしたのである。

ところが、結局のところ、それによってもたらされたのは「最大多数の最大幸福」ということであった。

これは立法原理としてはさまざまな問題を残す。社会には重要度の高い人間と低い人間がいるという見方がある。勤勉な人間と怠惰《たいだ》な人間、高潔な人間と下賤《げせん》な人間などがいる。最大多数をはじき出すといっても、人々の社会的重要度の位置づけはどうするのだということになる。そこに民主主義という名の平等主義を持ち込んで各人のウェイトを同じにするというのは、尊厳性における人間の平等、という証明されざる命題を持ち出しているにすぎない。

功利主義のもう一つの欠陥は、最大多数の最大幸福によって排除される少数派をどうするのかという点である。極端な場合、みんなと違ったことをやっている人間は抹殺してしまったほうが最大多数にとって幸福だとなれば、少数派を弾圧することも功利主義の名においては許されることになる。逆に、少数派の排除を無下《むげ》に否定すると、少数派が、社会を攪乱《かくらん》させることも認めなければならないということになってしまう。

最後に、そもそも快楽や苦痛の量を測ることなどはできるわけがない。また、快苦の量を測定できないのみならず、選択にかんする安定した順序づけすらが不可能である。つまり人間の心理は、しばしば病理の症状を呈するほどに、葛藤に苛《さいな》まれている。また、仮に功利についての測定や順序づけが可能としても、その功利が自発的に形成されたものであり、今後も安定したものである保証はどこにもないのである。

結局、道徳の基準は歴史の残した慣習の実体なり、その実体のなかに内蔵されている（歴史の英知としての）伝統なりによって示されている、とみるのが妥当だということになる。そうであればこそ、モラルという言葉の語源も、ラテン語のモーレスつまり「慣習」ということなのである。エシックス（倫理）にしても、ギリシャ語のエートス（慣習）に発している。またゲルマン語系にしても、ジッテリヒカイト（道徳）はジッテ（慣習）から出た言葉である。そして「道」は人々の往来する場所であり、そこに徳の社会性や歴史性が示されている。

もちろん、慣習の大切さを強調するからといって、自由論を排して決定論に与《くみ》しようというのではない。歴史・慣習・伝統を疑うことは可能であるし必要でもある。ただ、懐疑のための理性の力もまた歴史・慣習・伝統に依拠しているのだから、人間は疑念のためにも信念がなければならぬ、と知るほかない。つまり、疑う力としての理性は、みずからの前提や枠組や方向を信念によって与えられるということである。だからその歴史・慣習・伝統の具体的現実が、人間の自由にとってのいかんともし難い障害になると多くの人々にとって実感されるまでは、その現実にもとづいて理性のための前提や枠組や方向を組み立てるべきなのだ。その意味において、健全な理性には保守的な態度が要請されるのである。

いうまでもなく、歴史・慣習・伝統が何を指し示さんとしているか、それを解釈するのは人間の自由に属する。そしてその自由な解釈も歴史・慣習・伝統を前提にしている。それは逃れ難い循環である。その循環に、ハイデガー（一八八九〜一九七六　ドイツの哲学者）のいうように「正しく入り込む」ためには、自分の個的で私的な判断で問題を解決するのではなく、問題を公的な場に持ち出して、議論をしてみる必要がある。その議論のプロセスで収斂《しゅうれん》してくるものこそが、あるべき道徳の姿を指し示すと期待することができる。

しかしそれもあくまで期待にすぎない。公的な場での議論が、いつも健全であるとはかぎらないからである。それが健全であるためには、まず、公的な場にルール・マナーが保たれていなければならない。では、そのルール・マナーはどこからくるかというと、それもまた歴史・慣習・伝統のなかからくる、といったふうにまたしても循環が生じることになるわけだ。

合理主義者たちはそういう循環に放り込まれることを厭《いと》い、それを断ち切らんとして、合理の自由を貫こうとする。しかしその自由は、安定した前提・枠組・方向を欠いているのであるから、単なる放縦に落ちていく。実際、マスメディアにおいてにせよ大衆教育においてにせよ、放恣《ほうし》な言説がとめどなくまき散らされている。それにも耐えかねた自由主義者は、合理の前提・枠組・方向を、あろうことか世論に迎合する形で組み立てる。つまり大衆の世論を道徳とみなすという不合理に転落するのである。

道徳というものは、「これが道徳です」というふうに具体的に指し示されるものではなく、幾重もの言葉の循環のなかに、それが循環なのだと承知した上で、身をおくところから、そしてそこでの長きにわたる思索と議論の試行錯誤のなかから、析出《せきしゅつ》されてくる「理解」のようなものなのであろう。

そう構えるのが人間にとってはおそらく当たり前の生き方なのである。言葉の循環をできるだけ楽しげに、勇気と活力をもって引き受けていく、それが家庭や学校や職場や議会における「社交」としてのコミュニケーションということなのではないか。

道徳における言語活動の大切さ

道徳の問題あるいは自由の問題については、ありきたりの処方箋《しょほうせん》は準備されていない。議論の入口はこれで出口はあれだということも明示されてはいない。入口でいえば、歴史という名の茫漠《ぼうばく》としたものがあるだけであり、出口でいえば、社交というこれまた定かならぬものしかないのである。自由および道徳が面白いものであるのは、このように明確な合理としては説明されえないし、ましてや決定もされえない言葉の世界のなかに、人間の生があるからである。自由も道徳も（物事の一断面を分析することしかしないものとしての）専門人の合理で扱えるようななまやさしいものではない。それは人間の総体的な生き方にかかわるのであるから、学問や芸術の方法に始まって生活や政治の技術に至るまでの、総合的なアート、それがなければ自由や道徳について納得の境地に達することはできないのである。

そうであるにもかかわらず、カント的な道徳観にせよベンサム的な立法観にせよ、いとも簡単に「自己決定」ということをいう。現在も、個人主義と自由主義の風に煽《あお》られながら、たとえば経済問題はすべて市場競争に任せよといったふうに、自己責任にもとづく自己決定の必要がさかんに吹聴されている。しかも、道徳律が崩壊するただなかで「自我」が膨《ふく》らまされている。しかし、その風船のように膨らむ自我という名の精神的容器に盛り込むべき道徳はますます縮小している。それに並行して、マーケティズム（市場主義）がほとんど暴力のようにして世界を荒らし、その結果、世界はますます不確実になり、危機の様相を深めている。そこで、巨大ではあるが空虚な自我が危機を目の前にして茫然《ぼうぜん》と立ち竦《すく》んでいる。

たしかに、人間の生にとって、危機は本質的なものではある。快苦の測定や順序づけはもちろんのこととして、確率的な予測の叶わぬ不確実な未来に、人間はつねに直面している。それをカール・ヤスパース（一八八三〜一九六九　ドイツの哲学者）はマージナル・シチュエーション（限界状況）とよんだ。限界状況にあっては、さまざまな選択肢が目前にありながら、どれをとっていいかわからぬし、そのための選択基準も存在していない。

しかし限界状況にあっても、人間の生は何ものかを選択しなければならない。そのとき、ヤスパースのようなキリスト教圏にあるものは、「良心」による選択ということをいう。選択不能であるけれども選択しなければならないという状況のなかで、良心の声としかいいようのないものが聞こえてくるという実存的な心理を踏まえて、道徳の問題を論じようというわけである。宗教および理性の秩序が崩れ去っていった二十世紀前半のヨーロッパにおいて、それでも自分は何かを選ばなければならないとしたら、たしかに、良心の存在を措定《そてい》するほかなくなるであろう。つまり、宗教感覚の源泉ともいうべき良心が人間にはあるとしなければならない。心理のそこまでの深みに降り立った人間についてならば、尊厳をいうことも、ヒューマニズムをかざすことにも、意味が発生するといってよいのであろう。

しかし、限界状況は生の本質であって日常的にある態ではない。一般的には、自由と責任（あるいは選択行為と道徳基準）についての心理を次のように規定しておくべきではないのか。それは、人間の言語活動のなかで自由がどう規定されるかということである。

言語活動は次ページの図10におけるようなチーム（TEAM）の枠組によってとらえられる。なお、その図においては、一面において、自分の発する言葉が、意味を自分流に「差異化」すると同時に、他者たちとのあいだで意味を「同一化」させると捉えられている。また他面では、自分の言葉が、意味をありありと「顕在化」させると同時に、その奥底にそれにかかわるさまざまな意味を「潜在化」させるとも想定されている。この想定は記号学や言語学の常識にもとづくものである。

人間は未来に向けてE（エクスプレッション＝表現）をする。未来に向けての表現はいつも不確実性に囲まれているがゆえに、表現には自由が芽生え、自由であるがゆえに責任をとらなければならないということになる。しかし、人間の言語は社会的なものであるがゆえに、他者にたいしても伝達されうると予想

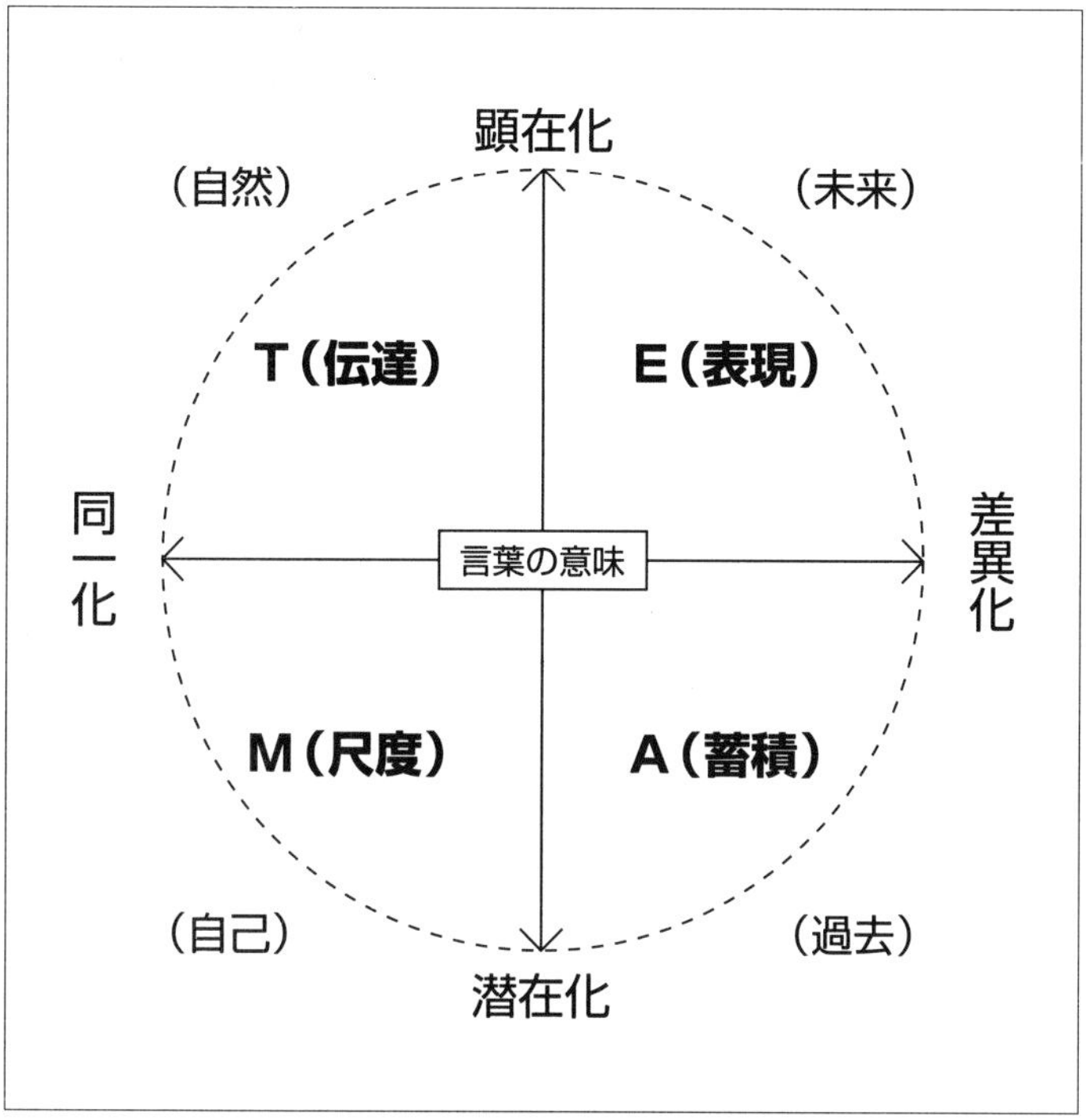

図10　「言葉の意味」の多面的な構造と機能

されている。自分の表現がT（トランスミッション＝伝達）されうるためには、自分はまったく孤立した個人であってはならず、他者となんらかの同質性、共通性、連帯性を持っていなければならない。

また、自分の表現がどこから生まれるのかと考えると、それは何らかの経験的なA（アキュムレーション＝蓄積）からだというほかない。過去から伝えられたさまざまな表現の方法とか要素というものが、無自覚にせよ蓄えられていなければ、経験の蓄積をまったく持たない裸の人間が急に未来に投げ出されたようなものであり、そこで人は茫然自失する以外にない。

その蓄積のなかから何が取り出されるかと考えると、どれが価値的により優れた表現であるかについての文化的なM（メジャーメント＝尺度）がなければならない。この尺度もまた、無自覚であったとしても、人間の精神に内蔵されていなければならない。

歴史的な蓄積とか文化的な尺度は、どちらかといえば、人間精神のインフラストラクチュア（下部構造）である。そしてそれは、少なくとも短期的には、自由意思で決められるようなものではなくて、むしろ決定されているものである。その決定されているものを自分は引き受けなければならない。

他方、未来に向けてどう表現するか、またそれを他者にどう伝達するかというのは、人間精神のスープラストラクチュア（上部構造）である。そしてそれにかんしては、ルールがあるとはいうものの、そのルールをどう使うかについて、自由意思の及ぶ度合が強い。

自由意思説か意思決定説かの二者択一を迫るのは、人間の本性である言語の成り立ちからして、まったく不適切である。おそらく正解は、意思における非決定と被決定を言語活動の両面性としてとらえることであろう。しかし、自由を認める意思説の側面と自由を否定する決定説の側面とが二重的になっているといっても、この二重性をどうバランスさせるかは、自由な判断による。その意味では自由意思説はかなりに強力である。

だが、意思と決定のバランスという高次の自由を、人間はいったいどんな能力にもとづいて遂行するのか。ニーチェのように自分は超人だとでも構えないかぎり、「自分の自由によって良きバランスが保たれた」と構えることはできない。そこでまたしても循環が起こる。バランスの取り方において、歴史における成功や失敗の系列から学ぶほかないとなれば、決定説の側面が強くなる。いずれにせよ、意思の根拠を尋ねるときには決定説に頼り、意思の決定のされ方を説明しようとすると意思説に譲らざるをえない、という循環から逃げられないのだ。

その循環を苦悩の種とみるのは、精神が未熟だということである。その循環に耐えるのは苦痛であろうが、その苦痛は人間だけに与えられた輝かしい特権である。と考えれば、それを快楽に転じさせることも可能となる。つまり、思索にせよ議論にせよ、道徳についての言語活動それ自体が、平衡をめざす終わりなき道徳の実践であり、それに終止符を打ってくれるのは人生の有限性そのものでしかないのである。

11　道徳を砕く進歩の歯車

何か新しいことをやろう、何か他人の知らないことをいおう、という気持ちから脱け切っていなかった三十歳代の半ばまで、私は、精神的に老けていた。疲労していたし退屈もしていた。そういう状態に堪えかねて、未来をプロスペクト（展望）するためにも過去をリトロスペクト（回顧）しようと私は決心した。どういう未来展望の下に過去回顧をやるかが大事だといってみても、いかなる展望の「仕方」がよいのかは、回顧がなければわかりようがないと思い定めた。そうしてみると、我ながら驚きもし嬉しくもあったのは、生まれてはじめて、私の気持ちが生きいきしはじめたことである。

その調子で私は若返りつづけ、私の外見からは誰も信じられないようなのだが、今、少年のような素朴な気持ちに辿《たど》り着いている。これが我が人生で最初の少年気分というわけだ。人間、空腹になれば食事が旨くなる、背丈を低くしてやれば細かなことがみえてくる、齢をとれば気持ちが柔らかくなってくる。過去に戻ればそこに未来が（つまり自分に未だ来たらざりしものが）ある、だから未来は過去を再び巡り来たらせる場所である、と思われてくる。

過去よりも現在が良いはずで、また現在よりも未来が良いはずで、そうでないとしたら、そうなるのを妨げている悪い奴がどこかにいるはずだ、という進歩主義の独断は人の精神を萎《な》えさせる。というのも、タイムマシンで未来に向かい、そこでより良い見解を入手してくるわけにはいかないので、この自分を、どう考えても大して取り柄のないこの自分を、相対的にいって最良の審判者に仕立てるのが進歩主義だからだ。自分を最良と思えというのは無理な相談で、無理をやりつづけると人は早めに老いるのである。試みに御覧《ごろう》じられよ、巷を徘徊する進歩主義者の若者たちはすでに疲労困憊《こんぱい》しているし、マスメディアに浮遊する進歩主義者の熟年者たちもとうに死相を漂わせているではないか。時代の吸引力から逃れることはできないのだが、せめて、そこに吸い込まれる人の群れの後尾につきたいものだ。そう構えていると、たとえば新しい商品は次々と消えていくので、買い物に遣うタイムもマネーも必要なくなる。Time is money. というフランクリンの箴言《しんげん》とやらが単なる滑稽譚《こっけいたん》と思われてくる。そしてI am busy. と言い合っている(アメリカ人を先頭とする)現代人の姿もドタバタ喜劇にみえてくる。誰も信じないであろうが、私はスカラー(学者)なのだ、なぜといって私にはスコレー(暇)があるのだから。

「進歩は良きこと」は根拠薄弱

「個人の自由」という気分が、なぜこうまで近現代の社会に固着してしまったのか。その問題を掘り進めてみると、進歩主義という、より深い思想の岩盤に到達する。

日本において、「戦後進歩主義」がイデオロギーとして猛威を振るったのは七〇年頃まであった。それまでの四半世紀間、社会主義を中心として、左翼主義的な反体制の気分と行動が持続していたのはなぜか。それは、現状を批判し攻撃し変革すると、そこから新しき変化が生まれ、それは良きものとしての進歩をもたらすのだ、と人々が強く思っていたからであった。つまり、ドグマ(独断)の原義は「良いように思われること」という意味であるが、新しい変化を良いことのように思うという意味で、進歩主義は戦後のドグマであったのだ。

戦後進歩主義は、七〇年代以降、たしかに色褪《あ》せた。新聞、雑誌そして書物に、また集会、会議そして談話室で、進歩という言葉が乱発されるという光景はみられなくなった。しかし、社会主義的な大変革は疎《うと》んじられ出したが、新しい変化に何か良きことの到来を期待するという意味での進歩的な気分は、静かに深く戦後日本人の意識を支配しつづけている。

世界的にもそうである。わかりやすい例でいうと、九〇年代、アメリカの政治経済体制の復活を担うことになったクリントンは、その登場に際して、「チェンジ・ナウ——今や変革のとき」というスローガンを掲げた。またロシアでもペレストロイカ(改革)が叫ばれるというふうに、世界は今もなお改変の要求で満ちているといってさしつかえない。そうした流れのなかで、改革が改善に至りつくのか改悪に至りつくのか、良きことと悪しきことを区別する基準は何なのか、などについてはいっさい議論されてこなかった。変革はかならずや改善につながるはずだという思い込みを今の世界は共有している。ほかの言い方をすると、変革案を思いついた自分らの感情、思考そして行動が自省されることはめったにないのである。進歩主義は、敗退したのではなくて、むしろ成功のあまり、人々の固定観念になりおおせてしまったのである。

そもそも進歩が何であるかについては、ギリシャの昔からいろいろな議論があった。とくにこの二世紀半ばかり、進歩主義が猛威を振るうなかで、進歩主義にかんするさまざまな見方が提示された。進歩という言葉は、日本語でいっても「進み歩む」という意味であるし、英語のプログレスにしても、プロは「前方へ」、グレスは「歩む」という意味である。進歩とはつまり「前へ進む」というだけのことなのだが、それにいかなる追加的な意味が付与されてきたか、三つぐらいの考え方がある。

一つは、エヴォルーションつまり進化である。進化論とは、簡単にいえば「自然淘汰による最適者生存」という見方である。だからこの脈絡での進歩主義は、変化に逆らうのは歴史の必然に抵抗する無駄な努力で、無駄な努力はできるだけ早く除去したほうが進化のためによい、というふうに訴えてきた。その背後には、主としてマルクス派の歴史の発展法則という見方がある。その法則の実現を速めるか遅めるか、それが進歩か反動かという政治的図式をもたらしたのである。

もう一つは、いわばレヴェレーションつまり顕示という意味での進歩である。人間およびその社会の奥底に、何らかの真理が秘められている。真理とは何か。それはキリスト教的な意味合で神意のことであり、世俗的に究極の真善美といわれているものが顕示されるに当たっても、神の意志か運命の差配かなどについてはいろいろな解釈が可能であろうが、ともかく、人間にとって何らかの外在的な力によって、そうした至高のものが少しずつあからさまに示されてくる過程、それが進歩だという見方である。

最後はディヴェロップメントつまり発展としての進歩ということだ。人間の理性はかならず発展するのであり、その発展を受けた新しい変化は基本的には良き方向へ向かうとみる見方である。完成へと向かう能力が人間精神に内在しているとみなし、その能力を人間みずからの努力によって引き出すのが進歩だということだ。

これら、三者の見方を混合させる形で進歩主義が唱えられ、それはしばしば「進歩とヒューマニズム」というふうに併記される。つまり、法則の実現であれ真理の顕在であれ理性の発展であれ、結局は、ヒューマニズムつまり「人間の善性を信じること」にもとづいている。進歩の動因が人間に内在するにせよ外在するにせよ、その産物が恩恵となって人類に手渡されるというのは、人間がそれを受け取るにふさわしい資格を持っているとみなされているからに違いない。そして、人間の善性は個人の自由を発揚させることによって実現されていくのであるから、「個人の自由」と「進歩の実現」は密接に結びつくことになる。

しかし、進歩主義は独断にすぎない。社会進化にせよ本質顕示にせよ理性発展にせよ、なぜ「良きことのように思われる」のか、まったく根拠薄弱である。

まず歴史の発展法則は論理的にも実証的にも否定されている。なぜなら人間現象は、自然現象とは異なって、人間の主体的決断という法則化できないものを含んでいるからだ。また、人間およびその社会のなかに真理が内蔵されているかどうか、大いに疑わしい。人間は、偽にも悪にも醜にも向かいうるのである。そうしたおのれらの負性や悪性を自覚しうる能力を持つという意味においては、善なる本質を持っているといえなくもないが、そういう自覚には容易には到達しない。したがって社会にはいつも大いなる混乱と退廃《たいはい》がとりついている。さらに、理性の発展という人間観は、まず社会主義圏における「計画」の失敗によって反証されており、また自由主義圏における「競争」が、人々の精神を退屈と焦燥に引き込んでいるという事実によっても反駁《はんばく》されている。

進歩主義が世界を動揺させている

現代人の無意識の世界にまで堆積《たいせき》してしまった進歩主義を、どう洗い落とせるか、それが近代の超克へ向かって進むための試金石である。というのも、話をわかりやすくするために卑近な例でいうと、日本の九〇年代、さまざまな改革運動の嚆矢《こうし》をなした政治改革がいかにして開始されたかといえば、それは守旧か改革かの選択問題だったのである。つまり、守旧は良くないことで改革は良いことだという決まり文句に駆られて、選挙民の巨大な票が動いて、政権の稀《まれ》にみる変革が起こった。そしてその変革は、日本の政治に改善というよりも改悪をもたらした。たとえば、政治改革の目玉とされた小選挙区制や比例代表制の導入をめぐる議論などは、日本の政治をあきらかに泥沼に落とし入れたのである。また、国民が歓呼の声で迎えた細川護熙《ほそかわもりひろ》内閣もたった九カ月でスキャンダルのために倒れるという成り行きになった。いずれにせよ、守旧を排し改革を好むのは、新旧それぞれの良否についてまともな検討がされていないかぎり、まさしく紋切り型の進歩主義なのであった。

世界の事例でいえば、インターネットというきわめて革新的な技術変化が行われ、それを使ったＩＴ（情報技術）の革命やＶＢ（ヴェンチャー・ビジネス）の繁栄に大きな期待が寄せられている。しかし徐々に判明しているのは、ＩＴによるＶＢが、グローバル・カジノ・キャピタリズム（世界賭博資本主義）をもたらしているということである。

いいかえれば、コンピュータを武器とするサイバー（人工頭脳的）・キャピタリズムが九〇年代に巨大な姿を現したのだが、それが大きな不均衡と不安定に見舞われるものであるということについては、九〇年代の後半に、東南アジアをはじめとして全世界各地を襲った金融パニックによって実証された。現在もサイバー・キャピタリズムの本拠地といわれ、ブーム（膨張）をみせつけているアメリカの株式市場は、一寸先にバスト（破裂）の危機が待ち構えているのではないかと、関係者たちを恐れ戦《おのの》かせているのだ。またロシアのペレストロイカにしても、経済における貧富の異常な拡大のみならず、政治における独裁をすらもたらそうとしている。そして社会の隅々にまで、いわゆる「マフィアの支配」が及びつつあるといわれている。ペレストロイカは起こるべくして起こったといわざるをえないのであろうが、その帰結について正しく見通したものは、日本にも世界にも、ごく少数しかいなかったのである。

九〇年代、シュムペーター（一八八三〜一九五〇　経済学者）のいった創造的破壊のことが世界に喧伝《けんでん》された。つまり破壊を通じて創造が生まれる、という革命主義に近いような過激な進歩主義が世界中で尊ばれたのである。しかし、これもドグマだとしかいいようがない。社会主義「革命」に典型をみるように、あるいはＩＴ「革命」にその可能性を如実にみせつけられているように、創造を偽装する破壊というものが山ほどあったたし、これからもあるに違いないのに、なぜ破壊のなかに創造のみを夢想して済ましておれるのか。

卑近な例でいえば、国内社会でも国際社会でも、近代兵器を使ったテロリズムという名の創造的破壊が広がっている。政治現象としても、各国の政府が大衆社会の休みない前進によって、つまりマスポリティックス（大衆政治）がますます新奇な煽動《せんどう》方法を創造することによって、激しく動揺させられている。これが進歩主義の辿《たど》り着いた地点なのであるから、現に起こっているのは破壊的創造だといわれても致し方ない。

変化を選ぶ際の価値判断が道徳の体系である

進歩主義のドグマの由来を尋ねていくと、やはり、十八世紀の啓蒙《けいもう》主義における人間のパーフェクティビリティつまり完成可能性という想念に引き戻される。つまり知性と徳性の完全化に向けて漸進《ぜんしん》していくのだという軽はずみな人間観・社会観、それを根本から疑ってみなければならないのである。

たしかに人間の根源的能力たる言語のなかには、変化というものを創り出すポテンシャルが疑いもなく内蔵されている。自然界および人間界に秩序をもたらす根源的な媒体は言語であるのだが、言語は、その意味や文法の新しい組み合わせを通じて、かならずや変化を招来《しょうらい》する。つまり、言語による秩序化は絶えず新しい秩序化へと向かう。

なぜなら、まず秩序世界の外部には混沌《こんとん》としかいいようがない世界が待ち構えているからである。

つまり、時間軸でいえば未来も過去も未知である、さらには不可知ですらありうる。だから、未来への完全な計画も過去についての完全な記録もありえないのである。また空間軸でいうと、自然も（脳を含めた意味での自分の）身体も未知さらには不可知である。したがって、科学や哲学の完成などは起こりえない。そうした混沌に挑戦するのである以上、言語は、科学や思想や芸術といったあらゆる領域において、みずからを変化させざるをえない。

一言でいえば、言語による秩序世界は、外部からの刺激が契機となって、内部を再編成していく。そういう再編成の力が言語の内部にあるということでもある。そのようにして生み出される変化の創造過程がいわば喧騒をきわめることをさして文明とよぶ。だからレヴィ＝ストロース（一九〇八〜　フランスの文化人類学者）はそれを「熱い社会」とよんだのである。そういう変化の可能性がおおよそ封じられている「冷たい社会」としての未開社会は、主として書き言葉の発明あたりから、ということはメソポタミア、エジプト、チャイナ、インドのいわゆる古代文明のあたりから、消滅させられていった。書記されたものの歴史的蓄積を利用して、人類は変化を意識的に創造しはじめたわけである。近現代に至って、その変化の質量が飛躍的に拡大したことについては言及するまでもない。

おのれの言語能力のなかに変化を創りだすポテンシャルがあるのだということを、人間は忘れることができない。変化創造の能力を自意識にのぼらせ、社会全体の仕組としても、その能力を実現させやすくするように変えていくと構えるところから、近現代が始まったのである。変化の速度を弱めることは可能であろうが、変化を打ち止めにすることはほとんど不可能といってよい。少なくとも、涅槃《ねはん》じみた超越の世界に人々がこぞって入るのでもないかぎり、ということは言語能力を封殺しないかぎり、人類は変化の過程から後戻りすることはできない。

しかし、ここで問題が起こる。変化の可能性はおおよそつねに多種多様である。それゆえ、その可能性のなかからどれを選択するか、ということが自意識の前面に浮かび上がってきてしまう。また、そうであればこそ、人間には選択の自由があり、自由があれば責任も発生するということになる。

多種多様な選択肢のうちのどれをとるかは価値判断の問題であり、価値判断の基準がなければ人間は選択不能の状態に陥る。価値判断の体系はただちに道徳の体系でもある。そして価値といい道徳といい、変化創造の能力それ自体によってはもたらされないのである。

もちろん選択の基準は単一とはかぎらない。しかし、多種多様な選択基準のなかからどの選択基準をとるかという選択もまた、何らかの選択基準にもとづいてしか行われない。というわけで、選択基準をめぐる、さらには選択基準のための選択基準をめぐる選択は、論理的には無限遡及《そきゅう》に入っていく。

しかし、それでも何かを選びとるのが人間の生というものである。それは、人間の生の全体を賭《と》した行為になるであろうし、社会としてもみずからの仕組の全体にかかわる決定となる。道徳のことが問題になるのもそこにおいてである。つまり道徳は、価値判断という論理的には秩序化しきれない領域に、自分の人生や自分たちの時代を賭してあえて分け入ろうとする、精神の冒険なのだ。

進歩主義の不道徳

問題をここまで深めてみると、人間には次のような可能性があることに気づく。それは、可能な変化をあえて選ばないというのも一つの選択である、ということである。

このようにいうと、いかにも反動的な考え方のようにみえるが、人々の実際生活にあっては、選択をしないという選択が案外重要な部分を占めているのだ。たとえば、今では、ポルノまがいのことを公の場で開陳するのも許されるような社会になっているが、それでも少なからざる人々が、そうした行為は選ばないという生き方をしている。それは、大衆文化状況を退廃《たいはい》とみなして、そこでかろうじて人生の品位を保とうとする道徳的な決意だといってよい。

あるいは、こうまで情報や技術が発達すれば、法の網をかいくぐることがだんだん容易になる。というより、法律は現実の後追いをすることが多いので、変化を旨とする社会では、法律が整備するまでは、他者に害を与える行為も合法となることも少なくないのである。それにもかかわらず社会が曲がりなりにもその体裁を保ちえてきたということは、法の網の目をかいくぐるものが社会の大多数にまでは至っていなかったということである。そういう（いずれ犯罪と認定されることになる）不徳の行為をあえて選ばない、という道徳的な選択をしているものが少なくないということだ。

普通の人間は、たとえ無自覚であろうとも、拠るべき価値判断を求めざるをえないし、求めてもいる。多種の選択肢のなかで何を選ぶか、多様な選択基準のなかで何を選ぶか、それが、明確に意識されないままでも、揺るがせにできない問題として人々に突きつけられている。その場かぎりの気分や理屈で選択すればよいという今流行の生き方は、うまく進捗《しんちょく》しないのである。

なぜなら、人間に記憶力というものがあるからだ。たとえば、道徳をめぐって、昨日は人前でポルノ雑誌を広げても構わないという意見を持ち、今日はそんなことはしたくないという意見に至ったとしよう。そうすると、記憶があるかぎり、昨日の道徳と今日の道徳とのいずれが優れておりいずれが劣っているかを問題とせざるをえない。仮にその優劣がまったく定まらないということであれば、明日の選択は結局は不能になる。それゆえ自由も責任も何もないということになり、それはやはり病的な精神状態だといわざるをえない。

逆にいうと、人間は価値判断の問題に切実な関心を持つ、その意味で道徳的でしかありえない、という奇妙な動物なのだ。人間の完成可能性を前提としてしまう進歩主義にあっては、そうした切実な問いがあらかじめ封じられている。それは、道徳という人間性の証《あかし》にたいするむくつけき攻撃なのだ。その意味において、進歩主義は人間性の省察《しょうさつ》においてきわめて低級だといわざるをえない。人間性を手放しで礼賛するものが人間性の圧殺者となる、というよくみかける光景は進歩主義によってもたらされたものである。

本当の進歩は「革命」ではなく「温故知新」から

この進歩主義の不道徳について敷衍《ふえん》するために、進歩主義の最も露骨な場合としてのリヴォリューショナリズムつまり革命主義のことを取り上げてみたい。

革命という言葉は、中国では、いわゆる易姓《えきせい》革命の文脈のなかで理解されていた。易姓革命とは、わかりやすくいえば、まず絶対不動の天というものがあって、その天の意思を受け継ぐものとして王朝が交代するということである。今の王朝（皇帝およびそれと姓を同じくする一族）が天の意思から大きくずれて、たとえば国民を飽くなく収奪するというようなことになった場合には、ほかの一族に天の意思が伝えられ、新しい王朝が出来るという考え方である。

そこには天という名の絶対的存在の不動の意思が王朝交代を通じて幾度も巡り来たる、つまり「再巡」

するという革命観がある。

西洋においても同じであった。それはリ・ヴォリューションという言葉それ自体に表れているわけで、リというのは「再び」、そしてヴォリューションというのは「回転」という意味である。つまり「再巡」がリヴォリューションの本来の意味である。

古き良き時代にゴールデン・ルール（黄金律）とでもよぶべき秩序があったとして、その理想的な形から今の人間社会が大きく外れてしまったら、黄金律を回復させようというのが革命だということである。もちろん再巡といっても、文字通りの意味での古き時代を、実体として再現させるということなどはありえない。物事にたいする、古き良き感じ方、考え方そして行い方を、現在の状況のなかに巧みに生かすという意味での再巡である。だが、進歩主義のドグマが確立されて以来、とくにフランス大革命あたりから、大いなる新しき変化にとびつくことをさしてリヴォリューションつまり革命とよぶようになった。

日本についていうと、近代日本がどこから始まるかについてはいろいろな説があって、江戸期の武士文化や町人文化のなかにすでに近代が開始されていたという意見もある。しかし、我が国の人々が近代なり進歩なりの観念にとびついたのは、明治維新からだといってさしつかえあるまい。

ところで、「近代」という言葉はモダンの訳語であるが、モダンの語源はモデルと同じである。つまりモダンというのは、何らか模範とすべき模型があるという考え方をさす。その模型を純粋に実現すればするほど、人間の精神も社会の制度もより良き状態になる、という考え方がモダニズム、つまり近代主義なのだ。その意味での近代主義が確立されたのは、日本においては、やはり明治維新以降である。そしてその当時は、西洋において科学・技術の合理にもとづいて展開されている近代的産業とか、あるいは自由・

平等・博愛の価値にもとづいて発展させられていた民主的政治、それが模範であり、この模型を日本に移植しようというのが明治の御一新《ごいっしん》であった。

たしかに、「維新」という言葉それ自体は、すべてが改まって新しくなることを意味する。しかし、それに対応する英語はといえば、「リストレーション」である。リストレーションというのは再び蓄える（あるいは形作る）ということであり、「復古」である。つまり明治の王政復古をさしてリストレーションというわけだ。その王制なるものは今のとさして変わりのないある種の象徴天皇制であったと思われるが、ともかく、それにもとづいて日本独特の国体が明確にされたという意味では、まぎれもなき復古であった。維新は復古であり、復古は維新であるという逆説が少なくとも明治期には成立していた。いや、この両義性がかならずしも明確にされていなかったため、明治二十年代、開化主義から日本主義への逆転が起こるということになった。いずれにしても、明治期にあっては、維新と復古とのせめぎあいが繰り広げられていたのである。

維新と復古との統一は、よくつかわれる熟語でいえば、「温故知新」にほかならない。つまり古きを温《たず》ねて新しきを知る、という精神が近代日本の出発点には、曖昧《あいまい》ながらも、あったのである。

アメリカにおいても、ハンナ・アーレント（一九〇六〜七五　アメリカの政治学者）が指摘したところによれば、独立革命は温故知新の精神に立脚していた。つまり、ヨーロッパの旧大陸が打ち捨てたギリシャ的な合理精神とキリスト教的な信仰の世界をアメリカ新大陸において再巡させるべく、独立革命が行われたのである。もちろんアメリカは、十九世紀初めのいわゆるジャクソニアン・デモクラシーのあたりから、大衆化の波に徐々に呑《の》み込まれ、独立革命における温故知新の精神が今のアメリカに残っているかどうかは疑問である。しかしともかく、独立革命の基本精神は「再巡」にあったといってよい。

また、そういう姿勢が、今も世界の随処に細々と生き長らえているといえなくもない。つまり、古き価値へ遡及するという態度は、衰えたとはいいながら根強く残存してはいる。そうであればこそ、いわゆるナショナリズムが、世論で否定されることが多いにもかかわらず、強靭《きょうじん》に生き残っているのだ。つまり、コスモポリタニズム（世界連邦主義）が世論でいくら肯定されても、現に起こっているのはさまざまなナショナリティのあいだの確執であり妥協である。

旧ソ連圏および東ヨーロッパでは、まさに民族紛争が激発しているし、アジアでも、主として中国の覇権に警戒を示すという方向でナショナリズムが高まっている。またアラブ・ナショナリズムが存命中であることは論を俟《ま》たないし、アフリカの部族抗争が血なまぐさい光景を呈していることもよく知られている。さらに、ヨーロッパ統合への動きも、いわばヨーロッパ・ナショナリズムの現れと理解できるし、アメリカにおけるアンチ・ナショナリズムすらが、まさしくアメリカの国益に発しているという意味では、ナショナリズムに属するのである。

しかし近現代に接線を引いてやれば、その向かう先には、過去からの断絶を大がかりに遂行すること、それが革命にほかならない、とする新しき（というより間違った）革命観が浮かび上がる。現代人の生活が情報「革命」によって覆われることが歓迎され、それに対応して制度「革命」を行うことが最優先の課題であるかのようにいわれているが、それは、近代主義の中心をなす進歩主義が革命主義という極端に近づきつつあることを物語っている。

キリスト教の単線的な進歩史観

多くの混乱と破壊をともなった進歩主義が、どうしてかくも強い生命力を持っているのか。それにはキリスト教的な歴史観が関係している。

キリスト教の歴史観は、単線型である。大まかにいうと、堕落せる人間のなす歴史は最終的には（善と悪との最終戦争としてハルマゲドンの）破壊に辿《たど》りつくのだが、その間に神の啓示を受け取ったものだけがミレニアム（千年王国）を準備する、という歴史物語になっている。その対極にあるのは、たとえばヒンズー教の歴史観であって、輪廻転生《りんねてんせい》という形で人間はいく

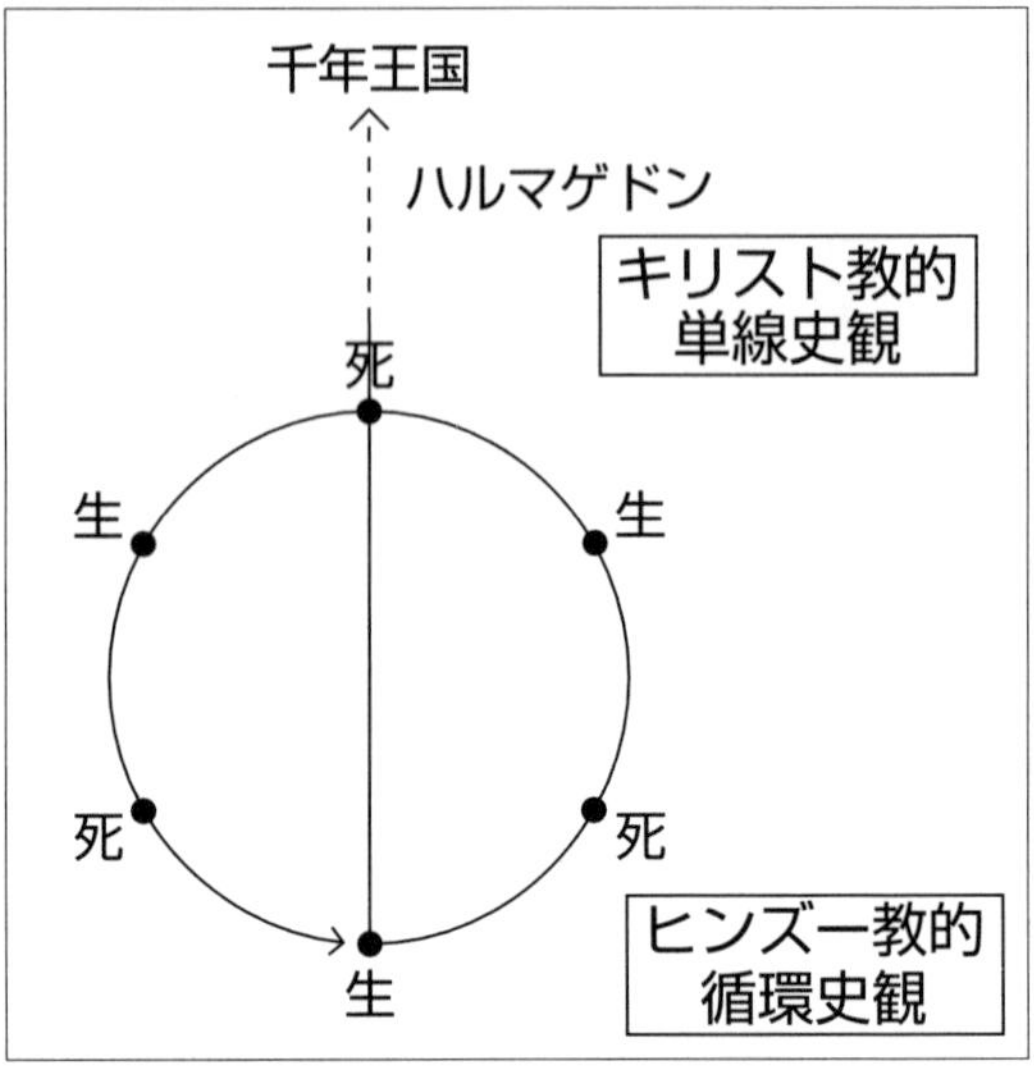

図11　二つの対照的な歴史観

たびも生まれ変わる。それに応じて、人間の歴史意識も循環的である。つまり、そこには古きことが蘇《よみがえ》る、という発想がある。キリスト教の時間イメージはその逆であって、古きものをかなぐり捨てる経緯のはてに、神意の実現としての千年王国がやってくるのである。いずれにせよ、近現代ではキリスト教的な歴史観と時間イメージが勝利し、堕落から救済へと向かって歴史は進歩する、という単線的な未来イメージが支配的となった。このことを強いて図示してみれば図11のようになる。

しかし、そういうキリスト教的な歴史観にことさら言及しなくとも、世俗の世界がすでに進歩史観への

傾きを持っていることを確認せざるをえない。技術を使って自然から自分を防衛し、あるいは人間同士が技術を使ってつながり合う、という世俗の技術主義的な在り方のなかに、進歩史観が内包されている。なぜなら、新しい技術によって可能となる新しい便益に生活をあずけるような生き方を人間がしているかぎり、技術は休みなく発展していき、時間イメージもそれに合わせて単線的になるからだ。便益を増大させてくれるとみえる目前の技術変化にとびついていく世俗の生き方、それがキリスト教の単線的な進歩史観と合体するわけである。

キリスト教の影響そのものは、この二百年間、欧米にあっても衰えゆくばかりである。キリスト教の施設や制度は世俗の観光資源になっているということすらできる。しかし世俗の技術的発展が、まさしくそうした単線的な歴史観を要求しているがゆえに、脱宗教化がいくら進んでも、進歩史観そのものは健在でありうる。それが人々の日常生活における技術への惰性的な適応にまで打ち固められれば、なおさらである。

もちろん、技術の合理を展開してみせるのが個人の自由であるが、自由は社会的葛藤《かっとう》なしには進行しえない。各人が精神の葛藤なしに目先の技術変化を選択するとしても、誰が先にそれをなすかをめぐって競い合いが生じる。つまり、「技術の合理」も「個人の自由」も、社会の場では、葛藤なしにはすまないのである。

その葛藤を処理すべく、自由主義は民主主義と手を携えて登場してきた。民主主義とは、ざっくりいうと、諸個人の自由のあいだに葛藤が生じた場合に、多数派の意見を採用して少数派の意見は抑圧することである。

フランス革命は、アンシャン・レジーム（旧体制）を破壊して、それまで抑圧されていた多数の人々の意見を政治、社会そして文化の前面に押し出そうとするものであった。その意味で、民主主義的なものであった。ましてやロシア革命ともなれば、当初の目論見《もくろみ》としては、フランス革命においても排除されていた労働者・農民の民主主義への参加を促すものであった。だから社会主義の別名はピープルズ・デモクラシー（人民民主主義）であるわけで、この二百年余は、まさしく民主主義のひたすらなる発展であったということができる。

しかし近現代の民主主義は、結果としては、（しばしば排外主義的な）ナショナリズム（国民主義）となり、それがインペリアリズム（帝国主義）をすらもたらした。それもそのはず、「民」は実際には国民でしかありえず、そして国民の何たるべきかがなおざりにされているからには、「帝国」の一員であることに酔う民が増えてきても不思議ではないのである。そしてその帝国には、君主によって領導されるもの、有産階級によって指導されるもの、そして無産階級を束ねる独裁的政党によって率先されるものなど、さまざまな形態があるということになる。さらに今現在でいえば、アメリカがそうであるように、自由民主主義を建て前とする大衆の帝国主義すらがあるのである。

歴史の英知を忘れた自由民主主義

そろそろ民主主義が疑われて然《しか》るべきときである。民主主義が疑われれば自由主義が疑われ、自由主義が疑われれば合理主義が疑われ、合理主義が疑われれば技術主義も疑われ、技術主義が疑われれば進歩主義も疑われる、ということになってよい頃である。しかし、そうはなっていないのが二十世紀後半である。というのも、いわゆる第二次世界大戦が、日本をめぐっていえば大東亜・太平洋戦争が、自由主義対全体主義、民主主義対独裁主義という構図でとらえられたからである。そして最終的には、アングロサクソン系の技術力なり物理力が決定的な要因となって、自由民主主義を標榜《ひょうぼう》する陣営が勝利を占めた。それ以後、自由主義や民主主義を根本から疑うということは、暗黙のタブーになってしまった。自由民主主義には逆らうな、逆らうような言説については情報公開も公開討論もするな、といわんばかりの言論統制が半世紀以上にわたって続いている。

全体主義もまた、自由民主主義の産物であることが今に至るも理解されていないということである。自由が放埒《ほうらつ》に流れて無秩序状態が出現すれば、「民」は拍手・喝采の熱狂のなかから独裁者を選び出すことによって、秩序を取り戻そうとする。つまり民主主義の「自己」否定が全体主義なのである。自由と民主をそれぞれ健全なものにとどめる条件は何か、それは歴史の英知ではないのか。自由は、価値判断なしには、単なる放埒である。いや、自分では放埒のつもりでも、実際には、流行への耽溺《たんでき》になっていることが多い。自由を真っ当な価値判断に立脚させるのは、根本的には歴史の英知である。民主にしても、社会の多数派が健全な価値判断を抱いていなければ、多数派による少数派の排除にすぎないものになる。ここでも、根本的には、歴史の英知が多数派に精神の健全さを保証する、といわなければならない。そう考えないような自由民主主義は、ほぼかならず、無政府状態を、それに続いて独裁状態を生み出す。そのことに気づかないものだけが、自由民主主義をもって金科玉条《きんかぎょくじょう》とするのである。

とりわけその傾向が強かったのが、第二次世界大戦における敗戦国のがわであった。とくに日本は、ドイツやイタリアと違って、西欧文明圏には属していないというふうに自他ともに認識していた。それでそこでは、西洋と東洋のあいだの精神の激突という物語として大東亜・太平洋戦争がとらえられた。そこにアジアの解放という物語はあったものの、解放されたアジアがいかなる理念の下に進むべきかについてまでの、物語を日本は持ち合わせてはいなかった。アジアに日本の「国体」を範として示すという物語もあったが、それはアジアの受け入れるところではなかった。そして日本は敗者のがわに立ってしまった。勝者アメリカには、フリーダム（自由）、デモクラシー（民主主義）そしてインダストリー（産業）の物語があった。膨大な（人命を含めた）物質的破壊を被って呆然とする敗戦日本人には、そうした物語に魂を吸いとられる以外に生きる道がないかに思われた。とくに、アメリカの科学・技術に敗れたという思いが、日本人をしてアメリカン・インダストリーの前に跪《ひざまず》かせたのである。

物質的再建が唯一の課題とされれば、技術的合理が第一の価値を持つことになり、それを社会に普及させるためには、個人の自由が活用させられなければならず、そこに起こりうべき葛藤を処理するためには、民主主義的制度が拡大されなければならない。といった次第で、アメリカニズムという名の純粋近代主義が、この日本列島においてあたかも純粋実験のようにして遂行されたのである。

物質の次元において人々の自由を実現してくれるのは市場経済である。市場という純粋経済の場を構築することが最重要となれば、経済学の市場理論が教えるように、個人の自由と技術の合理がそれぞれ純粋な形で展開されて然るべきということになる。日本人の政治意識も文化意識も社会意識も、経済的な思惟《しい》のなかに吸い取られるということになってしまった。

近代主義の時代に比較的遅れて参加したはずの日本が、今世紀後半、最も純粋な形で近代主義を体現することになった。それを促進したのが、敗戦のトラウマ（精神的外傷）の下に受け入れたアメリカニズムである。アメリカニズムは、ソヴィエティズムと並んで、西欧の近代主義の上澄み液をほぼ純粋な形で実現したものである。それに屈伏することによって、オーバー・アメリカナイゼーション（過剰なアメリカ化）が日本において展開された。勝者アメリカは偉大な国であり、敗者日本は劣等な国であるという精神の深傷《ふかで》が、アメリカを模範に仰ぐというやり方を戦後日本人たちにとらせたのである。

戦後における経済適応主義をもう少し仔細《しさい》に検討しておけば、そんな純粋近代主義は固定観念つまりイデオロギーにすぎないとわかったはずだ。自然資源の乏しい日本が、何ゆえ経済適応主義に成功しえたか。その最大の秘訣は、いわゆる日本的集団運営法の知恵とでもいうべきものにあった。企業に即していえば、日本的経営がその成功をもたらしたといってけっして誇張ではない。

集団・組織・経営は、技術という次元を超えた問題である。組織とは、集団にかかわるメンバー（構成員）が、何ほどか長期にわたって、何ほどか安定した人間関係をとりむすぶことにほかならない。つまり組織の構成は、少なくとも短期的には、固定されている。その人間関係の短期的固定性のなかに、当然ながら、文化的な価値や社会的な慣習や政治的な権力が醸成される。企業をめぐっての価値、慣習そして権力が問題だとなれば、何ほどか日本特有のやり方が貫かれざるをえない。事実、それが経済適応主義を成功に導いたのだ。つまり、個人の自由や技術の合理といった抽象的にして普遍的な観念に接収されえないような道徳的要素、それが日本的経営を支えてきたのであり、戦後日本人はそれに多くのものを負っている。それにもかかわらず、そうした日本的（といわれている）道徳的な要素への配慮は、能《あた》うかぎり少なかった。

そういう配慮がまったくなされなかったというわけではないものの、敗戦日本のイデオロギーとしていえば、欧米文明への劣等感が強かったのである。そして逆に、七〇年代から八〇年代にかけて、日本的経営を武器とする経済的成功によって、日本が経済大国グループの先頭にどうやら立ったと思われたときに、日本人はそれまでの劣等感の裏返しとしての優越感に浸ったのである。劣等感にせよ優越感にせよ、それは事態への慎重な考察がないことの現れにすぎない。つまり、個人の自由と技術の合理の可能性と限界をしっかりと見据えた上での感情ではないのである。だから、経済適応主義がいわゆる経済のバブル化となって膨張し、それがついに破裂するや、国民の拠るべき道徳的心棒がなくなって、九〇年代は、はてしなく陰鬱《いんうつ》な敗北感のなかにまたぞろ引きずり込まれることになった。

とはいうものの、日本が戦後に達成した物質的成果は、良かれ悪しかれ大きなものであって、敗北感の底にありながらも、日本人は情報を弄《もてあそ》び、商品に戯れつつ、苛立ちをまぎらす余裕がある。そして、破壊の槌音《つちおと》と滅亡の足音が高まるのを間近に聞きながら、現実には私的な快楽に浸ったり、束の間の興奮に身を焦がしたりするという今のやり方は、古くはローマ帝国が、新しくはアメリカが、実演してくれていたものである。

道徳を求めてこその良識

たとえば六〇年代半ばから七〇年代にかけてのアメリカでは、ヴェトナム戦争の敗戦がきっかけとなって、麻薬、暴力、性などをめぐる紊乱《びんらん》がその極致に近づこうとしていた。そこでアメリカの心ある人々はいわば進歩の終焉《しゅうえん》を予感した。その『進歩の終焉』でいわれているのは、技術の合理と個人の自由の末路に、人間の欲望が電気刺激などによって操作される状態がやってくるということである。人間の欲望を強烈に刺激してくれる新技術の種類は、短期的には、そう多くはない。したがって、その可能性が単一であると考えれば、もはや選択の必要はないわけで、それゆえ価値判断の必要も生じない。

変化の可能性が一種類しかないのならば、それを選択とよんでも仕方がない。事実、選択という言葉を皆が口にしてはいるが、皆がほとんど同じ選択をしている。何らかの価値判断（道徳）にもとづいて何らかの良き選択肢（人生の道筋）を選ぶという精神の作用が、とめどなく弱くなっているのだ。進歩の根本的な動因であった欲望そのものが、技術の単線的な変化の過程に接収されはじめている。そのことをアメリカより一歩か二歩遅れる形で、しかも六〇年代よりもはるかに強烈な高度情報システムの自動的な展開のなかで実演している。それがこの世紀末あるいは新世紀初頭の日本であるようにみえる。

それはやはり道徳の終焉を思わせる光景だとしかいいようがない。なぜなら、進歩主義にみるべきものがあるとしたら、それは、ありうべき複数の変化のなかから何かを選び取る営みを通じて、価値判断の再検討が促されるという点になる。価値判断がしっかりしていれば、人間が過去の想起を未来への展望のなかで生かし、逆に未来への展望に促されて過去を想起する、という形で人間は時間軸のうえで精神の往復運動を行うことができる。その過程で人間の徳（精神の力強さ）がさらに鍛えられる。それが進歩主義に期待しうる唯一のメリットであるのだが、それが技術の単方向の変化によって根絶やしにされつつあるのである。

残るのは、はたして人間の精神は、そのような（道徳的）頽落《たいらく》に全精神を委ねるほどには弱くありうるのか、という疑問である。同じことだが、科学者、技術者、経営者そして消費者が、自分の限られた人生の時間のほとんどを技術の次元だけで費消《ひしょう》することに耐えられるか、という疑念である。そうした人間論的なレベルの問題が剝《む》き出しにされている時代だといえる。

このような絶望的としかいいようがない時代ではあるが、そこで炙《あぶ》り出されているものもある。それは、温故知新の知恵である。つまり言葉の意味もその価値も、ということは道徳も、かならず過去からやってくる。そして過去を甦らせるのは未来に活力をもって進まんがためである。そのことにこだわってこその人間である。そういう「平凡の非凡」とでもいうべき知恵を、つまり道徳を、求めてこその人間であるという良識が、死の間際から帰還する可能性が仄見《ほのみ》えている。それが現代における唯一の希望なのである。

12 自由の虚妄、平等の欺瞞、博愛の偽善

私の数少ない自慢話の一つに、ＥＣ議会の一団の前で「日本は西欧から何を学びうるか」と題して話をし、案外に好評だったことがある。討論時間が予定の三倍にも延びた時点で、フランスの社会党員らしき女性議員が「あなたはフランス革命のことを厳しく批判したが、あの革命が〝人間の権利〟という普遍的な価値を発見したことをまで否定するのか」と質問してきた。私は、「よくぞ尋ねて下さった、私が最も否定したかったのはその人権という空虚な観念なのです」と応えていたら、フランスのド・ゴール派とおぼしき男性議員が起ち上がって、「フランス人にもいろいろいる、私は日本人のあなたの意見にまったく賛成である」と発言してくれた。

それで切り上げようとしたら、今度はイタリアの女性議員が、これが本当の最後の質問だといって、「あなたはアメリカだイギリスだ、フランスだドイツだ、スペインだポーランドだといろいろな話をしたが、なぜ我がイタリアについて一言もないのだ」といってきた。私は「あのような素晴らしいイタリアについて、私ごときに発言の資格がないと思ったからです」と切り出して、あれこれ発言し、そして少し暴走してしまった。「今、イタリアでマフィア狩りを

しているようですが、マフィアの存在はイタリアの重要な魅力の一つと思われますので、あまり狩りすぎないようにお願いしたい」。私の印象では、ヨーロッパ各国の代表たちは、笑いながら、私に同意しているようであった。

つまりフランス革命は、過剰な規律（抑圧）、過剰な格差（差別）そして過剰な競合（酷薄）に反逆して、自由・平等・博愛を叫んだだけのことなのだ。そういう「過剰」がないのに、それればかりか過剰な自由（放埒）、過剰な平等（画一化）そして過剰な博愛（偽善）が満ち溢れているのに、なおもフランス革命を記念して「パリ祭」をやろうなどというのは愚の骨頂である。私は若い世代にいいたい、自由と規律のあいだ、平等と格差のあいだ、そして博愛と競合のあいだの綱渡りだけが面白くかつ意義ある活動なのだと。そんな危ない振る舞いは嫌だという若者たちのために、私は今、何度か綱渡りに失敗した経験を活かして、バランシング・バー（平衡棒）を製作中である。

理想の標語だけが流通しつづける

近代主義のスタートラインを引いたのはフランス大革命であり、そこで「自由・平等・博愛」という、それ以後二百余年にわたって不動の価値の柱とみなされるものが打ち出された。しかし、その革命の実態は、「革命がその子らを食《は》む」というアクトン卿（一八三四〜一九〇二　イギリスの歴史家）の言い方に示されているように、麗《うるわ》しいとみえた革命の理想がたちどころに醜い現実に転落するということであった。ジロンド党とジャコバン党の確執そしてジャコバン党内部での抗争といった経緯のなかで、裏切り、陰謀そして殺戮《さつりく》が渦巻いた。自由は放埒《ほうらつ》に堕《お》ち、放埒は抑圧に転回した。平等は悪平等（もしくは画一化）に変わり、悪平等は差別に逆転した。博愛は偽善に堕ち、偽善は酷薄に反転した。

フランス大革命にかぎらず、ロシア大革命であろうが中国大革命であろうが、「革命はその子らを食む」というのが革命の現実なのである。それにもかかわらず、そのリアリティを目の当たりにしなければ、またそのリアリティを忘れうるほどの年月が経ってしまえば、革命のなかで謳《うた》われた理想の標語だけが流通しつづけることになる。だから、とくに我が国においてそうなのであるが、フランス革命に根本的な疑念を差し向けるのは、世界の世論にあってまだ異端とされている。

しかし、フランス革命が起こった当初においては、その革命思想を懐疑するだけでなく根本から否定する人々が少なからずいた。その代表者がすでに老年に近づいていたバーク（一七二九〜九七）であった。イギリスの政治家にして思想家であったバークは、フランスの革命思想が自国に伝播《でんぱ》してくるという状況を前にして、厳しくその思想を撃った。彼がいわんとしたことを一言でまとめてみれば、それは、フランス革命が「プレスクリプション」という概念を足蹴《あしげ》にしている、ということであった。

プレスクリプションという言葉は、今では薬局の処方箋《しょほうせん》のことと解されることが多いが、その元の意味は「時効」ということである。時効というのは抽象的には時間の効果、つまり時間的に長く持続した事柄にはそれなりの効果が含まれている、ということをさす。それをさらに抽象してみれば、プレ（あらかじめ）のスクリプション（規定）という意味である。これが近代合理主義にたいする批判の根源的な拠り所となる概念である。そのことがまだ広くは認識されていない。いや、たとえば明治二十年代のいわゆる日本主義の提唱にあって、バークの所説に関心が寄せられはした。しかし、それは、一方での「忠君愛国」の右翼的イデオロギーと、他方での大正デモクラシーを中心とする左翼的イデオロギーとによって、圧倒されてしまったのである。

バークの思想は政治的イデオロギーの水準にとどまるものではない。それは人間の認識そのものへの解釈にもとづいている。合理の精神とは、どんな種類のものであるにせよ、まず何らかの前提をおいて、次にその前提にもとづいて何らかの枠組の下で（論理的に）推論し、そしてその推論から何らかの方向で（現実に対応する）命題を導くことである。ついでにいえば、その命題が現実に合うかどうかを検証することを含めて科学的精神という。しかし、合理精神の始点である前提はどこからくるのか、その範囲を定める枠組はいかに与えられるのか、そしてその現実との対応点を示す方向はどのようにして示されるのか。はっきりしているのは、それらは合理精神そのものによっては指し示されえないということである。

バークがいわんとしたのは、いかなる前提・枠組・方向を与えるのが妥当であるかをプレスクライブ（あらかじめ規定する）する知恵は合理の外部からやってくる、という平凡ではあるが大切な一事である。とりわけ長く持続した事柄のなかに含まれている経験の英知が、そしてそれによって裏づけされている常識《コモンセンス》や良識《グッドセンス》が、合理のために妥当な前提・枠組・方向を指示するのだ、と彼は考えた。

なお、常識と良識をどう区別すべきかについてであるが、本書では、庶民が長きにわたって抱く通念を常識とよび、そして通念に解釈を加えたあとに確認・是認される知恵を良識と名づけることにする。大事なのはもちろん良識であるが、しかしその前に、常識への敬意がなければならない。バークにいわせれば、たとえプレジュディス（偏見）を含むのが常識であったとしても、それは、どんなジャッジメント（判断）もプレ（あらかじめ）の判断を前提することによってしか到達されえない、ということを教えてくれる点で、敬意を払うに値するのである。

自由と規制、平等と格差そして博愛と競合

「自由・平等・博愛」を常識・良識に照らしてみれば、次のようなことがすぐ明らかとなる。自由はたしかに一つの良き価値でありうるが、規制もまた良き価値でありうる。レギュレーション（規制）とフリーダム（自由）は、互いに対立の可能性を孕《はら》みつつも、両者がうまく平衡され、さらには総合されるならば、そのとき、良き時代が実現されるということができる。なぜなら、規制にもとづく自由とあるべき自由のための規制がそこでは現実のものとなっているからである。

エクオリティ（平等）についても然《しか》りである。平等が良き価値でありうると同時に、ディファレンス（格差）もまたそうでありうる。「人間というのは生まれながらにして平等である」という世界人権宣言の規定は単なる誇張である。人間には知性と徳性の両面でまぎれもなき能力差がある。そうである以上、能力の違うものを同列に扱うことに弊害が生じないわけがない。しかもこの能力は、人間にとって生得的なものとはかぎらない。たとえば、人間がどういう環境で生まれ育ったかは人間にとっておよそコントロールできないものであるが、そういう宿命としかいいようのない条件も最終的には能力差となって現れてく

る。そうであればこそ、フランス革命の人権宣言すらが、「徳性および才能以外の差別」を禁止する、と規定せざるをえなかったのである。良き時代にあっては、平等と格差という対立し合う価値が平衡・総合されているとみてよいのである。

博愛についても、フラタニティ（博愛）はエミュレーション（競合）と対立の関係にある。自分が意図して選択したものではない事情によって悲惨な生活を強いられているものにたいして、博愛の情をもって接するのは、宗教的にも道徳的にも良き振る舞いとしかいいようがない。と同時に、人間はおのれの能力を発揮すべく他者と競い合い、そのことに生の充実を感じもする。つまり自由・平等・博愛という価値体系に並んで、規制・格差・競合の価値体系もなければならないのである。

ただし両体系はかならずしも同次元にはない。つまり、自由・平等・博愛がおおむね人間の目的意識にかんするものであるのにたいし、規制・格差・競合はおおよそ手段意識にかかわる。目的が理想に引きずられがちであり、手段が現実に縛られがちであるという意味では、前者の価値は理想次元に、そして後者の価値は現実次元にあるといえよう。

価値ならば理想次元のほうだけを取り上げればいいというのはやはり間違っている。現実性を欠いた価値というのは空論にすぎない。だから、規制なき自由は放埒に陥り、格差なき平等は画一化をもたらし、競合なき博愛は偽善に落ちる。現実にもとづいてこその理想であり、また理想を目指してこその現実である、という理想と現実の相互応答という観点から価値をとらえなければならない。

さらに理想と現実そのものについても再考しなければならない。理想には、理論としてであれ物語としてであれ、仮説が含まれており、そして仮説の前提・枠組・方向には多かれ少なかれ現実的な考慮が払わ

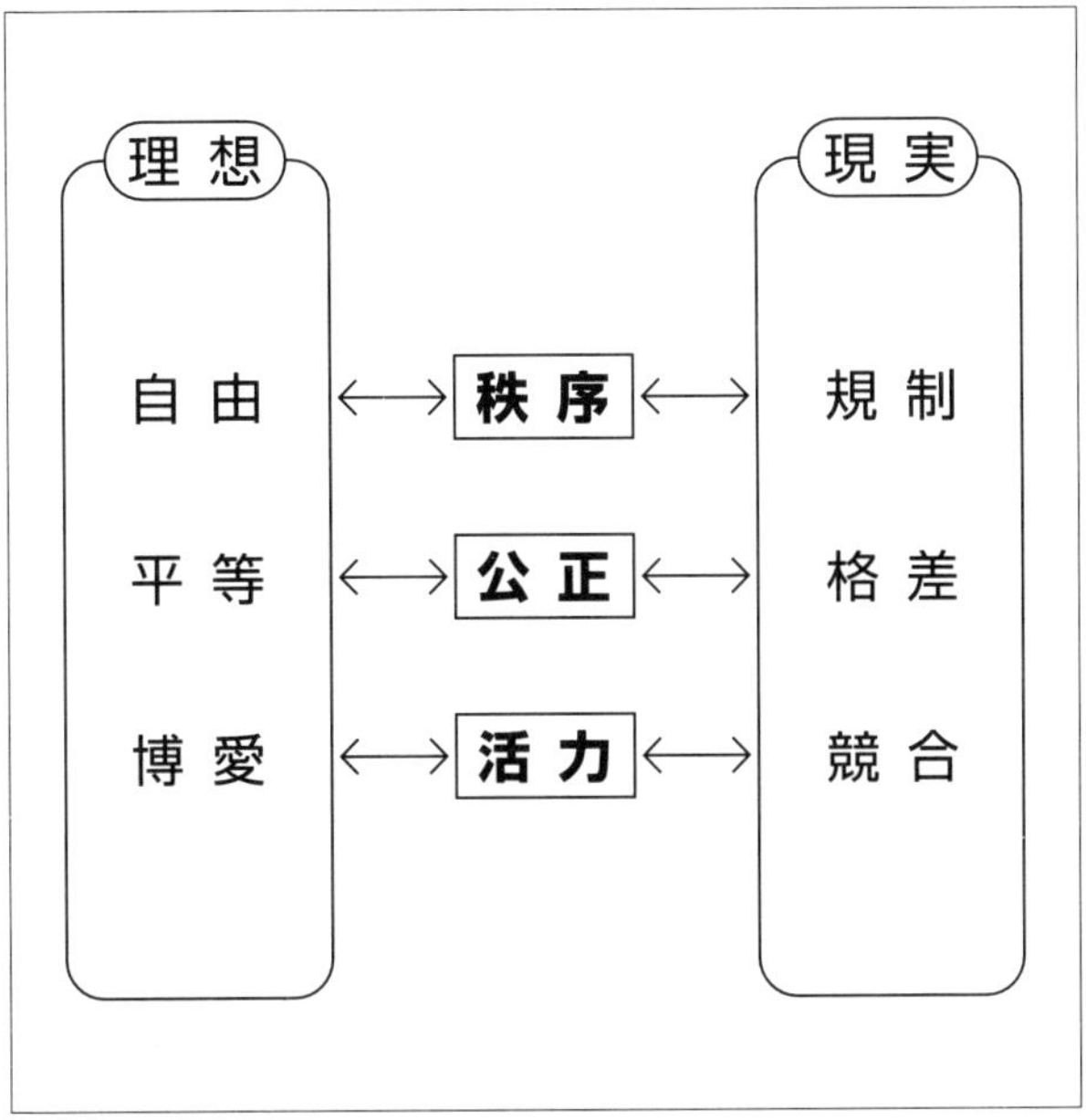

図12　平衡感覚としての「価値」

れているのである。また人間の現実は生《なま》の形で物のように存在しているのではない。言語的動物としての人間の現実には、すでに解釈の営みが含まれており、そして解釈は価値についての配慮なしには成り立たない。その意味で、理想と現実という二つの次元は相互依存の関係にあると考えなければならない。

　以上のことを図示すると上のようになる。

　理想と現実との相互依存というのは適切ではないかもしれない。そこには相互反発もある。目的と手段あるいは理想と現実のあいだには葛藤《かっとう》がある。その葛藤には矛盾も逆理も二律背反《にりつはいはん》もある。その厄介な葛藤のなかにある二つの価値体系をいかに平衡させるか、さらには総合させるか、それが人間にとっての本当の価値関心である。

　図12にも示しておいたように、自由と規制のあいだの（解釈や実践における）平衡状態をオーダー（秩序）とよぼう。そして、平等と格差のあいだの平衡状態をフェアネス（公正）、博愛と競合のあいだのそれをヴァイタリティ（活力）と名づけたい。この活力という表現については若干の説明を要する。人が他

者にたいして博愛の気持ちを抱くと同時に競い合いたいとも思うのは、これは人々の精神活動が生きいきとした状態にあるということではないだろうか。それにふさわしい相手にはしっかりと博愛を寄せ、然るべき相手とは正面から競合してみせる、あるいは状況に応じて両者をうまく組み合わせる、それが人間の（言語的動物であるということからくる）社会的動物としての活力だと思われる。

結論としては、人間が価値を実現しえているなら、その生に秩序・公正・活力が漲《みなぎ》っているとみてさしつかえない。なお、相互に依存・反発する価値を平衡・総合させることを、かつての西田幾多郎《にしだきたろう》（一八七〇～一九四五　哲学者）の哲学におけるように「矛盾的自己同一」とよんで、そこに「絶対無」の境地をみる必要は少しもない。自由と規制の平衡・総合が秩序という「有」であるように、矛盾的自己同一は「無」に直結しないのである。もちろん、どこまでもはてしなく続く矛盾の平衡・総合を追っていけば、究極的には、絶対無とも超越性ともいえる精神の次元を覗《のぞ》きみることにはなるであろう。しかしそこに一足飛びするのは、一種の神秘主義にすぎない。

最大の価値は精神の平衡を保つこと

問題は、良き秩序、正しき公正そして大きな活力を持って生き抜くなどということがはたして可能なのか、ということである。

そこで人間の不完全性ということを思い起こさずにはおれない。つまり人間は、少なくとも独個の存在においては、このような葛藤多き価値の併存状態には耐えられず、ましてや平衡状態を実現することなどはできない。逆にいうと、やはりその平衡の基準やそこに近づくための平衡の知恵が与えられているとして、それを参照にするというのでなければ価値の実現は望むべくもない。その参照点が歴史・慣習・伝統といわれているものにほかならない。つまり、「歴史の流れ」によって形成され保存されてきた「慣習という精神の実体」のなかに含まれている「伝統という精神の形式」、それが平衡・総合のための最も頼り甲斐《がい》のある基準となる。というより、それらに含まれているプレスクリプションが平衡への道を「あらかじめ規定する」のである。

バークをはじめとする近現代の保守思想家たちが求めつづけたのはそれであった。進歩主義が猛威を振るったこの二世紀余のあいだ、圧倒的少数派に追い込まれながらも、保守思想家たちの命脈は絶たれてはいない。それは、人間にとって最大の価値は精神の平衡を保つことであるという思いが、人々によって無自覚にせよ抱かれていたからであろう。人間の人生なり社会の時代なりが危機に及ぶたびに、価値の平衡点とそれへの接近法を指し示さんとする保守思想のことが想い起こされてきたのであった。

もちろん、この歴史・慣習・伝統というものが何であるか、そこで確保されているプレスクリプションが何であるかを見出すのは、言うは易く行うは難しの見本のようなものである。

歴史というものもまた、生《なま》の形で存在するものではなく、過去の時間の流れのなかで起こった出来事の連続を、物語として構成してみたものである。しかし、得手勝手に創れるのが物語だということではない。なぜなら、進歩主義の二百年にあって大幅に壊されはしたけれども、私たちはまだ慣習というものに頼って生きている。慣習という実体が「いま、ここに」あればこそ、歴史は、精神的に感知できるものとなる。つまり慣習を解釈できるほどの物語でなければ歴史とはいえないということである。

また、人間が言語的動物であるという原則を踏まえれば、進歩主義者のいうようにそうやすやすと慣習を批判することなどはできないということに気づく。つまり言語は、その具体的な現れからすれば、つねにたっぷりと慣習を伴ったものなのである。

ほんの一例をあげれば、ある会合で、目の前の人を「せんせい」というか「あなた」というか、「きみ」というか「あんた」というか、「おまえ」というか「きさま」というか、それは慣習によっておおよそプレスクライブ、つまりあらかじめ規定されている。もちろんそれは絶対命令ではない。たとえば、普段「せんせい」とよばれている年長者が乱暴狼藉《ろうぜき》に及べば、その配下にいるものとて、「おまえ」よばわりすることも許される。しかし状況依存的とはいえ、言葉づかいには何らかの基準がある。そういう意味において、言葉というものは具体的には慣習の体系を中心にして構成されている。

もっといえば、慣習は儀式の体系でもあり、そして儀式には、人々に共通の、何らかの意味が込められている。というより、その意味を具体的に象徴するのが儀式である。言語的動物たる人間は意味的動物であり象徴的動物であり、儀式的動物であり慣習的動物なのである。意味、象徴、儀式そして慣習に依拠してしか、人間は話すことも書くことも、日常生活も政治行動も、そのほかどんな振る舞いも、なしえないのだ。もちろん表現の独創性を発揮するために、そういう慣習という標準体系から逸脱することも、その体系を転倒させることも可能ではある。しかし逸脱や転倒が可能になるのは標準があればこそである。

伝統は精神のダイナミズムを含んでいる

しかし、慣習と伝統とは違うということを確認しておかなければならない。これは近代日本において大いに誤解されてきたところである。慣習は、心理的にいえばおおよそ無自覚のうちに繰り返される。それにたいして伝統というのは、慣習とは何かを意識にのぼらせて、そこで何ほどか定着した解釈を積年にわたって積み重ねたものである。そしてその伝統の中心にこそ、平衡の知恵が内蔵されていると考えられる。

近代主義者からみれば、慣習はステレオタイプ（紋切り型）の表現であり、それに逆らったことにたいする社会的制裁もステレオタイプである。だから慣習は、退屈な代物《しろもの》にすぎないと近現代では思われてきた。とくに変化を好む進歩主義者たちからみれば、慣習は悪しきものとしての因襲にすぎないとされる。実際、アメリカでトラディショナリズムというと因襲主義ということであって、そこに良きものとしての伝統に学ぶという意味はなきに等しい。

しかし、それは慣習というものの本質にかんする、つまり伝統にかんする誤解である。慣習が伝統を通じて実際に果たしている機能は、さまざまな価値のあいだの葛藤において平衡をとるという困難な作業に、何らかの基準を与えることである。それが慣習だと考えれば、慣習という平凡な実体には非凡な輝きが点《とも》ってくるのである。

慣習が平たい大地や固い岩盤のようなものとみなされるなら、それに従うのは退屈な歩行訓練にも似た所業と思われるであろう。しかし人間の人生も社会の時代も、平たくも固くもない。葛藤に苛《さいな》まれる人間の人生と人間たちの時代は、あたかも荒馬のように、荒れ狂っている。少しでも平衡を失すれば、自由の過剰としての放埒、規制の過剰としての抑圧、平等の過剰としての画一化、格差の過剰としての差別、博愛の過剰としての偽善そして競合の過剰としての酷薄に、人間と社会は転落するのである。慣習を習得していれば、いや伝統をしっかりと体得していれば、人間は、危険や危機を何とか回避できる、少なくともその可能性が高まる。そういう精神の在り方を示してくれる英知が、慣習のなかに内蔵されている伝統という名の平衡の英知なのだ。そのように考えれば、慣習は精神のダイナミズム（動態）やドラマトゥルギー（演劇的構成）を含んだものとみなしうる。

たとえば、家庭生活という、慣習の色合が濃厚な場所を取り上げてみよう。そこで行われていることは、一見したところ退屈な所業である。たとえば亭主は会社に行ってカネを稼ぎ、女房はそのカネをもって市場《いちば》でものを買ってくるといった次第である。そういう紋切り型の生活に退屈を覚え、家庭を破壊したり、家庭を支えている家族の観念に攻撃を仕掛けるのが進歩主義的なやり方である。だが、平凡とみえる家庭・家族のなかに、男女関係や親子関係における危険な葛藤をくぐり抜ける平衡の知恵が隠されている。さりげない日常生活の仕組のなかに、異性間や異世代間のコミュニケーションに伴う危険な綱渡りにおける精神の平衡術が秘められている。そう考えると、たとえば家庭の日常生活における主婦の仕事の「繰り返し」は、退屈の種であるよりも、彼女の活力が漲《みなぎ》っていることの証拠ともいえる。

夫婦関係は退屈だとか親子関係は凡庸《ぼんよう》だという人は、あたかも変化を好む活動的な人間であるようにみえる。しかしそれは、危機に富んだ生活のなかで平衡をとりつづける精神の活力が乏しいことの証《あかし》ではないのか。

また、すでに述べたように、コモンセンス（常識）やグッドセンス（良識）は、そうよびたければ非合理とよんでもよいが、その非合理にもとづいてしか合理は基礎づけられないし枠づけられないし方向づけられないのである。バークのものを典型として、保守思想の流れに属する思索は、むしろあるべき進歩の前提・枠組・方向を問うものであった。その保守派の常識・良識が、凡庸にして矯激《きょうげき》なる進歩主義者の大軍によって圧《お》しつぶされてきた。それが近現代の精神を貧しいものにしている元凶なのだと思われる。

常識・良識を破壊するものとしての進歩主義は、いわば合理を破壊する合理である。なぜならば、合理の前提・枠組・方向を破壊するのであるから、それは合理主義の自己抹殺だといって少しもいいすぎではない。その結果、多くの合理主義的な革命、改革、革新が行われてきたにもかかわらず、いや行えば行うほど、価値における空虚感が全世界的な規模で広がっている。それは、知性の体系も徳性の体系もみずからの内部における葛藤をくぐり抜けるには、常識・良識に拠らなければならない、という思想の脈絡を踏み外したせいなのだ。

伝統とは平衡感覚のことだといえば、いかにも抽象的にすぎる言い方だと思われるかもしれない。それで、平衡感覚というものを少々具体的に語るために、人間は言語的動物であるというところに話を差し戻してみよう。

伝統を過去から未来へどう伝えるか

言葉というものは抽象と具体のいずれに属するのか。実は抽象的であると同時に具体的なのが言葉なのである。

女性についてであれ絵画についてであれ、「あれは美しい」といったときに、美しいというのは抽象的な表現であるが、しかしそれは特定の女性や特定の絵画の具体と対応している。どんな文章も、文法をはじめとする抽象的な形式に依拠しており、またどんな単語も抽象的な意味を担っている。しかし同時に、数学のようなものを別とすると、いかなる文章もいかなる単語も、つねに何ほどか、具体的対象を指示しているか、そうでないとしても何らかの具体的対象をイメージさせる。

つまり言葉こそは形式と内容が密接不可分、不即不離《ふそくふり》に貼り合わされたものだということである。だから、言葉における平衡感覚とは、形式と内容の結びつき方における「良き言葉づかい」のことだと考えてよい。そして、一般的に、伝統にもとづく平衡感覚というものも、この「良き言葉づかい」を中心とする、表現の（形式と内容の結合にかんする）平衡術として定義されよう。

もちろんそれは、状況を離れて先験的に規定できるものではない。しかし、それを明確に規定してくれなければ、良き言葉づかいの何たるかを理解できないというのは、悪しき合理主義に毒されていることの証拠といってよい。

というのも、形式と内容にわたる良き言葉づかいは、具体的状況が与えられさえすれば、おおよそ人々に共通なものとして、識別されるからである。たとえば、教師と学生の研究会で、喧嘩《けんか》が生じているわけではないのに、学生が教師を「あんた」とよんだとしたら、その学生は不良か狂気のいずれかであると参会者のすべてがすぐ納得する。反対の場合もある。研究会の自由討議で、ひたすらに沈黙していたり、いたずらに教師に迎合しているのは、出来の悪い学生だと誰しもが了解する。

研究会での話し方を明文として規定すれば、それは精神の硬直になる。逆に不文の規定すらありえないとすると、それは精神の散漫になる。しかし、具体的な状況が与えられれば、おおよその人からはおおよその納得が得られるものとしての良き言葉づかいが明らかとなる。それに応じて、良き感じ方、良き話し方、良き聞き方、良き振る舞い方、良き決断の仕方などについても、輪郭がおおよそ明確になる。それが伝統というものである。

伝統を過去から未来へとどう伝えるか。そのためには、過去の表現がいかなる脈絡のなかで発せられたかを押さえなければならない。それを理屈で押さえるというよりも、過去の表現やそれを発した人間の生き方、スタイル（文体）を了解するという形で押さえなければならない。

そのように「良き表し方」のスタイルが歴史のなかで継承されていくことをさして、バークは「使用限定付き相続」というふうによんだ。慣習は、現在世代が過去世代から相続するものである。しかしその相続財産は現在世代が使い切っていいものではない。その使い方には使用上の限定があり、その限定の何たるかを示唆するのが伝統である。

たとえば日本語においては何百年、何千年にわたって持続してきた敬語が相続されたならば、その敬語の使い方については現在世代がある程度までは自由にできようが、その自由には限定がある。突如として敬語なんかいらぬというふうに、精神的な相続財産をすべて蕩尽《とうじん》したり廃棄したりするようなことはしてはならない。そのように構えるのが伝統の精神である。

話を少し具体化して、天皇制のことを取り上げてみよう。天皇制は盛んになったり衰えたりしながらも千五百年続いている。それが現在に相続されている。今の高度情報社会において、天皇制をどのように受け入れるか、どのように利用するかなどは現在世代の自由に任されてはいるが、しかし、その自由にも限度がある。その限度は那辺《なへん》にあるかと考えるのが慣習への「解釈」であり、その解釈を通じて天皇制に秘められている伝統の何たるかが判明してくる。

ある世代は、それ自体としては精神的に不完全な代物にすぎない。そんなものたちが、何百年、何千年にわたる無数の世代の膨大な人々によって保たれ伝えられてきたものを、どうして捨てたり壊したりすることができるのか。そのようにできるのは、自分たちの世代だけが知的にも徳的にも完全である、もしくは他のあらゆる世代よりも群を抜いて優れている、と構えられた場合だけである。

そのような構えが許されるのは、既存の慣習が、実感として真底から堪え難いと思われ、現にその慣習のせいで大きな被害が続出している場合にかぎられる。たかだか自分らの理屈ではその存在意義をうまく説明できない、といったような理由で慣習破壊を行うのは言語道断である。なぜといって、自分らの理屈それ自身が、正当性を誇りうるものであるためには、過去の伝統にもとづかなければならないからである。

「平凡」の奥底に非凡な英知が蓄えられている

平衡感覚としての伝統の重みを理解するとき、「単一の徳の過剰は不徳に転落する」というラテンの格言を思い起こすのが便利である。

たとえば、利口というのは一つの徳と考えられる。しかし、その利口という単一の徳だけを追求すると、かならず利口の過剰になって、狡猾《こうかつ》という不徳に転落していく。それは実際にもみられる現象であって、利口さだけを追求する人間はおおむね狡猾な詐欺師めいた人間にならざるをえない。利口に対抗する価値として、誠実がある。しかし、誠実だけを過剰に追求すると、まず間違いなく愚鈍になり、面白くも可笑《おか》しくもない人間が出来上がる。つまり、利口さと誠実さという互いに葛藤する二つの徳のあいだでいかに平衡をとるか、それが人間の生き方における価値となるわけである。

とくに現代の世俗の社会はどうやら次のような悪循環にはまっている。まず利口に振る舞い、そのうちに狡猾な人間になってしまい、それが自分でもいやになり他人からも批判されると、何とか誠実になろうとして、誠実さを追求しつづけているうち愚鈍になって、自分も退屈し、他者からも疎《うと》んぜられる。それで、また利口に振る舞おうとする。そのうちに、そうした循環を繰り返すことをすらやめて、水は低きに流れるの喩《たと》え通りに、不徳としての狡猾と愚鈍とを適宜《てきぎ》ないまぜにして、半ばずるく半ば愚かしく生き長らえようとする。

それが顕著《けんちょ》に出ているのが今の民主社会である。たとえば政官財が適宜に癒着《ゆちゃく》することそれ自体は利口なやり方である。しかしそれが過剰になると狡猾になり、金銭や権力の利己的な操作という事態になる。それを批判されると、権力者たちは誠実になって、そのうちに誠実が過剰に及んで国家公務員倫理法などという愚鈍な法律を作り上げ、そのせいで政官財の情報交換がうまくいかなくなる。そしてついに、愚鈍と狡猾を折衷《せっちゅう》して、一方では情報交換が下手になり、他方では情報隠匿《いんとく》が巧みになる。

「平衡」という言葉を、プラス価値（徳）としての利口と誠実を総合しようとする態度に適用するならば、マイナス価値（不徳）における狡猾と愚鈍をないまぜにしようとする態度を「折衷」とよんだほうがよい。平衡は精神の上方運動に努めるものであるし、折衷は精神の下方運動にかまけるものである。

先ほどの例でいえば、自由という徳の過剰は放埒という不徳に、そして自由に対抗する規制という徳の過剰は抑圧という不徳になる。そこでの折衷というのは放埒と抑圧をないまぜにすることで、それが今、たとえば新聞やテレビの世論の姿となっている。つまりマスメディアは、おおよそ言いたい放題で、放埒をきわめている。しかもそのマスコミ世論の言い方は非常に押しつけがましいものである。世論を批判する人間を陰に陽に排除しようとする形でのマスメディアの支配が進んでいる。したがって半ば放埒で半ば抑圧的であるのが今の世論となっている。自由と規制の徳を平衡させるという精神の上方運動を成し遂げるには、世論の引力に逆らって飛び上がらなければならないし、努力を積み重ねなければならない。しかし、放埒と抑圧の折衷ならば、世論に従って、自分の不徳については棚上げしつつ、権力者や有名人の不徳についてならば、何の努力もしないで針小棒大に騒ぎ立てていればよいのである。

オルテガにならっていえば、エリート（選良）とは、困難ではあるが価値ある仕事を、この場合でいえば平衡という困難な仕事を、引き受けようと努力している人々のことだ。たまさかにその努力が評価されたら素朴に喜べばいいが、しかし世俗の力学はおおよそ下方へと動き、放埒と抑圧のないまぜに遊んでいるのであるから、エリートの努力が世論からは評価されないのがむしろ普通である。このように構えるのが、古今東西、精神的エリートというものの基本型だったのだ。今や、知識人でも政治家でも、経営者でも官僚でも、目立つ立場にいるものたちがいっせいに世俗における精神の折衷状態に迎合しようとしたり、それを先導しようとしたりしている。これが大衆社会の常套《じょうとう》のやり方である。

これまでに、徳の平衡を指し示すのが歴史・慣習・伝統にもとづく知恵ある言葉づかいだといったが、それは具体的にいうと、多くの場合、平々凡々であるものが多い。平衡の作業そのものは非凡な企てであり、それはちょうど、注意を怠れば転落を免れない一本の綱を渡る仕事のようなものである。あるいは非常に険峻《けんしゅん》な山脈の尾根を伝うこと、または高い建物の稜線を歩くことに等しい。しかし、そういう危機に直面する営みにあって頼りになるのは、えてして平凡な品物である。綱渡りでいえば一本の長い平衡棒といったような、平凡なものが危機への防衛策となる。

しかしそれがあるとないとでは結果は大違いとなる。保守思想に与《くみ》するものたちが、非凡な平衡の英知は平凡な日常の常識のなかに宿る、というのはそういう意味においてである。矛盾、逆説そして二律背反《にりつはいはん》を山ほど含んでいるのが人間の精神世界であるというのに、平凡な日常生活が孜々《しし》として営まれている、それは一種の奇跡ではないのか。そうであるならば、歴史の試練に耐えた慣習には、その平凡なみかけの奥底に、非凡な英知を蓄えているに違いないのである。

動物の場合、そうした平衡感覚はおおよそ「本能」のはたらきとして確保されているのであろう。しかし人間の場合には、それを文化的制度によって、しかも人間を人間たらしめている言葉のつかい方に内在する制度によって、確保するのである。そうした制度は、特定の時代における特定の能力しか持たぬ特定の人間によって意図的に設計されたものではない。人々の意図せざる知恵の長きにわたる集積として歴史の英知がいわば醸成されたのである。

そういう英知にたいする大破壊を敢行したのがフランス革命であった。この近代二百年を反省的にとらえるとき、あのフランス革命は、合理の名における狂気であったのだ、とそろそろみきわめてよいのではないか。

13 マスメディアが第一権力を掌握した

マスメディアのことを第四権力とよんだ最初の人は、たぶんガルブレイスのはずである。人間の知識は退歩するものだといわずにおれない。トックヴィルは、すでに一八三〇年代に、「デモクラシーは世論が政治にたいする生殺与奪の権を握るのだから、第一権力は世論を動かすマスメディアが手にしている」と指摘していた。

それを受けてJ・S・ミルは「最近、五千人ものイギリス人が、毎朝紅茶を飲みながら同じ新聞を読んでいる。何と不気味な光景であることか。人間の個性はどうなるのか」と心配していた。

昔の人は感受性が豊かだった、としかいいようがない。その証拠に、我々はメディアという言い方に何の疑問も抱かないでいる。メディアとは「媒介」ということで、基本的には、情報を右から左へ渡すことをさす。そこで何らかの介入が行われたとしても、情報の「構造」そのものは変えないのがメディアの分限のはずだ。しかし今のメディアは媒介の役割をはるかに超えた活動を行っている。たとえば、「長期単独政権は独裁だ」と報道するとき、その政権がかつての日本のように選挙民による投票の結果なのか、それとも（今の中国のように）総選挙を許さないことの結果なのかが無視されている。またたとえば、「アメリカに倣《なら》って金融業界にも競争原理を持ち込め」と報道する場合、そのアメリカの金融危機の際には、それこそ金融当局による保護として「護送船団」よろしく公的資金の投入が果敢に行われてきたことを省《はぶ》いている。

人々はこうしたメディアの作為に、まったく鈍感というのでもないのだが、とても敏感とはいえない。メディアの横暴はけしからんと怒っている人が、数分後には、どこぞのメディアで仕入れた意見を、その人がメディアになってしまったかのように、私に伝達してくれるという有り様である。世論は世論マイナス自分の意見にほとんど等しい。つまり自分の意見は限りなくゼロに近いということである。それにもかかわらず、世論なるものが、マスメディアという拡声器を通じて、朝から晩まで鳴り響いている。いったい、誰が喋っているのか。いうまでもなくニュース・リポーターでありニュース・キャスターである。彼らは、いったい、どんな人物たちなのか。もちろん、我々と同じく、ゼロに近い重みの意見しか持たぬ人々である。さすれば、世論とは世論マイナス世論のことではないのか。

日本における民主主義

デモクラシー、日本語訳でいう民主主義が日本に導入されたのは、もちろん、戦後というわけではない。討論にもとづく多数決という集団的な意思決定の方式は、とくに武士社会のなかでかなりの発達をみせていた。またそうした決定への民衆の参加も、明治維新のあと、着実な進展をみせていた。文明開化論者たちは、アメリカの大統領が民衆によって選ばれるということに、率直に感動していた。またたとえば、自由民権運動はいうまでもなく民主主義の伸長を要求したものであるし、中江兆民《なかえちょうみん》がルソーの『社会契約論』を紹介しもしていた。たしかに「大逆事件《たいぎゃく》」（一九一〇、明治四十三年）などにみられるように、民主主義を抑え込もうという強い動きが明治時代の末期にみられもしたが、しかし、そのあとにやってきたのはいわゆる大正デモクラシーであって、その代表者たる吉野作造《よしのさくぞう》は盛んに民本主義なるものを唱導した。

しかしこの民本主義について、民主主義にたいするいかにも日本的な修正が施《ほどこ》されていたことを見逃すべきではない。つまり民主主義といってしまうと、民に「主権」があることになり、それが「大日本帝國ハ萬世一系ノ天皇之ヲ統治ス」という明治憲法の規定と抵触すると吉野は考え、それで民本主義という表現をとることにしたわけだ。民を本位とするが、その民の意識のなかにはすでに天皇にたいする崇敬《すうけい》が含まれていると解釈することによって、民主主義から距離をおこうとしたのである。

これは、民主主義を奉ずるがわからいえば、天皇制への妥協であると思われるであろう。しかし、日本国民の歴史感覚ということに着目するならば、天皇への崇敬をその歴史感覚の象徴とみなすのはむしろ歴史的に正統であるし、価値観としても正当な主権論であり権力論であったといえる。こうした民主主義への修正があったとはいえ、俗世に普及されるという次元で考えれば、大正期のデモクラシーは、一般民衆の欲望を解き放つことに大きく寄与したという意味で、民主主義のまぎれもなき発展なのであった。

しかしながら、第一次大戦に日本がいわば火事場泥棒的に参戦したあとに、軍需景気の崩壊と関東大震災があり、そして昭和に入ってからは、金融恐慌、（アメリカに始まった）大恐慌さらに農業恐慌と続き、その過程で、軍部が社会の混乱にたいする最後の秩序の砦《とりで》として登場してくる。それにつれて、軍部およびその周辺にいる右翼人士によって天皇の象徴性が政治的に利用されつつ、大東亜・太平洋戦争へ突入するということになった。

戦争においては、とくに軍事力においてアメリカにははるかに後れをとっていた日本では、国民の団結という画一主義的な体制が必要なわけであるから、天皇を神格化する動きが制度としても国民の気分としても広がったことは確かである。そしてそれを払拭《ふっしょく》するようにして、敗戦日本がアメリカ占領軍の指揮のもとに民主主義を確立するに至った。

民主主義における「民」とは何か

民主というのは、読んで字のごとく、民に主権があるということであり、そして主権とは、曖昧《あいまい》にいえば崇高なる権力、厳密にいえば無制限の権力ということである。

だが、民というのは国民のことなのか人民のことなのか、英語でいえばナショナル・ピープルなのか単なるピープルなのか。ネーション（国）を正面から引き受ける民ならば、とりわけ日本のような長い歴史を有する国では、慣習の制度のなかに伝統の精神が保存されていると考えられ、そしてそうした精神を身につけようと構えるのが国民であるとみなされる。だが、国の民という観念は敗戦とともに放棄もしくは希釈された。

したがって、戦後の民主主義は、言葉の上では国民主権といわれているが、その実質は、歴史感覚なき民のことしか念頭におかないものとしての人民主権主義であった。

崇高な権力さらには無制限の権力は、「実体」としてはあってはならないものである。それはたかだか、憲法制定権力の権源を高度のフィクションとして想定する、という意味での主権にとどめられるべきものである。だから、主権者が実体として存在するのは、天皇主権にせよ国民主権にせよ、有害にして無益といわなければならない。なぜならそれは、知徳において不完全でしかありえない人間（たち）に絶対の権力を付与《ふよ》することにほかならないからだ。主権を名乗ることが許されるものがあるとしたら、それは、国民が引き受けようとしている歴史の英知くらいであろうが、しかし、その英知は国民によって探求されるべきものであって、実体としてそこらにころがっているものではない。つまり歴史の英知（伝統）という観念は、それを内包する慣習体系のことを含めて、権力の源泉というよりもむしろ、パワー（権力）の源泉たるオーソリティ（権威）の源泉とみておいたほうがよいのである。

皮肉なことに、主権論のうちで論理的に筋の通っているのは、王権神授説のみだといってよい。それは「神授」ということを明示しているので、いいかえれば、主権はディヴァイン・ウィル（神意）にもとづくと宣言されているので、定義的に、王権は無制限の権力となる。しかし、神授説を持ち出せない以上、主権は観察可能なものとして実在するわけではない、としなければならないのである。したがって、天皇親政も民衆「主権」主義も無理筋の話だといわなければならない。

吉野作造が示唆したのも、本位とされるべきは歴史の英知を引き受けようとする国民の構えなのであり、そしてその構えにおいて、天皇と国民とが共同の次元におかれる、つまり共通の歴史に足場をおく、ということであった。本来のデモクラシーも、国民の歴史感覚に裏づけられていなければ正統な権威を与えられないし、正当な権力を持つこともできない。歴史の象徴が天皇である必然はないものの、何らかの国家象徴がなければ、歴史の正統化と政治の正当化が難しくなることは確かである。

デモクラシーは、デーモス（民衆）のクラティア（政治）なのであるから、素直に「民衆政治」と訳しておけばよかったのである。そうしておけば、主権という厳《おごそ》かではあるが誤解を招きやすい観念を脇においておくことができる。さらにいうと、民衆政治の帰結は、民衆のなかの多数派の資質によって良くもなるし悪くもなる、と洞察できたはずである。それを民主主義と訳してしまうと、民衆は一切の批判を免れうる主権者である、というとんでもない民衆観が政治の根底に据えられることになる。

ともかく、民衆が政治に参加するための資格は、歴史的なるものとしての常識・良識を一応は備えている、という点にあるのである。

そういうデモクラシーへの見方が、戦後においては、日本の歴史にたいする日本人自身の不信のために、徹底的に排除された。それをさして戦後民主主義とよぶ。そしてこの考え方は、歴史感覚が不在といわないまでも非常に貧しい国であるアメリカのデモクラシーに出自《しゅつじ》している。そういうアメリカン・デモクラシーが日本に全面的に移植され、敗戦日本人がそれに追随し、あまつさえ喜悦《きえつ》した。また、憲法や教育基本法という形でアメリカニズムの観念装置が整備されもした。しかも、日米安全保障条約の下でアメリカの軍事的庇護《ひご》のもとにおかれるなかで、日本は、経済的な側面だけで世界に適応して、そこでのみおのれの国威を発揚せんとしたのである。

経済というのは、直接的には、金銭の問題であり技術の問題であるから、歴史というものが表面に出てくることは少ない。金銭や技術は、ひとまず、脱歴史的で普遍的なものとみなされる。つまり、経済に適応するのを専《もっぱ》らにしているかぎりでは、自分らの精神における国民性も歴史性も重んじる必要がなく、それゆえ国民性を失ったという意味で非国の民とも称されるべき戦後日本人にも、経済大国を作ることができたということである。

アメリカン・デモクラシーの限界

アメリカン・デモクラシーの本質については、一八三五年から四〇年にかけて、トックヴィルがつとに論じ切っている。多数参加と多数決というデモクラシーの決定方式は、「世論の支配」を要請する。それをさして彼は「多数派の専制政治」とよんだ。そして世論がいかに形成されるかといえば、トックヴィルがいうように、「プレス」の宣伝煽動《せんどう》によってなのである。プレスとは、直訳すれば定期刊行物であるが、実際は新聞のことである。現代とくらべればまだ微々たる成長段階にあったマスコミュニケーションの中心媒体である新聞がアメリカの世論を動かしている、と彼はみた。だからアメリカン・デモクラシーの「主要な権力《プライマリー・パワー》」もまた新聞だということになる。ちなみにJ・S・ミル（一八〇六〜七六　イギリスの哲学者・経済学者）は、毎朝、五千人もの人間が新聞から同じ意見を取り入れていると嘆いていた。今ではその数は、日本では、ほぼ一万倍に達しているのである。

トックヴィルはそういう事態を頭ごなしに批判したのではない。民衆という名の多数者が社会の前面に進出してくるのは必然としかいいようがない。そのことによって旧体制における不当な既得権益が打破されることも、それ自体としては、進歩とみてさしつかえない。だが、そこにあらわれる文化的堕落の可能性についても彼は無関心ではなかった。アメリカン・デモクラシーを彼が暫定的に評価するのは、あくまで条件つきのことであった。たとえば、当時のアメリカにおいては、宗教がまだ健在であった。宗教はアメリカの世論における良識の基準となりうる。宗教団体と宗教意識が健在であるかぎり、多数者の世論が甚《はなは》だしく堕落するということはないのではないか、と彼は期待したわけである。

もう一つの期待は、司法にたいして寄せられた。司法官たちは、強かれ弱かれ、多数者の世論を第三者の立場から批評する立場にある。アダム・スミス（一七二三〜九〇　イギリスの哲学者・経済学者）は、国民の道徳情操について論じるに際して、「公平な観察者《インパーシャル・インスペクテーター》」が必要であるとした。公平な観察者が世論にたいして良識の在り処を示すわけだが、トックヴィルはその仕事を司法官に期待したわけである。要するに宗教者と司法官がおのれらの独立を保持しているかぎり、アメリカン・デモクラシーには可能性があるとみなしたのである。

しかしながらトックヴィルは、その可能性を軽信したのではない。彼の著書である『アメリカにおけるデモクラシー』は、筆が進むにつれて悲観の調子が強まっている。少数派の諸個人の「繊細で責任ある意見」が、プレスによって操作される粗雑で横暴な世論によって、徐々に排除されていくのではないか、という大きな懸念を持つようになっていた。

日本においては、福澤諭吉の弟分であった小幡篤次郎《おばたとくじろう》（一八四一〜一九〇五　学者・実業家）という人物が、逸速《いちはや》くトックヴィルの書物を翻訳していて、諭吉もそれに触発されながら、デモクラシーのありうべき堕落について警告を発していた。そうした明治初期の人たちの警戒心すら、戦後民主主義においてはすっかり失われ、アメリカン・デモクラシーのあとを追うことが政治的進歩であると思われつづけているのである。

多数派の欲望がいじめに、少数者の欲望が反逆に

多数派の欲望が主権者の主張となることの結果は恐るべきものであって、たとえばそれが子供たちの世界における「いじめ」の温床ともなる。戦後民主主義つまり多数派の欲望が少数派の欲望を排除するという方式がストレートに応用されると、多数派とは違った性格なり態度なりを示す子供たちが、いじめによって排除されることになる。しかも多数者の欲望表現は「人間の権利」として称賛されているので、排除されるものは、いわば人間に非ざる「黴菌《ばいきん》」として無慈悲に扱われることになる。加えて、多数者にあっても、彼らにとてまったくないというわけではない繊細な精神が多数決という画一主義によって圧殺されているという欲求不満があるので、「いじめ」における残酷さが度外れになりがちなのだ。

他方、少数派にしても、自分たちがいずれ多数者になりうると見込む場合には、あるいは自分らだけの集団を作ろうと企てる場合には、その欲望表現が「人間の権利」と美化されているのであってみれば、多数者への反抗を隠そうとしない。その結果、子供たちの世界でいえば、非行少年たちの暴力が、家庭や学

校や地域社会を破壊するまでに野放図に荒れ狂うということになりうる。

そして、多数派による抑圧にせよ少数派による反抗にせよ、子供にのみ特有のことではない。新聞やテレビの論調をみればすぐわかるように、世論そのものが、人々の思考を封殺すると同時に、人々の行為を反逆へと駆り立てているのである。つまり、まず自由が民衆の基本権として認められているので、規制は多数者の自由によって少数者の自由を排除するということ以外ではありえなくなっている。しかし多数性に価値が宿ると信じるのは困難であり、だから、排除するがわもされるがわも、その価値をめぐる虚無感を補塡《ほてん》しようとして、それぞれの自由をあえて熱狂的に表現しようとするのである。それが多数者による抑圧と少数者による反逆をもたらす。

マスメディアは第一権力にほかならない

そうした抑圧と反逆の混ぜ合わせとしてのマスコミ世論は、日本のこの世紀の変わり目において、ほとんど敵なしの横暴ぶりをみせつけている。多数者が世論という名のきわめて押しつけがましい意見を社会にあてがう。そして世論の場たるマスメディアの発達ぶりは目を覆うほどに達しており、新聞でいえば、おそらく五千万部を超える数のものが、場合によっては、ほぼ同じ意見を吐き散らかしている。さらにテレビ網も、NHKを除けば、新聞社系列に入っており、そのネットワークは、新聞の世論を言葉において希釈《きしゃく》し、その単純化のぶんだけ言葉を刺激的なものに仕立て、そしてそれらを映像化することによって世論をさらに気分的なものにすべく努めている。

自分の意見に責任を持とうとしないものをマスマン（大衆人）とよぶなら、今のデモクラシーはマスデモクラシー（大衆民主主義）である。この過程で、これは日本だけのことではないのだが、トックヴィルが期待したような宗教や司法による世論への規制は跡形もなく吹きとばされてしまう。それどころか、戦後民主主義が、とくにその世論が、宗教的といってよいほどの強い規範となり、また司法的といってさしつかえないほどの厳しい規準になりおおせたのである。実際、宗教者も司法官もマスメディアの世論に合うような教義を発表し審判を宣告しているといって間違いない。マスメディアは、みずからを「社会の木《ぼく》鐸《たく》」とか「言論の公器」と称して、とくに社会的な地位や名声の高いものにたいして、攻撃を加える。それが社会的制裁（というより集団的な私的制裁）の基準となって、それにもとづいて道徳が語られ裁判が行われるという段取りになっている。

他方、地位や名声のないもの、つまり社会的弱者の起こした事犯については、マスメディアは、民主主義の名において、その連中の人権を擁護しようとする。そのマスメディアの動きを受けるように道徳的および法律的な裁定が下されることになる。世論の専制政治が最も行き渡っているのが今の日本だ、といって少しも誇張ではないのである。

最近は、そうしたマスメディアによる世論の支配にたいして批判が高まってきていて、マスメディアは第四権力である、という見解がしばしば発表されている。しかし、マスメディアは第四の権力であるどころか、第一権力にほかならないのである。社会の構造として、民衆政治とは世論にもとづいて行われる政治のことである。そのもとづき方については、世論調査の影響とか住民投票とか総選挙といったようにさまざまな場合があるのだが、ともかく根底的には世論にもとづいて政策が決められるのであるから、いわば論理必然的に、世論を動かす力を持っているものが第一権力を握っていると断言して構わない。

第一権力が自己のもの以外の一切の権威とそれに由来するあらゆる権力に攻撃を加えるときに何が起こるか。それは、いうまでもなく、社会秩序の瓦解《がかい》である。いや、攻撃する対象がなくなったら、第一権力の存在意義もなくなる。それで、まずある権威・権力を持ち上げたり捏造《ねつぞう》したりして、次にそれを破壊する、といういわゆるマッチポンプがこの第一権力の常套《じょうとう》手段となる。

個人の自由と技術の合理が道徳を無に帰した

立法、行政および司法の三権についていうと、まず議会における立法がどれほど大きく世論によって左右されているか、誰の眼にも明らかである。政治家たちは世論に受け入れてもらえそうな政策を発表するのでなければ、その地位にとどまるのは難しい。議会という立法府は、議員の選出過程においても、議員たちの政策決定においても、世論の支配に屈している。また行政府の役目は立法されたものを実行することであるから、世論の支配下に入らざるをえない。その実行の仕方において行政府の自由裁量があるといっても、それも、マスメディアに指弾されることをおそれて、世論に追随しがちである。

それのみならず、日本においてはとくに、行政府が立法の下準備をすることが多いのだが、世論に受け入れられないような立法を準備することはめったにない。そして近年、司法は、とくに立法権や行政権にかかわる事犯や人権問題をめぐる事件において、世論迎合の捜査や裁判を行う傾向にある。その意味で、戦後民主主義はほぼ完成の域に達しているといってよい。

「戦後の完成」がもたらす悪しき帰結について懸念すべきまさに九〇年代に、表面上は戦後の総決算といわれたいわゆる「平成改革」が、「戦後の完成」の総仕上げをしようとしたのであった。たとえば、官僚的支配を確立させたといわれる「四〇年体制」（つまり戦争準備としての統制体制）を根本的に破壊せよ、と平成改革は主張した。しかし、その破壊のための標語は「国権を排して民権に就《つ》け」ということであった。そしてその民権の内容はといえば、マスコミ世論がそれを指定するということなのである。いったい、これだけ民主主義が発揚されつづけても、なおかつ国の統治が民衆の要求からかけ離れているということなどが起こりうるであろうか。起こるとしたら、それは、「国民の公心」が貧しいので、「代表者の政府」もまた粗末なものしかできない、ということではないのか。立法・行政・司法の三権は、世論におおよそ屈服しているとはいえ、立場上、何ほどかは未来世代や国際社会という外部世界のことを考慮する。そのぶんだけ民衆の私心と乖離《かいり》する。それが民衆の不満の温床となるのだ。

そうであればこそ、規制緩和という形で日本人の自由権をさらに拡大する方向に平成日本は深入りしていった。またそれと対をなして自己責任ということがいわれたが、その自己の正体たるや、日本の歴史に根づく自己などということではまったくなかった。自分の個的で私的な欲望を実現することに伴うさまざまな帰結を自分で引き受けるということ以上のものではなかったのである。つまり、自己責任にもとづいて市場における弱肉強食の競争に乗り出すべきである、というようなことにほかならなかった。しかも、その競合の過剰としての酷薄に実際に直面したなら、まず悲鳴をあげ、次に「国の責任」を追及する、それが戦後の日本民衆のやり口なのである。

その改革の本質は、戦後民主主義をはじめとするアメリカニズムの徹底化ということであった。そして純粋のアメリカニズムとは純粋の近代主義のこと、つまり「個人の自由」と「技術の合理」という二色旗をかざすことである。個人の自由と技術の合理、それが現代日本人の道徳となっている。しかしその道徳によってもたらされたのは、言葉における放縦と抑圧のないまぜとしかいいようがないようなマスコミ世論、それが主権を簒奪《さんだつ》するという事態である。そんなふしだらな言葉から道徳的に納得できるような行為がもたらされるはずもない。事実、最近に至って国民道徳の箍《たが》が最終的に外れたのではないか、と思うほかない事件が頻発《ひんぱつ》してもいる。

つまり、世間が猟奇趣味の持ち主たちを満足させるようなものに次第に変貌しつつある。ここではそれらの現象を列挙するのは控えるが、ともかく、大人であれ子供であれ、技術の繁栄のただなかにおける自由の氾濫《はんらん》によって自分らの常識・良識を押し流されているものが増えているのである。そういう時代の精神状況に耐えかねて、人々は、この近代主義の絶頂においては一見したところ奇妙なことに、オカルティズム（秘教主義）の態度に出て、それが新興宗教の第何次めかのブームを生み出してもいる。しかしこれはむしろ当然の帰結だといわなければならない。個人の自由と技術の合理が道徳を無に帰すなら、その価値の空隙《くうげき》に秘教が吹き込んでくるのが集団心理の力学というものなのである。

かつてシュペングラー（一八八〇〜一九三六　ドイツの哲学者）も指摘したように、人類の歴史にあっては技術的なるものが絶頂に達する頃に新興宗教が隆盛をきわめる。つまり価値観が喪失させられると、その代用品として異常な宗教をすら人間は持ち出すものなのである。逆にいうと、そのように価値から離れられないのが人間の本性だということでもある。

諸外国にもオカルティズムの動きがあるが、そうしたオカルトやカルト（邪教）への対応策が、危機管理の体系として、すでに準備されているし実行されてもいる。けれども日本にあっては、そういう対応がまったく遅れている。したがって、オウム真理教が白昼公然と有毒ガスをばらまくような殺人行為を行っても、破壊活動防止法にもとづいてその教団を解散させることすらできないでいる。「人間の権利」を軽信するものたちがオカルトやカルトへの防備を固められるわけもない。このように合理主義の絶頂において非合理主義が噴出しているのは、現代民主主義が異臭を放って腐敗しつつあることの歴然たる兆候といってよい。

14 権威を足蹴にする大衆人

大衆蔑視という珍妙な表現が、あろうことか非難語として、まだ存命中である。「大衆」という言葉は、それがマスという英語への訳語であるかぎり、劣等視されて然《しか》るべき人々のことをさす。蔑視されてはならない人々をどうしても大衆とよびたいのなら、マスには別の訳語を当てはめなければなるまい。しかし、社会学者は経済学者に負けず劣らず酷い、いや非道いと表現したくなるくらいのものだ。大衆論は社会学方面に属するのだが、マスをめぐる用語改変要求がその方面から出された例《ためし》がないのである。

と説明しても、「知識人だと思って大衆を馬鹿にしている」と私を批判するものが後を絶たない。そういう批判者の多くは、もちろん、大衆迎合を恥と思わぬ知識人である。そこで私は、「オルテガも言っての通り、大衆人の見本はあなた方のような人間をさすんですがねえ」と切り返してみるのだが、相手には珍紛漢《ちんぷんかん》としか聞こえないらしい。察するに彼らは、自分らが大衆を指導してみせるのだ、くらいに考えているのだろう。

私の場合は、知識人としては少々曲りくねった人生を送ってきたので、自分が大衆人に転落する危惧をつねづね抱いてきた。それで、身近に迫ってくる大衆化の危険を追い払うのがほとんど日課になってしまった。その経験を踏まえていうのだが、「大衆は大衆でないものを徹底的に嫌う」（オルテガ）というのは本当である。私ときたひには、大衆の代理人である専門人たちに「汝《なんじ》らの知識も処方箋も、象の一部を撫でるだけで、象について云々《うんぬん》しているにすぎない。なぜ象の全体像をみようとしないのか」といったような批評的言辞をもう四半世紀に及んで発しつづけている。

そんなものがこの高度大衆社会で棲み処をみつけられているのは奇跡に近い、と私は感謝している。何に向かっての感謝か。みすぼらしい知識とせせこましい人生に満悦するな、ましてや驕《おご》り高ぶるな、との勇気ある発言を貯蔵してくれている道徳論の系譜にたいしてである。というのもその系譜が、残り少なくなったとはいえまだ生き長らえている庶民において保蔵されており、その庶民が私に棲み処を提供してくれているからである。

私は知っている、庶民と知識人の連合軍は、大衆と専門人のそれにかならず完膚《かんぷ》なく敗れるであろうことを。私が知っていないのは、彼ら勝利者がその掌握した全権をどんな目標のために用いるのかについてである。現状に趨勢線を引いてやれば、彼らはみずからをサイボーグ（人造人間）もしくはサイコパス（病理的人格）に仕立てようとしているらしくみえる。しかしそういう目標に情熱を傾けるという振る舞いが、生来の時代錯誤者である私には理解不能なのである。

大衆とは「多くの普通の人々」のことではない

マスメディアが第一権力となるような民衆政治は、一般に、マスデモクラシーつまり大衆民主主義とよばれている。しかし、より厳密にいうと、マス（大衆）が、さまざまな形で社会の意思決定に参加してくることをさして大衆民主主義とよぶのである。マスの定義はさまざまでありうるが、要するに、劣等と評価せざるをえないような大量の人々、それが社会学の（大衆社会論における）大衆観である。戦後民主主義は、まさに、マスメディアの発達に促されて、またさまざまな形態のマスムーヴメント（大衆運動）の発達に押されて、大衆民主主義の様相を強めている。

マスとは何かについて、戦後日本人は、あろうことか知識人を先頭にして、大きな誤解を重ねてきた。マスという言葉は、直訳すれば大量ということであり、したがってマスコミュニケーション（大量意思伝達）、マスプロダクション（大量生産）あるいはマスコンサンプション（大量消費）というふうに使われている。戦後日本でも、大衆とは「多くの普通の人々」のことだとされている。

しかし、人間の類型としてのマスという言葉は、数量的な概念ではなくて、価値的な概念である。そのことを明確にしたのはトックヴィルであった。もちろんその前にも、十八世紀末においてバークが大衆の観念をおぼろげにせよ示していたのだが、それに明確な輪郭《りんかく》を与えたのはトックヴィルであった。

彼がマスとよぶのは、その精神が低きに堕《お》ち溷濁《こんだく》にまみれているような人々のことである。たとえば、宗教的感覚に乏しく、リーガル・マインド（法律的精神）も曖昧《あいまい》で、そして世論の場で煽《あお》られている気分や雰囲気に安易に流され、おのれの束の間の欲望に惑溺《わくでき》してしまう、そういう態度をとるのが大衆だということだ。アメリカがそうした意味での大衆の天国になるのではないか、と彼は懸念したわけである。ただし、トックヴィルが活躍した十九世紀前半の段階においては、そういう精神の退廃《たいはい》は「教養と財産」を持たぬことに発するとみなされていた。

トックヴィルも、また彼の大衆観に強い好意を示したJ・S・ミルも、貴族階級の出身である。その当時、大衆社会の出現に恐怖を抱いたり反発を示した人々はおおむね貴族出身であった。少なくとも有産階級に属していた、といってさしつかえない。そういう人たちには教養と財産がある。そのおかげで精神的な余裕と能力が保証され、おのれの精神水準を高めることができ、価値観をより高いものに、そして欲望もより上質なものに、発展させることができると考えられた。教養と財産がなければ、そういう余裕と能力が保証されない。それは、良かれ悪しかれ、きわめて貴族主義的な大衆批判であったのである。

そういう大衆観が西欧社会の底流に流れていたからこそ、民主主義をはじめとして近代主義の本拠地となったイギリスにおいてすら、普通選挙法が十全の形で施行されたのは一九二八年になってのことであった。つまり、女性差別のことも含めて、教養と財産を持たぬ人たちに選挙権を与えてしまえば、健全な代表者を選ぶことができないのではないかと思われていたのである。

財産に限っていえば、自分の財産を管理し運営するという人生の経験のなかで、政治的な知見もさまざまに深められる、と考えられた。財産を持たぬ人々は、財産をめぐって他人とどういう関係を持つか、あるいは将来に向けてどういう計画を立てるかという経験がないので、政治的な無知にとらわれる可能性が強い。そういう大衆に選挙権を与えるのは間違いであるという見方にもとづいて、財産を基準とする制限選挙法が長きにわたって維持されたわけである。

十九世紀に行われた貴族主義的な立場からする大衆批判は枚挙にいとまがない。ショーペンハウアー(一七八八〜一八六〇　ドイツの哲学者)もブルクハルトもニーチェも、大衆が文明を堕落させる危険について警鐘を鳴らしていたし、あるいはル・ボン(一八四一〜一九三一　フランスの社会心理学者)なども、「群衆」が社会の前面にせり出してくる模様を批判的に描こうとした。そのなかでもニーチェは、既にのべたように、民主主義は、キリスト教と同じく、社会的弱者のルサンチマン(怨恨《えんこん》)の感情であるといってのけた。平等主義は社会的弱者の怨恨や嫉妬《しっと》の現れであるという点を強調して、民主主義への批判を強力に展開したのであった。

政治階級としての大衆が独裁者を歓迎した

しかしながら、こうした貴族主義的な大衆批判は、今世紀に入ると次第に説得力を失った。十九世紀後半から、社会主義運動や労働組合運動が展開され、さまざま社会的弱者への保護が、たとえば労働組合法、最低賃金法および社会保障法の形で充実してくる。また、下層階級のなかから能力のある人間たちが経済界や政界へと進出してきた。その過程で、貴族主義的な特権は次第に葬り去られていき、また貴族階級のがわも社会のリーダーとしての責任を放棄し、実際にその力量が十分にあるわけではないと判明しもした。そして、諸国民の総力戦として戦われた第一次大戦において、貴族階級はほぼ最終的な没落の局面に入ったのである。

そうであればこそシュムペーターは、資本主義は社会主義にたいしてむしろ文化的に敗北するのではないか、と見通した。そこでいう文化的敗北とは、有産階級におけるリーダーとしての責任や能力が、資本主義の繁栄の結果として、失われていくということである。つまり、物質的に富裕になるとリーダーたちの倫理や努力が薄らいでいくということだ。それゆえ社会主義的なものの拡大が良かれ悪しかれ必然であろうというふうに、資本主義および個人主義にたいする悲観的な展望をシュムペーターは表明することになったのである。

それゆえ貴族主義的大衆批判が影をひそめ、それに代わって、主として一九三〇年代、全体主義にたいする批判としての大衆批判が出てきた。つまり、十九世紀における教養と財産を持たない社会階級としての大衆という見方にたいして、政治階級としての大衆という見方が提示されたのである。

当時、まずイタリアでムッソリーニが大衆の支持を受けて独裁者になった。それに続いてドイツでヒットラーが国民投票にもとづきつつ独裁者になる。ソ連ではスターリンが、民主集中制の名において、独裁者になりおおせた。つまり人民の意思は共産党によって代表され、共産党は中央委員会によって代表され、中央委員会は書記長によって代表される、という民主集中制の手続きにもとづいてスターリンという独裁者が生まれた。

このように、ファシズム、ナチズムそしてスターリニズムといった互いに類似した全体主義が一九二〇、三〇年代のヨーロッパに出現したのである。全体主義というのは、普通、横暴きわまる独裁者が人民の意思を抑圧することだといわれるが、三〇年代の現実は、けっしてそういうことではなかった。むしろ独裁者を歓迎し、独裁者のもとに拝跪《はいき》し、独裁者のあとを羊のようについていく人民の群れがあったのだ。そういう人々が、政治階級としての大衆とよばれたのである。

独裁者あるいは少数の指導者の宣伝煽動なり指揮命令なり管理操作なりによって易々と牛耳られる、そういう政治的に主体性のない人々が大衆である。「自由と責任」をもって政治に参加するのではなく、受け身に独裁者に服従していく人々が大衆なのであり、大衆こそが独裁者を産みだしたのだということである。まさにその通りであって、ヒットラーのことを例にとれば、ヒットラーは国民投票によって独裁者になったのみならず、国民投票にもとづいて東ヨーロッパへと侵略を進めたのであった。

国家思想としていえば、ルソーの一般意思（ジェネラル・ウィル）が全体意思（トータル・ウィル）に取って代わられたということである。つまり独裁者の個別意思が、人民に共通の一般意思を僭称《せんしょう》するという形で、社会全体の意思になりおおせた。そのことについてまったく無批判である人々、それが政治階級としての大衆であるといってもいい。いずれにせよ大衆は自由と責任を放棄することに痛痒《つうよう》を感じないのである。

ところが、アメリカを中心とする連合国によって、第二次世界大戦は全体主義対民主主義の戦いというふうに描かれた。そしてそれが民主主義の勝利に終わったとして祝われた。しかし、全体主義は民主主義の産物なのである。あえていえば、民主主義的な手続きの最高形態ともいうべき国民投票にもとづいて独裁者が選ばれてくる、民主主義によって民主主義が否定される、それが全体主義なのである。政治的階級としての大衆が自分たちの意思をみずから放棄してそれを独裁者に委ねるということであるから、全体主義と民主主義は矛盾するものではないのである。

そればかりか、たとえばアメリカのルーズベルト大統領によるニュー・ディールがそうであるように、民主主義陣営とよばれた国々も多かれ少なかれ全体主義に傾いた、それが一九三〇年という時代であったのだ。全体主義と民主主義が正反対であるかのように価値設定したのは連合国の宣伝煽動であり、それに乗せられつづけているのであるから、戦後日本人（とくに戦後知識人）は大衆の見本であるということになるであろう。

古い権威に反逆し、新しい権威を偽装する人々

二十世紀後半、民主主義の自己正当化が、全体主義批判のおかげでうまく進むにつれ、大衆観も変わらざるをえなかった。十九世紀の社会階級としての大衆観も、一九三〇年代の政治階級としての大衆観もおおよそ無効になった。その結果、一九五〇年代の半ばあたりから人文・社会思想の方面で、大衆論が一斉に退潮しはじめた。

そのことを典型的にあらわすのが、ダニエル・ベル（一九一九～　アメリカの社会学者）の『イデオロギーの終焉』であった。彼がいったのは、人間というものは機能によってしか定義できないということである。たとえばある人間は、工場で働いているときにはエンジニアの機能を発揮し、家庭にいるときには父親の機能を発揮し、コミュニティで発言するときには政治家の機能を発揮している、ということだ。つまり複数の機能の束としてしか人間は表現できない、とする技術主義的な人間観が確立されてしまった。二十世紀後半における産業社会の発展と、さらにはポストインダストリアル（後産業的）といわれる情報社会の発展とのなかで、ますます人間の人格は問題にされなくなった。教養と財産を持たない劣等な大衆とか、独裁者に追随する無責任な大衆といったような、人格を問うものとしての大衆論は姿を消してしま

った。

もちろん、大衆論が完全になくなったというのではない。すでに一九三〇年代、オルテガやヤスパースが、あくまで人格論としての大衆批判を展開しており、それが現在においても何がしかの影響を残している。オルテガについていうと、「人間的階級《ヒューマン・クラス》としての大衆」という言い方をした。それはいわば精神的階級としての大衆ということである。つまり、教養と財産があるかないかにかかわらず、あるいは政治的地位として指導者であるか追随者であるかにかかわりなく、その人の精神にして価値的に堕落せるものであるならば、その人をマスマン（大衆人）とよぼうということである。

エリート（選良）とは、（神の良き意志によって）選ばれたものという原義からしても、みずからに高い要求を課し、その高い目的を実現するために人知れず努力をし、たとえその努力が報われなくとも不平をいわない人間のことである。それにたいして大衆人とは、みずからに高い要求を課すことなく、現状にもしも不満があったとしても、それを自分の責任として引き受けるのではなくて、他者にたいする不平としてぶつけるといった種類の人間のことだ。大衆人の群れであるマスが社会のあらゆる部署に進出しはじめた、それがマス・ソサイアティ（大衆社会）なのだとオルテガはいった。

ヤスパースでいえば、「大衆は技術と手を携えてやってきた」ということである。つまり、高度な技術が社会に広範囲に普及するにつれ、「高貴なものへの最後の出征が始まった」のである。つまり精神の高貴さをめざす行いは攻撃もしくは揶揄《やゆ》の対象とされた。ヤスパースのいう通り、大衆はまず「反逆の言葉」を既成の権威や権力の一切にたいして投げつける。それに続いて大衆は「偽装の言葉」を紡《つむ》いで、自分たちが社会を統治する能力をあたかも持っているかのように、また自分たちが高い理想を抱いて社会を方向づけることができるかのように振る舞う。

この意味での大衆がまさに社会を占拠したのが二十世紀後半の時代風景であるというのに、大衆論が絶滅したのはなぜか。それは、そうした論を張るべき知識人の分野までもが大衆によって支配されたからにほかならない。というのも、知識人の棲息《せいそく》する場所は、主として大学とマスメディアなのであるが、そこが大衆化の高波に洗われてすでに久しいのである。つまり、マスエデュケーション（大量教育）がこうまで普及すれば、人それぞれ知識あるいは情報というものを身につけるようになった。加えて、マスコミュニケーション（大量情報伝達）が日々行われるようになれば、まがいものにせよ、教養らしきものを持つことができるようになった。そして知識人は、この「教養らしきもの」を世間に広めることを主たる仕事とするようになった。

財産にしてもそうであって、資産の名に値するものを多く持っている人間はそう多くないとしても、多くの人々が自分の受けた教育をヒューマン・キャピタル（人的資本）とみなすようになった。つまり人間の能力は将来にインカム（所得）を生む財産だとみなされ、実際、先進諸国において人々の所得が上昇しつづけている。所得と財産は厳密には違うけれども、少なくとも十九世紀におけるような財産のない人間たちという大衆の類型は稀にしか存在しなくなった。そしてここでも、知識人は、「財産らしきもの」を拡大するのに貢献するのを仕事としはじめたのである。

また二十世紀後半、いわゆる民主主義の勝利のせいで、独裁者にすすんでひれ伏すなどという態度は姿を消し、逆に家庭では子供たちが親の権威に逆らって自由を要求し、学校でも生徒・学生が先生・教師に逆らって権利を主張している。成人の社会においても、政治家は選挙民の要求の前に跪《ひざまず》く。経済界においても、最初は労働組合の進出によって、次には技術革新の進展によって、若者たちの発言権が高まってきている。また、北欧福祉国家に顕著にみられるように、平等政策のせいで累進税率が高くなり、それが人材や資本の海外逃避を招く、という事態にもなっている。結局、社会の全方面において指導者が大衆に追随するという光景が広がってきた。

だから、古き大衆観が消え去るのは当然としなければならない。しかし、そういう民主主義の繁栄の結果として、人々の態度や意見の質が向上したかといえば、かなり由々しき事態が展開されているとしかいいようがない。そこで、やはりオルテガやヤスパースのいった精神的階級としての大衆という見方が甦ら《よみがえ》ざるをえないのである。大臣であろうが社長であろうが、学長であろうが著名人であろうが、その人たちの精神の質が戦後民主主義に浸り切るというようなものであるのなら、あるいはアメリカニズムをはじめとする近代主義を疑うことを知らぬのなら、それは大衆人あるいは大衆の代表者にすぎない。そういう見方をしなければ、二十世紀後半にたいして批評精神を差し向けることはできないのである。

擬似知識人と擬似大衆人の連携

大衆は、教育や情報機関を通じて「擬似知識人」になりおおせ、世論の場において自分たちの束の間の意見を発表してみせている。ここで擬似というのは、知識そのものを懐疑し批評し解釈するようなことはしないということである。つまり、大衆は与えられた知識の目前の状況における当座の有用性にしか関心を払わない。その知識の前提を問うたり、その知識と他の知識を比較したりというようなことはしないのである。ましてや、目前の状況や当座の有用性の意味するところを検討し直すのは大衆の最も嫌うところである。そしてそういうものが、現代では「情報」とよばれて重宝がられている。

他方、知識人のがわは「擬似大衆人」化して、大衆の欲望に迎合するような知識を発表している。それが専門的知識人である。専門的知識人は事実の特定の側面をしかみることができない。というより、第一に、事実とは現象をある概念的な構図でとらえたもののことなのだが、その構図を批評にさらすようなことを専門人は忌み嫌う。第二に、事実は一般に多面多層をなしているのだが、専門人の専門人たるゆえんは、そのうちの単面単層をしか取り上げないところにあるのである。だから専門人は、事実の全体にたいしては何の評価も下せないはずなのだ。しかし、事実にかんする全体的なとらえ方については、あるいはその全体をとらえる気分については、大衆の世論にもとづくとしておけば、その単面単層にかんして専門的な分析をしてみせることができる。それが専門人の構え方となっている。わかりやすい例でいうと、世論が大蔵省批判で沸き立っているなら、そういうものとして大蔵省をとらえた上で、大蔵省のいわゆる護送船団方式を批判的に分析してみせるのだ。

専門人は大衆の世論に無自覚にせよ依存している。そういう専門人になってきているという意味で、現代の知識人は擬似大衆人である。つまり擬似知識人と擬似大衆人との連合軍、それが高度大衆社会を形成しているのである。この場合の高度というのは、そういう大衆の代理人が、社会のあらゆる権力の座にのし上がってしまったということをさしている。高度大衆社会が先進諸国において、とりわけ日本において、最も純粋なかたちで、確立されたというのが二十世紀後半の状況といってよい。

そこまでくると、デモクラシーは、古代ギリシャの哲人たちが心配したように、デマゴギー(大衆煽動)

に屈することになる。普通、デマというのは「嘘」のことだとされているけれども、そのもともとの意味はデマゴギーのデマであるから、民衆的ということである。つまり、デモクラシーはデマを招き入れやすいものなのだ。古代アテネにおいてまさに両者が一致するようになり、その文化的退廃《たいはい》を撃つべくソクラテスやプラトンが、徳とは何か、について考え論じはじめた。それと同じ批判を現在の民主主義社会にたいして差し向けざるをえないのは、デマゴギーがまさにデモクラシーの場においてばらまかれているからだ。つまり、専門人に変質してしまった知識人が、デモクラシーのなかにデマゴギーを注ぎ込んでいる。そのことをさしてオルテガは「大衆人の見本は専門人である」と喝破《かっぱ》したのである。

このようにいうのはさほど誇張ではない。たとえば、エコノミストという専門人の群れは、九〇年代中頃の国内の金融パニックにおいて、金融機関への公的資金の投入にこぞって反対した。しかし半年後に、日本のパニックを放置していると世界の金融パニックが起こる、とアメリカから叱られ、彼らはそろって公的資金の投入に賛成したのである。こういうことが日常茶飯に起こっているのが今の言論界である。つまり、専門人は状況と世論の変化に合わせて、適宜《てきぎ》、都合のよい分析を提供しているというわけである。

知識人とは、職種でいえば、学者であり評論家でありジャーナリストである。しかし一般的にいえば、公の場において、おのれの意見を口頭にせよ活字にせよ発表するものは、誰であれ、そのかぎりにおいて知識人としての活動をしているということができる。そういう意味での知識活動が、専門人化し、さらにはマスコミ世論とのかかわりで大衆煽動と化しているのである。これが大衆民主主義の現実である。

大衆は直接民主制を好む

こういう事態の根は民衆政治の観念そのもののなかに胚胎《はいたい》している。そのことをみるために、民衆政治の制度を直接制と間接制に分けてみなければならない。直接民主制というのは、国民投票のように、関係者がこぞって直接に意見の表明や投票を通じて物事を決めていくというやり方である。そして、間接民主制というのは、代表者を選んで、その代表者たちが議会や委員会をつくって、物事を決定していくというやり方のことをさす。

だが民衆政治のなかには直接制に傾く根強い傾向がある。日本語の民主政治がその好例で、民衆に主権があるとするわけであるから、そして主権というのは無制限の権力であるから、できるだけ多くの主権者たちに直接的に物事を決定させる、という方向に傾くのは必然といってよい。

主権という概念を排して、単に決定手続きとしての民衆政治のことを取り上げてみても、多数参加のなかでの多数決ということであるから、どうしても多数ということにこだわらざるをえず、結局、直接制のほうがよいということになるのである。

これが住民投票の場で現実のものとなりつつある。たとえば、国家の見地において原子力発電の必要が認められていたとしても、立地点における住民の投票で、その設置を決めるしかないということになりつつある。そして結局、当該の地元には立地してほしくないという決定が下される。というよりも、自分のところに立地してほしいなどということは例外を除いてはありえない。したがって、アメリカをはじめとして世界の各国が、原子力発電の必要は認めながらも、実質上それを禁止するという方向に進んでいる。

そのようにして直接制の民衆政治が広がっている。

国全体のことについても、大統領制を取り入れる国が増えている。そして大統領は国民投票で選ばれるということになっている。

日本の場合は、幸いなるかな、イギリスの議院内閣制をモデルにして明治国家の政体が作られた。つまり代表者たちからなる議院において首相が選ばれるという形になっている。戦後、アメリカ占領軍が憲法草案を書くとき、当時のアメリカ人にはまだイギリスにたいする尊敬の念もあり、またアメリカにおいて大統領制が国民の感情に左右されすぎるという自己反省もあって、イギリス型の議院内閣制でいいということになった。しかしその体制も、近年、揺らぎはじめ、首相公選制の主張が次第に強くなってきている。

たしかに、政治の首長を直接に選ぶということによって、民衆の政治にたいする関心や責任が高まるという可能性はある。しかし、それは、同時に、政治が民衆の人気によって直接的に左右される恐れが強くなるということでもある。君主あるいは天皇のような文化的元首を持たない国の場合には、大統領にその文化的象徴の役を期待して、それを民衆の人気で決めるという傾きが生じるのも頷《うなず》ける。しかし日本には天皇がおられる。そこで大統領制をとると、文化的象徴における分裂が生じるのである。

また、議院内閣制の長所は、立法過程と政策実行過程とが内的に結びついているという点にある。首相公選制はその結合をたぶん壊すことになるのであろう。いずれにせよ、こうした論点が何一つ検討されないままに首相公選制がいわれているのだ。それは、要するに、大事なことはすべて自分たちに決めさせよ、という民衆の要求がむくつけく表明されているだけのことなのである。

とくに九〇年代に次々と代わりゆく首相は、文化的な権威や政治的な権力において、いかにも稚拙であるとみなされた。マスデモクラシーのなかで、首相の権威も権力もずたずたにされていった。民衆は、自分たちで権威・権力の体制を破壊しておきながら、同時に権威・権力の体制がなければ自分たちも安穏《あんのん》に暮らせないものだから、直接制で首相（というより大統領）を選ぼうではないかということになってきている。

このように自分らの判断能力を疑うことを知らない民衆が大衆とよばれるのである。大衆は既存の権力者に不平不満を投げつけ、権力の座にある代表者たちを叩きつぶす。そうかといってそれに取って代わろうという準備も能力も、実は大衆にはないのである。人材を次々とつぶしたあげくに、もう人物はいないのかと嘆いてみせる、それが大衆のやり口である。結局、ポピュリズム（民衆主義）によって、もっといえばポピュラリズム（人気主義）によって指導者を選ぶ始末になるのである。しかし、民衆政治の現実を冷厳にみつめるなら、直接制ではなく間接制を採用するのが賢明だといわざるをえないのである。

それは、議会制民衆政治をどう解釈するかということにかかわっている。かつては、民衆のすべてが政治に参加することは技術的に不可能である、そんな集会場も集計方法もない、ということが直接制に反対する最大の論拠であった。しかし今では、コンピュータの発達によって、所定の政策の賛否を全民衆に問うことがいつでもできるようになっている。逆にいうと、議会制の採用理由は技術的なものではないということである。

議会制を擁護しようとすると、民衆にたいする半分の信頼と半分の不信から議会が作られる、というふうに考えなければならない。民衆には、平均として、まともな代表者を選ぶぐらいの能力はあるであろう。そう考えるという意味においては民衆を信頼する。しかしながら民衆を信頼するのは、代表者の経験、知見および人格を大まかに評価する能力についてまでである。どういう政策が正しいか、ある政策が他の政策とどういうかかわりにあるのか、あるいはある政策が将来的にどういう効果をもたらすか、といったようなことをまで判定する能力は、民衆には平均としてありはしないと考える。その意味において民衆に不信を寄せ、そこで議会が作られる。別の言い方をすれば、民衆にたいする信頼と不信の境界線上に議会が作られるということである。

あえて極端にいうと、代表者を選ぶ選挙にあって政策が決められるわけではないのであるから、いわゆる政策の「公約」はその通りに実行される必要はないのである。逆にいうと、政策公約をかならず実現しなければならないというのなら、議会における討論は不要だということになる。公約は、たかだか、その政治家の基本姿勢を示すものにすぎず、しかもその姿勢すら、議会討論のなかで修正して構わないのだ。それが議会制民衆政治なのである。

ところが、民衆政治を単なる決定の方式（代表選出と議会審議）とはみなさず、民衆に主権を与えよと要求するような大衆運動が展開されるに至った。民衆はおのれにたいする不信を心中では持っているにもかかわらず、それを表明することはしない。あたかも自分が主権者にふさわしい全能の分析力や判断力を持っているかのようにみなし、大衆として群れをなすことによって、自分たちを礼賛する。そういうことが続いているうち、民衆の自己懐疑は投げ捨てられたか、あるいは意識の奥底に沈められてしまう。そうなると、民衆はおのれらにたいする自己過信をさらに膨らませ、最終的には直接制という形であらゆる社会的決定に自分らの意見を反映させようとする。

その結果として何が起こっているかといえば、社会における価値の混乱であり、慣習の破壊であり、あるいは権威の動揺である。

知識人の大衆化が最大のスキャンダル

牛の群れなどが銃声一発におどろいて大敗走することをスタンピードというが、それと似た事態が全世界の政治経済を包みつつある。つまり大衆は自分らの作り出した無秩序に怯《おび》えて、逃げ場を求め、主権者を名乗ったものたちとしてはまことに不甲斐ないことに、何か絶対的な権力が登場してくれなくては自分たちのスタンピードはおさまらないという不安に駆られている。

それが文化現象の全般を包むオカルティックな雰囲気であり、社会現象の全域に及ぶカルチュアル（邪教的）な気配である。そればかりか経済現象はカジノ化し、政治現象もサーカス化している。それらは、マックス・ピカート（一八八八〜一九六五　ドイツ生れの哲学者）のいう「雑多なものへの逃走」として演じられているが、その雑多なもののなかに、ひょっとしたら、こぞって人気を寄せるに値する絶対者がいるかもしれないと大衆はひそかに期待している。少なくとも、絶対の権力の前に馳《は》せ参じようとの渇望が徐々に高まってきている。

近代社会は、個人主義を唱えて、自分の個的で私的な欲望を絶対視してきた。しかし、そういう個人というあまりにもローカル（局所的）な存在がおのれの主権を直接的に表明しはじめたとき、グローバル（大域的）な世界はどうなるか。結局、世界は均質化されるほかない。経済の新商品にみられるように、あるいは政治家の人気投票にみられるように、個性を競い合っていたはずの諸個人が、単一の技術とか単一の人気のもとに参集してくる、つまり個人主義が画一主義に転化していく。ローカリズムがグローバリズムへと転化していくのはそこにおいてである。

ローカルな主体とグローバルな制度とをつなぐのは、もともとは、歴史・慣習・伝統であり、とりわけそこに蓄積される道徳である。大衆民主主義がそのつながりを破壊し、両者をつなぎ合わせるものは技術しかなくなった。そして今まさに、技術体系という画一的なものが、高度技術および高度情報の名の下に、諸個人をつなぎ合わせようとしている。しかしその技術体系がＩＴ（情報技術）革命とよばれているようなとめどない変革の過程にさらされ、社会を絶えず混乱に放り込むとなると、大衆のスタンピードはさらに加速されざるをえないのである。

こうした事態の推移は、ほとんど必然の勢いで進んでいる。実際、こうした大衆化現象の流れを変えることは絶望的に困難であるといってよい。可能なのは、その流れの速度を少しばかり落とすことくらいだ、といってさしつかえないであろう。そして、せめてそうしようと努めるとき、知識人がその流れに乗っているか逆らっているかが、きわめて重要な問題となる。その意味で、知識人の大衆化こそが現代における最大のスキャンダルである。そしてその醜聞のうちの最たるものが知識人による道徳の忘却さらには破壊ということなのである。

15 健全なナショナリズムが指導者の条件

ナショナリズム（国民主義）に「健全な」という形容を付さなければならないのが何とも面倒である。しかし、ナショナリズムという言葉を先進国についてはブーワード（非難語）とみなし、後進国についてはフレーワード（称賛語）として用いる、という二枚舌を戦後知識人が長きにわたって使ってきた。たとえば、少し古い話だが、英仏の支配下にあったスエズ運河をエジプトが奪還したとき、そのいわゆるナセル・ナショナリズムが称賛された。ところが、日本領土である竹島に、日本の国旗を立てた政治家がナショナリストとして非難された。という次第であるから、「健全なナショナリズム」といってみせることでとりあえず長いものに巻かれた上で、次にそれから脱出する手立てを考えざるをえないのである。

インターナショナリズム（国際主義）という言葉の専売特許権が左翼の手に渡った、それがかえすがえすも残念でならない。国際性は国家の半面にかかわることにすぎない。つまり、国家の外面が国際社会に直面し、国家の内面が国内社会に対面しているということである。いいかえると、ナショナリズムは、それを外面でみれば、インターナショナリズムにほかならないのである。少なくともマルクス派にあって、左翼は普遍主義に立脚しているので、世界主義（コスモポリタニズムあるいはグローバリズム）と国際主義を区別できなかった。それで国民主義のことを国内主義（あるいは排外主義）と同一視したわけである。

この程度の用語分類もできずに国民主義について是か非かなどとやっているのであるから、その議論がバーバー語つまり訳のわからぬ野蛮語《バーバリアン》の会話と聞こえるのは当然だ。最も訳がわからないのは「世界の指導者」なる言葉が平気で流通していることである。どんな指導者にあっても、その権力は当該の国民から信託されたものにすぎない。私はクリントン氏に投票しなかったし、ゴア氏に投票する予定もない。つまり、それらの指導者は、国民の指導者として国際社会に口や手を出しているだけのことである。それにもかかわらず、国民主義を排せという声が少なくとも我が日本では途絶えたことがない。

ほかの国の指導者は、まったく当たり前のこととして、国益を第一としている。そして国際社会のことは、国益にたいする制約条件とみなされている。我が国の場合、その制約条件が厳しすぎて国益を計算する必要がない、というのは言い逃れであろう。なぜといって、それが厳しくなったのは、国益をいうのはナショナリズムだ、という非難文が、この国で、社会正義の表現として通用していたことの結果なのであるから。

政治家までがＩＴに振り回される

今の世界は帝国主義的としかいいようのないパワーによって支配されている。帝国主義を広く定義すれば、個人でいえば自分の意見を、国でいえば自国の意思を、相手の意思を無視する形で押し通そうとする傾向のことだ、といってさしつかえない。

その意味での帝国主義を、今、露骨にみせつけているのはアメリカと中国である。しかしアメリカのそれについていうと、かつてのような排外主義はない、というよりそれがより巧妙に表現されるようになっている。つまり経済でいえば、技術や情報といった各国に普遍的に当てはまるものを押し出していく。あるいは政治や文化でいえば、各国民にとって普遍的なものとしての人権の観念を広めていく。諸国民の多様性を押しつぶすに当たって、帝国主義国の特殊利益を露骨にふりかざすような排外主義ではなく、その特殊利益を人類に普遍的な利益と偽装するやり方がとられているわけだ。

その普遍主義は各国の文化の特異性を根本において支えているはずの言語にまで及んでいる。つまり世界を包括する（インターネットをはじめとする）情報網に流通する共通語を英語を俗化したものとしてのアメリカ語にすることによって、世界を文化的に均質化せんとしているのである。また、そうした言語帝国主義とでもいうべきものに、自己の個別利益にもとづいて呼応する勢力が各国に存在してもいる。その見本が一部のエコノミストおよびビジネスマンであって、彼らは紋切り型のアメリカ語で表現される技術情報や商業情報を習得するのがグローバルな時代における中心的な生き方だと喧伝《けんでん》している。

それにたいして中国の帝国主義は、その国力の低さのために、あまり洗練されてはいない。中国にはいわゆる華夷秩序の因襲がある。つまり周辺国に朝貢《ちょうこう》を強い、それに従わぬ国は武力による威嚇《いかく》を行うという旧式の方法が、中国帝国主義の主たる手段となっている。しかし、中国では共産党が独裁政権を掌握しており、そして左翼的国際主義が世界連邦主義と変わらぬものであるということからしても、中国にも普遍主義を志向する傾きがある。たとえば、中国国民の金銭・技術への執着が野放しにされているのも普遍主義の一つの現れといえるが、それ以上に普遍主義が明瞭《めいりょう》なのは言語の記号化だと思われる。

つまり毛沢東時代に、中国の独自な表記体である漢字が単純化された。ということは、漢字に現れていた歴史性を抹殺して、それを記号化していくということである。言葉を意思伝達の単なる道具ととらえるならば、それは普遍語化しつつある英語の普及運動ともつらなりやすい。実際、金銭的利得の機会を拡大するための英語学習が中国において広がっている気配でもある。

このように「技術による帝国主義」とでもいうべきものが、言葉をも技術と化しつつ、進行している。それにつれて各国の指導者たちは、おのれらの国家運営において歴史や文化への配慮を失いつつある。そしてそれは、リーダーシップ（指導性）そのものが技術の配下に入るということでもある。リーダーなき国家は、技術システムの変動に合わせて漂流するほかない。政治家までもが、たとえばＩＴ（情報技術）やＶＢ（ヴェンチャー・ビジネス）に振り回されるというように、テクノロジズムに埋没している。その見本が今の日本ということであって、たとえば二〇〇〇年の沖縄サミットにたいして、日本政府は「ＩＴ革命の推進」ということ以上のテーマを打ち出せなかったのであった。

快楽主義の逆説

もちろんその背景には、マスデモクラシーにあって指導者は大衆の代理人としかみなされない、という政治力学がはたらいている。つまり大衆の欲望実現に貢献するのでなければ、指導者はその地位を守ることができないのである。

それのみならず、大衆はあり余る豊かさのなかで退屈し、行きすぎた平等のなかで苛立《いらだ》ちを覚えている。退屈しのぎや苛立ちまぎれとあらば、自分たちが選んだはずの、自分たちの代理人である（仮の）リーダーたちに休みなく攻撃を仕掛け、また次々と新たな代理人を選び出していく。つまり大衆は「快楽主義の逆説」にはまったのである。ちなみに快楽主義の逆説というのは、快楽が実現されるにつれて生じる目的喪失感を糊塗《こと》するために、まだ実現されていないわずかな豊かさや等しさを異常なまでに欲望するということである。つまり、快楽が大きくなるにつれ、小さな快楽が未実現であることが大きな苦痛となるわけだ。これが大衆心理の実相であり、そういう状況のなかでまともなリーダーが育つとはとても思われない。また、有能な人材がそうしたものにすぎない指導者の地位に就くことを望むとも思われない。

とくに平成の時代の日本において、大衆民主主義によるリーダー扼殺《やくさつ》の悲喜劇が、世界で群を抜く水準で、演じられつづけ、首相がすでに十人代わっている。その代わる理由が、おおむね、マスメディアで膨らまされるスキャンダルときている。これは政治の場に限られない。経済団体や文化団体の長たるものの権威・権力は、とうの昔に地に堕《お》ちているといって過言ではない。

リーダーなき帝国主義とは、大衆民主主義による歴史・文化への破壊運動のことにほかならない。大衆の拍手喝采のなかでリーダーが選ばれ、そして誹謗《ひぼう》と中傷のなかでリーダーが倒されるという交代劇が各国で起こっている。もちろん、残存せる社会主義国としての中国やキューバのように、官僚主義的なパントマイム（沈黙劇）のなかでリーダーが交代しているというような状態もあるにはある。また、発展途上諸国でも、いわゆる権威主義的な体制が残っているところが多い。しかし、それら前大衆社会ともいうべき国々にあっても、とくに市場経済の発達につれて、勤労者や消費者からの政治圧力が高まっていることは疑いない。そしてその市場経済の発達が当初から複雑な国際関係のなかで展開されるので、先進諸国の大衆文化が伝播《でんぱ》してくる速度もまた大きくなっている。だから、普通選挙が実施されるや、たちどころに大衆の人気主義にさらされる、ということになりがちなのである。

たとえば中国を例にとると、市場経済を発達させるためには、市場活力を喚起させなければならず、そのためには私有財産制を認めなければならないということになってきている。そのせいで、中国にも巨大な貧富の格差が生まれつつある。そして、割合としては小さくとも絶対数としてはかならずしも少なくない金満家たちが、一時期の日本人がそうしたように、ヨーロッパなどに群れなして買い物ツアーに出掛けている。また、その市場競争で落ちこぼれた五千万とも一億ともいわれる人々が、既成の政治権力にたいする不満を擬似宗教的な運動として表現しようとし、それを共産党が押しつぶさなければならない、といったような有り様になっている。中国は、いずれ国家としての統一性を失って、さまざまな地域に分割されるのではないかという予測すら出されている。つまり、中国も含めて、よき指導者をつくる体制が全世界的に瓦解《がかい》しているといわざるをえないわけだ。

その瓦解が最も顕著に進んでいるのが現代日本である。直接民主制によって選ばれる大統領も、民主集中制によって選ばれる国家主席も、危機管理においては、絶大な権力を振るうことがまだ許されている。その意味で、大衆の集団的感情に国家全体が引きずり込まれることにたいする防波堤が曲がりなりにも準備されている。たとえばアメリカと中国は、そういう危機管理における指導体制をかろうじて持ち長らえているおかげで、スーパーパワーとしての力を誇示することができているのだ。そうした体制が崩れゆく一方であるという点で、日本の大衆化状況は並外れた段階に達しているといってよいのではないか。

決断力を支える説得力

その原因について考えてみるためには、まずリーダーシップ（指導性）の構成内容を検討してみなければならない。普通、リーダーシップは決断力に結びつけられる。しかし、リーダーシップはもう一つの脚の上に立っている。それは説得力である。つまり説得力に裏づけられた決断力でなければ、長期的に安定したリーダーシップは生まれない。このことを九〇年代の平成改革が示してくれた。

この一連の改革において、何人かの政治家が、決断力を誇示せんとして、党派の離合集散にかんするものをはじめとして新税法の設置に至るまでの、さまざまな施策を発表したのだが、そのほとんどにおいて無残に失敗してしまった。たちどころに失敗に至るような決断をリーダーシップの発揮とよぶわけにはいかない。そのことにたいする反動として、日本の政治は旧態依然の調整型政治に舞い戻ろうとすらしている。

「説得なき決断」は、日本において最も露骨に出ているのだが、他国においても似た事態が生じている。

たとえば、湾岸戦争直後の世論調査では、アメリカ国民のブッシュ大統領にたいする支持率は九〇％の高きにのぼった。しかしそのあとの大統領選でブッシュ氏はクリントン大統領に惨敗した。アメリカの選挙民が戦争問題よりも失業問題を重視したということであるが、いずれにせよブッシュ大統領の高い支持率にはさほどの内実はなかったということである。つまりブッシュ大統領も説得力のあるリーダーシップを持ってはいなかったのだと判明したわけである。

クリントン大統領にしても、その経済政策は支持されているものの、セックス・スキャンダルにさらされつづけた。クリントン大統領に権威を感じているアメリカ国民は少なく、権威のない政治家が大きな説得力を発揮できるわけもない。クリントン氏に説得力があったとしたら、それは、恥も外聞もなく生き抜くのが今風なのだ、とアメリカ国民が思いはじめたということではないのか。

現代におけるリーダーシップの衰退という事態の背後には、説得力の貧困化という事実がある。それは、説得力の源泉である政治家の歴史認識や文化意識が衰弱しているからにほかならない。表面上、政治活動の本質は、未来へ向けてプロジェクト（企投）すること、つまり不確実な未来に向けて決断を下すことである。しかしそれは、どんな不確実性への挑戦も、それなりの裏づけがなければ支持されるはずはない。その裏づけがどこから出てくるのか。

不確実性への対応には歴史の英知に学ぶことが必要となる。なぜなら、歴史を振り返れば、各国各様の形で、大きな不確実性に直面するという局面がいくつもあったに違いないからである。そういう歴史の局面をくぐり抜けるのにどのように成功したか、あるいはどのように失敗したか、という経験のなかから、いかなるスタイルで不確実性を管理すべきかの示唆を得ることができる。もちろんその管理能力はその人の能力にもよるとはいうものの、その人の知恵が完璧ではありえない以上、やはり歴史に学ばざるをえない。その学び方が、説得力となって現れてくるのである。

もう少し具体的にいえば、不確実性の下で十分には合理的に説明できないみずからの決定について国民を説得するためには、自分の決断をいかなる文体で表現してみせるか、関係者との談合をいかに進めるかなどについて、巧みなスタイルが要求される。そしてスタイルとは、人間の場合、「言葉づかい」以外の何ものでもありはしない。言葉づかいにおける巧みさ、それが人々に信頼感を与え、そして信頼が説得力の源泉となる。

わかりやすい例でいうと、「日本は、天皇を中心とする、神の国である」というある意味では正しいことを、あまりにも単純に言い切ってしまった首相がいた。左翼人士がその言葉尻をとらえて巨大なスキャンダルに仕立て、そして十日も経たないうちに、三八％の支持率が一三％に落ちるということになった。これまでの経験からして、そういう反応は十分に予測できることなのに、その首相は対処のすべを知らずというふうに右往左往したのである。このことにかぎらず、言葉づかいの失敗によって何人もの政治家が大きく傷ついたのであった。

表現のスタイルとは合理的には定式化できないものである。しかし、歴史を振り返れば、危機における平衡感覚が伝統の精神となって堆積《たいせき》しているとわかる。その英知をくみとれば説得力のある表現も可能となるのに、変革を唱えるのに急な政治家は、そもそも「歴史を振り返る構え」を持たないがために、説得なき決断に明け暮れ、そしてあらゆる変革を失敗に帰着させるのである。

歴史を振り返る構えとは保守思想のことにほかならない。保守思想を会得していないものが社会の指導者となるとき、その決断は、説得力の不足にもかかわらず強引に実行に移されたとすれば、社会を混乱に落とし入れる。戦後日本が、いま、打ち続く崩落現象に悩まされているについては、保守思想が、社会の指導層にあってすら、会得されていないどころか理解すらされていない、という事情がある。

不確実性を軽んじてきた保守主義

保守思想は、これまでは、一つに変化というものにたいする思想的懐疑主義、二つに改革における政治的漸進主義、そして三つに社会の成り立ちにかんする有機体説という三脚の上に立つとされてきた。戦後で（誤って）保守といわれてきた思想潮流は、第一の条件については完全な失格であり、第二の条件についてはおおよそ不合格であった。第三の有機体説についてはどうであろうか。

留意しておくべきは、社会をオーガニズム（有機体）として表現するのはあくまで一つの比喩にすぎないということである。あたかも植物の成長のように時間をかけて変化し成長していくというイメージは歴史発展の描き方としては妥当ではある。しかし、人間の人生も社会の制度も不確実性に直面する。その不確実性からくる秩序の攪乱《かくらん》に囲まれている。それを平衡に至らせる国民の長年にわたる営為が国柄を分泌させるわけで、そういう困難な営みの連続を有機的な過程と比喩するのには無理がある。事実、古代ギリシャにしても古代ローマにしても、あるいはマヤ文明にしてもインカ文明にしても、有機体として成長することができずに滅び去ったのである。（戦前までの）日本や（最近、グローバリズムに席捲されるようになるまでの）イギリスのように、文明の発生以来、継続的に国柄を維持し発展させてきた国家もありはする。しかしそれはむしろ例外で、栄枯盛衰の波間に漂うのが普通の国家である。だから国家を有機体になぞらえて平然としていたのは、これまでの保守思想が不確実性の感覚を欠如させていたことの現れといえよう。現代のリーダーたちが保守思想に味方するわけにはいかなかった一つの理由は、この保守思想における（社会有機体説という）欠陥にあったのかもしれない。

ましてや価値の葛藤を平衡・総合させるには、より高い価値をめざす、そしてその究極において宗教的な次元を洞察する、ということでなければならない。またそうした感覚を体感するために、おのれの存在の根底を覗《のぞ》きみるべく、身体的な次元にまで下降していかなければならない。人間だけがそういう精神の垂直運動をなす。それは有機体とは正反対の成長のあり方であり、むしろ精神の浪漫的な冒険とよんだほうがよいくらいのものである。

有機体の比喩が妥当するのは、いささか皮肉なことに、精神の水平運動のほうについてだと思われる。つまり、所与の目的（あるいは手段）のために新しい手段（あるいは目的）を模索していくという過程が自動症のように進行するものとしてのテクノロジズム（技術主義）にあっては、多様化・差異化の運動がはてしなく続いていく。現代の市場機構には、そういう水平運動が内在している。とくに市場が資本主義的な動機（利潤最大化と資本蓄積の加速化）に駆られている場合にそうである。現代人によってほとんど不可避の過程であるとみなされはじめている技術の発展過程は、有機体が枝葉を広げていく過程に類似しているといえよう。

だが、この技術主義の運動にもどうやら限界がみえはじめた。というのも、その運動を率先する指導者たちの決断が、遠からず、文化、政治そして社会の全域を混乱に落とし入れることになるからである。そしてそれが経済における不確実性を高め、そのために市場機構が不安定の度を増すという有り様になっているからだ。必要なのは、この高まりゆく不確実性にたいして保守思想が対応できるのかどうかを検討することである。対応できるとすれば、保守思想はみずからの内部に不確実性への深甚《しんじん》なる考察を含むことになる。そういうものとしての保守思想には、もはや、旧套墨守《きゅうとうぼくしゅ》といったようなありきたりのレッテルを貼りつけることはできないのである。そういう性格のものならば、社会の指導者たちも、保守思想に信頼を寄せることができるに違いない。

インターネット時代だからこそ保守思想

アンサーテンティ（不確実性）は、もちろん、未来という時間意識において発生する。つまり、未来への予測はつねに不確実だということである。しかし、一口に未来といっても、明日という未来もあれば十年後という未来もある。そういう未来にかんする短期・長期の区別に応じて、不確実性も様相を変える。そこで不確実性をリスク（危険）とクライシス（危機）に類別しておくのが便利である。

リスクとは未来の不確実性について、何らかの確率分布が想定できる場合のことをさす。たとえば経済学方面において、リスク・テーキング（危険取得）をいかに引き受けるかという問題が提起され、現代日本人は危険取得に挑戦する活力が乏しいので、危険取得を恐れないアングロサクソン系の資本主義の前で敗北しているのだといわれる。しかし、未来の不確実性を確率分布として想定する、などということはどこまで妥当であろうか。

人間の歴史という一回かぎりで不可逆的現象について確率分布を、ましてや行儀のよいノーマル・ディストリビューション（正規分布）を想定するなどということは、稀な例外を除いては、知的遊戯にすぎない。人間・社会の現象は、サイコロを振った結果として生じるようなものではないのである。時間の経過につれて、人間の精神も社会の制度も、逆戻り不能もしくは困難な形で変化していく。欲望も技術も、道徳も組織も不可逆に変わる。だから、本質において、人間の歴史における不確実性をリスクとみなすのは間違っているのである。

実際には、確率分布の想定にもとづいて、過去のデータからその数学的期待値（平均値）や標準偏差を導き、それらの数値を勘案《かんあん》していかなる投機を行うべきか、などというふうに振る舞っているヘッジファンドがある。きわめて短期間に、しかもきわめて頻繁《ひんぱん》に、取引が繰り返される株式や為替の市場にあっては、ある程度までは、そうした想定が当てはまるといってもよい。しかしそれとて、厳密にいえば、長期の未来への見込みによって近い未来への予想も影響を受けるのであってみれば、いわば手品の商売をしているようなものである。それがまがりなりにも機能しているのは、それを手品と思わず、未来予測の合理的方法だと錯覚している人々が多いからにすぎない。しかし手品で経済の実体をいつまでも動かせるはずはないので、手品市場は晩かれ早かれクライシス（危機）を迎えるのである。

クライシスとは、確率分布などを想定することができないような、本格的に不確実な状態のことである。危機を乗り超えるのは、コンピュータのような人工頭脳のなしうることではない。人間頭脳がイメージ、アイディア、ヴィジョンを創り出さなければ、そしてそれを人間的組織のなかに集積していかなければ、危機管理は不可能である。そればかりか、危機は全体社会がクリティカル（臨界的）な状態に陥る場合にも出現するのであるから、それを管理するには、全体社会の統治にあずかる公権力が出動しなければならないということになる。つまり政府なしに危機管理は不可能だということである。

危機管理こそは指導者にとって最大の仕事である。そして危機管理もまた保守思想の射程に入ってくるのだ。なぜなら、「危機管理の歴史」というものもまたあるからである。その歴史は、確率論的な技術知の累積ではなく、実際知の蓄積である。実際知があれば、何がしかの予測と対策を危機にたいして施すことができる。実際知を重んじるものとしての保守思想は、危機にたいしても有効でありうるのでなければ、延命することができない。とくに、高度の情報・技術が攪乱因子となり、リスクという弱い不確実性を超えてクライシスという強い不確実性のなかに社会が追い込まれるようになるや、保守思想によってとらえられる（歴史の英知としての）伝統は、組織作りの知恵とくに公権力の動かし方の知恵となって、現代に甦《よみがえ》ると期待されるのである。

社会に大きな混乱をもたらすかもしれない新技術が発明されたとき、それに無下《むげ》に反発するのではなく、それに伴う危機をうまく管理しつつ迎え入れるためには、精神の広さだけでなく深さをも持たなければならない。つまり、技術における精神の水平運動が延長されていくにつれ、それに対応するほどの深さを持った精神の垂直運動をも展開しなければならない。保守思想は、その意味で、「深さの実際知」だといえよう。

少し具体的にいえば、たとえばインターネットという情報技術が発明され、それが家庭をはじめとする既存の制度を壊しかねないという状況になっている。だからインターネットを迎え入れるに当たっては、これまでにも増して、人々は家庭やサロンやクラブのようなフェイス・トゥ・フェイスの、つまり対面的な意思疎通の場を大事にしなければならない。さらには、それらの場の在り方を新しい技術の状態に適合するように改革するという努力をなしつづけなければならない。そして、そのような場における会話や議論の密度を深めるためには、人々は技術主義の心理や行動から抜け出さなければならない。そうでなければ、インターネットは現代人の孤独をさらに深め、その新しい情報技術の場が病理の瘴気《しょうき》で充満するということになるかもしれない。現に、たとえばアメリカの世論調査において、インターネットによる孤独感の増大ということが報告されている。つまり、荒馬のように疾走する技術をいかに乗りこなすか、それが保守思想における「深さの実際知」だといえる。

その意味で、保守思想に立つ指導者が肯定する改革はリフォーム・トゥ・コンサーヴつまり「保守するための改革」のみである。危機から身を守るための平衡術を保守するためにこそ改革を行う、それが保守思想のエッセンスである。そのように構えるのは、人間の生を意義あらしめる価値やそれを探すための規範ともいうべき道徳が、過去の英知を保守するという姿勢によってしか見出されえないからである。いいかえればそれは、人間の人生と社会の時代を「良き目的を保守するための、手段の良き改革」という次元に据え置こうとする。この思想が蒸発するままに任せられてきたからこそ、近現代人の生は目的喪失の虚無主義によって冷却されている。そして、みかけでは活動的な指導者の生はといえば、「改革のための改革」という手段主義の狂気によって熱せられているのである。

「数量の支配」は永続しない

説得力の衰弱、それが現代の指導者たちに一般的にみられる傾向なのだが、それが、今のアメリカにみられるような「数量の支配」によって加速されている。コンピュータを中心とする技術のシステムがはじきだす数値的な世界、そういうものに向かって現実の世が動いているように大衆は錯覚している。そういう「数量の支配」の幻想にとらわれれば、テクノクラートの提供する情報にもとづいてより速やかにそして効果的に決断を下す指導者がもてはやされもしよう。たとえば、ＩＴ革命の時代とやらを推進する社会勢力を大仰に激励することによって、指導者はその地位をひとまず確保することができる。

しかし、「数量の支配」が永続するはずがない。なぜなら人間社会にあっては、価値も規範も、欲望も意見も、同じマトリックス（母体）からサイコロを振って出たような確率現象として変わっていくのではないからである。歴史上の変化は本質的に不可逆であり、それを法則として、ましてや数量的な法則として定式化することはできない。それをあえて定式化し、それにもとづいて行動すれば、その無理がかならず数量的システムの破綻《はたん》として現出するに違いない。現に「数量の支配」の世界は、世界資本主義のブーム（膨張）とそれに続くバスト（破裂）という形で、崩壊の寸前にある。そうならば、決断力を支える説得力の根は、「歴史の英知」のなかにしか胚胎《はいたい》しえない。いいかえれば、健全なナショナリズムを身につけていないような指導者は、何事かを決断したとしても、表現のスタイルを欠いているせいで説得力を発揮できず、結局、大衆社会から葬り去られていく。

過去の英知を探索するには、言語的動物としての人間の場合、言葉にたいするエティモロジー（語源学）ともいうべきものが、つまり言葉の意味にたいする遡及の態度がなければならない。そのようにエティモス（真実の）ロゴス（言葉）を求めるのが健全な人間だという意味で、人間は語源的動物である。しかもその語源たるや、科学的な理性だけではなくて、物語的な感性をも包み込んでいる物語的理性、それが人間における真の合理性だといってよい。そして、物語が幻想を伴わずにはいないという点に注目すると、人間は幻想的動物であるということすらできる。その幻想が狂気にさまよいこまないようにさせるためには、面白い物語、有益な物語そして得心のいく物語をみつけなければならない。それがストーリー（物語）としてのヒストリー（歴史）である。その物語＝歴史を成り立たせる最も重要な筋書き、それが道徳の系譜であり、その系譜に棹差《さお》すのが説得力ということなのである。

その意味で、指導者たるものは「優秀な言語的動物」でなければならない。だが、日本のみならず各国において、指導者たちの「言葉の失敗」が社会を混乱させる大きな原因になっている。この有り様をみて、ほとんど誰しもが「リーダー不在」を嘆いているのだが、しかしその不在は、現下の大衆社会の深く広い病巣の反映にすぎない。つまり大衆は、自分たちの言葉を支えているのが「国民の歴史」であること、したがって言葉の説得力を保証するのはナショナリズムであることを理解していないのである。

ナショナリズムの土台をなす公平性

説得力の源泉ともいうべきナショナリズムにあっては、第一に、人々が集団を通じて公共的な場でどのような規律ある態度を示すかということが中心となる。しかしそれだけではなく、ナショナリズムの片翼には、個人が公共的な場でいかにおのれの人格を表現するか、という問題が位置する。そしてその反対の翼には、人々が集団のなかでおのれの帰属心をいかにひそかに確保するか、という問題が配置される。つまりナショナリズムは、集団における共有価値を中心にして成り立ち、そしてその共有価値にもとづいて、おのれの個的な人格とおのれの私的な帰属心とを保守するのである。それゆえナショナリズムは、コミュニカティヴ・アニマル（意思疎通的動物）としての人間の、当然の在り方でもあるということをまず認めておかなければならない。

ナショナリズムの中核をなす共有価値のことを具体的にとらえようとすると、平等と格差のあいだの平衡としての、公平性ということに注目せざるをえない。なぜなら、共有価値を維持するための枠組は、公平性なしには成り立たないからである。リーダーの説得力の中心をなすのは、この共有価値を、具体的状況のなかでいかに巧みに表現してみせるかという点にある。そして共有価値は道徳の基準でもあるのだから、リーダーは「徳の力」をも保有していなければならないということになる。

多くの人々が、あまりの貧困のために、あまりにも病弱のために、あるいはあまりの教育不足のために、共有価値を表現すべきコミュニケーション・システムに参加できないとしよう。そういう場合には、そのシステムが機能障害に陥り、共有価値そのものが壊れてしまう。したがって共有価値を維持するには、多くの人々をそのシステムのなかで活動可能な存在としうるほどには、公平性が実現されていなければならない。

これはけっして弱者救済のヒューマニズムからくる発想ではない。大事なのは共有価値のシステムを守ることで、そうするためには、弱者にもシステムへの参加条件を一定程度に保証してやらなければならないというだけのことである。それはヒューマニズムとはむしろ逆の考え方に立つ。極端な場合でいうと、コミュニケーションにおける強者が、強者として振る舞うためにも、弱者の存在が必要であるということだ。弱者を救済しようとか補助しようとかいうことではなく、おのれの強さを発揮するためにも、弱者をそのコミュニケーション・システムに参加させなければならないのである。つまり公平性は、アンチ・ヒューマニズムをも含みうるのである。

ヒューマニズムによって公平を論じると、弱者救済の主観に引きずられて、悪平等に傾いてしまう。あるいは弱者と強者の葛藤がとめどなく続いてしまう。国家の安定と持続を重んじるものとしての公平性の観念にあっては、何ほどか客観的な基準があるので、もしくはその基準を探索することが課題とされるわけであるので、その条件がある範囲（つまり閾値《しきいち》）のなかに収まりやすいであろうと期待されるのである。

したがって、公平は単なる機会の平等とも違う。機会の平等というのはあくまで形式的なものにすぎない。たとえば、誰しもに大学の試験を受ける機会があるのだが、実質的には、その人に授業料を払うカネがなければ大学には入れない。単に機会が形式的に開かれているというだけでなく、何ほどかは実質的に機会の平等を保証する、それが公平性である。

「機会の平等」と「結果の平等」という二分法をあまり強調してはならないのである。悪平等を避けるために「結果の平等」を非難するのが最近の個人主義および自由主義の流行となっている。しかし、実現の可能性がないような機会を選択の機会とよんでも致し方ない。その意味で貧富の差が拡大しすぎることは、社会保障の見地からというよりも、自由選択の場たる市場機構の安定という見地からみて、批判さるべきなのである。つまり、平等と格差という矛盾する価値のあいだで平衡をとり、公平という高い価値に近づいていかなければならないわけだ。

そうしたものとしての公平性への模索は、具体的には、最低保証の形をとることが多く、それが通常は、シヴィル・ミニマムとよばれている。ところが、そのシヴィルという言葉にすでにヒューマニズムの方向での曲解がほどこされているのだ。

もともとシヴィルはパブリック（公民的）ということであるから、国家のものをはじめとする公的な活動に参加しうる条件を持ったものというくらいの意味である。だが、近代社会の個人主義および自由主義のなかでシヴィル・ミニマムというと、最初に個人ありきで、そしてその個人をヒューマニスティックに救済しなければならないという文脈でとらえられる。したがって、そういう手垢《てあか》に汚れたシヴィル・ミニマムという言葉はやめにして、ナショナル・ミニマムとよぶことにする。

ナショナル・ミニマムを的確に表現していくのがリーダーの説得力

人々の活動の枠組における共有価値の維持・発展を図るための最低保証、それがナショナル・ミニマムである。そしてそれのさらなる具体的な姿は何だと問われれば、ひとまず、（自由と規制のあいだの平衡としての）ナショナルな秩序、（平等と格差のあいだの平衡としての）ナショナルな公正そして（博愛と競合のあいだの平衡としての）ナショナルな活力、それらを確保するための実質的条件がナショナル・ミニマムだということになる。繰り返し確認すべきは、それらの平衡基準の実質はあくまでナショナルなものにしかなりえないということである。もちろんどんな国家も、外面的にはインターナショナル（国際的）な影響を、そして内面的にはインターリージョナル（地際的）な影響を受けはする。しかしそれらの影響を整序するのはあくまでネーション・ステート（国・家）なのである。

ナショナル・ミニマムが保証されていなければ、現代における唯一の政治理念ともいうべきリベラル・デモクラシー（自由民主主義）もまたみずからの基盤を失う。自由は規制がなければ意味をなさず、そこで自由と規制の平衡としての秩序が問われることになるのだが、その秩序を守るためのものがナショナル・ミニマムにほかならない。民主においても、できるだけ多数のものを平等に社会に参加させるというのが民主の趣旨であるが、格差なしの社会が悪平等に転落するとなれば、平等と格差のあいだの平衡としての公正を実質あらしめるべくナショナル・ミニマムを保証しなければならない。ほかの言い方をすると、民主政治は常識・良識に満ちた世論を必要とするのだが、民衆の常識・良識はナショナル・ミニマムが整っていないとうまく育たないのである。

このナショナル・ミニマムを的確に表現していくこと、それがリーダーの説得力というものである。このことを無視したリーダーの決断は、少なくとも長期的には、かならず失敗に帰する。なぜなら、リーダーの提案するいかなる改革案も、ナショナル・ミニマムに抵触するようなものであるならば、民衆の長期的支持を得ることができないからである。

また、危機のなかでの決断を冒険ととらえるのは、決断主義の間違いであろう。たしかに決断は大いなる実験であり、そしてエクスペリメント（実験）とは、「危機《ペリル》」に身を「さらす《エクス》」ことである。しかし、その「さらし方」の経験というものがある。そうであればこそ、エクスピアリアンス（経験）もまた身を「危機にさらす」ことを意味する。指導者は、過去における「危機の経験」にもとづいて、未来の危機にたいして何らかの枠組を与える。そうした枠組がなければ、指導者の決断は単なる冒険になる。ナショナル・ミニマムを具体的に構想していくことは、この危機管理のための枠組を構築することに該当する。

アメリカは、ヴェトナム戦争の後遺症としての六〇年、七〇年代のカウンター（およびサブ）カルチャーにおいてもそうであったが、九〇年代のいわゆるサイバー・キャピタリズムにおいても、ナショナル・ミニマムの破壊をやってきた。国民の共有価値は金銭・技術にかかわる（資本主義という名の）歪んだ価値しか残らなくなっている。そのために、貧富の差が拡大し、社会の規制が緩み博愛が弱まっている。もう一つのスーパーパワーである中国も同じようなことをやっており、その文化大革命という名の文化破壊のあとには、開放政策によって中国人民のマモニズム（拝金教）が推奨されている。それにつれて中国のナショナル・ミニマムもまた大いなる動揺にさらされている。これらの両国に挟まれた日本も、九〇年代の改革運動の顚末《てんまつ》をみればすぐわかるように、ナショナル・ミニマムの整備を怠ったために、政治・経済にかぎらず社会・文化をまで、混迷に叩き込んでいるのである。というより、ナショナル・ミニマムがなくても市場機構はうまく回転する、というアメリカニズムの詐術に引っ掛かってしまったのだ。

アメリカや中国や日本にかぎらず、グローバル・キャピタリズムが荒れ狂う過程で、世界各国のナショナル・ミニマムが崩落させられ、そしてそれがナショナリズムの復活を、多くの場合は排外主義を伴うものとして劣等なナショナリズムの復活を促しているのである。ナショナリズムを健全なものにするためにも、人間の意思疎通は国家をはじめとする共同体的な土台を必要とするということ、そしてその土台はナショナル・ミニマムの保証を俟《ま》ってはじめて安定するということをしっかりと押さえておかなければならない。

大衆社会から公民社会への脱出口

大衆はたしかに「数量の支配」を楽しんでいる。しかしそうした意見や行動における大衆性は、現実に生きている人々の表面の姿にすぎないのである。人々は、心の裏面では、依然として歴史につながらんとしている。それを仮に庶民性とよべば、人々の表の顔は大衆であっても裏の顔は庶民である。マスマン（大衆人）とコモンマン（普通人、庶民）の二面相、これが人々の現実の姿だとしてよいのではないか。

サイバー（人工頭脳によって処理された情報）空間に慣れ親しんでいるようにみえる人々も、そのような空間に取り込まれるにつれ、退屈と焦燥《しょうそう》を覚える。現代人にあって、そういう庶民性がまだ死に絶えてはいない。庶民は死んだ、と叫び立てるものも少なくないが、その死を気にしていること自体が、庶民が生き長らえていることの証拠なのである。そして庶民が願望しているのは、生活のスタイルの基準を歴史から学ぶこと、そうすることによって自分の生き方を周囲に説得できるようなものにすることである。そう願望せざるをえないような重い退屈と鋭い焦燥に現代人はとらえられているということだ。

知識人についていえば、彼らは表面では大衆社会のお飾りにすぎないものとしての専門人と化しているが、その裏面には、歴史から英知をくみとるような知識を発展させようとする、という意味での真正の知識人あるいは教養人への願望がまだわだかまっているのだ。つまり、早いときには一カ月も持たないような分析や解説をやりつづけるのは、専門人にとて、退屈と焦燥をもたらさずにはいないのである。ましてや、自分らの専門知を受け入れた人々が、その教養の全き欠如のために次々と愚行に走るのをみせつけられると、大概の知識人は、自分には専門人という表の顔のみならず教養人という裏の顔もあるのだ、あってほしいものだ、と思いはじめる。

擬似知識人化した大衆と、擬似大衆人化した専門人たちとの連合が高度大衆社会を作るのではあるが、その社会の奥底には普通人と教養人の連合こそが、説得力と決断力に満ちた指導者を産み出すのであり、その指導によって大衆社会から公民社会への脱出口をみつけたい、という人々の希望がまだ息づいている。そういう希望を発掘し、それに明確な表現を与えるのは、やはり、言論である。単に言論を職業にしている人々（知識人）の言論のことだけでなく、公の場で言葉を紡《つむ》ぐ人々が自分たちの言論をどう編成していくか、それを通じていかに人々の庶民性に語りかけていくか、それが焦眉《しょうび》の課題となっているのだ。

その役割を知識人が果たさないならば、いつかおそらく、庶民が反抗を起こして、役割放棄をしている知識人たちに逆襲してくるに相違ない。始皇帝の「焚書坑儒《ふんしょこうじゅ》」を比喩《ひゆ》としてつかわせてもらえば、役に立たない学問を焼き払い、役に立たない知識人を穴に埋めるような、知識人にたいする大虐殺が起こらざるをえない。自分たちの大量死を目前にして、知識人たちは最後のダンス・マカーブル（死の踊り）を踊っている。それが、マスメディアと結託しつつ大衆社会をますます高度化させている現代の専門人たちの哀れな姿である。

四章……文化

道徳の本質を考える

16 伝統の本質は平衡感覚にあり

私が生まれた年に、小林秀雄が「慣習と伝統の違い」について短く論じている。慣習はわざわざ意識せずに引き受けている事物であり、それにたいして伝統のほうは、慣習の本質は何かを意識にのぼらせてみたときに浮かび上がってくる（慣習に込められた、人々の）「生き方」だというのである。

自分の人生を眺め返してみて、そこに岐路や陥穽《かんせい》は一つもなかったといえるものは、それらの存在に気づかなかった幸せな愚か者か、それらをあらかじめ避けて通った不幸な利口者かのいずれかであろう。普通の人間は、そうした危険・危機に直面して、そこでみずからの精神に生じる葛藤《かっとう》（矛盾や二律背反《にりつはいはん》）のなかで平衡をとろうとする。その平衡の感覚や英知はけっして合理などではとらえられない。だから合理主義でおおよそ覆い尽くされた現代は、馬鹿者の天国あるいは利口者の地獄といった様相を呈しているのだ。

私に向かって「伝統をいうのはシーラカンスだ」といった学者がいたが、その人の表情が利口馬鹿にみえたことも、私がシーラカンスを好きだということもさておくとして、是非とも確認しておかなければならないことがある。それは、伝統を迎え入れなければ言葉づかいが崩壊するということ、そしてこの世の一切の制度は言葉の用法に根差しているということである。夫婦、親子、師弟、同僚、上司と部下、客と店員、乗客と車掌、首相と平の代議士、政治家と選挙民、僧侶と参拝者、その他無数の人間関係が言葉によって結ばれ、その言葉にはTPO（時と所と状況）に応じて適切な用法というものがある。

誰がその用法を定めたのか。それらの関係に岐路や陥穽が待ち構えていることに気づいた先人たちが、その危険・危機を乗り越えるのに成功したり失敗したりしながら、長年月をかけて編み出したのが、慣習としての語法である。そしてそこに含まれる伝統としての平衡精神の何たるかを察知しつつ、自分のTPOに合わせて、我々の英知の微片をその伝統につけ加えるのである。

その意味で、伝統は過去からの、そして未来への相続財産である。現代があらかたその財産を（蕩尽《とうじん》というよりも）焼尽したせいで、我々の眼前に、黙る者、呟く者、叫ぶ者、殴る者、切る者、撃つ者、逃げる者、踊る者、掻き鳴らす者などの群れがますますその数を増しているのだと思われる。

西欧近代の現実

日本は、明治期以来、民主制と産業制を両脚として疾走する欧米の近代社会にたいして、レイト・カマー（遅れてやってきたもの）に特有の甚《はなは》だしい劣等感に苛《さいな》まれつづけた。しかし、一九七〇年代頃からおよそ明らかになったのは、その劣等感のかなりの部分はいわれなきものであったということである。日本にあっては、無階級社会といわれるほどに平等というものが行き届いており、したがって民主制の発達はけっして欧米に引けをとってはいない。また産業制の果実も、経済大国日本というふうに世界から認識されるという形で、並でない水準に到達していたのだと判明した。つまり、日本は前近代的あるいは半近代的ではなかろうかという自己不信はずいぶん見当違いなのであった。とくに戦後日本については、かなりに純粋な形での近代主義の路線を滑走し、この世紀末に高度情報社会というウルトラモダンな時代へ向けてついにテイクオフしたのだとみてさしつかえない。

しかし、少し微視的《びしてき》に眺めてみると、純粋な近代というものは人々の、とくに知識人の、想念のなかだけにあって、現実の近代はもっと不純なものであったといわなければならない。このことを最も端的に示してくれるのが、近代主義の発祥の地である（イギリスをはじめとする）西欧の近代である。

ナポレオンが没落したあたりから、西欧の思想の流れに歴史主義や浪漫主義が登場してきた。そのことからも察しられるように、西欧近代は、それが確立されると同時に、いわばプレモダニズム（前近代主義）の動きをも伴いはじめたのである。一例を示すと、モリス（一八三四〜九六　イギリスの詩人・工芸家・社会主義運動家）は、社会主義社会のユートピアを思い描きながら、それを具体的に表現するとき、むしろ中世コミュニティに範をとろうとした。つまり伝統的な工芸品や美術品に含まれているセンスを近代社会のなかに織り込むといった種類の、プレモダンな芸術運動や生活運動を始めたのである。

それはイギリス全体の風潮でもあった。十九世紀の後半、イギリスに支配的であったのはアンチ・インダストリアリズムの気分であったといわれている。この場合のインダストリーというのは工業のことで、工業を過剰に発達させると都会が混乱し田園が荒廃する、と憂慮されたのである。そうした雰囲気は一般庶民にまで広がっていたのであり、そうであればこそ、現在、ブリテン島はガーデン・シティ(田園都市)のネットワークといった観を呈している。ヨーロッパ大陸においても、その近代社会の現実は、多かれ少なかれ、反近代的そして反工業的な国づくりを伴うものであった。だから、今もヨーロッパを訪れるものたちの視覚を刺激するのは、歴史の遺産であり、慣習の制度であり、伝統の雰囲気であり、田園の風景なのである。そういうことを総称していえば、プレモダン(前近代)のルネサンス(再生)を随伴するのが西欧近代の現実であったといってよいであろう。

それに並んで、というよりそれと絡み合って、ポストモダン(後近代)の動きが近代の一翼をなしてもいる。ポストモダンが流行語になった一つのきっかけは、建築におけるガウディ(一八五二～一九二六スペインの建築家)のデザイン感覚であったが、それは、半面から見れば一種の未来主義、つまり幻想的な想像力の産物のようにみえる。しかし他の半面からみれば、前近代を復活させる試みでもある。たとえば、近代的ビルディングの直線的に表現された機能主義に逆らう彼のデザインの幻想性は、古き田園の茅《かや》葺《ぶ》き小屋の曲線を思わせるようなものである。プレモダン(前近代)を未来へ再現させる、それが彼のポストモダン(後近代)である、といって間違いではない。

過去を未来へ組み込むという形でのポストモダニズムは、人間の精神の有り様と深くかかわっていることだと思われる。つまり、未だ来たらざるものとしての未知の未来について、人間は何らかの構想や想像を抱くわけだが、そういうイメージの源泉がどこにあるのかというと、それは過去の経験のなかにである。経験がなければヴィジョンもイマジネーションも生まれようがない。しかし逆に、未来への展望や想像なしには、過去にかんする物語も構成されようがない。過去の体験を物語として再構成したもの、それが経験であろうが、物語を方向づける主観の力はやはり未来への展望のなかから生じてくる。

プレモダンにせよポストモダンにせよ、どちらも過去と未来のあいだの相互乗り入れを近代社会において果たそうという企てである。つまり、前近代への遡及《そきゅう》と後近代への飛翔《ひしょう》をともども含んでいるのが現実の近代にほかならない。

伝統は平衡感覚としての「精神の形」

日本においても本質的には同じことが起こった。

たとえば明治の文明開化期に、鹿鳴館におけるような、外国の文物にたいする受容が行われた。その欧米への卑屈ともみえる態度を批判する形で、岡倉天心《おかくらてんしん》や三宅雪嶺《みやけせつれい》あるいは高山樗牛《たかやまちょぎゅう》や徳富蘇峰《とくとみそほう》などによる日本主義が出てくる。つまり、欧米崇拝をやめて日本人の国民性と日本の伝統性を取り戻せ、という要求が生じてきた。

それがいきすぎると、大正デモクラシーにおけるように、欧米的な教養を身につける必要があると考えられはじめ、次にそれへの反動として、大和魂に耳を傾けんとする日本浪曼派の動きが強まった。

戦後日本においても、ソ連型とアメリカ型の思想のあいだで往復運動をやったあと、日本が経済大国であると判明すると、日本的経営への無条件の礼賛が行われ、そのこととのかかわりで、江戸期の（石田梅巌《いしだばいがん》によって始められた）石門心学《せきもんしんがく》における勤労の精神が呼び起こされるといった調子にもなった。このように、未来に突き進もうとしたり過去に回帰しようとしたりという人々の精神の往復運動が、時代の色づけとなってきた。

結論的にいえば、実は、モダン・エイジ（近代）はかならずしもモダニズム（近代主義）によって彩《いろど》られていたわけではないということである。たしかに、モダニズムが近代という現実の胴体ではあった。個人主義、自由主義、合理主義そして技術主義が近代の中心部を形作っていた。しかし左の翼をみれば、そこにはポストモダンが、つまり未来のユートピアを夢みんとする動きがあったし、その右の翼をみれば、プレモダンが、つまり過去からナショナル・アイデンティティを探り出そうとする動きがみられた。

中心にモダニズムがあり、左にポストモダニズムそして右にプレモダニズム、これら三者のあいだの拮抗が近代という時代の現実的な構成である。そうであればこそ、それら三者の矛盾のなかから国民の精神の活力がもたらされ、それによって時代が展開させられてもきたのである。近代は、翼を持たない、空気抵抗の少ないロケットのようなものではない。それはウルトラモダン（超近代）にすぎない。あたかも鳥のように、プレとポストの両翼を振って飛ぶのがモダン・エイジなのだ。

とくに日本は何千年という歴史を、縄文まで入れれば一万年余の過去を持つ国である。その歴史の土壌のおかげで、未来を単純なウルトラモダンとして構築するのではなくて、歴史的なるものを未来に変容させつつ再現することが、近代日本においてもかろうじて守られてきたとみることもできる。

問題は、モダニズム、プレモダニズムそしてポストモダニズムの三者の葛藤《かっとう》のあいだで、いかに平衡をとるか、可能ならばそれらをいかに総合させるか、ということである。それに失敗すれば、近代のみならず、いかなる時代も健全たりえない。はっきりしているのは、その平衡・総合においては、未来よりも過去にプライオリティをおかざるをえないということである。歴史の流れ、それによって現在に運ばれ来た慣習の制度、そこに内蔵されている伝統の精神、そういうもののなかに平衡・総合のための精神の術が示唆されているというふうに考えざるをえない。

つまり慣習という無意識的なもの（無意識的であるがゆえに実体というふうに人々が受け取っているもの）にたいして、解釈（という意識化作用）をおよぼしたときに浮かび上がってくるもの、それが伝統である。そして伝統の精髄は何かというと、平衡感覚である。それは、人間の意識を成り立たせる言語活動そのものによって要請される感覚である。つまり言語活動はかならずしも整合的に展開されるものではなくて、葛藤を含んでいる、つまりつねに矛盾、逆理そして二律背反に苛《さいな》まれているのが普通であり、そうならば、言語活動を葛藤から救い出し平衡に至らせる精神の努力が必然的となる、それが人間というものである。精神の平衡感覚というべきものが人間の言語的な意識活動の中枢にあるのであり、そういう人々の感覚が歴史のなかで精査され、その試練に堪《た》えたものが伝統として継承されていくのだ。

しかしながら、平衡感覚とは何かを実体として示すことはできない。慣習という実体を解釈するという抽象化の作業によって、いわば仮説として提示されるのが伝統の精神なのだからである。それゆえ、伝統について考えた小林秀雄《こばやしひでお》（一九〇二～八三　評論家）は、伝統とは人間の「生きる形」としかいいようがなかった。また田中美知太郎《たなかみちたろう》（一九〇二〜八五　哲学者）も、伝統とは人間の「暮らし方」であるといった。三島由紀夫《みしまゆきお》（一九二五〜七〇　小説家・劇作家）も伝統を「精神の型」と規定し、福田恆存《ふくだつねあり》（一九一二〜九四　評論家・劇作家）もそれを「精神の形」と定義するほかなかった。

伝統という平衡感覚は、その具体的内容については語り難いものではあるが、形式としては、そういうものがあるとせざるをえない。このことが、保守思想においてすらしばしば誤解されて、伝統とは何かといったときに、安直に伝統を具体物として指示してしまうことが多い。日本の伝統は日本の工芸品であり、日の丸・君が代であり、皇室であるというように、具体的に語られてしまう。しかしそれらは、伝統ではなくて慣習であることが多い。したがって伝統保守は進歩に反対する反動のことだとされる。たしかに、古きものに固着して、因習にすぎないものから離れようとしないような態度には、反動というレッテルが貼られてもやむをえないのである。

急いで付け加えなければならないのは、保守思想は具体物に執着するということである。それは、常識に敬意を払うのが保守思想である以上、当然のことだ。しかし、その具体物への執着は、具体物に秘められている歴史の英知としかいいようのないものに敬意を払うからであって、物への偏愛によるのではない。同じようにして、保守思想が政治の次元において古い制度に執着するのも、新しい制度への恐れのためではないのはもちろんのこととして、過去への郷愁《きょうしゅう》のせいでもない。古い制度に含まれている英知が、新しい事物のうちで、どれを採ってどれを捨てるべきかを示唆してくれると保守思想は考えるのだ。さらにいうと、古きものへの郷愁すらが、そこに人間精神の確かな有り様を示すヒントが含まれていると察しられるなら、保守思想の養分となるのである。

伝統は平衡感覚としての「精神の形」なのである。いいかえれば、それは、進歩と反動のあいだで、より一般的にいえば未来への展望と過去への回顧のあいだで、バランスをとろうとする精神の構え方のことをさす。だから伝統はダイナミックでドラマティックなものだと私はいったのだ。人間の人生にも社会の時代にも至る所で亀裂が生じている。その陥穽《かんせい》だらけの大地を歩行するための平衡術が伝統なのであるから、それは、いわば軽業師のテクニックのように、動的であり劇的ですらある。そのことをさして、ヤスパースは人間のことを「屋根の稜線に立つ存在」とよんだのである。

人間精神の垂直運動と水平運動

さて、モダン、プレモダンそしてポストモダンという三者のあいだにおける平衡感覚を人間の意識においてとらえてみよう。

人間には時間意識があり、それゆえ過去による拘束と未来への自由とを意識する。そして、その自由のためには、何らかの目的意識を持たなければならない。ほかの動物は本能と体験によって行動を決めるが、人間の場合は、何ごとか新しき事態が到来しうるものとしての未来へ向けて目的を設定するのである。目的は、一般的には、単一ではありえない。さまざまな目的のあいだにはさまざまな葛藤がありうる。そうすると、どれが優れた目的でありどれが劣った目的であるかについての価値判断を下さなければならなくなる。さらに、どれが優れた価値判断でどれが劣った価値判断かを探ることを通じて、人間は目的系列を上へ上へと昇り、論理的には、究極、至上、超越あるいは彼岸とよばれる次元をみつめるほかなくなる。そのことを明確に自覚しなくとも、人間の精神の眼はそうした次元に向けられるようにできている。

これを寓話《ぐうわ》風にいえば、綱渡り師は真っ直ぐに前を向いて向こう岸を見ているということである。下を見ると、そこには深淵《しんえん》がのぞいていて、目がくらみ、転落する。それゆえアクロバティストは向こう岸を見る、比喩《ひゆ》的にいえば究極目的としての理想を持つ、それが綱渡り師として生きるほかない人間の生の宿命である。

同時に、人間の精神は、生のためのより根源的な手立てを求めて、手段系列を下へ下へと降り、ついに、究極の手段としての人間の身体性の次元を覗《のぞ》きみるに至る。おのれの眼はほとんどカメラのようであるし、おのれの腕はほとんどクレーンのようであるし、おのれの足はほとんど乗り物のようであるし、おのれの脳はほとんどコンピュータのようであるとして、人間は「自己」が究極の手段であると感じる。それは、アクロバティストが自分の身体における神経の動きを鋭く感得しているのに似ている。

ところが、究極目的である最高善が何であるかを具体的に説明することが不可能であるのと同じように、究極手段である自己の身体が何であるかは未知であることが多い。自分の脳が何であるかを脳によって考える場合には、未知どころか不可知なものが残りすらする。

人間意識の両極端は、未知さらには不可知なものとしての超越性と身体性に向かって開かれている。宗教者は、超越への祈りと身体への鍛錬とを通じて、この両極端を架橋しようとする。しかし通常の人間にあっては、その中間で彷徨《さまよ》っているというのが意識の現実である。その彷徨《ほうこう》において、とくに近現代人は、超越性や身体性に接近するための垂直運動のことを忘却して、水平運動にかまけはじめた。

具体的にいうと、カネという手段を固定して、それで家族を守るという古い目的のほかに、新しい目的として、別荘を建ててみようとか外国旅行へ行ってみようとか、会社をつくってみようとか、政治家を動かしてみようとかというふうに、目的を横へ横へと広げていく。それが（目的価値における）価値の多様化とよばれている。

逆に、たとえば家族を守るという目的を固定して、手段のほうを横へ動かしていくやり方もある。自分で働いてカネを稼ぐという古い手段のほかに、新しい手段として、親の遺産を当てにするとか、女房に働かせるとか、博打《ばくち》に手を出すとかというふうに、手段を横に拡大していく。これも（手段価値における）価値の多様化である。

この多用化の水平運動には、体系化と要素化の二方向がある。たとえば、都市に情報網や道路網を張り巡らせるのが体系化であり、そこに斬新な資料や乗り物を持ち込むのが要素化である。またたとえば、生活の価値・規範をアメリカナイズするのが体系化であり、アメリカ流の製品を使ったり取引を行ったりするのが要素化である。つまり体系―要素の対比とは画一化―区別化のことである。

こうした水平運動がまったく無意味だというのではないが、より高い次元の目的やより深い次元の手段を求める精神の垂直運動が行われないというのは、人間精神にとってグッド・フォーム（良い形）とは思われない。それがグッド・フォームを保つためには、水平運動も何ほどかの幅を持つが、垂直運動も何ほどかの深さを持つということでなければならない。そうすれば人間の精神が円形に近づいていく。それをさして成熟せる多様性とよべるのではないか。

以上のことを図示してみると次ページの図13のようになる。

しかし近代主義にあっては、いわば近代民主制からくる「等しさ」の価値と産業制からくる「豊かさ」

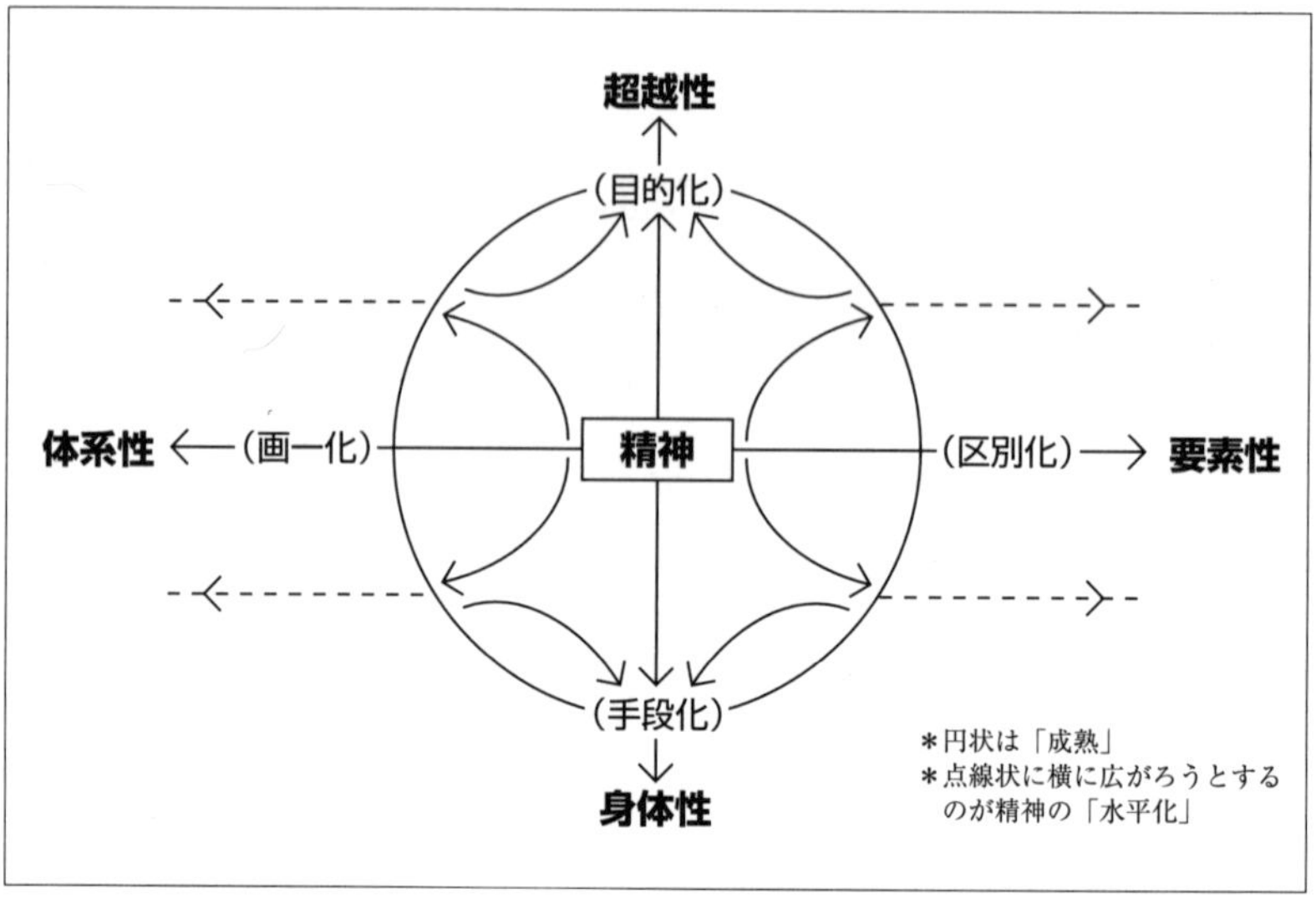

図13　精神の垂直運動と水平運動

の価値とを固定してしまうものだから、それに合うような水平運動としての多様性しか起こらない。二十世紀後半のポストモダンなるものも、水平運動としての「差異化」をしか追求せず、それゆえそれはすみやかにウルトラモダンに吸収されていったのである。たとえば、八〇年代の後半、日本の消費文明が喧騒《けんそう》をきわめていたときに、東京の一角でスペイン坂が模倣され、次にほかの一角にカルチェラタンの模造品ができるという調子である。しかしそういう多様化や差異化は、外国の文物の模造という点では、一様化であり同一化であるにすぎない。現代社会の奇観の一つは、ごく近目でみればたしかに個性を競い合っている人々が、ほんの少しだけ遠目で見れば、みな同じ振る舞いをしているとみえる点である。

「あそび」の小児病化

「豊かさ」と「等しさ」の過剰のなかで否応もなく退屈と焦燥《しょうそう》がつのってくる。というのも、豊かさが上等の価値であるのは人々が貧しいあいだだけのことであり、等しさが立派な価値であるのも人々が抑圧にあえいでいるあいだに限られるからである。豊かさや等しさがおおよそ実現されているのになおもそれらを最高の価値にしたままでいると、ほんのわずかな豊かさの向上や等しさの拡大を求めて、人々は苛立《いらだ》ちはじめ、ついにはそうした状態に倦怠《けんたい》を覚えるに至る。そういう心理的苦痛を一時的に解消するための「あそび」、それがいわれるところの差異化であった。こうした類《たぐい》のあそびをさして、ホイジンガ（一八七二〜一九四五　オランダの歴史学者）は「ピュエリリズム（精神的小児病）」とよんだ。つまり、一つに「日常性と非日常性の区別」がなく、二つに「厳格なルール」を持たないようなあそびに熱中したり、それを常習にしたりするのがピュエリリズムである。

「あそび」の概念は、ポストモダン流のずらしやもじりの行為を正当化するためのものとして利用された。しかしホイジンガは、「あそび」の小児病化が二十世紀の特徴であることを見抜いていたのである。とくにスポーツや政治における行進や集会といったいわば全体主義的な「あそび」がピュエリリズムの最たるものとみなされた。おそらくは、ウルトラモダンにすぎないものとしてのポストモダン、それも「あそび」の小児病の一つの見本となるものであろう。

非日常的な精神の領域には、本来、超越性にかんする聖なる感覚が、ひかえめにいえばその感覚について思念する構えが、多かれ少なかれ漂っている。またその思念を強化するために、身体性にかかわるディシプリン（鍛錬）が強かれ弱かれ行われもする。

　そうした感覚や鍛錬は、もはや精神の水平運動に属してはいないので、そのためのルールは合理主義によっては準備されない。またそうであればこそ、それは「あそび」の振る舞いとなる。それが合理によっては与えられないのである以上、真剣なあそびのためのルールは、歴史・慣習・伝統によって示されるとみるほかない。合理の限界を見究め、そこで招き寄せるしかない非合理を歴史・慣習・伝統につないでみせる、それが人間とその社会を健全なものにする最も確かな手立てなのだ。

　そうした精神の健全さのことにふれて、チェスタトン（一八七四～一九三六　イギリスの小説家・批評家・詩人）は、「狂人とは理性を失ったもののことではない。狂人とは理性以外のすべてを失った人のことである」といった。つまり、歴史・慣習・伝統という一見したところ非合理なものを失ってしまうと、人間は狂気へと誘い込まれるということである。ここで現代の風潮を「あそびの小児病化」と形容したのも、それが狂者の振る舞いに似ていることをいわんがためである。

　もちろん、こうした「あそびの小児病化」が、心理的葛藤を一時的に緩和するための、現代人の「自己防衛」だという一面もある。たとえば、スポーツ観戦における熱狂は、日常生活の憂《う》さを晴らすための手段だというわけである。しかし、フロイド派の心理学を持ち出すまでもなく、自己防衛の心理的メカニズムをオートマティック（自動的）にはたらかせるようになるのは、やはり、病気なのだ。現に、オートマティズム（自動症）という精神病理名もあるのである。

　人間は知的にも徳的にも不完全である。それゆえ人間の生は、自分が欲望したことや自分が選択したことが間違っているかもしれない、という不安や憂慮のなかにある。この不安・憂慮を、自動症によって投げ捨てるようなことはせず、正面から引き受けつつ乗り超えるにはどうすればよいか。そのための第一歩は、過去においても、厖大《ぼうだい》な数の、我々と大差のない不完全な人々が、不安・憂慮を持ちつつ生を始め生を終えていた、と考えてみることである。先人たちが、歴史という名の長い時間の持続のなかで、おのれらの不完全ゆえの失敗や錯誤をどう確認し、そこからどういう知恵を引きだしたか、その経験の累積が、慣習という実体の形式的な構造である伝統として、我々に残されているに違いない。

そう考えるのは仮説にすぎないのではあるが、そう仮説するのでなければ人間の精神は寄る辺を失ってしまう。だから伝統とは、誇張を恐れずにいえば、ひとまず信仰の対象と変わらぬものだということもできる。つまり、伝統というものは、ほとんど超越性と同じように神秘的なものだといってよい。だがそれは、身体性と同じように多くの未知と不可知に包まれているのだが、人間がおのれの身体の実在を疑いえないのと同じように、伝統の存在は疑うべからざるものである。なぜといって、人間の時々刻々の生の流れが、伝統に支えられた生き方をしていれば順境を迎え、そういう生き方に支えられなければ逆境に入る、というふうに進んでいるのだからである。そうならば、逆境に入る可能性の少ない生き方のなかに歴史の英知があると仮説し、いくたびもそう仮説するうちにそれを確信にまで高めるのは、きわめてアクチュアルなこと、つまり生きいきとした生の現実だと思われる。

コモンマン（庶民）は、自覚せずとも、そのように思って日々暮らしている。一部の知識人だけが、進歩主義をはじめとする近代主義のイデオロギーに惑溺《わくでき》してきた。あまつさえ彼らは専門人となって、近代主義の方向であれこれの理論をこしらえ、それらを世間に散布することによって庶民をマス（大衆）へと変質させている。そして、その専門人と大衆人の連携によって歴史なき時代がもたらされ、彼ら自身も歴史・慣習・伝統の物語なき人生を送らなければならなくなっている。これをピュエリリズムつまり精神的小児病の振る舞いとよばずして何と形容するのか、見当もつかない。

17 「公と私」のドラマが国家意識を産み出す

第一人称を「私」にするのは、できるなら（できはしないが）やめたほうがよい。それは「私《ひそか》に」という意味を担っており、自分「だけ」に関係する事柄にふさわしい言葉である。「僕」という「しもべ」を意味する謙遜語を頻用するわけにもいかないので、「自分」というのを第一人称の中心に据えるのがよいのではないか。私は、元い自分は、体育会系あるいは右翼系にありがちの感情過多の気味をあまり好まないが、「自分は」という第一人称をつかうのは結構な慣習であると感心している。

「自分」という言葉には、すでに他者にたいしてはたらきかけたり、他者のはたらきを受けたりする立場のことが内包されている。したがって「自分」には、すでに「公」の側面があるといえる。つまり他者との関係のなかに登場してこその人間だという意識が「自分」にはある。同時に、その関係が意識に組み込まれていればこそ自分を集団のなかの場に押し出すことができるという意味で、「集」の側面が「自分」にはある。

日本の文学者たちの多くは、まさか「私」小説の慣習のせいではないだろうが、「私から公を導く」などと与太をとばしている。彼らは言葉について敏感な職種に属しているはずなのに、言葉こそが「公」や「集」の側面を抜きにしては意味をなさない当のものであることに気づかないのである。このことにかぎらず、文学者たちの気分まかせの発言が戦後日本の精神状態をどれほど溷濁《こんだく》させてきたか、測りしれないものがある。

その一例が「国家」という言葉および観念にたいする彼らの直情的な反発である。国民という言葉を平気で使っておいて、国家に反逆をよびかけるというのだから、文学にあっては無論理が売り物になっているのであろうか。言葉における「公」と「集」の機能を認めるなら、国の観念はほとんど論理的に導き出される。そして、いくつもの観念が重ね合わせられたところに実体が浮かび上がるのだとすると、「国という観念」が「政府という実体」をもたらすのも必然である。

この点を明らかにしただけでも、漫画家小林よしのり氏の行った仕事は凡百の文学者百人分のそれに相当するのではないか。

もちろん、公、私、集（団）、個（人）という言葉の諸機能のあいだには相剋、葛藤、軋轢《あつれき》、緊張が絶え間ない。そうであればこそ「平衡」の知恵が求められるのであって、「私と個」の閉鎖圏に閉じ籠《こ》もるのは言葉の狂いであり、それは、「微小」説で読者を誑《たぶら》かす振る舞いである。

国民性と人民性

一人の日本人の性格分析をしてみて、その人がまるごと国民性によって色づけされているとわかれば、それは奇異なことである。よほどに熱狂的なナショナリストでないかぎり、国民性だけがその人の性格であるなどということはまずありえない。それは、人間存在の健全な在り方として、あってはならないことである。人間は、おのれの国民性を突き放して認識することができる。そして、突き放した分だけ、国民性とは異なる自分の性格が浮かび上がってこざるをえない。

逆にいうと、「自分」というものにたいして、より一般的な性格規定をほどこし、それにもとづいて自分の国民性とは何かを問う必要があるということだ。法律的には、国家のなかで生誕すると同時に、人間は国籍を付与される。しかし国民性はより広い概念であって、その人の歴史感覚や文化意識などを含むものだ。だから国民性は、（9節で説明したように）人間にかんする性格分類の枠組にもとづいて規定し直されなければならない。つまり、公人性と私人性そして集団性と個人性という二つの対比軸からなる意識の空間において、国民性の占める場所を定めなければならない。

これまでとの重複を厭《いと》わずにいうと、公人性とは、人々の集まりのなかに、いわばあからさまに立ち現れて、そこで自分の存在を顕在させることをさす。具体的にいえば、職場、社交場あるいは議会などにおいて、自分のアピアランス（出現）を示すことである。家庭においてすら、人間は、夫、妻あるいは子供として立ち現れ、しかもそこで、自分が（自分流のやり方で）夫、妻あるいは子供であることを顕示するのである。公人性は、それゆえ、人間の言語活動における顕在性によって特徴づけられる。

公人性について、さらに説明すると、古代ギリシャにおいて、人間は政治的動物であるといわれたときの政治的という意味は、ポリスの市民として公共の場に現れて、そこで自分の意見や行動をあからさまに示すこと、つまり人間の公人性のことをさしていた。デモクラシー（民衆政治）というものも、貴族などの特権階級だけでなく一般の民衆が、公人として議論を展開し決定を下す制度のことにほかならない。したがって、おのれの公人性の在り方は、今や、民衆すべてにとっての関心事でなければならないはずである。

しかし残念ながら、現代において民衆の公人性が健全な形で表出されることはめったにない。せいぜいのところ、選挙民というシステム化された、しかも一時的にのみ作動する、擬似公人性を有しているだけのことだ。民衆は、投票場以外の場では公の当事者ではないと構えることが多い。公の決定にたいして不平不満だけをぶつけるものたちの政治をさして一般にオクロクラシー（衆愚政治）とよぶ。衆愚政治に堕《お》ちたくなければ、民衆政治は、民衆のそれぞれが自分の公人性にもとづいて議論し決定するということでなければならない。

政治にかぎらず、たとえば経済活動の職場においても、職場は企業にかかわるものたちの「共同の企て」ということを基礎にして成り立っている。職場会議においてであれ取引交渉においてであれ、当事者は多かれ少なかれ公人として振る舞わなければならない。

公人にとって最も必要なのは言葉のロジック（論理）である。というより論理とは、言語活動の前提、推論そして結論を、できるだけ何人《なんびと》にもわかるように、明示することなのであるから、それ自体として、公共的な性格を持つ。日本語が言葉の論理的展開に不向きだというのが仮に本当だとしても、自分の公人性を人前で示そうという強い意志がありさえすれば、日本語を可能なかぎり論理的に駆使するということにならざるをえない。問われるべきは、まずもって、その公人としての意志なのである。

他方、この公人性に相対するものとして私人性とは、「私事」と書いて「ひそかごと」と読むがごとく、人々から隠された次元にある。私人性は言語活動における潜在性によって特徴づけられ、それゆえそこにあっては感情的な要素が強いということになる。つまり、人々の前では自分の言葉に論理を与えなければならないのだが、私的な空間においては、感情が支配的となる。悪い場合でいえば、私《ひそ》かに嫉妬や怨恨《えんこん》を感じ、良い場合でいえば私かに愛情や好意を寄せたりする。

さらにいえば、論理にとって必要な前提を選ぶ、という作業もこの私人性において準備される。その意味では私人性と公人性はつながっている。ただし、得手勝手に感情に任せて前提を選ぶわけにはいかない。他者にも長期にわたって安定的に通じるであろうと思われる感情にもとづいて、論理のための前提をおくのでなければならない。その作業はすでにして公人的なはたらきである。つまり、自分のうちにおける私人性と公人性のあいだには相互浸透が生じているということである。

もう一つの対比軸として、個人性と集団性がある。個人性というのは、他者との差異性によって特徴づけられるもので、自分が他者とのつながりから離れて孤立して存在しているという意識のことをさす。「歯痛は自分独りが痛い」という言い方があるが、たしかに、自分の身体は、脳のことも含めて、ほかの誰のものでもなく、自分一人のものなのである。そのことにもとづいて、人間を人間たらしめている言葉の意味も解釈も、言葉のつかい方も受け取り方も、つねに、自分の個人性を伴う。その意味での個人主義は、疑いもなく自分の性格の一面でありつづける。

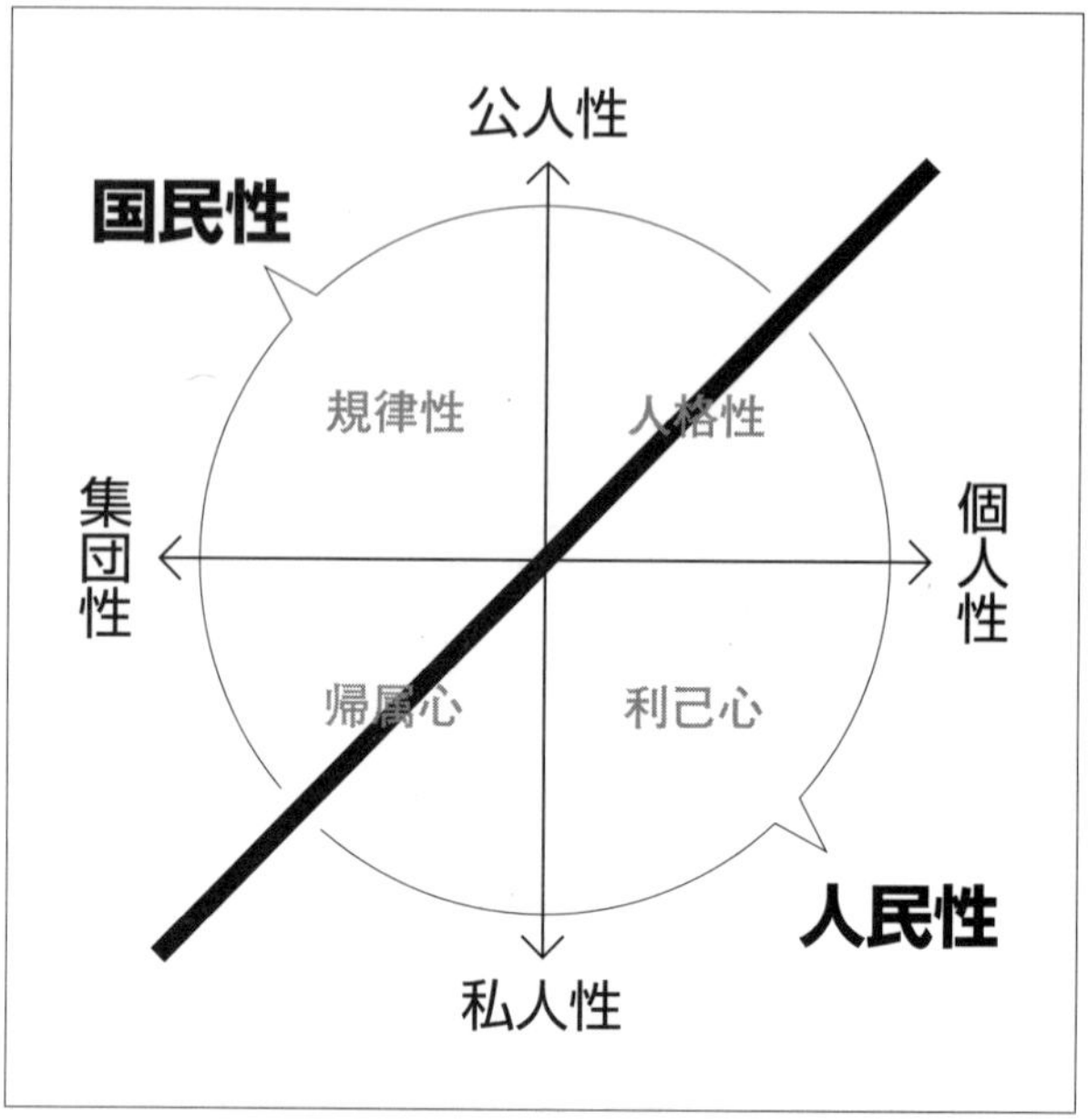

図14　「自分」における国民性と人民性

それにたいして集団性というのは、他者との同一性によって特徴づけられるもので、自分が他者とつながっていると意識することをさす。自分（他者）の言葉が何ほどか他者（自分）に伝わるのは、彼我のあいだに同一性の地平が開かれているからである。単語、文章、修辞、語り口などのあらゆる面で自己と他者たちとが同一の前提なり枠組なり方向なりを持っていればこそ、意思疎通が多少とも可能となる。そこから、自分は集団のなかにいるのだという意識が生まれる。

まとめていうと、自分の個人性をとってみるなら、それには公と私の両面があるとわかる。つまり、孤立・独立した自分は、公の場では、「人格性」をあらわにして振る舞い、私の場では、「利己心」の感情を逞《たくま》しくしつつ行為する。自分の集団性についていうと、集団にかかわっている自分は、公の場では、集団の「規律性」にあからさまに従って振る舞い、私の場では、集団への「帰属心」を露骨に示しながら行為する。

このような自己像のなかで、自分の国民性はいかなる配置にあるであろうか。二二〇ページの図8に第一象限と第三象限を二つに分ける形で四五度線を引いてみたとき、その左上の部分が国民性に当たるとしてよいのではないか（図14）。

つまり国民性というのは集団とのかかわりにおける「規律性の全部」を中心にしながら、自分に独個の「人格性の半分」を包み、さらに自分の集団への「帰属心の半分」を収めるものである。言い直せば、国民たることの自意識は、まず、国家（およびそれにかかわる諸集団）の規則を重んじ、次にそれをどう重んじるかについては、自分の人格をある程度は賭《と》して、また自分の帰属心にある程度はもとづいて、行為しようと覚悟を決めることだといえよう。

他方、四五度線の右下の部分は、国民性に相対するものとしての、人民性である。つまり民間人たることの意識である。これに該当する適当な英語はどうやらないようであるが、それが自分の個人性に主たる関心をおくことに注目して、とりあえずセルフフッド（個我性）とよんでおこう。ともかく、人民性というのは、「利己心の全部」を中心にしながら、「人格性の半分」と「帰属心の半分」とを含むものである。

たしかに人間は、個的かつ私的なるものとしての人民性において、利己心を中心にして言動する。そのかぎりにおいて、自分は国家から離反したり、それに反逆したりする。しかしながら、それだけが自分の性格の全体を覆ってしまい、それでアンチ・ナショナリズムやコスモポリタニズムを主張するのは、一種の性格破綻である。人間の性格が健全であるということは、人格性、規律性、帰属心そして利己心という四種類の性格類型がバランスを保っており、またそれゆえに国民性と人民性の性格類型もバランスを保っており、そして状況にたいして自分が一つのまとまった性格の持ち主として対応できるような状態にあることにほかならない。

国民性において国語が重要な位置を占めている

さて、国民性の実体的な由来はどこにあるのか。いうまでもなく、生まれ育った自然的風土、歴史的慣習あるいは文化的価値観が自分の国民性を具体的に形作っている。とくに歴史と文化が、つまり慣習と価値が、自分が現にかかわっている家族、学校、地域社会、職場そして議会の在り方を根本において決定づけている。そのことが、人間活動の基軸をなすいわゆる国語のユーセジ（使用法）において如実に現れている。

人間の国民性において国語が重要な位置を占めることについては、言及するまでもない。それは、人間が言語的動物であることからくる必然である。エスペラントとて、当初の目論見としては、多様な国語をそれぞれに大事にした上で、相関させる世界共通語として編み出されたのである。その企てが失敗した今、国際的流通力の最も強いアメリカ語が、世界の共通語になりつつあるといわれている。しかし、価値の多様化という人々の根源的感情からしても、晩《おそ》かれ早かれ、共通語の世界も多言語になるであろう。つまり世界は、第一次には、いくつかの国語によってブロック化されるであろう。そしてブロック間の意思疎通をどの言葉によって行うかは、状況に応じて変化するということになるであろう。いずれにしても、自分の国語において劣等であるものが国際語において優等であるわけはないのであるから、国語が国民の資質の基礎をなすとみるほかない。

国民性は歴史的慣習と文化的価値のうちに醸成されるといっても、その歴史・文化は国際的なかかわりにおいて形成されてきたものである。国語もまたそうであって、国際的な影響から無縁な国語は絶無といってさしつかえあるまい。つまり国語もまた国家と同じく半開半閉なのであって、言葉における国際的影響を体系化する独自にナショナルな方法、それが国語の本質だといってよい。したがって、世界共通語にいかに対応するかは、国語の本性にかかわることといってよい。

身近な例でいえば、英語の第二公用語化などは認めてはならないものである。これは、人間の国民性を軽んじた提案だといわざるをえない。日本は移民国家ではないし、多人種・多言語の混成国家でもない。一部の在日の朝鮮人を中心として日本への帰属心を拒否している永住者もいないわけではないものの、人口の圧倒的な割合が、法律的のみならず文化的にも日本人として認定されている。要するに日本語を母語として意思を疎通させている人々、それが日本人のほとんどすべてである。

そういう人々のあいだでの国内における公用語は日本語で十分である。対外的な交渉や取引においては、たしかに英語が使われることが多い。しかし対外的な折衝に従事するのは、日本人のうちのごく少数である。政府の仕事においてすら外交にかかわる仕事をしている役人の数は限られているし、あるいは民間のビジネスにおいても、英語を駆使しなければ日々の経済活動が成り立たないというものは、せいぜいが百人のうちの一、二人程度のものであろう。そういうごく少数者たちが、特別の訓練を集中的に施されて、英語の熟達の士として国際関係の場で活動する必要は、今後ますます高まるであろう。しかしそれは公用語化の問題とは何のかかわりもない。それどころか、英語の第二公用語化につれて、公文書には英語も添付するとか、初等教育の段階から英会話授業を増やすというふうになったときに、懸念されるのはむしろ、戦後にあって衰微するに任されてきた国語能力がいっそう衰弱することである。

スイスやベルギーの例を持ち出して、国語の不要を唱えるのは論外である。もちろん、論理的可能性としては、日本の国籍を持つものたちが日本語を使わなくなる、という事態が考えられる。問題は、それとともに失われるものがあまりにも多い、ということだ。逆にいうと、国語を持たない国民は、その分、自分らの国柄を確認するために過大な負担を強いられるのである。ましてや、ヨーロッパの場合は、言語（および宗教）において諸国がいわば親戚同士の関係にある。日本はそういう国ではない。何万年の歴史が、日本をして（相対的に）独立した文化圏にしたのである。それを引き受ける覚悟すらないものが、世界共通語にせよ世界連邦にせよ、引き受けられるわけがないのである。

ところで、幼児期においてバイリンガル（二言語）に、さらにはマルチリンガル（多言語）に、強引に引き裂かれる形で性格形成がなされた場合、小さくない可能性で性格分裂が生じる、といわれている。少なくとも、それらの言語が互いに相当に異質なものである場合には、そうであろう。言葉の使用法のなかには価値感覚や規範意識あるいは道徳観や美意識が暗黙のうちに含まれている。ましてや、コミュニティにおけるコミュニケーションの実践となれば、人間関係の取り結び方は言葉とともに異なるのであるから、幼いときからバイリンガルやマルチリンガルの環境に放り込まれると、人格性、規律性、帰属心そして利己心の関係が崩れ、しばしば、分裂症的な性格をすら呈するのだ。

まず母語を鍛え、そこで養われるであろう安定した性格構造にもとづいて、他国語を摂取したり応用したりする、それが言語活動の常道であり正道である。その意味で、英語第二公用語化の提案は、グローバリズム（というよりアメリカニズム）に煽られた文化破壊の企てだといってさしつかえない。

「公」は人間性に内在している

公用語のことをいう前に、戦後の日本人が「公」の意味を取り違えてきたことを正す必要があろう。反国家の思想が広まったせいで、民衆を支配・統治する機構・活動に公の形容が付されるのだ、という解釈が罷《まか》り通っている。公（おおやけ）という日本語は大宅（おおやけ）をさす、つまり大きな家を持つ者の権力のことだ、それゆえに民衆は公に逆らうべくまず私に徹するべきである、とすらいわれている。

あえて「大きな家」にこだわってみれば、天皇であれ貴族であれ「民のかまど」はどうなっているかということに多少とも意を用いざるをえなかった。その意が善意にもとづくものでなくとも、民衆の貧困からくる治安の乱れは公の地位にあるものに害を与えずにはいない、という配慮が生じる。そしてその配慮が支配—服従の関係を安定化させる。

マックス・ウェーバーが指摘したように、支配は服従の意思を前提している。人間は集団を形成し、そして集団は規律の体系として形作られ、その規律は否応もなく指揮命令の関係を含む。つまり権力は、本質的には、貨幣が経済における情報の媒体《メディア》であるのと同じ水準での、政治におけるメディアなのである。ついでにいえば、慣習は社会（世間）におけるメディアであり、そして価値は文化におけるメディアである。「私に徹する」というのは、要するに、自分が政治、経済、社会そして文化のコミュニケーション・システムから脱落することにほかならない。

「公」とは、おのれの利己心を抑えて自分を人格として表現すること、そしておのれらの帰属心に埋没せずに自分らの規律に従って行動することをさす。「私」にもとづいて「公」を導こうとするのは、俗流社会契約論の思想であって、それは貫きえぬ思想である。社会契約が成り立つためには、人間が皆で社会をつくるのだという了解がなければならない。その了解そのものがすでに「私」を超えている、つまり「公」は自分らに内在しているということである。

人間の性格形成の過程を現実的にみれば、子供たちは家庭のなかで礼儀作法を学び、学校のなかでは、一方でその作法の実践的な応用法を、他方でその作法の歴史的かつ文化的な根拠づけを学ぶ。そういう公の訓練がなければ、人間はコミュニカティヴ（意思疎通的）にはなりえない。つまり公徳にかんする教育は言語的動物としての人間の内面にある公の性質を外面に導き出す企てなのである。

人間は、布団のなかで夢想にふけったり、実際に夢をみたり、自室で独話をしたりという、一見したところ公から切り離された活動をしばしば行っている。また都市化が進むと、家庭や電車や職場のなかで、自分がシステムの部品と化しはじめ、その結果、「私」だけが自分であるかのように思われる機会が増えてくる。しかし、そうした場合においてすら、人間は、自己と（想像上の）他者との公の関係について、絶望や希望の物語を紡《つむ》いでいるのである。「私から出発する」という言い方は、純粋に私的な言語などはありえないのである以上、ほとんど戯言《ざれごと》といってよい。

公務は国民性に奉じるもの

「公」という言葉が、戦後においてどれほど傷つけられてきたか、それをみるために公務という言葉を取り上げてみよう。パブリック・サーヴィスつまり公務は、戦後にあっては、民衆の多数派が要求するところに奉仕することだとされてきた。というのも、戦後民主主義によれば、国家の政策は人民の「多数参加」と「多数決制」によって決められるということになっているからである。したがって極端な場合には、いや戦後に頻繁《ひんぱん》にみられる場合、多くの民衆が、もう国家なんかいらない、国家の歴史は忘れたほうがいい、アメリカの傘の下に馳せ参じるのが得策だ、あるいはグローバリズムに則《のっと》り日本人であることをやめて地球市民になろう、といいはじめたら、公務員たるものは国家、歴史そして文化の破壊に専念しなければならないということになってしまう。

公務はそういうものであってはならない。公務は、人々の（公人性を中心にして形成されるものとしての）国民性に奉じるものである。だからパブリック・サーヴァントつまり公務員のなすべき仕事の第一のものは、その国家（国民とその政府）の歴史の在り方そして文化の形を、過去から受け継ぎ未来に手渡していくに当たって、指導力（決断力と説得力）を発揮することである。

民衆が健全であれば、つまり国民としての自覚を有していれば、その多数派は国家の歴史・文化の継承を大事とするであろうから、デモクラシーにおいても公務を的確に定めることができる。しかし敗戦人民としてきわめて特異な心性と行動を示す民衆が多いとなれば、公務に携わるものは、人々の公人性と国民性を否定せんとするような現在世代にたいしては、未来世代のためを思って、戦いを挑まざるをえないはずなのだ。

多数決の手続きが確定されている以上、現在世代の多数派に下手に逆らえば、凡庸《ぼんよう》な政治家がその見本であるように、たちどころに公務の座から引きずり下ろされる。しかしそのことを承知の上で公務員になったのだとしたら、必要なのは、そうした多数派民衆のなかにすら埋もれた形で存在しているに違いない公人性や国民性に訴えかけることのできる指導力だ、ということになる。そういう公務員がどんどん姿を消しつつある。それが今の国家融解に拍車をかけていることは間違いない。だが、高額の報酬を受け取っているわけでもない公務員が、打ち続く役人叩きによってその一挙手一投足をまで疑われ、その結果、名誉をまで奪われるということになれば、彼らが本来の公務を忘れるのも半ば当然といえるかもしれない。実際、その意味での公務員倫理の崩壊が、九〇年代におびただしく進んだのである。

この名誉の問題に直接にかかわるのは、どの国にあっても、軍人である。

軍人が、高額の報酬が与えられるわけでもないのに死の危険を引き受けるのは、国家を守るという名誉が、国民から与えられると期待するからである。しかしその第九条において、軍隊の存在を非合法としているのが日本国憲法である。軍人にかぎらず、国家を守ることにたいする評価は、戦後において、能《あた》うかぎりにおいて低められている。死の危険を引き受ける公務についてすら名誉が与えられないのなら、そのほかの公務については推して知るべしである。だから、公務員が国の歴史・文化を守るべく努力するというようなことをしなくなるのは、「戦後」の枠組のなかでは当然のことである。また、国家の危機に際しても戦わないと青年たちが構えるのも無理はないともいえる。

「皮膚」としての国家

こうした「反国家」の思想が蔓延《まんえん》するのはなぜであろうか。その一つの原因に、「反国家」は日本にのみ特有ではなく、現代世界の支配的な思想潮流だということがある。戦後日本人は、その正直で勤勉な国民性のゆえであろうか、その潮流にまるごと身をあずけたのである。

たとえば、ベネディクト・アンダーソン（一九三六〜　イギリスの政治学者）の「国家は想像の共同体である」という説が人口に膾炙《かいしゃ》している。発展途上諸国の国家形成をみてみると、いわば国家という共同体は「想像の産物にすぎない」というわけである。つまり、想像にすぎない以上、国家は本質的な正当性を持ちえない、という文脈でその説は重宝がられているのである。

しかしそれは大いなる謬見《びゅうけん》である。たしかに国家といい歴史といい、文化といい国語といい、多くの想像性を伴っている。しかしそれらは想像に「すぎない」と評価すべきものではない。なぜなら、すでに述べたように、人間は、言語活動において、とくに未来の創造が想像力を必要とするために、また過去を想起し、さらには価値の基準を模索するのにも想像力が必須であるために、物語的動物として、もっといえば幻想的動物として振る舞うのである。言語においては論理と感情とが結び合わされる。論理だけの言葉は数学であり、感情だけの言葉は単なる叫びである。そして感情には想像力が含まれているのであってみれば、想像力なき言語というものはありえない。だから、国家という共同の観念もまた想像力の産物であってむしろ当然といってよい。

想像の共同体としての国家について議論されるべきは、その想像の妥当性ということではないだろうか。つまり、その想像が共同性を持ちえているかどうか、いいかえれば人々の共通の観念として安定的に持続しうるような想像、それが国家の基礎をなすのである。だから、「国家は共同の想像体である」といって間違いではない。

その共同の想像体が半開半閉であることは確認しておかなければならない。つまり、国民の想像は国外へ向けて開かれてはいるが、同時に国内に向けて閉じられてもいる。国際社会とのコミュニケーションを閉じるような想像力は、言語活動として活力に欠けている。同時に、その国家についての共同の想像体は国際社会に溶解してしまうようなものであってもならない。そのような一面的想像力は、秩序が過多もしくは過少の言語活動しかもたらさないのである。つまり、日本のことのみにかまける言説や日本のことを忘れた言説に明け暮れすることになる。

国家は、一面では、「世界」へと向けて上っていく。しかし他面からいえば、それは国民一人びとりの「自分」へ向けて下りていく。「世界と自分」という両義性を持ったものが国家という共同の想像体である。そのようなものとしての国家を、オルテガはスキン（皮膚）と比喩した。その意味は、人間の身体において、皮膚はその全体を覆っている。つまり国家には全体的な性格がある。人間の細胞になぞらえられるべき無数の日本人を全体として覆っているのが日本という国家だということである。しかし皮膚は人間の身体の自由を奪いはしない。逆にその躍動を保証するのが皮膚である。国家もまた、国民一人びとりの自由を疎外するようなものではない。国家なき社会を理想としてきた左翼的な見方は、国家をギプスや拘束衣で比喩するやり方にすぎない。皮膚がなければどんな細胞も互いのつながりを失ってばらばらに解体していくのと同じように、国家によって互いにつながれないような人間は衰弱死に向かうのである。逆に、自分と国家とを合一《ごういつ》させるべきだとみる右翼的な見方は、細胞なき身体、つまり人形を想定するようなものである。こぞって国家のなかに吸収されていく人間たちは、羊群のようなグリゲリアスネス（群居本能）に立ち戻っている意味で、人間性に欠けている。

それればかりか皮膚は、外部の刺激や空気を摂取することによって、身体内部でのさまざまな新陳代謝を可能にしている。国家もまた、国際交流を通じて、国民の活力に刺激を与える。また皮膚は、皮膚呼吸や発汗作用において、身体の老廃物質を排出している。それに似て国家も、国民のさまざまな活動において生じる矛盾を引き受けている。司法制度や福祉制度によって国民の矛盾を調整している。そういう皮膚のように伸縮自在な国家が媒介してくれればこそ、「世界と自分」という掛け離れたものが相互応答できるのである。

「共同の物語」としての国家

「政治的に統一された国民」のことをボディポリティックというからといって、国家を皮膚になぞらえるのは強引かもしれない。人間が言語的動物であるということにこだわるなら、国家は、やはり、国民の共同執筆によって、今もその続編が書き継がれつつある、物語《ストーリー》＝歴史《ヒストリー》なのだといったほうがよい。国民一人びとりの人生の物語における葛藤を時代の物語としてまとめ上げ、そうすることによって国際社会のなかにまとまった国民として姿を現し、そこで受けるさまざまな刺激をふたたび時代の物語を通じて国民一人びとりに送り届けるもの、それが国家だということである。

国家の起源もまた、そうした共同の物語という点にあるのではないか。支配民族説も優越階級説も国家形成のほんの一側面をしか説明できない。たとえ、事実的発生として、他民族を支配した民族や他階級に優越する階級が国家の機構を整備したのだとしても、民族や階級という集合観念がなぜできたのかが説明されていない。それを説明しようとすると、論理的発生として、共同の物語という観念から出発せざるをえないと思われる。そこから出発してはじめて、国家が価値・道徳における「世界と自分」あるいは「普通と個別」を媒介しうることになる。

その物語としての国家は、道徳や法律の究極の在り方、つまり宗教的な次元での価値観についての関心を手放さないという意味で、神話的な要素を含んでいる。神話共有説、それが国家の起源にかんする最も納得的な説明だということだ。

未開と文明を問わず、どんな社会も国家誕生の神話を有している。主権という観念そのものが神話的なのであるから、「民の主権」を国家形成の原理とする多くの近現代社会がすでにして神話の産物なのである。ただその民主主義という神話は、読んでみて面白くなく、受け入れれば社会を無秩序、不公正そして不活発に導くという体《てい》のものにすぎない。明治憲法の「大日本帝國ハ萬世一系ノ天皇之ヲ統治ス」（第一条）「天皇ハ神聖ニシテ侵スヘカラス」（第三条）という文言は、それを政治的に解釈すればいろいろな議論が可能であろうが、政治の深層にある神話の国民的共有ということを示すものだと文化論的に理解すれば、よく頷《うなず》けるところである。外国においてとて、神や君主の聖性を謳《うた》うことから始まる憲法がいくつもあるのである。

日本は、厳密にいえば、人種的にも文化的にもハイブリッド（雑種）である。しかしその混成が長い時間をかけて行われたために、やはり日本独自の国家の体裁を持つことができた。「おおよそ」単一民族である日本人が「おおよそ」同質の文化を享受しえている。少なくとも諸外国との相対比較ではそうである。日本人のみならず諸外国の人々もそのように思っている。そうならば日本人こそが、国家の成り立ちの本質を確認するに当たって、またそれを国民生活と政府機構に活かすに際して、有利な地点にあったはずである。

しかし残念ながら、戦前においてそうした体裁が政治的に悪用されるきらいがあった。また戦後にあっては、敗戦のトラウマがいかにも強すぎたために、そしてトラウマの痛みを良心の痛みと錯覚する知識人の言説があまりに多すぎたために、そういう国家認識における日本人の利点を生かせなかった。そして、その結果はといえば、グローバリズムやアメリカニズムへの没入なのであった。そんなものに没入すればするほど、国民国家が、ということは国民生活と政府機構が、揺らぐという破目に陥っている。この世紀の変わり目において、ようやく、日本の国家としての自己認識が切実に迫られているわけだが、その余裕を与えないような勢いで日本は大きく揺らいでいる。隣国の首相が「二十年後には、日本という国は存在していないであろう」と発言したという。それを聞いて怒っている日本人が少ないどころか、その発言の通りかもしれないと思いはじめている日本人が増えてきているという有り様なのである。

18 歴史の良識こそ国民のルールである

孔子にはじまる徳治と荀子にはじまる法治の対立くらい不幸な対立も少ない。たとえば法治をとってみると、なぜ殺人に重罰が科され窃盗に軽罰しか科されないのか、法律の次元だけでは決められないであろう。命がなくなるのは物がなくなるのよりも辛いことだ、という人々の共有感情が道徳となり、その道徳を受けて法律の罰則が定められるのである。たとえば、赤穂義士の振る舞いは「主君の仇討ち」という道徳にかなっていると判断されたからこそ、切腹という名誉ある死を許されたのである。

逆に、たとえば復讐を道徳的に是認しても、その共有感情は、感情であるがゆえに動揺しやすく、万人が万人に復讐感情を抱くという場合だって考えられないわけではない。それで復讐のために他者を傷つけるのは不法という禁止の法律を定めなければならなくなる。たとえば、赤穂義士の仇討ちは幕府の許可なしの振る舞いであったればこそ断罪されるほかなかったのである。

このように徳律と法律は互いにずれるところがあるのだが、組み立てとしては、道徳のほうがより基礎的である。その基礎次元がなければ、法律の範囲も解釈も運用も司法関係者の恣意《しい》によって振り回されることになる。かつてデュルケーム派の法社会学者が「法律の基礎は慣習にあり」といったが、より的確には「法律の基礎は徳律にあり」といわなければならない。

ところで、徳律や法律はなぜなければならないのか。それは真に違《たが》うこと、善に反すること、そして美から外れることをなす可能性も現実性も人間にはたっぷりとあるからにほかならない。その意味で人間性を手放しで礼賛するヒューマニズムはまさに不徳・不法の思想である。しかし、真善美が何であるかについて人々はおおよそ共通の見当をつけることができ、またひとたび徳律・法律が打ち立てられたら（ということはそれらへの違反に制裁が科せられることになるなら）、大概の人間はそれに従うであろうと見込むことができる。そのかぎりで、人間性は信頼に値する。

子供には無限の可能性があるとか、社会が悪いから不道徳や犯罪が増えるとかいうのは、一理か二理かはある話だが、やはり軽佻浮薄《けいちょうふはく》の物言いである。「伝統の精神」としての良識が蒸発していけば、まず道徳が揺らぎ、次に法律の網の目をくぐる人間が増えてくる。徳の精神と法の精神は、人間性への半ばの不信と半ばの信用という両義的な意識にもとづくほかないのである。

既存の道徳体系を打ち壊した基本的人権

近現代社会において道徳が地に堕《お》ちつつあるのは、一つの新しい道徳（といわれているもの）が公認されたことによって、既存の道徳体系が打ち壊されたからである。

その新しい道徳とは、基本的人権のことである。基本的人権の価値が憲法をはじめとして法律の隅々にまで貫かれている。その価値に逆らうことにたいしては、たとえ法律に違反しなくとも、道徳的な制裁が施《ほどこ》されると決まっている。基本的人権は、すでに人々に共通の慣習的価値になりおおせたという意味で近現代社会の道徳なのである。人間が知性と徳性の能力においてパーフェクティブル（完成可能）ならば、その能力を十全に発揮させる自由の権利が人間にはある。逆にいうと政府には、また社会にも、その自由権を保証する義務があるとしておけば、現世は晩《おそ》かれ早かれ麗《うるわ》しい社会になる、といった単純きわまる人間観と社会観が、基本的人権を支えているのだ。

日本国憲法を例にとれば、基本的人権の思想にもとづいて、自由権のみならず、自由の実現に必要な政治的立場や生活条件を保証すべく、平等権、生存権そして社会権までもが規定されている。

しかし基本的人権の具体的な内容は何かと考えると、大いなる問題が発生する。多くの人間が切実に抱く欲望を基本権と認めるべしといってみても、その切実の程度は、人によっても所によっても、時代によっても状況によっても、一定不変ではありえない。たとえば、生存しつづけたいという切実な欲望を取り上げてみよう。今の医学をもってすれば、人間を百歳まで生かすことも無理ではない。だから、そのような長命を人間の権利として認め、それを政府が保証しなければならないということになってしまう。

平等権についていえば、弱者は強者と平等になりたいと切実に欲する。しかしそれを政府が保証すれば、間違いなく悪平等の社会が到来する。また社会権にしても、人間は快適な環境のなかで暮らしたいと切実に思う。しかし、自然環境のことを例にとると、産業をはじめとする文明制度のすべてを廃止しなければ、自然の破壊や汚染を除去することなどはできはしないのである。

基本的人権という言葉なり観念なりはあるけれども、その具体的内容については、この民主社会においては多数参加と多数決制にもとづいて適宜《てきぎ》に決められるということにならざるをえない。

この民主主義による人権の内容決定が、徐々に納得的なものに進歩していくという現実があるのならば、基本的人権の考え方もそれなりに頷《うなず》ける。だか、現実はかならずしもそうなってはいない。たとえば、多数者の欲望が人権の具体的内容だとする人権主義がはびこり、そのせいで社会が混乱させられたり腐敗させられたりしている。卑近な例でいえば、公共の場で自由勝手に携帯電話でコミュニケーションをとりたいという切実な欲望を有しているものが多い。それを認めるのが人権に叶うことだとすれば、都市環境が乱されていく。現に日本の諸都市にそうした光景が広がっている。

さらに卑近な例でいえば、公共の場であろうとも、男女の肉体的抱擁への欲望が切実だとなれば、それを認めるのが基本的人権の具体化だということになる。公共の広場には、そうした性行為を思わせる光景から心理的に害を受ける幼い子供たちもいるし、そういう子供たちのことを思って不愉快になる大人たちもいる。彼らは不快や被害に耐えながら公共の場にいなければならないということになる。

国民のルールは歴史のなかに自生する

「人間」の権利という観念は、一つに人間の切実な欲望にも不徳と断じるほかないものがありうるということによって、二つに、人々の権利が衝突する場合には少数派の権利が蹂躙《じゅうりん》されるということによって、簡単に肯定できるものではない。抽象的に人間一般を取り上げてみても、その欲望について何ら具体的に限定することはできないのであるから、自由権も平等権も、生存権も社会権も空疎《くうそ》なきれいごととしかいいようがない。これは、フランス革命の頃、バークによって「人間の権利か国民の権利か」という形で提起された問題である。国民についてならば、歴史・慣習・伝統にもとづくルールというものが考えられ、そのルールによって「為すことを許されている自由」の可能性、それが権利だということができる。その場合、ルールが先行するのであり、そしてルールは、歴史が違う以上、国によって異なる。だからバークは、人間の権利ではなくイギリス人の権利を、といったのである。

これが誤解をまねいて、バークはイギリス人のみの権利を主張した排外主義者である、といわれもした。しかしバークがいいたかったことは、イギリスという特別の国のことではなく、どの国においてであれ、国民の権利から権利論を出発させざるをえないということである。つまり、ルールがナショナリティ（国民性）を持っている以上、権利もまた国民性を持っているとバークはいったのだ。

では、国民のルールとは何か。それは、国民のコモンセンス（常識）およびグッドセンス（良識）を規定するものである。コモンセンスというのは、もともと「共通の感覚」ということで、国民には、自然環境、文化環境あるいは歴史環境などをおおよそ同じものとして受け取る共通の感覚が、何ほどか実体を持つものとして、保有されていると考えられる。そのうちで最も重要なのが言語における共通感覚であろう。言語をおおよそ同じくするということにもとづいて共通の感覚が固められ、その感覚にもとづいていわば共通の慣習が形作られ、そしてそれにもとづいて生活上の作法が組み立てられる。それが国民のルールの根本になるのである。そしてこの国民のルール（あるいは常識）のなかに蓄えられている（歴史の英知としての）伝統が良識に当たる。だから国民のルールは常識・良識の体系のことだとしてよいのである。

こうしたものとしての国民のルールは、歴史のなかで時間をかけて自生的に出来てくる。つまり、国民の権利は人工的に設計されるようなものではなく、歴史のなかに自生するものである。そして自生的なルールも権利も、国民の振る舞い方にたいして概括的で形式的な枠組を与えるだけのものであって、その細かな内容についてまで指定するものではない。たとえば、「他人に迷惑をかけない」という形式的ルールは成り立ちうるが、何をもって迷惑とみなすかは、状況によるということにならざるをえない。逆にいうと、両者とも国民性に関係づけられているため、つまり常識・良識にもとづいているおかげで、その内容の種類や範囲が、具体的状況とのかかわりで、あらかじめ具体性が伴っているということもできる。

これにたいして、ルールを人為的に定めようとする設計主義にあっては、権利の具体的内容をも制定法によって指定できるし指定すべきだと構える。つまり社会設計の原理として人権という観念をおいたからには、その具体的内容を次々に特定するものとしてルールが設計されるという仕儀になる。人権は、原理なのであるから、それを制限するものが、本質的にはルールのなかにはないのである。人権の観念をア・プリオリに、つまり先験的に、設定する以上、それを経験にもとづいて制限したとて、それはいわば便宜《べんぎ》的な処置にすぎない。便宜であるからには、状況が変わるにつれて、制定法を逐次変更して構わないということになるわけだ。

法律の基礎は道徳にあり、道徳の基礎は伝統にあり

この科学の時代において、あたかも宗教のように自然法を採用して、人権が自然法によって保証されているとみなし、それをルール設計の始点に据え置くというような神秘主義が罷《まか》り通っている。いったいどうしてそんなことが起こるのか。理由は簡単で、いくら脱宗教化しても、宗教的な理念なしには価値の源泉について語りえない、それが人間の限界だということである。つまり人権は現代における宗教なのだ。その意味で、フランス革命においてジャコバン派が提起した理性宗教の考え方は今も健在だといってよい。だが、人間性を聖なる次元におくこのやり方は、人々の人間性が正面から衝突するとき、大変な事態になる可能性がある。つまり、敵対する相手を聖なる存在に歯向かうもの、つまり人間に非ざるものとして非難攻撃することが可能にも必要にもなる。人間性が礼賛される時代にあって、数限りなく残虐な出来事が発生するのはそのためである。

その意味で、ルールを尊重するものはナショナリストたらざるをえないのだ。ただし、その国民主義は排外主義とは異なるものである。どんなネーションにあっても、そのネーションフッド（国柄）は国際関係における連帯と敵対あるいは依存と反発のなかで形成される。だから、国際的な視点や視野そして姿勢や態度は、国民主義の成立要件だとみるべきである。要するに、常識・良識の体系としての国民主義は、排外主義のような奇矯《ききょう》とは無縁だということだ。

なお、ここで国柄という用語をつかったのは、国体とか国粋という言葉がかつて天皇主義的な傾きで用いられていたことに配慮してのことである。国体といい国粋といい、当初は、ナショナリティ（国民性）に対応する日本語としてつかわれていた。しかし、幾度かの戦争を閲《けみ》するうち、それらには忠君愛国や天皇崇拝の意味が過剰に込められることになったのである。いずれにせよ、言葉の本来の意味からすれば、国体、国粋そして国柄の三者のあいだに本質的な差があるわけではない。

さらに一言加えると、ネーションフッドとは「国家」として独立していることをさす。「国」には文化的一体性としての国体が必要であり、その「家」たる政府には政治的一体性としての政体が必要である。そういう用語法からすれば、国柄とは「国民」とその「政府」とを通じる基本的な図柄だということになる。

いずれにせよ、人権の観念を持ち出すとしても、それは宗教的ではなく歴史的な自然法によってしか正当化されず、そして歴史を持ち出すということは、権利概念をナショナルな土台の上におくということである。そしてこの土台が道徳の体系にほかならない。法律の基礎は道徳にあり、そして道徳の基礎は歴史・慣習・伝統にあり、といわなければならない。

ところが戦後日本では、ある百科事典から引用してみれば、「法律は主として人間の社会的な在り方について、道徳は主として個人的な在り方について規定する」とされているのだ。これは、一方において法律を人権という人工的な概念から始発させて設計し、他方で道徳を人間の個的で私的な心構えに封じ込めようとするものである。元来、人々の関係を律するための社会的慣習、それが道徳であったはずである。そういう当然の道徳観すらもが今では通用しなくなっているのである。法律を道徳にもとづかせ、そして道徳を歴史・慣習・伝統にもとづかせること、その意味での国民主義の再興が急務だと思われる。

国民主義が国際関係への配慮を含むものだとすると、国際関係は危機を孕《はら》んでいるのであるから、国民意識も危機に陥るのではないか、という反論がありうる。たしかに国際関係は危機を伴うのが普通といってよい。世界史が戦争史でもあるのはそのためだ。しかし国民は、その危機を管理する歴史的経験から、国際関係とは他国との「相互依存と相互反発」のあいだで平衡を求める営為のことにほかならない、と知るのである。他国へ過剰に依存するなら、それは自国の国柄を放棄することになり、また他国へ過剰に反発するなら、それは他国の国柄を否認することになる。依存と反発のあいだで平衡を保つ努力こそが国際ルールを自生的に成長させるのだ、とみなければならない。

国内の人間関係についても、国内ルールが諸個人・諸集団における依存と反発のあいだの平衡を担うことには変わりはない。その平衡術は、単純な原理にもとづいて人為的に設計できるようなものではなく、やはり、歴史のなかに自生してくるルールに頼らざるをえないのである。

ただし自生的ルールの何たるかは探索さるべきものであって、容易に具体化されうるものではない。なぜなら慣習にたいする「解釈」によって仮説として示される伝統、それがそのルールの（歴史的連続性にかかわる）正統性と（論理的整合性にかかわる）正当性を暫定的に保証してくれるにすぎないからである。したがって、不文法としての自生的ルール（道徳）と成文法としての人為的ルール（法律）は、通常、ぴったりとは一致しない。たとえば、ある種の復讐のように、道徳的には有徳とみなされるが、法律的には不法として断罪される、というようなことが生じる。また、ある種の商業的利益や政治的圧力のように、法律的には合法であっても、道徳的には不徳とみなされる場合もある。とくに、変化の激しい社会で、道徳をめぐる解釈が不安定になったり、新しい犯罪を禁止するために新しい法律が次々と制定されるというような場合には、この道徳と法律の隔たりが大きくなる。

しかしそうだとしても、道徳の基礎の上に法律が作られる、という秩序の基本構造は守られなければならない。その構造が解体してしまったら、道徳に無関心な法匪《ほうひ》あるいは法律に冷淡な徳義漢が社会を混乱させたり抑圧したりするに決まっている。近代社会は、たしかに、形式合理的な法律体系を作ろうと努めてきた。しかし法律は、実質合理性を備えていなければ、安定しえない。そしてその実質がどこからくみとられるかといえば、道徳をおいてほかにはありえないのである。その意味でなら、法律という形式合理と道徳という実質合理は互いに支え合っているといわなければならない。

なぜこのことを確認しておくかというと、戦前・戦中のいわゆる天皇主義を批判するに当たって、近代主義者たちは、当時の日本国家が法律の形式合理化を行っていなかったことをことさらに取り上げてきたからである。つまり、そのために、天皇への崇敬という（感情の凝縮度としての）実質的なものが重きをなし、その崇敬の念の濃淡によって社会秩序が作られてしまったというのである。しかしそれは、国柄を徹底的に無視した上で、いわば純粋法律の世界を構築しようとする設計主義にすぎない。

国際にせよ国内にせよ、さまざまな葛藤《かっとう》を平衡させるためにこそルール（徳律と法律）が成り立っていく。そのルールが納得できるものであるためには、葛藤し合っている個人や集団および意見や欲望など、それぞれ特殊な主張がそのルールのなかで何ほどか総合されるということでなければならない。そしてその総合が可能になるのは、当該のルールが普遍性をめざしているときである。つまりルールのなかに特殊性を超えんとする方向が示されている場合である。その意味でならば、普遍的価値を定立させようとしている人権思想の姿勢そのものは評価に値する。また、人類に普遍的な価値の上にコスモポリス（世界政府）を構築しようとする思想もあながち否定できない。ただしそれは、既存のナショナルなものとしてのルールを微調整するときの思想的な示唆ということ以上ではありえないのである。

なぜなら、人間性をもって普遍の基準とするのは人権思想の決定的な誤りだからである。そんなことをしてしまえば、ルールの存在意義は、たかだか異なった主体のあいだの（人間性にもとづく善良な）諸行為の不幸な衝突を、社会的に（ということはそれぞれの主体にとっては外在的な形で）調整するためのものにすぎなくなる。ルールが主体の内部にまで届かないということは、道徳が不在だということだ。主体に内在して、その主体の行為を内部から規制するのが道徳だからである。法律にしても、モラル・マインド（道徳心）にもとづくものとしてのリーガル・マインド（法律心）が人々によっておおよそ共有されているのでなければ、それは単なる監視および制裁の機構になってしまう。それによってもたらされるのは司法官僚によって統治される社会ということでしかない。つまり人間性を礼賛するヒューマニストたちは、おのれの人間性を政府によって統治してもらう、という逆理にはまるのだ。

そんな政府をヒューマニストたちが容認するはずもないので、そこに生じるのは社会を無法状態へ追い込む強い傾きだということにもなる。また、無政府状態に人類が堪えられるはずもないので、結局、コスモポリスの思想は、六十億の人間がまったく同じ欲望にもとづいてまったく同じ行為をする、したがって世界にさしたる葛藤は生じない、という夢想もしくは悪夢にすぎないということになるわけだ。

新奇な犯罪の多くは人権主義の帰結

具体例をあげて論じてみよう。日本にかぎらず、先進諸国において青少年の凶悪としか形容しようのない犯罪が次々と出来《しゅったい》している。これほど長きにわたり、ヒューマニズムにもとづいて人権主義が喧伝《けんでん》されてきたというのに、なぜ、結果としてヒューマニズムを真っ向から否定するような犯罪に、しかも現世の利害によって精神が毒されていないはずの青少年が向かうのであるのか。これは、実は、人権主義そのものの帰結と解釈するのが適切なのである。

人間はさまざまな葛藤に苛《さいな》まれ、あれこれの危機に直面している。人間は欲求不満を持つだろうし、それをうまく処理できなければ他者にたいする攻撃によってそれを発散したいという衝動に駆られもするだろう。極端な場合には、それは精神病理的な状態に陥るであろう。つまり人格障害的な状態になっていくであろう。ところが、公認のイデオロギーにあっては、人間は完全になりうる存在と称えられている。青少年たちは、完全性というおのれの理想と人格障害的な状態というおのれの現実とのあいだの大いなるギャップに、無自覚のうちに、悩まされる。そうした心理的葛藤を青少年たちが処理する方法はどういうものか。簡単な場合でいうと、自分が社会の少数派に属する場合には、自分を人間ではないとして自傷行為に走り、そして自分が多数派に属している場合には、少数派のものは人間ではないのだとみなすことによって、陰惨ないじめを加える。いずれにせよ、人間ではないものには人権があるはずがなく、だからそれはいくら傷つけても構わない対象となる。

自分が少数派に属する場合でも、たとえばインターネットの片隅における(人格障害的な表現に満ちた)

病理的なコミュニケーションの場を社会なのだとみなしてしまえば、それ以外の社会は実は人間の社会ではないということになる。そして自分と同じ病理なり障害なりを持っているものたちの人権を発揮するためには、人間のものではないとされた多数派の社会にたいして、バスジャックであろうがハイジャックであろうが、テロルを仕掛けて構わないということになる。その意味で、青少年のものにかぎらず新奇な犯罪の多くは人権主義の論理的な帰結だといってよい。

徳律は生活のなかで伝えられる実際知

必要なのは、（人民ではなく）「国民」の権利を定める歴史的ルール、そしてそれによって可能となる（諸権利の葛藤のなかでの）精神の平衡術であり、それを記述したものが徳律とよばれるものである。

しかし徳律は、まずもって形式ととらえられなければならない。つまり、徳の具体的内容についてまで具体的に規定することは一般的には不可能である。これは自生的ルールについて先に指摘したことであって、徳律というルールもまた形式の体系であり、それの内容を明示するわけにはいかないものである。

一例をあげてみれば、年長者にたいして敬意を払うべしという作法があり、それが徳律の一つの重要項目なのだということが、世界各国で強かれ弱かれ認定されている。しかし年長者には傲慢《ごうまん》なものも悪辣《あくらつ》なものもいる。そういう年長者にまできちんとした作法をもって応じなければならないというのは徳律に反している。だから、たとえば『論語』がそうであるように、徳律についての箴言《しんげん》は矛盾に満ちている。一方で年長者を敬えといっているかと思えば、他方で年長者だからといって遜《へりくだ》るなという調子である。つまり徳律は、具体的状況が与えられなければ具体化できず、それゆえ、具体的叙述としては矛盾したものを併記することによって、具体的状況に臨機応変に反応することの必要を示唆するわけだ。

ハイエクの用語でいえば、徳律はタキシス（形式的ルール）にとどめざるをえない。逆にいうとテイシス（具体的ルール）は制定法の領域に属するのであり、また制定法は、多種多様な具体的状況が想定されるため、一般に巨大な分量にのぼる。いや、そうしたとしても法律と状況とが一対一に対応することは少なく、それで、裁判所における法律解釈や法律運用の自由裁量が必要になるわけだ。

さらに徳律は、主として青少年の徳育において要請されるものであるということもあって、簡潔たらざるをえない。そんな簡潔な形式（あるいは矛盾を含んだ内容の併記）によって道徳の何たるかを示しうるのか、という疑問は杞憂《きゆう》にすぎない。なぜなら大概の人間は、具体的な状況さえ与えられれば形式としての徳律を簡単に応用できる、ということを生活のなかで実体験しているからである。わかりやすい例としてまた礼儀作法のことを挙げると、長幼の序という徳律が具体的状況のなかでどの程度に発揮されるべきか、それを多くの人々が常識・良識として共有している。少なくとも、安定した社会においてはそうである。というより、今のような不安定な社会であっても、それが社会でありえているのは、そうした常識や良識がまだかろうじて生き長らえているからだ。人権主義は、そうしたすでに弱まり切っている社会の基礎をさらに破壊せんとしているという理由で、批判されるべきなのである。

徳律の具体的な姿が生活の経験の場面で確かめられていく、その意味において徳律は生きている。つまり徳律は、経験知にほかならないのである。

オークショット（一九〇一～九〇　イギリスの哲学者）は知識を二種類に分けた。一つはテクニカル・

ナレッジ（技術知）であり、もう一つはプラクティカル・ナレッジ（実際知）である。道徳はいうまでもなく後者に属する。プラクティカルというのは実践的ということであるから、政治的実践や生活的実践の過程においておのずと具体的な意味内容が付与されていくような知識である。それにたいしてテクニカルというのは、状況とはおおよそ無関係に、普遍的なものとして示される知識である。道徳は技術知ではありえない。少なくとも、近代の科学と結びついた意味でのテクノロジーの知識には属さない。人々が抱く情緒や情念、人々が示す意味や価値、人々の従う習慣や習俗、人々の思う回想や希望、そういう主観を込めつつ平衡感覚ゆたかに生きるための生活の知恵、つまりギリシャ語でいうテクネー、それが徳律である。

だから徳律の具体的な意味も、それを実践的にいかに応用するかということを通じて確かめられる。学校の教師や家庭の両親、コミュニティの大人たちが徳律をどう実践してみせるか、という息の長い行程のなかで徐々に伝えられていくもの、それが徳律である。そうであればこそ、徳律を一片の教科書で考えるという徳育のやり方は、無効でないとしたら、徳律を字義通りに受け取り、状況への対応力を持たないような硬直した性格の子供たちを育ててしまう恐れ大となる。

法律の制裁規定は道徳にもとづく

経験論を重んじるイギリスにおいては、長きにわたってコンヴェンショナリズムが高い評価を受けてきた。これは慣例主義と訳され、「コン」というのは「一緒に」、「ヴェンション」というのは「来ること」という意味であるから、人々の集まり来たるところに出来上がる共通の感覚と慣習を大事とすることをさす。それが、裁判の場合でいえば、判例主義となる。ある状況で行われたある犯罪についてある判決が下された、という判例の積み重ねがあり、それから実際知としての裁き方を学ぼうというわけである。

広くいうと、これはコモンロー（普通法）の考え方である。普通法にあっては、ここでの脈絡でいえば、歴史を共にする人々にコモン（共通）のルール感覚が、つまり徳律と（慣習としての）法律とがあると考えられる。それは同時に漸進《ぜんしん》主義である。歴史の流れに沿って漸進的な形で社会のルールを変更していこうという態度である。

日本も、イギリス以上に長く安定した歴史を持っている国であるから、明確には意識されていなかったけれども、漸進主義という点においては他国に優るとも劣らぬ実績を挙げてきた。我が国は歴史保守の国柄をまだ捨て切ってはいないのである。マスメディアの世論の表面に浮かんでいるのは、ほとんど歴史破壊の声ばかりではあるが、日本人の実践はその煽動《せんどう》に遅れてしか従わなかった。その意味では、急進主義を排するのが日本人の国民性だといえるであろう。「変化によって失うものは確実だが、変化によって得るものは不確実だ」（オークショット）という良識に立つならば、急進主義は、変化を思いついたおのれらの心性を信奉するという傲慢もしくは軽率に陥るのでないかぎり、排されて当然の代物《しろもの》にすぎない。その一線が完全に踏み越えられたわけではないという点で、日本にはまだ期待が持てるのである。

もちろん、実際知が漸進的な変化を好むといっても、いつもそうだというわけではない。というのも、大いなる危機に直面することもあるというのが歴史であるから、その危機のせいで、歴史の流れが断絶させられたり大幅に屈曲させられたような場合には、歴史の流れに立ち戻るために急進的な変革を実行しなければならなくなるからである。たとえば、清教徒革命とそれにたいする反動としての絶対王制がイギリスの歴史からの大きな逸脱であると考えられたら、それを名誉「革命」によって旧の流れに復させるということだ。より一般的にいって、保守思想が熱狂を嫌うのは、それが急進主義の温床となるからである。しかし、危機のなかですら平衡を保つのが漸進主義なのであるから、それは「熱狂を排することにおいての熱狂」を必要とする。この逆説的な意味合での熱狂であれば、歴史回帰のための革命を保守思想は認めてかかるのである。

保守思想の必要は法律における制裁規定のなかに現れてくる。制裁をどうするかは、根本的には、道徳のなかに貯蔵されている歴史的な価値観によってしか定められない。その価値観は、まず慣習の制度のなかに示唆されており、次に慣習への解釈からもたらされる伝統の感覚に立つことによって、現実の状況に応用することが可能となる。

そろそろ確認されてよいのは、人権主義によっていては、法律違反への制裁規定をどうするかについて納得のいく説明は得られないということである。あえてわかりやすくいってみれば、素晴らしき人間性を有すると普遍的に規定された人間にたいして制裁を科すというのは一種の論理矛盾なのだ。つまり、刑法でいうと、犯罪者にたいする刑罰の根拠は、人権主義においては、教育効果ということにしか求められなくなってしまう。

教育刑の考え方によれば、刑罰は当該の犯人にたいして教育効果があるのであって、たとえば懲役の苦労のなかで何年後かに悔い改めて、本来の人間性を取り戻す、というのだ。教育効果には、犯罪の予防という社会的な効果もある。つまり法律的制裁の現実をみている人々が「そうか、法律を犯せばこういう罰が下されるのだから、自分はそういう犯罪に手を染めないでおこう」と学習するというわけだ。そしてもちろん、本来の人間性を回復するよう犯罪者に期待するということは、その本来性から当人が遠ざかった原因は当人が劣悪な環境におかれていたことにある、とみなすことでもある。要するに、環境のせいで人間性を歪めてしまった犯罪者を、人間らしい人間にするために刑罰がある、と人権主義は考えるわけである。

道徳を破壊する道徳、それが人権主義

もちろん、教育刑という要素は、「人間の権利」という概念にのみ特有のことではなく、「国民の権利」に発する慣習法にもある。人間は教育されうるものであるから、刑罰にも教育効果を見出すのは当たり前のことといえる。しかし、教育刑を逆にみると、教育効果が大きければ制裁を軽くしてよいということである。だから、極端な場合、他人をどれほど重く害しても、教育効果が著しいと予想されるなら、その犯罪者には重罰を科さなくてよいということになってしまう。さらに、死刑廃止論にみられるように、人間性を取り戻すための教育を受ける機会を与えないような刑は廃止さるべきだということにもなる。つまり、悔い改めるチャンスを持つのも人権だということで、死刑廃止論が現代社会に広がっているわけだ。

しかし教育刑の考え方には、犯罪やそれにたいする制裁の「軽重」が定められなくなる、という重大な難点がある。社会に多大な迷惑をかける犯罪にあっても、その犯罪者がたちどころに悔い改め、また社会がその犯罪のもたらす重大な損害のことをその犯罪者のおかげで知らされ、自分らはそのような犯罪はさないと構えるということになったなら、社会はむしろその犯罪者を称賛しなければならなくなる。それ

が教育刑の論理的帰結である。しかも近年の日本では、いや先進諸国においても、少年法によって法律的制裁から守られている青少年たちが、大人たちの犯罪と刑罰によっては何ら教育されることなく、本人にも改悛《かいしゅん》の構えは当初からないまま、凶悪な事件を引き起こしている。そして皮肉なことに、人権主義を最も強く打ち出すアメリカのような国では、凶悪犯罪が激増するという現実のなかで、「みせしめ」の社会的効果を担って、死刑制度が息を吹き返しているのである。

他人や社会に大きな被害を与えた犯罪には重罰が科されるべし、という常識・良識の根拠はハンムラビ法典にすら記されている因果応報の原理しかないのではないか。「目には目を、歯には歯を」という復讐の感情を人々は共有している。この実際知は、ヒューマニズムに反することとされてすでに久しいが、根強く現在にまで及んでいる。及んでいるというよりも、この因果応報の原則が暗々裡に想定されていればこそ、重罪にたいしては重罰を、軽罪にたいしては軽罰を、という形で制裁を下すことができているのである。

しかも近年の日本では、いやほとんどの先進諸国で、少年法によって守られた少年たちが凶悪な事件を起こすことが問題にされ、その少年保護の姿勢を変えなければならなくなっている。要するに、人権にもとづくルール設計は貫徹しえないのだということが、この刑罰の設定というところではしなくも露呈されているわけである。また、因果応報の原則がかくも長く持続しているということのうちに、歴史・慣習・伝統が、「時間の効果」を持った「処方箋《しょほうせん》」として、社会秩序の在り方に「あらかじめの規定」を与えている、という事実を読みとるべきであろう。そして、その事実にたいして無関心を決め込み、そうすることによって社会秩序をますます不安定にしている、それが人権主義という名の「道徳を破壊する道徳」なのだ。

19 徳育のための知育——国語・歴史・古典的な道徳を学ぶ

家族をつれてイギリスの片田舎にいたとき、そこの小学校の先生は、子供たちにワーズワースの詩を暗記させ朗読させていた。そして学期末には、子供たちに宗教劇と歴史劇を混合したような芝居をやらせていた。ついでにいえば、私の子供たちは、最初の三カ月、アメリカ語の穢《きたな》さについて繰り返し注意を受けていた。

その小さな村の中心には、第一次および第二次の大戦で亡くなった村出身者の鎮魂碑もあった。私の息子が子供たちのあいだの「いじめ」事件で村人たちから濡れ衣を着せられたとき、小学校の校長が事態を差配して、「十年前にもイングリッシュとスコティッシュのあいだに同様のことがあったので、驚きません」と述懐していた。そういえばアメリカでも、子供たちは、しょっちゅうアメリカ国旗に敬礼させられ、アメリカ国歌を歌わされていた。そういうときには、私の娘と息子の証言によれば、白十と黒十のあいだの不断の喧嘩もやみ、黄一としてはほっと安堵したとのことである。

どの国も教育問題では悩んではいるのだが、国語と国史にかんする知識教育が、間接的に道徳教育にもなる、ということを理解している。宗教のことも含めていえば、道徳にかんする（聖書をはじめとする）古典の知育が直接的に徳育でもあることはいうまでもない。日本では、それらの教育は価値の御仕着《おしき》せになるとして嫌われてきた。もちろん、御仕着せの徳育は困りものだが、徳育なければ知育なし、というのも本当である。なぜなら、徳育は知育への活力を養うものだからである。

残念なことに、日教組教育に反対する人々のあいだでも、知育と徳育を両断し、学校では知育のみをやるべし、という論客が少なくない。これは知識というものにたいする誤解である。とくに人文・社会にかんする知識の場合、どういう前提を知識の出発点におくか、いかなる枠組によって知識を編成するか、そしてどんな方向に知識を発展させていくか、という点で価値判断が密接にかかわっている。知育が同時に徳育になるということだ。その度合が強いのが、国語、国史そして古典（的道徳）にかんする知育である。そのことを半ば無自覚のうちに察知したからこそ、戦後教育はそれらの知育を軽んじることにしたのであろう。

近現代は道徳・倫理を足蹴にした

近現代において道徳というものが疎《うと》んじられてきた根本の理由は、道徳が慣習として機能しているという点にある。慣習破壊の勾配《こうばい》を滑り落ちてきた近現代が道徳に敬意を払うわけがないのである。もっというと、「進歩とヒューマニズム」を奉じるものたちにとっては、慣習体系の土台をなす道徳こそが破壊の標的となったのだ。

道徳《モラル》といい倫理《エシックス》といい、本来は、国民をはじめとする集団の価値にかかわる慣習的な感情ということである。近現代はそれを凡庸《ぼんよう》として足蹴《あしげ》にしてきたのであった。杓子定規に道徳や倫理の項目を振り回す融通のきかない人間、あるいは自由な発想をそれらの徳義項目によって抑え込まれている鈍重な人間、それが徳義漢ということであった。そしてたしかに、近現代における休みない革新運動は、既存の道徳や倫理にたいする反抗という要素を強く含んでいたのである。

こうした動きを絵画運動を例にして考えてみたい。

十九世紀の後半、いわゆる印象派というものが出てきた。そこで、光と影の繊細な動きが、あるいは日常的空間における物体の配置が、画家の脳髄にどう印象づけられるか、その印象をキャンバスの上にいかに再現するか、ということに関心が寄せられた。それまでの絵画のアカデミズムにあっては、題材は基本的には宗教や神話にまつわっており、何らか崇高の次元とかかわるような描き方をすべしという了解が陰に陽にあった。それに親しんでいたものたちから猛烈な反発を受けつつ、何十年にわたる悪戦苦闘の結果として、二十世紀に入ってから印象派が市民権を得るということになったのである。また二十世紀の初めでいえば、フュテュリスモ（未来派）というものが出てきて、近代における機械というものの持っているスピード感を表現し、それを通じて未来における新しきものの出現を予感させようとした。それに続いたフォービズム（野獣派）では、人間の主観の世界における猛々しいもの、エネルギッシュなものを表現してみせようとした。第一次大戦後のキュービズムになれば、画家の視点を移動させて対象を多面的にとらえ、その多面像を画布の上に描くことによって、対象の立体的な構造を表現あるいは解体しようとした。

シュールレアリズムは、現実の対象をさらに解体させるべく、人々の潜在意識のなかにあるであろうイリュージョンの世界を描いてみせた。第二次世界大戦後では、主としてアメリカにおいてポップアートが生まれ、大衆文化状況と結びついた対象を扱うことによって、現代社会のいわば教養破壊の欲望を描いてみせた。絵画運動のみならず、あらゆる表現分野において、このようなとめどのない革新運動が展開されてきたのである。

レヴィ＝ストロースは、自分の迎え入れられる絵画はプッサン（一五九三or九四～一六六五　フランス古典主義）の宗教画までである、印象派以後のものは、ましてやピカソ（一八八一～一九七三　スペイン）までくると、一種の「表現の食欲過多症」で、自分には受けつけられないといった。こういう評価も出てくるくらいに、表現の革新運動が継起しているのはなぜか。そこには人間のオリジナリティ（独創性）への礼賛がある。独創性を発揮することが自由の発現なのだという個人主義および自由主義のイデオロギーが、こうした革新過程を支えたのである。実際、オリジナリティが芸術から始まり学問を経て産業に至るまでの表現の玉座に登ってから、優に一世紀を超えている。オリジナルであることそれ自体が立派な価値として流通していればこそ、表現者はつねに新奇なアイディアとヴィジョンとプランを求めて、既存の事物への破壊に着手してきたのである。

表現の源泉は個性なのか伝統なのか

しかし、オリジナリティの源泉はどこにあるのか。奇妙にもオリジナリティとは、「オリジン（源泉）であること」を意味する。だからオリジナリティというだけでは、表現のオリジンがどこにあるのかについてまでは言及されていないのである。それは表現者の「自己」のなかに内在しているのか、それとも自己を構成している何らかの社会的そして歴史的な要素にあるのか。むろんいずれか一方をとらなければならないという必然はない。近現代は、自己がどうなっているかの検討を抜きにして、「自己」を絶対視し、自己の保有する感性や理性の力量こそが独創性の源泉だとみなしたのである。

いや、絵画運動を振り返ればすぐわかるように、自己の心身に機械のメカニズムがとりつき、さらには自己の意識の奥底に潜在意識がうごめいている、といったようなことを近現代の自己は鋭く感受しはした。しかし、それを感受するのはほかならぬ自己であると主張することによって、近現代人は自己の抱く感情や自己の思いつく理屈という「才能」の要素こそが独創性の源泉だと構えたわけだ。

こうした構え方を疑ったものも、もちろん、たくさんいた。たとえば、トマス・エリオット（一八八八〜一九六五　イギリスの詩人・批評家・劇作家）は『個人の才能と伝統』という論文のなかで、おおよそ次のようにいっている。個人の才能とみえるものは、実は伝統に裏づけられているものであり、それゆえ個人の独創性などというものは、その人に自覚的にせよ無自覚的にせよ蓄積されている伝統をその人が直面する状況のなかでいかに表現しなおしてみせるか、ということにとどまる。オリジナリティのオリジンは、伝統にこそあると自覚すればこそ、エリオットは、さまざまな古典からの引用を組み合わせるという表現法を好んだ。それは、伝統が自分を経由してどう表現されていくか、という形での詩であり文であった。

認識論的にみて、エリオットが正当であるのは明らかといってよい。というのも、人間の感覚についても人間の論理についても、その前提・枠組・方向は常識・良識に依存せざるをえないからである。常識や良識は自分が発明したり発見したりするものではない。逆にそれらによって自分が規定され、そのことによって、自分は他者に理解されることの可能な表現者になるのである。

自然科学の分野さらには数学という経験科学には属さない分野ですら、そのことが確認されている。つまり、新しい実証命題や純粋論理を構築するとき、イメージやヴィジョンがそれを先導するのだが、そのイメージやヴィジョンは、その人がどういう国で生まれ育ち、どういう言葉で人々と会話をし、どういう生活感覚で暮らしているかということによって左右される。というのも、その人の脳の働き方が、根源的には、伝統にもとづいているからである。

ましてや社会や文化にかんする学問の場合、また思想や芸術についてはなおさら、表現の基礎的な概念や解釈が（人工の科学言語ではない）自然の日常言語によって構成されるのであるから、日常生活を支えるものとしての伝統への依存は強くなる。表現のオリジンは、伝統という歴史的なるものにしっかりとつながっている。だから独創性を競う活動としての人間の自由も、その活力を歴史のなかからくみとっているのだということができる。

過去志向と未来志向のあいだの平衡感覚

チェスタトンは「絵の本質は額縁にあり」といったが、その意味は、表現には何らかの枠組がなければならないということだ。言葉でいえば、言語活動には何らかの文法がなければならない。文章の文法だけではなくて、単語の比較のための規則なども含めて、文法がなければ、どんな表現も不可能である。こうした表現のための文法が、広くいえばルールが、個人の発明であるはずがない。

もちろん、「美は乱調にあり」という言い方があるように、既存のルールから逸脱することに独創性を見出すということは当然ある。というより、ほとんどあらゆる革新活動が既存のルールから外れてみせる、既存のルールをずらしてみせる、あるいはオリジナル（原文）にたいしてパロディ（もじり）を作ってみせるという形で進められた。たしかにパロディはそれなりの刺激と魅力がありうる。しかしパロディが可能となるためにも、オリジナルがなければならない。オリジナルの意味すらわからなくなったようなパロディの自動運動は、もじりのためのもじりであり、それを「微分的思考」とよんでもてはやすのは、ほとんど狂気である。

七〇年代から八〇年代にかけて、ポストモダニストたちが「積分的思考ではなく微分的思考を」と唱えた。微分というのは、読んで字のごとくであり、時間（ｔ）の微小変化（ｄｔ）におけるある事象（ｘ）の微小変化（ｄｘ）のこと、つまりｄｘ／ｄｔのことである。この微分の種類の多さやその数値の大きさが独創性の現れとされたのである。しかし、微分係数を求めるためには、その前に曲線がなければならない。そして曲線とは何かというと、過去にあったさまざまな変化を累積したもの、つまり積分値のことである。積分と微分は表裏一体であって、だからこそ数学に微積分という分野があるということになっている。その曲線がなければ、あるいはその曲線が大きく屈折したり分断されているところでは、微分係数は無数にあるということになってしまう。それで構わないといってみても、どの微分係数を選ぶべきかは微分的思考によっては定まらない。要するに、オリジナルという積分があってはじめてパロディという微分が成り立つのである。

言語学的にいうと、それは社会的で潜在的なラング（言語構造）と個人的で顕在的なパロール（言語行為）の関係である。パロディといいパロールといい、つねに複数の可能性のなかからの選択ではある。その意味で、歴史的積分の現在値は単一の点ではなく、ある解釈の幅を持っている。つまり、そこでの選択については価値判断が必要である。しかし、価値判断の歴史というものもあるのであるから、そこでも価値判断のオリジナルにいかなるパロディを加えるかということになり、つまるところ、過去への遡及《そきゅう》なしには未来への変化もありえないという結論になるわけだ。

道徳の本質は、まさに、この過去志向と未来志向のあいだの平衡感覚にこそある。それゆえ、オリジナリティの基礎がナショナルかつヒストリカルなものとしての伝統にあるとすれば、道徳による平衡もまた伝統性という根本性格を持つということになるのである。

しかし、この平衡感覚というものの具体的内容は、具体的状況が与えられなければ、定まらない。このことを明示するために、徳義と徳目とを区別するのが便利であろう。つまり、徳義というのは、平衡感覚の一般的形式的性格を述べるものである。たとえば、「より多くの人生経験を積んだ年長者にたいしては、慣習として安定し伝統として広く共通了解されている、礼儀・作法をもって対応すべし」という規定が徳義である。そこには、経験から学んでいない年長者がいるかもしれない、不安定な慣習があるかもしれない、慣習の意味するところが広く了解されるには至っていないかもしれない、といったような可能性が、暗黙のうちに、表現されている。そうした可能性が目前の具体的状況に現れているのならば、その徳義は無効である。しかし、徳義を細目にわたってまで規定し、たとえば年長者一般にたいする頭の下げ方まで細かく指定するような徳目の体系を作るとなると、それは繁文縟礼《はんぶんじょくれい》というものである。徳義と状況の関係についての解釈を怠ったままに、徳義の独り歩きを許すやり方である。徳義を一般的に書き記《しる》すことは可能であり重要でもあるが、その内容の具体化はあくまで状況とのかかわりで決まってくる。それゆえ徳目については、たとえ明記したとしても、その意味内容はプラクティカル・ナレッジ（実際知）として把握されなければならない。つまり、学校教育でいえば、徳目の「教え方」や「行い方」が大事だということである。

道徳教育のなかの徳義と徳目

日本においては、敗戦までは教育勅語というものがあり、それにもとづいて道徳教育が行われていた。明治憲法が国家規範を示し、教育勅語が、その規範に沿うような国民を育成するための、教育原理を指示していたということである。日本が国家として危機的な状況に追い込まれていくにつれ、他国と敵対せざるをえなくなり、そこで、教育勅語にもとづく教育の具体的過程が政府統制の方向に傾いたことは否めない。たとえば、天皇の御真影《ごしんえい》にたいしていかに礼を尽くすかの細かな徳目までが指定されていった。しかし御真影にせよ日の丸・君が代にせよ、つねに直立不動で対すべし、というのは儀礼の過剰である。国家の危急存亡に際しての日の丸と、村のちょっとした催しにおける日の丸とは、意味が異なってくるからである。出征兵士を送るときの君が代と、新年を迎えるときの君が代とも意味が違う。それが、ステレオタイプの徳目になってしまうと人々の表現を鋳型《いがた》にはめることになる。日本だけではなくて、世界の至るところに、徳目が表現の抑圧手段となる歴史があったのである。

徳義という観念はきわめて重要であるが、それを徳目として指定をする場合にはきわめて注意深くなければならない。学校での教育の現場、家庭での躾《しつけ》の実際、社会での慣行の実状、そういう場面における柔軟性に富んだ実際知の応用のなかでしか徳目の意味は定着しない。簡単にいうと、道徳教育にあっては、一般的なものとしての徳義を教科書で示すことは可能であろうが、それを徳目として具体化するに当たっては、学校の教師や家庭の親たちや地域社会の大人たちが、実際の生活のなかでそれをひとつひとつ、いわば体で覚えさせるようにして、子供たちに教えていくほかない。逆にいうと、そういう教え方ができるように、親たちや教師や隣人たちが国民として成熟していなければならないということである。

戦後、子供の躾を家庭や社会にあずけ、学校はその仕事をほとんどやらなくなった。そのこと自体は、学校は主として知識教育を行う場なのであるから、やむをえないことではある。しかし肝心の家庭・社会がそうした躾を行う能力を欠いていたのである。そうなったについてはいろいろな事由があるがその一つは、生活の場において子供たちに徳目を具体的に教え込んでいくことが、国民の大きな義務だということが確認されてこなかった点にある。

戦前の教育勅語にかんするのと同じことが、戦後の教育基本法についてもいえる。教育基本法は、日本国憲法が施行される直前の、一九四七年の三月に施行された。アメリカの派遣した教育使節団の要求に応じてのことである。憲法によって示された日本の国民および政府にとっての価値観と規範を子供たちにたいしていかに教え込んでいくか、その基本線を示したのが教育基本法である。それによってアメリカニズムの原理による洗脳、精神制御あるいは刷り込みが推し進められた。これはアメリカの押しつけということよりも、むしろ敗戦のショックで心理的深傷《ふかで》を負っていた日本人たちが、周章狼狽《しゅうしょうろうばい》して、自分らの歴史から遠ざかりたいと思い、それで、そういうアメリカから与えられたものをみずから押し戴《いただ》こうとした。つまり、みずからの主体性を空虚にし、その空洞に吹き込まれたのが日本国憲法と教育基本法であった。

教育基本法は、きわめてアメリカ的なものである。それを強引に日本に注入しようとしたため、教育基本法は法律としてきわめて特殊な形をとっている。つまり、普通の法律には前文などというものはないわけであるが、教育基本法には前文があり、その前文と諸条項で強調されているのは、子供たちに「自主的精神」を持たせる必要があるということである。個人の尊厳性と個人の自主性、それがこの法律の眼目となっている。子供たちに徳義・徳目を伝えることの意義については一言もない。これが憲法と一対になって、戦後日本人の価値観とそれにもとづく規範意識を半世紀以上にわたって方向づけ決定づけたのである。

もちろん、個人の尊厳性や個人の自主性が現代の徳義であることを否定することはできない。本来ならば、もっと注意深く、歴史感覚を担った個人だけが尊厳に値するし、歴史感覚を迎え入れんとしている個人の自主性だけが健全でありうると表現すべきであろうが、いずれにせよ、個人の尊厳性や個人の自主性を認めなければ社会は閉塞《へいそく》状態に入る。したがって、徳義の体系が尊厳ある個人の自主性を包摂《ほうせつ》するのは当然のことではある。

しかし、それがいわゆる日教組教育の最大の徳目として確立されるや、教育を窒息させるイデオロギーになってしまった。つまり、個人の尊厳性と個人の自主性が子供たちの行動の徳目となると、家庭の躾を無視するのも教室の規則から逸脱するのも、尊厳ある子供たちの自主性の現れとして容認されるという社会的力学がはたらくことになった。造反有理《ぞうはんゆうり》という毛沢東の科白《せりふ》そのままに、親に逆らうこと、教師に逆らうこと、社会に逆らうことが、子供たちの主体性として称揚《しょうよう》されるということが長きにわたって続いた。

もちろんその帰結は、家庭、教室そしてコミュニティの崩壊ということであるので、それらの組織や集団を守るべく「管理」が行われもした。その管理は、主として、学業成績が良くなるように取り計らうのが子供たちの尊厳性・自主性を支えてやるための必要条件である、という理屈づけで行われた。管理と自主が対抗し合う価値として認められていれば、両者の平衡なり統合なりがめざすべき上位の価値だということになりえたであろう。しかし教育基本法によって自主性が唯一の最高価値とされたのであってみれば、管理をも子供たちの自主性を発揚するための手段と見立てなければならない。自分たちの自主性を高めるために自分たちは管理されているのだという理屈が欺瞞《ぎまん》にすぎない、と見抜くくらいの知力は子供にだってある。結局、子供たちは自主性を放棄して管理に従うか、それとも管理の場から自由に逃走するか、の二者択一へと追い込まれていったのである。

徳育なければ知育なし

これは、戦後にあって、徳育が失敗した、というより放棄されたということである。そしてそれが戦後教育の全体を泥沼へと引きずり込む直接の原因となった。というのも、徳育は教育全体の連関のなかで、いわば扇の要《かなめ》の役を果たしているからである。すでに世間の眼にさらされつつあることであるが、学校における学級崩壊と学力低下、そして巷間における（思春期から青年前期にかけての）弱年者たちの乱暴狼《ろう》藉《ぜき》は眼を覆いたくなる程度に達している。それらは、おおよそすべて、徳育の混乱さらには消失の結果なのである。

体育のことを脇におくとすれば、教育は徳育と知育の二つに分けることができる。戦後日本の徳育は、これまで述べたように、人権主義でまるごと染め上げられていた。知育のほうについては、一方で詰め込み教育、受験教育、偏差値教育などが「人材の選抜」という客観的要請に従って推し進められた。他方で、その失敗への反省もあって、自由教育、学習塾教育、ゆとり教育などが展開された。しかし、いずれにせよ、知育の成否は「精神の力強さ」としての徳の大小に依存すると考えれば、まず議論さるべきは徳育についてである。

戦後、学校の教科にかかわる制度としては、道徳教育は廃止された。そのかわりに、とくに国公立の教育機関においては、ホームルームなる制度が普及させられた。尊厳ある子供たちの自主性にもとづく討論、それが道徳教育のかわりをなすというふうにみなされたわけである。しかしホームルームでは、当然のことながら、子供たちの自主性が何にもとづくべきか、という議論は封じられていた。つまり、日本の歴史のなかで育《はぐく》まれた常識・良識を身につけていない、あるいは身につけようとすらしていないものたちの自主性は、社会を傷つけ、ついには自分をも壊すのだ、ということを指摘するのは、ホームルームにおける禁句であった。

歴史感覚が子供たちの自主性の根源であるのだということすら確認されないままのホームルームであるから、それは、まず、放埓《ほうらつ》に自分の意見を言い合う場となり、次に、民主主義の名において教室の異端派や少数派を抑圧する場となった。つまり、教室の全体的な雰囲気から逸脱する子供を、ホームルームを通じて排除し、それをきっかけにしていじめをすら加える、ということになった。つまり多数派に属するということが人間の尊厳の証拠となり、民主主義の多数決によって少数派を排除するのが自主的な営みとなった。そのように振る舞うのが戦後の道徳となったわけだ。そのようにして排除されるものは、尊厳に値するのが人間であるという大前提があるからには、人間ではないとみなすほかない。そういう理路が、子供を含めて、人々のあいだに無自覚にせよ形成される。そうであればこそ、戦後の「いじめ」はかつてない残酷味を帯びる。

付言しておくと、自主性を重んじる徳育のもう一つの柱とされたクラブ活動においても、これと大同小異の事態が発生していたであろうことは、想像に難くない。要するに、少数者を異常の部外者であると認定することで、それが多数決による排除ということなのである。戦後の人間主義は、どんな人間も排除されて然《しか》るべき不徳と不知を持っているという前提に立っていないため、排除されたものを人間に非《あら》ずとみなすほかなくなったわけである。その意味で、人間主義は残忍なイデオロギーであるといってよい。

結局のところ、その名に値するような道徳教育は戦後にはなかった。これが戦後における知育の教育の不毛さをもたらしもしたのである。知育にかんして、どの程度の詰め込みがいいかとか、どの程度のゆとりが必要なのかというテクニカルな議論の前に、知育を受けんとする子供たちの「活力」の源泉がどこにあるかを見定めておかなければならない。あえて極論をいうと、「やる気」さえあれば、つまり知識を得んとする活力さえあれば、知育は教室においてのみならず、塾においても家庭においても、独学においてすら、こなせるのである。

そればかりか、とりわけ社会人文系の知識についていうと、さまざまな学説の真理としての耐久性はそれほど大きくはないのである。わかりやすい例でいえば、この世に起こる現象はすべて階級社会の現象として説明できるという唯物史観がそれである。戦後、いろいろな教科書にその学説が紹介され、教師もそれにもとづいて社会現象や歴史過程を説明してきた。ところが、いまや、学問や言論の世界でそういうマルクス主義的な社会観や歴史観がどの程度の説得力を持っているかといえば、ほとんど無といってよい。そのように、やがて反証されるのが知識の運命なのであってみれば、知育において最も必要なのは、知識の吸収そのものであるよりも、知識にたいする解釈の「仕方」だといってよい。つまり、知識にたいする取り組み方が強靭《きょうじん》なものになれば、それが精神の活力となって、知識の取捨選択をそれこそ自発的に行うことができるようになるのである。

知育への活力がなければ、知識の誤謬《ごびゅう》も歪曲《わいきょく》も見抜けない。誤謬・歪曲が判明したときに修正が利かなくなる。また知識の吸収そのものは、活力さえあれば、書物を通じて行うことができる。逆にいえば、活力がない子供たちにどんな知育の制度を与えても、なかなか効果はあがらない。そして活力を養うのが徳育の本務なのであるから、徳育なければ知育なし、と断言してさしつかえないのである。

さて、徳育の仕方であるが、まず、子供たちが教室で学ぶ必要があるのも、また多くの場合は独学が弊害あるものであるのも、独りでは精神の活力を身につけることができないという点にある。公徳の樹立、つまり人々のあいだの外面の関係における徳義の確立は、独りで学んでいるのでは身につけることができない。公徳が欠落していれば、人間は精神の活力において失調を来たす。いずれにせよ、活力の源が道徳ということなのであるから、徳目の学習や実践が必要なのは、それ自体においてよりも、子供たちが活力をもって社会のなかで生きるときの支えがルールでありマナーであるという意味においてなのだ。ルール・マナーに接することによって鍛えられる精神の力強さ、それが徳ということである。そして徳がなければ、いくら教科書をあてがわれ、いくら試験をやらされても、せいぜいのところ、その場しのぎの知識しか身につかない。日本の現在において、子供たちの学力低下が目立ってきているのは、つまるところ、徳義の不足に原因があるとみてよいであろう。

大事なのは教師の人格を陰に陽に表現すること

では徳育はいかにして可能か。厄介《やっかい》なのは、教科書や講義による定型化された教育としては、徳育は不可能を運命づけられているということだ。教師が徳において完全であれば、徳の向上のためには何をすればよいのかを子供たちに教えることもできるであろう。だが教師は、知性においてのみならず徳性においても、完成からはるかに遠い。具体的状況において、徳目をどう正しく演じるべきかについても、不完全きわまりない。家庭の躾教育であれば、生活の実践の場が家庭であるので、親子のあいだのさまざまな相互行為の積み重ねのなかで、徳の何たるかを伝えることもできよう。しかし学校の教室では、教師は壇上にいて、その前には三十人から五十人の生徒がいる。生活実践は教室に望むべくもないので、知識による徳育をやらざるをえなくなってくる。そうすると、紋切り型の徳目を教えることは可能であっても、それは、子供たちの精神活力をかえって阻害するということになりかねない。

さらに難問が残っている。仮に教師が教科書や授業によって立派な徳育をなせたとしても、子供はそれに反発する自由がある。つまり、不徳をあえて選ぶのも精神の活力である。それが人間の可能性というものである。その可能性を封じるのは、教科書や授業によっては不可能であり、「不徳の自由」の持つ恐ろしさについては、人生の経験を通じて学ぶしかないのである。

これは教育一般に伴う矛盾なわけだが、とくに徳育にあっては、立派な教育者を誰が創るかという問題にぶつかってしまうのだ。神の観念を持ち込めるのならば、神の意志を受け継いだものが最も立派な人間で、その人の薫陶《くんとう》をうけた人間も立派である、というふうにして立派な教師の存在というものを想定できる。あるいは、かつての啓蒙《けいもう》主義の時代のように合理主義が信じられているならば、科学的真理に最も近づいた人間が立派な教師であると考えることもできる。

だが、脱宗教は進行するばかりであり、合理主義が疑われてからすでに久しくもある。つまり、無神論が現代の思潮の主流であるし、人間の理性がいかに感性によって左右されているかということもおおよそみえてしまった。そうなれば、真理を担う偉大な哲学者というような教育者の理想像を軽々しく信じるわけにはいかなくなる。

道徳における立派な教育者というものは、存在しえない。少なくとも、二十世紀に入って真善美の基準が根底的に疑われたために、それが存在しづらくなってきていると認めるほかない。

道徳が活力の源泉なのであるから、それさえあれば知育なんかは基本的にはどうにでもなるという意味においては、唯一重要なのは道徳教育だとすらいえるのだが、その唯一重要なものが、とくに学校教育においては、ほぼ不可能なのだ。そういう矛盾のなかに教育はある。

では、唯一重要なものがおおよそ不可能であると知って、我々はニヒリズムに浸るほかないのであろうか。そうではない。技術知としては不可能であっても、次のような実際知の可能性が残されている。教師は、優れていればいるほど、徳育の必要を痛切に思っている自分に徳育をなす能力がないという不安、苦痛そして絶望を強く抱えている。そうなのだということを、教師は、知育の教え方を通じて表現することができる。知育の教え方のなかに、道徳の求め方を、間接的あるいは隠伏的に、表現するということだ。人間はいかに生きるべきか、そのヒントを得んがために知識に取り組んでいるのだということを、教師が知育の教え方において示唆せんとするとき、その教え方は多少とも人格的な振る舞いとなる。つまり、教育の実践において教師の人格を陰に陽に表現することによって、徳の求め方が仄《ほの》めかされる。

どういう教師のことが一番記憶に強く残っているかと問われたとき、人々は、ヒューマニズムを高らかに演説した教師のことでもなく、大東亜・太平洋戦争の雄々しさを喧伝した教師のことでもなく、知育の技術が上手な教師のことでもなく、あるいはおもしろおかしくパフォーマンスをやってみせた愛嬌のある教師のことでもなく、徳育を語りたいと念じながら語れなかった教師のこと、つまりその人の、教師としての絶望と希望の境界でのいわば実存的な生き方のことを思い出すのだ。

このように徳育は不可能の間際にある。しかし道徳にかんするたくさんの古典、たとえば『論語』『仏典』『ソクラテスの弁明』『旧約聖書』に始まり、近現代におけるヒルティ（一八三三〜一九〇九　スイスの法学者・哲学者）やアラン（一八六八〜一九五一　フランスの哲学者・批評家）の幸福論や人生論に至るまでの、道徳論の系譜というものがある。日本においても、1、2節で解説したように、色合豊かな宗教、道徳そして思想の流れがある。教師が自分の言葉として道徳を具体的に語りえないとしても、長い歴史を耐久して現代人に手渡されている古典を通じて、道徳の所在を仄見えさせるくらいのことはできる。また、道徳にたいする解釈の仕方を示すこともできる。

国語、歴史そして古典的な道徳を学びたい

道徳の古典群に近づくにはもちろん準備が必要だ。その第一階梯《かいてい》は、初等教育において国語の力を充実させることであろう。国語の知育から得られる第一のメリットは、自分たちの母国語が美しい表現を創出しうる手段であり、情報を便利に伝達しうる手段であり、歴史的蘊蓄《うんちく》を蓄えうる手段であり、そして物事の判別基準を示唆しうる手段であると知ることである。つまり言葉づかいによって人間が自由と規制を、平等と格差を、そして博愛と競合を巧みに平衡させうるのだと察知するのは、国語教育によってなのだ。上出来の詩歌や物語に接すること、それを「學」ぶこと（つまり習うこと）、それは美意識と善意識の根底をなすものとしてのいわゆる情操の形成に大きな貢献をするに違いない。その意味で、国語の知育には徳育が含まれているのである。

また、言葉の動物たる人間がその平衡感覚をめぐる成功と失敗のドラマをいかに繰り広げてきたかを、歴史を学ぶことによって知る。歴史は道徳のドラマであり、そのドラマは精神の活力としての徳をめざすことがどれほど必要で、またいかに困難であるかを、いわば寓喩《ぐうゆ》（道徳にかんする具体的な物語）として展開してくれている。歴史は「史《ふみ》を歴《へ》る」ことであり、それを英語でヒストリーといいかえても「ストーリー」つまり物語ということである。文章といい物語といい、根本においては価値観によって支えられている。とくにそれが国民の歴史である場合には、歴史の知育を通じて、国民の道徳の何たるかについて、子供たちは大きな示唆を得ることができる。

こうした国語と歴史にかんする素養を踏まえた上ならば、高等教育で道徳の古典から多くのものを学びうるであろう。その古典のかなりの部分は外国のものであろうが、道徳も古典ともなれば国境を越えた普遍性を示唆してくれるものが多いのである。またそれらを日本の道徳的古典と比較するならば、道徳の持つ普遍性の方向と、それがさまざまに国民的な道徳に分化していく個別性の方向との両方を押さえられるであろう。

国語、歴史そして古典道徳において顕著であるように、知育と徳育は、区別されうるが、分離不能である。それもそのはず、知識の前提・枠組・方向は何らかの価値観にもとづいて選びとられるのであり、したがって知育は、多くの場合は消極的かつ間接的であろうが、徳育なしには済まない。そして国語、歴史そして古典道徳は、それらが積極的かつ直接的に言葉の産物であるという理由により、徳育の次元が表面へとせり出してこざるをえないということなのである。

初等教育の中心に国語が、中等教育の中心に歴史が、そして高等教育の中心に古典道徳があるべきなのだが、その中心という意味は、授業時間の多さのことではない。さまざまの教科をつなぐ結節点として徳育があるということである。そのことを各教師がしっかりと認識した上で各教科の知育を行うことが重要なのだ。そして、そうした教科編成のなかに身をおくことによって、子供たちは「精神の力強さ」が何であるかを実感することができる。そこから種々の知育へと精神の旅立ちをするということである。

このような教育の全体的編成を考えずに、きわめて便宜主義的また機会主義的に、工業発展が時代の要請ならば技術教育に重点を移し、国際化が時代の趨勢《すうせい》ならば（第一の国際共通語たる）英語教育に精を出すというようなことでは、子供たちの活力が弱まらないほうが不思議だ。自主的精神を子供たちにいかに内発させるか、それはいささか逆説的なことだが、子供たちがいかに自分たちの国民言語と国民歴史と国民道徳に依存しているかを知ることから始まるのである。

国語教育も歴史教育も道徳（的古典）教育もすべて知育ではある。しかし、それらは価値判断なしには理解しえぬ分野である。価値判断と事実判断は区別さるべきではあるが、それらが分離されたままでは、子供であれ大人であれ、そもそも知識に取り組もうとする活力がなくなる。両者をいかに結合するのがよいのかが、国語、歴史そして道徳の知育のなかで獲得されるのではないか。

徳育は、難事ではあるが、やり甲斐のある仕事である。もっといえば、教育のなかで最も魅力に富んだ仕事だといってよい。というのも、それは人々の生きるうえでの精神的栄養を供給するものであるからである。人間は、自分たちの精神が構造的な安定性を何ほどか保ちつつ動的な展開を徐々になすことに最大の充実を覚える。それを促すのが道徳教育にほかならない。そしてそれは、学校においてのみならず、家庭、職場、コミュニティおよび議会といった国民生活の全域において、取り組まなければならないものなのだ。

現代社会の狂騒、混乱、衰弱そして腐敗の根は、道徳への関心を現代人が失ったことにある。残念ながら、国民がこぞってそうした精神的下降の線を辿《たど》っている点で、戦後日本は際立っている。このようにいうのはけっして精神主義ではない。技術の持続的発展とそれによる国民の暮らしの安定的成長を可能にするのは、国民の高い道徳的水準にある。その水準を保とうとする努力を怠ったために、国・家に、つまり日本国民とその政府に、衰亡の兆しが強く差しているのである。

保守思想が徳育を支える

道徳の水準を保つための国民の努力、それが徳育であるが、徳育は保守思想に立ってのみ説得的に組み立てうる。このことがわかられていないために、戦後、徳育は地に堕ちたのである。保守とは、少なくともその立場をみずから欲する以上は、大事と思われる観念や事物を「保ち守る」姿勢のことである。これを英語でいいかえても、コンサヴァティブとはたとえば防腐剤のことであり、大事なものが、たとえば道徳が、腐敗させられるのを守ることである。

どうしてこういう健全な意味を持った言葉が、現代において価値を貶《おとし》められてきたのか。それは、近現代の主調音である進歩主義にとっては、保守思想における新奇さにたいする警戒が邪魔であったからである。古きものにたいする愛着は進歩主義の敵性心理であるとみなされ、近現代の否定的言辞となった。新しき変化のなかに良きことが宿ると考えたい進歩主義は、保守思想を排斥することをもって道徳とした、といっても過言ではない。こういう背徳の思想が教育の中心に居座ったのであるから、背徳の子供たちが大量発生してむしろ当然といえる。

変化によって失うものがある、この簡単な真実が子供たちに伝えられていない。変化による損失のうちで最大のものは、それまで自分たちの精神の欲望、行動、意見を成り立たせていた構造である。構造とは、どんな学問でもそうなのだが、容易には変更しえぬ体系、もしそれを強引に変化させれば事態が混乱に見舞われる類の体系のことをさす。

新しい構造も考えられはする。しかし、まず、いくつも考えられうる新しい構造のなかで、どれを選ぶかという選択の構造まで変えてしまったら、人間は思考停止の状態に陥る。次に、新しい構造に移った場合、それに慣れていない人間は最初の思惑とは異なった振る舞いに及ぶのがむしろ普通と予想しなければならない。わかりやすくいうと、人間の人格的基礎や社会の文化的基盤が変えられてしまったら、そこに大なる可能性で生じるのは人格的破綻であり文化的破産であるということだ。その意味で、「構造の抜本改革」などを簡単に口にする昨今の風潮は、時代精神がすでに狂気に近づいていることの現れなのであろう。そして、子供たちがそうした時代の気配を敏感に反映してもいる。つまり、子供たちの言動が次第に常軌を逸し、それが日本の未来を不吉なものにみえさせている。

もちろん、人間・社会の構造が不変であることは少ない。歴史が危機を伴うというのは、構造変化の危機に放り込まれうるのが人生であり時代であるということを意味している。問題はその変化にたいしてスケプティカル（懐疑的）であるかどうかということである。ちなみにスケプティカルの原義は「考え深い」ということだ。保守思想は構造変化を起こすことに考え深くあろうと努める。道徳についていえば、投げ捨ててはいけない道徳がありうる、それを失えば自分らの人生と時代に得心を抱けなくなるような重要な道徳がある、と保守思想は考える。その思想がなければ徳育は成り立たないのである。というより、国語・歴史・古典にかんする知育が徳育の基礎となるというのも、それらが保守思想を子供たちに身につけさせる恰好の手立てであるからにほかならない。

構造というものは、その次元が深まれば深まるほど、それを運命もしくは宿命として受け入れるしかないといった様相を帯びる。たとえば自分がいつどこに生まれたか、自分らはどういう環境のなかで共同生活を営むようになったか、それはほとんど制御不能な条件である。その運命を批判してみても悲しんでみても得られるものはほとんど何もない。そういう消極の態度によってもたらされるのは、虚無の気分くらいのものである。死を選択するような虚無ならばともかく、虚無を抱いて生きるのは、生きることそれ自体が物事を道徳的に選択していく過程であるからには、虚無の自己否定である。たとえば、現状を破壊せんとする活動的虚無にしてすらが、その破壊の仕方については、何らかの価値基準に立たねばならないのである。

また、虚無にもとづいて死を選ぶ場合にしても、受け入れるに値する価値はないと断定することであるから、それは自分の価値判断能力にたいして絶大な自信を寄せているということである。自己の精神力を極大と思い込みつづけるために自己の生命力を極小にしようと決意する、それが虚無による自死の嗤《わら》うべき矛盾である。この矛盾に気づかぬような人間の精神力が大したものでないことはいうまでもない。結局、ニーチェがいったように、人間は運命としかいいようがないおのれの構造的基礎にたいしては、運命愛を寄せざるをえない。おのれの運命に愛着を持つという態度があってはじめて、おのれの人格やおのれらの国柄を積極的に表現することに喜びを見出しうるのだ。「徳」とは、この自分の運命を愛することにもとづく「精神の力強さ」のことをさす。

その意味で保守思想には浪漫主義の要素が多分にある。そして浪漫のための精神的養分は何らかの運命を運んできた歴史のなかにあるのであるから、それには歴史主義の要素も色濃くある。しかもそうした諸要素が人間のあるべき合理の、それゆえ真正の進歩の、前提・枠組・方向を定めるのである以上、保守思想こそは一切の思想のそれこそ防腐剤であるといわなければならない。

このように保守思想の心理的描写を行うことを、マンハイム（一八九三〜一九四七　ハンガリー生れの社会学者）などは、心理的保守主義とよぶ。そしてそれを、近代社会に一つの社会的勢力として立ち現れた（慣習擁護を旨とする）政治的保守主義と区別し、それに主たる批判をあびせようとする。しかしこれは余計な二分法といわなければならない。保守の心理と保守の政治は密接不可分なのだ。というより、人間心理の実相を無視した上で、人工の合理にもとづいて社会を設計すること、それが保守思想による近代批判の眼目である。だから、心理的保守と政治的保守は、それぞれ、保守思想の深層と表層としてとらえられるべきなのである。

もちろん、こうした思想的な事柄を子供たちに直接的に教えることはできない。だから、国語・歴史・古典といった、それ自体のうちに保守的精神の養分をたっぷり含んだ知育の材料に接する必要が、子供たちにはあるのである。

「革命」思想を教えてきた戦後教育

それなのに戦後日本の教育は、保守思想の敵ともいうべき急進思想を、いいかえればフランス革命の思想を、高く揚げてきた。それに真っ向から対決したイギリス流の保守思想には、ほとんど一片の関心も寄せなかったのである。

イギリスは、フランス革命の薄っぺらな合理主義に対抗するなかで、というより他に先んじた余裕のおかげで、近代への歩みを漸進的に成し遂げる余裕が与えられ、歴史的経験の重みを知ることができた。それを例外とすれば、近現代の社会は、洋の東西を問わず、保守思想をないがしろにしてきた。正確には、保守思想がそこかしこに残存していればこそ社会としての体裁を保守しえてきたのだが、忘恩の徒よろしく、それに攻撃を仕掛けるのがこの二世紀間、つまり近現代であった。その最も目立った例が日本であって、とくにその戦後は、保守は称賛語ではなく非難語であった。その証拠に、戦後日本では、いまの自由民主党につらなるグループが長期にわたって長期単独安定政権を築いてきたのだが、彼らは自分たちが保守派だといわれることをはっきりと拒否してきた。それどころか、自分たちのほうが現実的に役立つ革新政策を打ち出してきたのだ、自分たちこそが本当の革新なのだ、と彼らは主張してきたのである。旧社会党や現共産党に代表されるいわゆる革新派の野党は、社会主義という空想に傾いて有害な革新策しか出していないのであるから、自分ら与党のほうこそが有益な革新派だ、と選挙民に訴えてきたのである。戦後日本の政争は、革新派内部のいわば理想主義的急進派（野党）と現実主義的漸進派（与党）とのあいだで展開されてきた。そして政治は文化や社会の総体的な反映なのであるから、戦後日本には保守思想の潮流はなかったも同然なのである。その見本例が「学校」であったのだから、今の学校崩壊に驚いてはならないのである。

自民党が、教育改革のことを含めて、改革における漸進主義の態度をとりつづけたことについて、保守思想とのつながりをかろうじて残したものと評価してよいであろうか。ある程度はイエスといえる。しかし被占領期におけるアメリカの命令および指導による改革は、いわゆる六・三・三制の新学校制度のことをはじめとして、革命とよばれるべき大改革であった。しかも日本の国柄を破壊することを狙った（近代主義的な意味での、新しい）革命であったため、その大改革に漸進的にしか抵抗しなかったということは、急進主義への妥協とよばれても致し方ない。とくに六〇年代以降、憲法改正を完全に棚上げしたことによって、自民党は保守路線からの離脱を決定づけたといえる。そういう経緯があったせいで、九〇年代、「アメリカニズムの総仕上げ」あるいは「戦後的なるものの完成」といった方向で平成の大改革が行われていくのにたいして、自民党は何ら抵抗を示しえなかった。平成十二年に始まった教育改革にも、「独創性教育」というお題目が相も変わらずべったりと張りつけられているのである。

自由のための規制が国柄にもとづかねばならず、民主のための輿論《よろん》も国柄をくみとるものでなければならない。国柄とは、その国のネーションフッドつまり国体と政体を貫く性格のことであるが、ともかく国柄について無知あるいは曖昧をきわめたという意味で、自民党は国柄の保守に、それゆえ歴史の把握に、無頓着であったといってよい。それが教育に素直に投影され、その結果が学級崩壊であり学力低下である。というのも、子供たちの「健全な活力」は、自分たちが未来の国民になるのだ、自分たちの国柄を未来につなげるのだ、という自覚を必要とする。その自覚を殺《そ》ぐような教育を半世紀間にわたってやりつづければ、学校が精神の荒野となって何の不思議もない。

それは、保守の意味がますます混乱させられてきた戦後日本の縮図である。保守が意味不明の概念になるに伴い、国・家（つまり国民とその政府）の意味も溶けて流れはじめる。なぜなら、どんな国家にあっても、国柄と名づけるのが適切なような、感情と論理の共有構造があるとしなければならないからだ。社会革命のあとに社会契約として大規模に設計されるような国家にあってすら、契約のためのルールは、いわば黙契としての国柄の共有によって保証される。そのことに気づいていた勢力が敗戦によって一掃され、その国民精神の空き地にいわば「非国」の思想が蟠踞《ばんきょ》することとなった。それを許してしまう程度の保守思想しか戦前日本には育っていなかったともいえる。ともかく、戦後におけるこのような経緯のはてに、国民を育てるのを拒否する国民教育という奇妙な現象が極東の一角に出現したのである。

五章……経済

道徳なきグローバリズム

20
地球市民という幻影

若手の経営者たちのある大きな集りに講演によばれ、壇上に登ってみたら、正面の壁に「グローバリズムをかざして不況と闘え、地球市民になれ」といったような横断幕が掲げられていた。私は、さっそく、「何という情けないスローガンですか、地球市民と闘えば好況になれる、と書けばよいではありませんか」と抗議した。そして、日本流の経営方式に、部分的な改善は必要であろうが、自信を持たなければ、アメリカ流に席捲《せっけん》されて御仕舞になるであろう、と話を続けた。

いずれにせよこの横断幕には、地球市民という政治的な（過《あやま》てる）理念とグローバリズムという経済的な（これまた誤った）理念とが連結されている。

世界標準の価値・規範は、最強国アメリカからしかやってこない。地球市《し》なり世界市《いち》が成り立つとしたら、それを牛耳るのはアメリカである。全人類の全歴史に普遍的な価値・規範を抽象的に想念することは可能であるし、必要な場合もある。たとえば、犯罪容疑者を拷問にかけるのは禁止すべし、という規範が普遍的とみなされるのは大いにありうるし、おそらく必要なことでもあろう。しかし一般的には普遍的な想念をどう具体化するかは国ごとに異なる。たとえば拷問についてすら、容疑者に大声で尋問するのを脅迫という名の拷問とみなす国だってありうる。結局、さまざまな国家のあいだの力関係によって地球市や世界市の具体的な運営法が定まるのである。

政治における地球主義者も経済における世界主義者も「人間」というものを直視していない。モノやカネや情報は、ずいぶん前から、グローバル（広域的）に動いており、ワールドワイド（世界的な広がり）の展開をみせている。しかし人間は、経済でいえば勤労者といい消費者といい、相も変わらず、企業や家族といった組織の、何ほどか固定された人間関係のなかで生きている。それは、そうせざるをえないからであると同時に、そうしたいからでもある。

人間をロボット（人造奴隷）あるいはサイボーグ（人造人間）にすればよいといったとて、人造物が人間を超えることができるのは、たとえば「計算」のようにシステムが決まっている領域におおよそ限られる。少なくとも、想像力や創造力において人間を超える能力を持った人造物ができる見通しがないのに、人間をモノ扱いするのは軽率のきわみといってよい。そういう光景はアメリカ製のＳＦ映画でみていれば十分ではないのか。

それに、仮にそういう高度の人造物を作ることが可能になったとしても、人間が機械の奴隷になるべきかどうかについて、私ならば一秒でノンと答えるが、ウィと答えるにはそれなりの理由づけがなければなるまい。要するに、三々手拍子で言葉を吐く粗忽者《そこつもの》だけが、地球市民だのグローバリストだのを名乗っているにすぎない。しかも二、三年で、彼らの幻影の「市」は、日本社会に傷跡を残しただけで、消え去ってしまったのだ。

国家からの独立を強める「地球市民」

一九九〇年代、「日本国民ではなくて地球市民になろう」という声がしきりに聞かれた。時代がそういう発言を促したのである。つまりグローバリズムという名の世界観が、世界を、とくに経済のそれを、鷲《わし》づかみにしたのであった。グローバリズムとは各国の経済秩序が単一の基準で律せられるべきだという考え方のことをさす。世界が均質化されるなら、「地球市民たれ」というアンチ・ナショナリズムの風潮が出てきて当然である。日本でも少なからざる数の知識人や政治家が、また経営者や役人までもが、「国民という表現はもう古い、市民という呼び名のほうがよい」といいつのった。その場合の市民とは、「国」をかなぐり捨てるのであるから、地球市民のことである。

ヨーロッパでは、市民《シチズン》という言葉には国民という意味がすでに込められているといわれている。しかし戦後日本では、国家から独立して自分らのコミュニティを作ろうと構える人々に市民の名を与えることが多い。たとえば市民運動というのはそういう人々の活動だと思われている。それが「地球市民」になることによって、ますます国家からの独立を強めようというわけである。

たしかに、地球には国際社会とよばれる人間の「社会」がある。しかしそれは、厳密には、未だ社会にはなりえていないのであり、いわば準社会とよぶしかないものである。風土、言語、宗教、歴史、習俗、法律、芸術などの一切において、国際社会は統一性に欠けている。それは、せいぜいのところ、形成途上の、しかも当て処の定かならぬ、社会であるにすぎない。そうであればこそ、国際社会では、理解よりも誤解が、連帯よりも敵対が、依存よりも反発が目立っているのである。国際社会の主調音はディスピュート（言葉の衝突としての紛争）とウォー（武力の衝突としての戦争）だといってさしていいすぎとは思われない。そういう現実のなかで地球市民を名乗ろうというのは、理想主義というよりも空想主義である。

現実からあまりにも遊離した考えは理想の名に値しない。知識人という空論に流れがちの連中の口からこういうことが吐かれるのならともかく、政治家や経営者という現実に密着しているはずの人々が「地球市民たれ」と口走るところに、現代日本における国家意識の衰弱がみごとに現れているのだ。いや、国家から遊離すること、そしてグローバル・スタンダード（世界標準）に合わせて生きること、それはユートピアというよりもディストピア（逆ユートピア）である、つまり悪夢である。なぜといって、そこで人類は、ナショナルなものでしかありえない風土、言語、宗教、歴史、習俗、法律、芸術の一切をほとんど失うのだからである。

しかし同時に認めておかなければならないのは、グローバリズムによる地球市民の提唱は、それなりの歴史的背景があって出てきたということである。二十世紀の後半、大がかりな工業発展に発展途上諸国が巻き込まれ、それにつれて、化石燃料（石油・石炭）の枯渇《こかつ》や自然環境の汚染が進んだ。資源問題にせよ環境問題にせよ、たとえば炭酸ガスによる地球温暖化が典型的であるように、地球規模で発生する。つまりそれらは当初から国家問題ではなく世界問題なのである。とくに環境問題には、消費者がみずからの生活環境に敏感になるという時代の趨勢《すうせい》もあって、ワールドワイドな関心が寄せられた。そうした風潮に迎合する姿勢に立って、「地球市民たれ」という標語が掲げられたわけである。

グローバリズムという大いなる誤認

ところが皮肉にも、資源問題や環境問題についての国際会議が開かれるや、地球問題はおおむね国益のぶつかり合いとなり、本質的な議論は二の次にされる。たとえば、一九九七年に京都で地球温暖化防止会議が開かれたが、各国の代表者は自国の国益および国策を主張する。久方ぶりの経済成長を謳歌《おうか》せんとしていたアメリカは、二酸化炭素の年間排出量が規制されるとせっかくの経済成長にブレーキがかけられ、それが引き金となってバブル化しつつある金融ブームが破裂するかもしれないという懸念を抱いた。それで、二酸化炭素をはじめとする温室効果ガスのフロー（排出）の削減率は〇％つまり現状維持を主張した。それにたいしてヨーロッパは、諸国民が環境問題に鋭敏だということのみならず、これまでの二酸化炭素の排出が多すぎるとともに、それを抑えるさまざまな技術がまさに応用の段階に達しつつあるという状況もふまえて、八％の削減率を主張した。しかもそこには、アメリカ経済の対欧進出に歯止めをかけたいとの狙いもあったようである。

日本は、会議の主催国ということもあって、両者の中間をとって四〜六％を主張した。押し合いへし合いの結果、日本の提案した中間値で妥協にこぎつけ、二〇〇八年からそれを実行に移すという結論になった。しかしその折衷案についてすら、約束が守られる保証はどこにもないのである。

さらに発展途上諸国は、環境のグローバルな解決に真っ向から異を唱えている。たとえば工業発展をまさに軌道に乗せつつある中国やインドは、環境問題におおよそ無関心を決め込んでいる。それら巨大な人口を有する発展途上国がこれから地球環境をどれほど汚染するか、文字通りに測り知れないものがある。

一般に、世界標準が具体的にどのように決定されるかというと、政治・経済の面で、また軍事・情報の面で最強のパワーである国家（今ではアメリカ）のヘゲモニー（覇権）が世界に押しつけられるという経過を辿《たど》ることが多い。他の国々はといえば、もちろん、覇権国の決定した標準に反発を隠さない、それゆえその標準の実際的適用において各国は自由裁量の余地を残そうとする。このような現実をみれば、グローバリズムの確立という現状認識は大いなる誇張だとしかいいようがない。地球市民という人間像そのものがずいぶんと浮ついたものであると認めざるをえないのである。

「世界化」はアンチ・ナショナリズムのための誇大宣伝

地球はいわれているほどには狭くなってはいないのである。それもそのはず、人間の空間的移動が実際にどの程度のものになっているかといえば、飛行機その他の運輸機関の発達によって、その移動性が高まってきているとはいうものの、世間でいわれているほどではない。日本でいうと、年間に累計で千六百五十万人が海外へ出る。しかし、その大半は十日前後の短期旅行客である。ビジネスがらみで外国に長期滞在するのは、二百万人前後にすぎない。しかもそれとて、三年以内で母国日本に帰ってくるものが多い。

たしかに、金融・情報の分野では、機器の発達に促されて、世界全体を覆う情報ネットが形成されつつある。そしてそういう金融・情報にかかわるいわゆるシンボル・エコノミーが、物作りにかかわるサブスタンス・エコノミー（実体経済）に小さくない影響を与えてもいる。しかし実体経済の中心をなす雇用は、さほどグローバル化していないともいわれている。たとえば、十九世紀末のシカゴは、とくに商品取引においてアメリカの経済的センターであったのだが、そのうちの約八〇％の人々が、結局はシカゴあるいはイリノイ州あたりのローカルなつながりのなかで仕事をしていた。そして二十世紀末、アメリカ経済のニューヨークと並ぶセンターであるロサンゼルスにあっては、百年前と大差ない割合の人々が、ロサンゼルスあるいはカリフォルニアとのローカルな関係のなかで働いているというのである。

グローバリゼーションという言葉の意味を広くとって「広域化」と定義するなら、もちろん、国内でも国際でも、広域化が確実に進んでいる。とくに、雇用以外の面での広域化には目覚ましいものがある。またそのことはとうに確認されてもいた。しかし九〇年代に入って突如として、世界史が段階的な変化を遂げたといわんばかりの調子で「世界化《グローバリゼーション》」の到来を主張するのは、アンチ・ナショナリズムをいいたいがための誇大宣伝であろう。そしてそういう反国家主義のスローガンとしての地球市民ということであったなら、百年も前からある古くさい代物《しろもの》にすぎない。

たとえば二十世紀初頭から、いわゆるヨーロッパ合衆国の構想があった。ヨーロッパ内部における絶え間ない紛争や戦争を何とか解決するために、ヨーロッパは一つにまとまってユナイテッド・ステーツ（合衆国）になるべきだという構想である。しかし、そこで想定されていた合衆国は、今のアメリカのように中央政府の権限が強い形のものではなかった。それは「国」というよりも「連邦」とよぶのがふさわしく、各国の独自性をできるだけ許容しようとしていたのである。またそうした連邦が構想されたについては、ヨーロッパが、一つにキリスト教において、二つにラテンとゲルマンの混合語において、弱いながらも共通の文化的基盤を有しているという認識があった。いわば親戚同士の付き合いを密にしようというのがその主旨であったのだ。

それすらがなかなか実現せず、今ようやく、ユーロという形で通貨の統一が行われた。しかしそれとて順調に進むかどうか、いまなお試験の段階にあるといえよう。それどころか、たしかに貨幣のことを含めて技術の面では、ヨーロッパ連邦らしき体裁が整いつつあるものの、精神の面では、ということは人間活動が前面に出てくる領域では、その来たるべき「連邦」はヨーロッパ域内での国際摩擦をむしろ強めるかもしれない。

たとえばイタリア人はほとんどがイタリア語しか喋《しゃべ》らず、またイタリア人の生活様式はあくまでコミュニティ中心である。つまり、人々の生活圏は依然としてナショナルであり、さらにローカルでありつづけるであろう。そういう歴史的な制度と衝突するのなら、国家ではなく連邦の解体のほうを展望するほうがより現実的だといってさしつかえないのではないか。

また二十世紀にあっては、第一次大戦の前からいわゆるエスペラントという人工語を世界共通語にして、各国間の政治から文化に至るまでの摩擦を解消しようとも企てられた。ただ、その提案者であるザメンホフ（一八五九～一九一七　ポーランドの眼科医）にあって、エスペラントは、各国の国語を大切にした上での共通語という位置づけであった。それはちょうどケニアにおけるスワヒリ語のようなものである。つまり、各部族は自分らの言葉をつかって暮らしているのだが、異部族間の話し合いが問題になるときにはスワヒリ語という非部族の言語を用いようというわけだ。いずれにせよ、そのエスペラントすらほとんど普及しないという状況のなかで、コスモポリタニズム（世界連邦主義）それ自体が掛け声倒れに終わったのである。

国際政治についてみても、第一次大戦のあとアメリカのウィルソン大統領の提唱によって創られた国際連盟は、一九三〇年代、大恐慌に続いて各国が戦争準備をするなかで、瓦解《がかい》していった。そして第二次世界大戦後、勝利した連合国の主導のもとに国際連合ができたが、それを実質的にリードしている安全保障理事会は、アメリカをはじめとするいくつかの覇権国（五つの常任理事国）の自己主張の場である。また国連総会も、発展途上諸国が、総会での投票数ということを頼りにして、自分たちの利益を実現しつつ、先進諸国から譲歩を引き出そうとする場になっている。さらに最強国アメリカは、拒否権というものが許されている安保理などには依存せずに、自国の国際戦略を推し進めようとしている。そういう動きが、とくに湾岸戦争以後の九〇年代に、顕著にみられるようになった。こうした経緯を振り返ると、グローバリズムとそれにつながるコスモポリタニズムはいわれているほどには成果も挙げてこなかったし、挙げる見通しも少ないといってよいのではないか。

「世界化」は単なる高度国際化ではないのか

ただし、グローバリズムが流布されていることそれ自体が、現代人の価値観における変化の兆候であることは認めなくてはならないであろう。

十七世紀のウエストファリア条約のあたりから顕著になったネーション・ステート（国民・政府）の形成・発展の運動が、今、一つの転機にあることは否めない。つまり、それぞれの国民政府がまずもって国際関係のことに配慮しなければならなくなっている。世界の各国は、近代化を進めることによって、かなり同質の技術的環境を作り出しつつある。それが各国の国民性を薄めさせている。

その意味でなら、主権国家という観念やそれから導き出される内政不干渉の原則という概念も効力を失いつつある。つまり国際関係は、少なくともその半面において、相互の内政干渉である。とくに世界標準の設定などは内政干渉なしに行われるべくもない。いうまでもないことだが、それはブレジネフ時代のソ連でいわれていた「制限主権論」と同じではない。ブレジネフがいったのは、ワルシャワ条約機構を守るために、ソ連の衛星諸国の主権を制限しようという消極的なものである。それにたいして今の内政干渉にあっては、「世界化」が積極的に理想とされているのである。

現在、国際社会において進行している事態は世界化とよぶべきものであるか、それとも国際化のなかの第二段階つまり高度国際化とよぶべきものであるか。その答えはあきらかに後者である。

そのことを端的に現してくれるのが、我が国における言葉の移り行きである。九〇年代の半ばまでは、多くの人々がインターナショナル（国際的）という言葉をつかっていた。そのことに日本国民が不自由を感じているということはまったくなかった。たしかに、その言葉をコスモポリタンと同義で用いる左翼的用語法の影響は残っていはした。しかし国際的という語の平均的な意味は、読んで字のごとく、ナショナル（国民的）なもののインター（際）ということであった。要するに国民間の関係が重要だという時代認識が、「国際的」という言葉を長きにわたる流行語にしていたのである。

ついでまでにいうと、国際化を英語に直すとインターナショナライゼーションであり、その英語は「国際的管理の下におくこと」を意味する。つまり、日本の国際化とは、日本を国際管理に任せることだということになる。現にそうなっているという皮肉は別として、戦後日本人の言葉づかいにかんする杜撰《ずさん》さがこんなところにも現れているのである。

九〇年代の半ばに、まったくにわかに、国際化という言葉が廃語に近くなり、グローバル（世界的）がそれにかわって登場してきたのも、杜撰な言葉づかいだといわざるをえない。つまり、言葉づかいにおける流行の変化がまずあったのであって、現実が九〇年代の半ばに急激に変わったわけはないのである。その新しい流行については、金融・情報面でのグローバリゼーションが目立ってきたという現実はあったものの、それ以上に、ナショナルあるいは国民的という言葉にたいする戦後日本人の恐れがあったと思われる。つまりそれは（通常は国家主義と訳されている）ステイティズムを思わせる言葉であったのだ。そしてそれは、国家をめぐる用語上の大混乱にもとづく現象でもあった。

つまり、ネーション・ステートを国民・国家と訳すように、ステートは国家と訳されることが少なくない。ところがステートは政府とも訳され、そしてネーションのほうも国家と訳されうる。日本にかぎらず近現代では、国家と政府が混同されたり分離されたりしているのである。結論をいえば、少なくともネーション・ステートをめぐる議論では、ネーションを「国民」に、そしてステートを「政府」にそれぞれ対応させるのが適切である。そして日本語の国家は、ネーション・ステートそのものに対応させたらどうか。つまり国・家とは、国（ネーション、国民）の家（ステート、政府）をさすということだ。そうしておけば、ナショナルと聞いてステイティズムを連想しなくてすむのである。

ステイティズムは、あきらかに、集権的な体制による強権の発動が常態となるようなやり方であり、そのようなものを正当化することはできない。しかしナショナリズム（国民主義）ならば、そしてネーション・ステート（国民・政府）を大事とするやり方ならば、今でも大いに発言権があるとしなければならない。そのことが揺るぎなく確認されていれば、グローバリズム（世界主義）という新語に魂を奪われるということにはならなかったはずなのだ。

グローバリズムは価値の一様化を招来する

いずれにせよ世界化とは、世界が単一の価値および規範によって律せられることである。だが、第一に、そんなことが必要かどうかが検討されなくてはならない。世界には六十億の人間と百九十ほどの国・家（つまり国民とその政府）がある。さまざまな風土、さまざまな歴史そしてさまざまな社会環境のなかで暮らしている人々に、単一の基準を当てはめるということは、世界連邦政府が主体となって世界に専制政治的な体制を敷くことである。専制政府による（各国の）独自性の抹殺、それがグローバリズムにほかならない。そんなものを作り出す必要は毫《ごう》もない、と抗議するのが良識というものであろう。ましてや、文化の多様性を認めるのが現代人の価値観だといってよいのであるから、世界主義は現代人のいわば二枚舌のなせる業だといわれても致し方あるまい。

第二に、各国さらには各人の独自性にもとづく世界主義は不可能である。その場合、意思決定主体を六十億の人間にまで分解しなければならない。しかも決定すべきことは気分とか思考とか態度にかんすることであって、そういう無数といってさしつかえない（経済学でいうところの）「選好」を、しかも六十億人のそれを、一つの秩序にまとめあげるのは不可能である。それは技術的に不可能というのみならず、いわゆる社会的選択の理論（諸個人の選好にもとづいて社会の価値基準を導き出せるかどうかを検討する理論）で証明されているように、多くの人間がそれぞれの独自性を主張するような状況で、社会的な選択基準を導くことは論理的にすら不可能なのである。逆にいうと、世界の六十億の人々が何らかの次元や側面で同質であることをあらかじめ前提としなければ、そういう世界的基準を導くことはできないのだ。それを強引に導き出そうとするのは、つまり、ヒューマニズムの名の下に、「普遍的」人間像をあらゆる人々に張りつけることにほかならない。

結局、単一の世界政府による世界主義は抑圧を、そして無数の個人による世界主義は無秩序をもたらして御仕舞《おしまい》となる、それが「世界化」なるものの必然である。現在の百九十という国民政府の数が最適であるかどうかはともかくとして、日常感覚で数え上げられる程度の数であり、そしてそれぞれのあいだに少々の同質性が保たれているということならば、国民政府群とそれらの国際関係とをもって世界とみなして不都合はないのである。そうならば、現在の国民政府群を意思決定の諸主体として、そこから何らかの形で世界秩序を段階的に導いていくということにならざるをえない。いま進んでいるのはそういう意味での国際性の高度化であり、けっして世界化ではないのである。

しかも奇妙なことに、人々は、個人の尊厳、個性の尊重あるいは個人の自己責任などを、一言にまとめれば価値の多様化を、要求し、そこに個人の自由の根拠を見出している。だが世界主義は価値の一様性を招来する。その矛盾をいったいどのように説明しようというのであろうか。それは、現代人は欲望について（またそれの基準である価値について）喪失感に悩まされ、したがってどこかから与えられる価値について受動的に反応する以外に振る舞いようがないという状態になっている、という説明である。たとえば市場で供給される単一の新商品を皆して受け入れるということだ。つまりいま声高に叫ばれている自由たるや、たかだか「新奇なるもの」にたいする受け身の反応の速度を競い合う、といった程度のものなのである。

国家は乗り超え不能である

さらに、グローバリゼーションとよばれている現象を仔細《しさい》にみてみると、それは単なる国際化の進展にすぎないということがよくある。ユーロがそうであって、それは、経済方面でのアメリカの圧倒的な影響力にたいしてヨーロッパが防波堤を築こうとする企てである。またそれは、七〇年、八〇年代の「奇跡」といわれたアジアの経済発展に抗して、近代化の先達《せんだつ》であった古きヨーロッパがみずからの再活性化を図るためのものでもあった。

つまり、EU(ヨーロッパ連合)はヨーロッパ・ナショナリズムにほかならない。それは、対アメリカそして対アジアというヨーロッパのナショナリズムの動きなのである。このことからしても、EUをグローバリズムの方向においてとらえるのは、流行語で精神を麻痺《まひ》させられたものの言い種《ぐさ》といってよい。そういう自己認識が最近になってようやくヨーロッパでも定着しはじめてもいる。つまり、インターナショナルとグローバルの違いがフランスなどで強調されはじめている。それどころか、ヨーロッパの内部においても、EUがそう円滑に進むわけがない、それは混乱や抑圧をもたらすのではないか、という不安が頭をもたげているのである。良きナショナリズムを持ちながらえてきたイギリスは、はじめからそういう警戒を発していた。また、スイスのように独自に国益を守るべく努めてきた国も、きわめて慎重な態度をとりつづけているのであり、もしもユーロへの参加が失敗したらたちどころにナショナルな規制措置や保護政策をとる、と宣言してもいる。つまりヨーロッパ全体としてのみならず、その域内での個別ナショナリズムもけっして弱いとは思われないのである。

そうなってくると、国民・政府つまり国家という考え方は古いなどと呑気なことはいっておれなくなる。アジアにおいても、ネーションフッドつまり「文化的同質性にもとづく政治的統一体」を、日本語でいえば「国家」そのものを、守ろうとする動きが顕著である。中国、台湾、韓国、北朝鮮、マレーシア、タイ、ヴェトナム、インドネシアなど、「国体にもとづく政体」の確立と確保のために奔走している国がたくさんある。とりわけ、アジアが世界賭博資本主義の好餌《こうじ》とされるという一九九七年から九八年にかけての金融パニックのあと、アジア諸国は、国民経済を守るのは国民政府だ、という構えに傾いている。

高度国際化が進むにつれ、とくに金融経済は不均衡・不安定性にさらされる。それがきっかけとなって、国内の政治的軋轢《あつれき》や社会の葛藤が激発する。それをどう処理するかは、国・家つまり国民・政府の仕事となるのである。

国家は、現実としても観念においても、乗り超え不能なのではないか。国家の解体や諸国家の結合があったとしても、それは別種の国家のうちに接収されていくのである。いずれにせよ、人々の欲望の在り方や生活の行い方は、依然として国民性を色濃く帯びている。また人々の世界にたいする秩序観（価値感覚と規範意識）も各国民の国民性にもとづいて形成されている。世界にかんする人間のイメージや認識そのものが各国各様の国民性に基礎づけられているわけである。つまり、人間の精神的環境はナショナルなものとしてのソキエタス（社交体）である。そういう人間の限界をこえてウニヴェルシタス（世界体）などという抽象的なものを構想してみたとて、その構想はあくまで（インターネットのような）技術主義的なもの、あるいは（人権のような）政治主義的なものにとどまる。人間の生は、全体としては、国民性から自由になれない。むしろその不自由な運命をいかに引き受けて、みずからの国民性をどう表現していくか、それが人間にとって真の自由であり素晴らしい特権なのだといえよう。

敗戦のトラウマによって国家という言葉にすら嫌悪感を抱いた

そうであるにもかかわらずどうして、とくに今の日本において、グローバリズムへの拝跪《はいき》が生じてしまったのか。ヨーロッパやアジアのみならず、世界主義の発信地であるアメリカにおいてすら、世界主義は各国の文化的構造の破壊であり、それが破壊されれば、技術すらもが（その運営面において）頓挫《とんざ》すると認められつつあるのに、この日本では、なぜ世界主義への反発がかくも弱いのであろうか。

その根本の理由は、やはり、大東亜・太平洋戦争における巨大な敗北がもたらした巨大なトラウマ（精神的外傷）にある、といわざるをえない。

一九五二年から、日本はみかけでは政治的独立を達成し、主権国家として存在しているかのようにみえる。しかし、サンフランシスコ講和条約と同時に日米安全保障条約が締結され、日本は軍事的にはアメリカの被保護国となってしまった。敗戦以来、世界秩序に参加するとき、日本はアメリカの傘の下でしか思考もしないし行動もしない。それのみならず、家庭や地域社会での生活様式のなかにアメリカ流が音を立てて侵入してきた、というよりそれが生活向上というものであると日本人自身がみなしはじめた。その挙げ句に、日本人の物の見方にまでアメリカニズムが浸透して、世界をアメリカから与えられた構図によってしか眺められない、という視線の歪《ゆが》みが生じた。結局、戦後日本人にあって、世界とはアメリカのことなのであった。

だから、今の世界主義も実はアメリカニズムのことにほかならない。歴史感覚の乏しいアメリカ人の物事にたいする感じ方、考え方そして振る舞い方としてのアメリカニズムは、人間観においては個人主義、社会観においては契約主義、経済観においては市場主義、そして政治観においては人権主義といったようなことになる。このようにアメリカニズムそのものが、その普遍主義的な性格のために、グローバリズムのごく間近にあるものなのだ。

それに屈伏しそれを歓迎した戦後日本には、世界で最も高い水準で世界主義が普及しているといってよい。ただし、その普及はあくまでイデオロギー（アイディア〈観念〉のロジック〈論理〉）として、つまり表層の意識としてである。戦後日本人の深層の意識は、日本流を根強く残していた。しかし敗戦から半世紀も経過するとなれば、表層による深層の掘り崩しが、日本流を根腐れにさせるほどに、進行する。今では経営者や生活者という、イデオロギーにはおいそれと動かされにくいはずの人々までが、いとも簡単に、グローバリズムを口にするのである。

このように敗戦のトラウマが精神の心棒をなすに至ると、国家という言葉すらもが嫌悪されることになる。国家は、個人の自由を抑圧する機構だ、とみなすのが戦後日本人の習性になりおおせる。そこには、国家は支配者階級の抑圧のための暴力装置である、というマルクス的な国家観が強かれ弱かれ影響を与えてはいた。しかし最近になって、反マルクス主義の陣営にある人々すら、国家という言葉にたいして強い嫌悪感を示しはじめたのである。たとえば、スモール・ガヴァメント（小さな政府）を支持する声が社会の全域に及んでいる。

国・家とは「国民とその政府」のことだ。したがって、政府の最適規模は、国民の公共心や（国への）帰属心がどのようなものであるか、そしてそれらにもとづいて国民がいかなる公共的機構を要求するか、ということによって決まる。つまり、国民自身の公共心や帰属心が政府の大きさを決めるのであって、それと無関係に政府の大小についての是非がいえるはずはないのである。

そのように考えれば、国家を階級的な抑圧機構とみなしたり個人の自由を疎外する機構とみなしたりする必要は何もない。またとくに戦後においては、旧体制にたいする反抗として民主主義を唱えるなどという必要は少しもない。今や民主主義は成熟し、さらには腐敗すらしている。そういう段階では、政府は良かれ悪しかれ自分たち国民のためのものであると考えなければならない。そして自分らの国柄を自分らの政府にいかに反映させるか、それが真正のデモクラットの構え方であり、その結果として政府の規模が定まるにすぎない。民衆政治において政府を自分たちに敵対するものととらえるのは、要するに、民衆の自己不信の表明といってよい。そしてその不信の根は、民衆がみずからの国柄を確立していないことから生じるのである。

「私民」という空無な存在

この自己不信が、結局は、民衆の私人化をもたらす。この場合の私人化とは、自分を地球市民という名のデラシネ（根無し草）にすることであり、そして世界主義はこの根無し草を技術主義や人権主義といった透明で均質の空間に舞い上がらせる観念の嵐のようなものである。そういう哀れな「私民」が自己の空無を隠そうとして着込む観念の衣装、それが地球市民というきれいごとである。そこには、シチズンという英語あるいはシトワイアンという仏語における「国家への義務を果たすことの引き換えで国家から保護してもらう権利を持つ人々」、という市民という言葉に本来の含意《がんい》はみじんもない。

「私民」とは自分にしか愛着を持たない人間のことだ、というのはきわめて不正確な言い方である。自分の欲望や意見や行動は、それらが健全なものである場合には、かならずや公共心や帰属心を含んでいる。つまり「自分」は国家から（ということは歴史や社会から）孤立した存在ではない、ということを自覚できなくなったものを私民とよぶのだ。そんな偏頗《へんぱ》な人間が愛着を寄せるのは、不満としての欲望、不平としての意見そして不安としての行動でしかありえない。

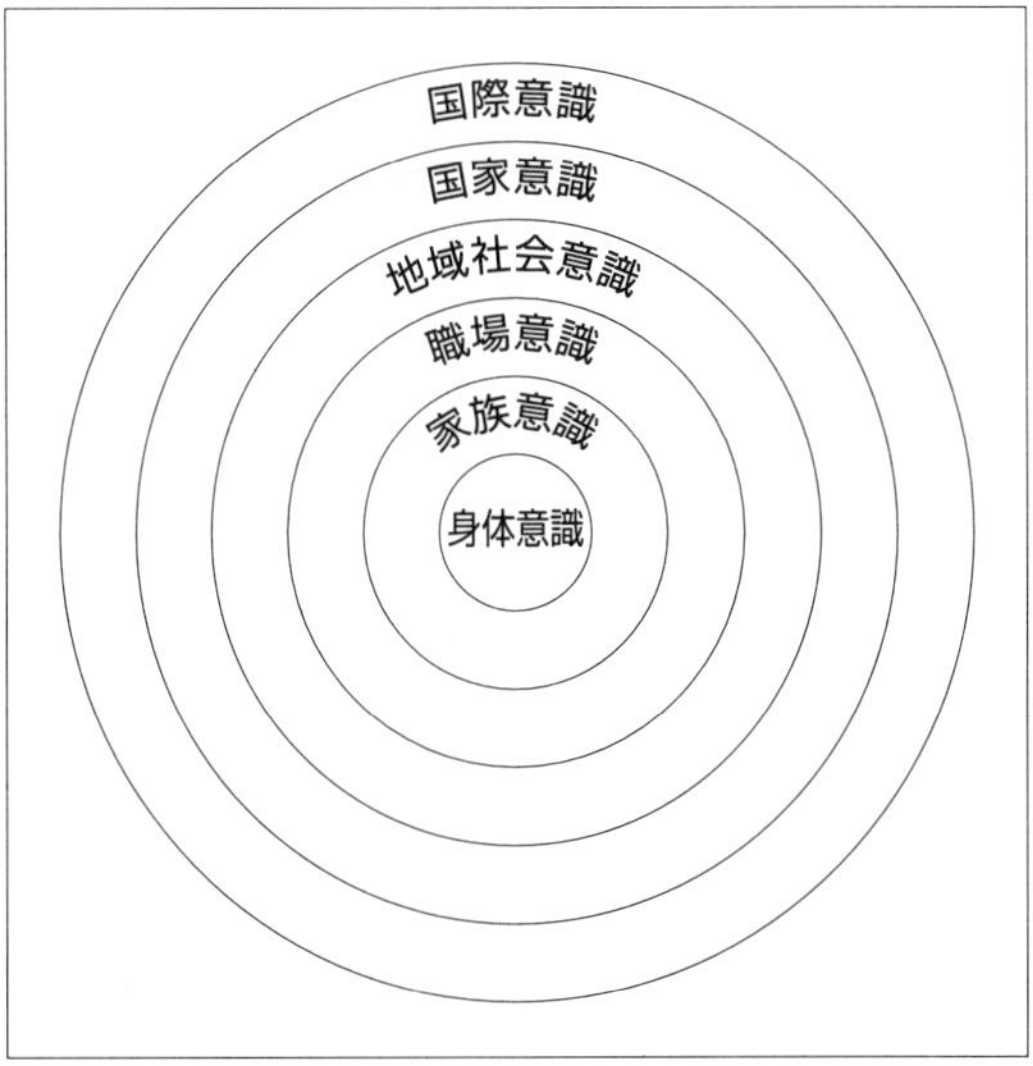

図15　健全な「自分」の精神状態

図15のように、自分の精神はおおよそ同心円状をなしているのだ。

まず中心に自分の身体意識があり、そして自分の家族、自分の職場、自分の地域社会、自分の国家、そして自分の国際社会にかんする意識が同心円状に広がっている。自分とは、それらさまざまな関係意識によって規定されつつ、それらにはたらきかけようと身構えている精神のことにほかならない。

こうしたことは、他国の場合には、むしろ常識として押さえられていることが多い。そうであればこそ、世論調査で、「自分たちの国家が危機に瀕したときに戦うか」という質問事項にたいして、ほとんどの国の青年たちが七〇%から九〇%の割合で「戦う」と答える。ところが日本の青年たちの場合は、まさしく人類の珍種ででもあるかのように、「戦う」と答えるものが一〇%台にとどまっている。

つまり、国家への愛着を表明することは非であり、それからの離反を表明することが是である、と戦後日本人は思っているわけだ。もちろんこれは、日本人が国家に愛着を持っていないということではないであろう。実際、他国の人々がしばしば指摘するところによれば、日本人は日本人としてまとまって行動し、ジャパニーズネス（日本人らしさ）を集団的に表明し、他国の文化になかなか馴染まない。だから日本人の客観は、依然として国家に強い愛着を示しているようにみえる。少なくとも、それがこれまでの日本人の姿であった。

それにもかかわらず、その主観は、戦後に限っていえば、国家からの離反によって彩られている。そして、人間やその集団の醸《かも》し出す客観とは、彼らの長期的に安定している主観のことである。そうなるのが言語の動物としての人間の必然といってよい。だから、こうまで長期にわたって反国家の姿勢を示しつづければ、そのうち、それが現代日本人の客観となって何の不思議もない。実際、最近の日本人らしさは、自分らの国民性を自己放棄する集団的な姿ということになりつつある。要するに、日本人における国家への愛着が風前の燈《とも》し火になっているということだ。放棄する国民性すらなくなったとき、それが巨大な無となるのは論理的必然である。

国家は歴史に根差す感情共同体

国家を失った人々がいかに悲惨な運命を辿《たど》るものであるか、それについては、ユダヤ民族やクルド民族の歴史をみるまでもなく、明らかである。だが、我が国にあっては、国家はいわば空気のように消費してよいものとされ、ついに、国家の観念が消滅の間際にまで追いやられている。

そしてそれは、人間の本性そのものを崩壊させずにはおかないのである。人間は、言語的能力を本性とするがゆえに、コミュニカティヴ・アニマルである、つまり意思疎通において活動的であらんとする。それが人間の本源的な在り方である。そこで、コミュニケーションとは「情報を共有すること」であり、したがってコミュニティというのと本質的に同義だ、ということに注目すべきである。コミュニティは、歴史的なものとしての文化に基礎づけられており、したがってその成員のあいだには多少とも感情の共有がある。

コミュニティは、まずもって、そこにおいて機能しているルールの形式としてとらえられるべきものではあるのだが、その形式が安定しているとき、コミュニティの成員たちは感情の共有をも何ほどかは享受することができるのである。それと同じくコミュニケーションも、それが充実したものであるためには、強かれ弱かれコミュニティが、つまり感情共同体が必要である。念を押しておくと、ここでの共同体の「体」をあまり実体的な意味でとらえてはならない。それは感情のやりとりにおける「共有の体裁」といったくらいの意味である。つまり、コミュニティのコミュニケーションにおいてとて、さまざまな感情的葛藤が起こるのだが、その葛藤の処理形式が安定しているため、結果として、コミュニティは感情共同体である、という外観を呈することになるわけだ。

　コミュニティが具体的に何をさすかは、議論されている問題ごとに異なるであろうが、国家が最も大きな範囲のコミュニティであること、つまり歴史的文化に根差す感情共同体であることに異論はあるまい。逆にいうと、国家とは歴史・文化の基礎的構造を同じくするさまざまなコミュニティの集合体のことであり、そして国境を越えたところには、基礎的構造の異なる、外国という名の、コミュニティ群があるということである。だから国際関係とは、いくつかのコミュニティ集合のあいだの、インターコミューナルな関係であるということになる。

　それがコミュニカティヴ・アニマルとしての人間・社会の在り方だとすると、実はコスモポリタニズムやグローバリズムは、人間の幻視にすぎない。同じようにして、地球市民の基本的人権という考え方も幻聴である。なぜなら、「人間の権利」をめぐる充実したコミュニケーションはコミュニティの範囲内でしか行われえないからである。各国各様にルールの実体が異なる以上、また権利とは「ルールによって為すことを許されている自由の可能性」のことにほかならないからには、権利の実体も国ごとに異なるとしなければならない。

　たとえば少年の麻薬所持にたいしてアジアのある国が、笞《むち》打ち刑を与えた。それは、欧米のルール観からいえば、旧式の残忍な方法で、人権に反するということになる。しかし歴史・文化が異なれば、そういう体罰は、少年にたいする教育効果のことも含めて、健全なルールだとみなされる。その差異を認めないアメリカ式の人権外交は、至るところで国際紛争を惹《ひ》き起こしている。紛争がないとしたら、それはアメリカの強権発動が成功したということである。

もちろん、国家の次元におけるルールは、どちらかというと形式性を重んじる。つまり、小さなコミュニティにおけるような濃密な感情の共有はないとみなされるので、国家のルールは実体性を希薄にする。たとえば、悪法もまた法なりとか、疑わしきは罰せずとかいったふうに、法の形式が重んじられる。しかし、どれほど形式化されても、不法にたいしていかなる制裁を科すかには軽重の差があり、その差は、コミュニティの共有感情から出てくるとしかいいようがないのである。

地球市民の地球政府という空箱

そういう共有感情を軽んじた上で、というより普遍性を偽装する(人権のような)感情を大前提として、社会を設計するというアメリカの流儀は現に破綻《はたん》を来たしている。そうであればこそ、アメリカは世界有数の無法国家である。いやその無法の横行に対処せんとしてアメリカが作り出したのが、かの悪名高き訴訟社会である。

しかし、法律だけによって社会を動かすわけにはいかない。社会の規制は、(歴史の)慣習と(政府の)介入と(法律の)規則という三者のあいだのレギュレーション・ミックス、つまり混合規制によってしか維持されえない。だがアメリカでは、歴史感覚が乏しいために慣習が軽んじられ、個人主義に偏っているために介入が嫌われる。少なくとも、そういう建て前になっている。その結果、法律だけによって社会が秩序化される、という迷妄にアメリカ人は浸りがちとなる。それがアメリカをして訴訟社会に陥れるのである。

リーガル・アルゴリズム（法律的計算法）は貫きえない方法である。なぜなら、リーガル・アルゴリズムは、当事者たちの法律解釈と法律運用が衝突するために、かの「シンプソン裁判」がみせつけたように、法廷を弱肉強食の争いの場へと転じさせるからだ。より大きな組織、より多くの情報そしてより多くの金銭を持っているがわが、訴訟の場において勝利していく。訴訟社会は、法律の名によって社会的不公正を正当化する。それは法律の名目による蛮行《ばんこう》にすぎない。

なぜ法律が万能ではないかというと、人間の合理的予測には限界があるからであり、その限界を超えると、訴訟社会には弱肉強食の自然淘汰方式しか残されていないのである。社会の良き慣習を思い起こし、政府の良き介入を呼び込もうとすると、社会のルールは国家の存在と結びつかざるをえない。国柄にもとづく慣習と介入、それが法律の限界を補ってくれる。地球市民の地球政府は、そうした慣習・介入の体系を持ちえず、それゆえ内容空疎である、さらには不公正きわまる野蛮状態をもたらす。

国柄こそが秩序の根幹をなすのだが、それを閉鎖的・硬直的なものとみなすのは、国柄というものにたいする根本的な誤解である。一人の国民のみならず国家も、みずからの性格をコミュニケーションのなかで形成する。国家についていえば、国柄は国際関係のなかで形作られる。そんなことは、弥生人の渡来、仏教の伝来、律令制の導入、密教や禅宗の取り入れ、元寇《げんこう》、朝鮮半島および中国大陸との貿易、鉄砲およびキリスト教の伝来、オランダとの貿易などと数え上げていくだけで明らかである。つまり、国柄の基礎を形作る国民の歴史にはインターナショナルな関係の転変が含まれているということだ。だから国家は、少なくとも半面においては、インターナショナルな関係を取り込んでいる。他面において、それはもちろんイントラナショナル（国内的）な関係を総括している。そしてその総括には、国際関係を取り仕切るその国のやり方、ということも含まれている。いずれにせよ国家は、内面からみれば閉じられているが、外面からみれば開かれている。半開半閉なのが国家なのだとわきまえておけば、国家と聞いてすぐさま排外主義を連想し、あわてて世界連邦の夢想にとびつかなくてすむのである。

21 国家の不在が「市場の失敗」を作り出す

エコノミー（経済）とは、語源的には、オイコス（家政）のノモス（法則）ということである。つまり、ギリシャの「家」は奴隷を使って農園を経営していたわけだが、そこにいかなる法則が貫かれているか、またそこにいかなる規律を創るべきであるか、それを議論したのがオイコス・ノモスなのであった。

素直に考えれば、現代のオイコス（共通目的を持った集団、つまり組織）のうちで最大の規模のものは、国家である。そして国家とは「国民の総体」とそれが形作る「政府の機構」のことをさす、つまりエコノミーは国民経済と訳されて然るべきものであろう。十九世紀中葉のイギリスや二十世紀のアメリカが経済の自由主義もしくは自由放任《レッセ・フェール》をかざしたといっても、それは、諸外国に市場開放を求めて、自国の商品を売りさばきたいという政治的要求なのであった。事実、経済的自由主義から植民帝国や金融帝国がもたらされもしたのである。また、そのことに気づいたからこそ、その分野の事柄はポリティカル・エコノミー（政治経済学）とよばれていたのだと思われる。

ほかの言い方をすると、十九世紀の経済学はモラル・サイエンス（道徳的知識）の一種とみなされていた。ここでモラルというのには二重の意味があって、一つに、過去における「集団の慣習的な価値観」をどう受け止めるかということ、二つに、未来に向けていかなる集団的価値観を実現するかということである。

あっさり断言させてもらうが、日本を除いて、世界のエコノミストは、自覚するとしないとにかかわらず、モラル・サイエンティストとしてポリティカル・エコノミーを研究し実現している。自由放任を弁護するアメリカのエコノミストにおいてとて、実は、「市場的自由」が彼らの道徳であり政治なのである。

日本の経済学は、実質的にいって、アプレ・ゲール（大戦後派）でしかない。ということは、その知的な態度がほぼ完全にアメリカの傘下にあるということだ。つまり、その道徳も政治もアメリカから借用したものにすぎないので、日本の経済学には魂も情熱も籠《こも》らない。要するに、形骸化している。その結果、「市場では処理できないことがある。やむをえないから、市場の敵である政府に出動してもらおう」などと辻褄の合わぬことをいっている。

その点、アメリカのエコノミストは、錯乱したのかといいたくなるほどに市場主義に徹しようとする。つまり、市場機構のみならず投票機構も社交制度も文化制度も、おしなべて、諸個人の費用―便益分析にもとづく交換行為の場として描き出そうとする。そういう「奇っ怪な論理」に馴染めないのなら、日本人は物事をもっと広く深く眺めて、個人主義や自由主義や合理主義は物事の一面に光を当てることができるにすぎないのだと認めるがよい。そうしておけば、国家のオイコスがあってこその市場競争のノモスだ、ということがすぐ了解できるであろうに。

市場原理主義は政治的詐術

合理的諸個人による合理的契約を社会的に調整するのが市場であり、市場にまかせておけば社会が全体として効率的になるという考え方は、経済学においても深刻に疑われてきた。その疑いを確認するために、どんな経済学の教科書にも、「マーケット・フェイリュア（市場の失敗）」という章節がおかれている。

しかしながら、マーケット・ファンダメンタリズムつまり市場原理主義といわれている思考法および行動型を、多くのエコノミストが推奨している。市場原理主義とは、要するに、諸個人の欲望のあいだの社会的調整を、すべて市場に委ねようということである。だが、その主張を支える経済学では、教科書においてすら、「市場の失敗」が言及されているのであるから、市場原理主義は学説ではなく流行にすぎないとみるべきであろう。つまり、知識人がおのれの知識よりも世論や時代の雰囲気によって動かされやすいことをよく物語ってくれるもの、それが市場原理主義である。

市場の失敗をもたらす原因はいくつもある。一つは不確実性であり、とくに確率分布による予測などが当てはまらぬものとしての（長期未来予測における）危機の要因は、その危機が常住坐臥《じょうじゅうざが》に存在するものなのであってみれば、市場の成功などは夢物語であることを教えてくれる。

二つに、共同消費をやるほかないものとしての公共財についても市場はうまく対応できない。この公共財について一言つけ加えておくと、一般に、情報・技術は共同で消費することの可能な財・サーヴィスである。それをマーケッタブル（市場化可能）にしているのは、いわゆる知的所有権の制度によってである。その制度は、情報・技術の革新を促すという点では有効ではある。しかし、どんな革新も、人類の精神の歴史的遺産にもとづいている。その成果を占有するのは道徳的に不当であるということを肝に銘じておかなければならないのである。

市場に失敗をもたらす三つめの要因は、規模の経済である。生産についていうと、生産規模が大きくなればなるほど生産効率がよくなるということであれば、常識的にも推測できるように、市場の競争それ自体が破壊されて、独占体・寡占《かせん》体が成立してしまう。逆にいうと、規模の経済がある場合、生産物の価格が競争的な形で決まるとすると、企業に損失が生じるということである。

留意すべきは、不確実性にせよ公共財にせよ規模の経済にせよ、それらの存在はけっして例外的な事象ではないということだ。その意味では、社会全体を市場機構で覆うというやり方は失敗を宿命づけられているのである。そのことをおそらくは承知しておりながら、エコノミストたちは市場原理主義を押し出している。それは、一般民衆が「市場の失敗」のことを知らないであろうと見込んだ上での、一種の政治的詐術《さじゅつ》だとしかいいようがない。

市場にはもっと内面的な欠陥もある。一つに、市場はつねに不均衡である。そしてその不均衡は、大いにしばしば、発散もしくは縮退という不安定に苛《さいな》まれ、それゆえ市場はブーム（膨張）とバスト（破裂）の循環に放り込まれる。その過程で被る社会全体の犠牲は無視してよいものでは断じてない。

二つに、所得分配の不公正ということがある。市場競争は、まず、資源の分配状態を与えられたものとしている。その状態が公正か否かの判定について、市場機構には何の基準もない。極端な場合、資源の九割をほんのひと握りの人間たちが持っていて、大方の人間たちは資源の一割しか手にしていないという前提での、市場均衡を効率的とよぶのが経済学なのである。

市場の失敗は「国家の失敗」にほかならない

「市場の失敗」のことが、なぜいま忘却されたり過小評価されたりするのか。その根本の原因は市場の失敗という考え方そのものにある。市場は、インフラストラクチュア（下部構造）によって支えられ囲まれ方向づけられていなければ、つねに失敗をさらすのだ。一言でいえば、市場が失敗するのは、それが国家（国民とその政府）のなかに的確に嵌《は》め込まれていないからである。未来の「危機」を管理するために、また未来の「危険」を減少させるために、国家がいかなる制度を準備しているか、そのこととの相対でしか市場の可能性を論じることはできない。不確実性のみならず、公共財、規模の経済、市場不均衡、所得格差などについても、国家がどのような法律的および慣習的な体制によって市場を支え、囲み、そして率いているかをあらかじめ論じておかなければならない。

それでも市場の失敗が起こるなら、それは、実は、「国家の失敗」にほかならないのである。最初に市場ありきと考えて、市場が失敗する場合に国家が出動する、というふうに論理を組み立てるのは本末転倒といってよい。市場は当初からそういうナショナルかつパブリックな土台の上に、枠組の中に、そして視野の下に、おかれているととらえておかなければならない。

市場原理主義は、アメリカ的な個人主義および自由主義の牙城であるシカゴ学派あたりから出てきたもので、それは、人々の「交換」のすべてを市場によって処理しようとする。市場化が難しい場合にも、準市場的な機構を発達させることによって対応しようとする。たしかに社会は交換の体系ではある。しかし交換のルールがいかに定まるかといえば、それは、諸個人の効用や利潤の計算にもとづく個人間の合理的契約といった種類のものに限られはしないのである。そのルール形成には、貨幣のほかに権力、慣習そして価値といった、コミュニケーション・メディアがかかわってくるのだ。

アメリカには、歴史不在という建国の事情からしても、「個人の自由」を過大に尊重する悪しき風習がある。その風習が一九三〇年代の後半あたりからさらに強化されたのは、ファシズム、ナチズムそしてスターリニズムの全体主義によって追われたヨーロッパの主としてユダヤ系の自由主義者がアメリカに移住してきたからである。

ヴェブレン（一八五七～一九二九　アメリカの社会学者・経済学者）によれば、異なったコミュニティのあいだを移動するマージナル・マン（境界人）は、一つに、異質な文化の組み合わせを通じて、高い知的生産力を示し、二つに個別の諸文化を通底させることを通じて、普遍主義に近づいていく。アメリカン・ジュウイッシュはまさにそうした境界人の典型をなしている。そういうユダヤ人のなかのとくに知識人たちが、アメリカの個人主義と自由主義を徹底させたのである。それが、六〇年代後半から八〇年代にまで及んだアメリカの秩序崩壊の過程のなかで、ついにソーシャル・ダーウィニズム（弱肉強食にもとづく最適者生存の社会法則が社会を進歩させるという説）を復活させることとなった。その端的な現れが市場原理主義なのである。

「確信の危機」

人間の感情、認識そして行動が、過去の慣習と切り離され、慣習のなかに含まれているはずの歴史の英知（伝統の精神）を投げ捨てることをさして、かつてケインズ（一八八三〜一九四六　イギリスの経済学者）は「クライシス・オブ・コンフィデンス」つまり「確信の危機」とよんだ。いいかえると、現代人は未来にたいする不安にとりつかれているということだ。アメリカ人たちは、八〇年代の後半、その不安のなかで勇猛果敢に生きることを決意した。それは、現代日本人のように不安のなかで茫然自失するよりもはるかに上等の生き方ではある。しかし、人間の健全な生は、経済においてもまた、過去からの経験にもとづく慣習の要素と未来への展望にかかわる期待の要素とを相互応答させようとする。慣習と期待あるいは過去思考と未来思考のあいだの緊張《ストレイン》・圧力《ストレス》のなかでいかに平衡を保つか、それが人間の活力ある生である。

　ケインズの場合、慣習の崩壊と期待の不安定化という時代状況のなかで、「自由放任の終焉《しゅうえん》」を唱え、政府によって経済を制御する必要あり、と主張した。もっというと、人間の生の活力のうちに、国家（国民とその政府）のことに関与しようとする知情意をも含めたのである。ケインズが抉《えぐ》り出した市場機構の硬直状態はけっして特殊ケースなどではない。それは、慣習と期待という矛盾した心理のなかで行為せざるをえない人間の、とくに現代人の、一般的な条件なのである。ケインジアン・ポリシーが（ケインズ自身の懐疑した）福祉国家の方向で歪められたことは確かだ。しかしそれを批判するあまり、国家の役割を全面否定する市場原理主義はもっと大きな誤りを犯している。

　慣習との連絡が絶たれた単なる未来への期待は、あるときは集団的熱狂に浮かされ、ほかのあるときは個人的絶望にうちひしがれる。そうした心理の動揺を逃れる最も簡便な方法、それは科学的神話とでもいうべきものに頼ることだ。つまり未来はすべて確率的に予測され、だから、合理的に計算すれば満足のゆくようにおのれの未来を設計できるのであり、諸個人のあいだの調整は市場および準市場がやってくれるであろう、という科学めかした神話にでもすがらないかぎり、確信を取り戻せなくなる。

しかしながら、その神話的確信がどの程度に持続するかというと、近視眼といってよいような近未来の視野にしか及ばない。今の株式市場や為替市場に発生している事態がその見本であって、目前の価格変動に反応して、巨額の投機資金が高速に流通している。

そうなるのが情報社会の必然とみなされている。しかしそれが、結局のところカジノ（賭博）化することは眼にみえている。というのも、情報という財はきわめて特殊な性格を有しているのであって、最も優れた情報だけが意味を持ち、それ以外の情報は無意味になりがちである。つまり、「勝利者がすべてを取る」という傾向が、情報をめぐる競争にあっては、避けられないのである。そうと知りつつ、短期未来についてならば、情報が合理的予測を与えてくれるものと信じて、賭博者たちが金融市場へと押しかけるのである。

ここには、合理主義にとって大いに皮肉な事態が含まれている。合理的精神は、もともと不確実な未来を何とかうまく舵《かじ》取りするためのものである。仮に未来の不確実性が小さいならば、昨日までうまくいっていた行動を今日もやっていればいいだけのことで、ことさらに合理的精神を発達させる必要はないわけである。合理的な精神をあえて奮い立たせなければならないのは、未来の舵取りが難しいからにほかならない。未来は過去とは違うという認識が合理精神の発生源であるというのに、たかだか目前の未来しか考えない、長期の未来については何も考えないというのは、合理的精神の退歩にほかならない。合理的精神にしてもし健全ならば、目先のことだけではなく遠い将来のことについても思索が及ぶはずなのである。

ケインズが描いた「確信の危機」という時代状況のことを「万華鏡」と表現したものがいる。万華鏡にあっては、それを一振りすると周囲の鏡に映る模様が全面的に変わってしまう。換言すれば、高度の不均衡と不安定にとらわれた状態、それが万華鏡である。今は、高度情報化なるものが万華鏡状況を何倍にも深刻化させているのだ。未来の不均衡・不安定に対処するためにこそ合理精神が生まれたはずであるのに、未来をいっそう落ち着きのないものにするのに合理精神が貢献しているという始末になっている。そうなのだということを意識することすらできないのは、すでに合理が非合理に転落していることの証《あかし》といってよい。

ステイト・キャピタリズムの両雄——アメリカと中国

サイバネティックス（人工頭脳）によるものとヒューマンパワー（人間頭脳）によるものという二種のガヴァメント（統治）を結合するのが組織である。それは、短期未来と長期未来の統治に、それゆえ危険と危機の統治におおよそ対応している。ちなみに、サイバーもガヴァンも「舵取り」ということを意味する同じギリシャ語（カイベルナン）から出てきたのであって、今では、前者が情報機械による将来の舵取りを、そして後者が人間組織によるそれをさすことが多い。つまり、近い将来にかかわる確率的な危険については、コンピュータによる予測が威力を発揮し、遠い将来にかかわる非確率的な危機については、人間集団の知恵を必要とするということである。

そしてその人工頭脳のはたらきと人間頭脳のはたらきとの結合が難事であればこそ、企業組織は、ゲゼルシャフト（利害調整体）だけではなく、ゲマインシャフト（感情共同体）としての性格を保持しなければならないのである。そういう統治複合体が、企業においてのみならず、家族、地域社会そして政府の全方面において瓦解させられている。そして「サイバーの時代」とやらが喧伝《けんでん》されているのだ。それはいわば一本のオールだけで舟の舵取りをするようなものであり、そんな舵取りが有効なのはせいぜいが目前の近未来についてのことに限られるのだ。

「大きな政府か小さな政府か」という二者択一の論理が世間で罷《まか》り通っているが、それは間違っている。必要なのは適切なガヴァメント（統治）のためのガヴァメント（政府）が要請されているだけのことであって、あえていえば、ビッグでもスモールでもないミドルの政府が短期の危険と長期の危機の双方によく対処できるのだ、としてよいであろう。

アメリカの現実は、実は、サイバー・スペースとガヴァメンタル・スペースの両方を拡大させるようなものとなっている。アメリカの市場原理主義は、まったく皮肉なことに、政府によって誘導されているのである。情報ハイウェイ構想、軍事技術や宇宙開発技術の民用への転換、日本をはじめとする諸外国へのアメリカン・スタンダードの強要、ＩＭＦ（国際通貨基金）などを利用した発展途上諸国への自由化圧力、これらはすべてアメリカ政府の国益計算にもとづく一貫せる戦略であり戦術であった。

アメリカ政府は、経済のことのみならず、社会のあらゆる領域にアメリカニズムを普及させるべく奮闘している。対外的には、強権発動といってもよいような外交戦略と軍事戦略を展開している。対内的にも、荒廃した都市の再整備や混乱せる制度の再構築や荒れ狂う極悪犯罪の防止にも相当の努力を注いでいる。そういうステイト（政府）の指導力のことを考慮に入れると、アメリカに再興されつつあるキャピタリズムは、ステイト・キャピタリズム(政府資本主義)と名づけられるべきものである。

そして、もう一つのスーパーパワーである中国が、共産党の一党独裁の下における政府資本主義をめざしていることは既に述べた。政治的にみても、民主主義の名による世論の支配のもとでの画一主義というアメリカのやり方と、共産主義の名による官僚の支配のもとにおける画一主義という中国のやり方とは、まったく同じではないものの、互いに類同である。アメリカは、表面では個人主義による価値の多様性をみせつけているが、裏面ではアメリカニズムという一様性を固守している。中国は、逆に、表面では共産党王朝の一様性を誇示しているが、裏面では、唯物的といってよい方向で、大衆に多様性に満ちた欲望を解き放たせている。

我が国にも世論の支配と官僚の支配がないわけではないのだが、国家(国民とその政府)をより強力なものにするという共同の目標に欠けているため、両方の支配ともに、主として米中からやってくる外圧の前で、右往左往しつづけているのだ。それは、日本の国民およびその代表者たちに国家の戦略を組み立てる気力や能力がないということにとどまらない。「国」の観念を民人《たみびと》においてもその政府においてもできるだけ薄めるのがよいとする、個人主義と世界主義との両極端に引き裂かれた不均衡かつ不安定な集団心理が日本人をとらえている。そして、利己主義と市民主義との具体化として、規制緩和をはじめとするさまざまな国家改革(=破壊)案を弄《もてあそ》んでいるうち、政府をはじめとする諸組織が崩壊寸前に至っている。「先行き不安」というのが二十世紀末日本における経済予測の決まり文句となっているが、それは、国家と企業の組織をみずから壊しにかかったものたちに襲いかかる当然の存在不安だというべきであろう。

日本の唯一の資源、「組織化能力」

国益にかんする具体的な国家戦略がなければ、どんな個別組織も長期の未来について安定した期待を形成することはできない。そうなると長期期待は、情報産業のヴェンチャー・ビジネスについてそうなっているように、世間の気分や雰囲気に大きく左右されることになる。

だが、国家戦略によって与えられる将来についての見晴らしのなかで、具体的な長期計画に練り上げていくのは主として個別の組織である。企業をはじめとする個別組織は、外面的には国家戦略とつながり、内面的には（その構成員である）諸個人の生活実態と結びついている。とくに物作りの方面においてはそうである。その意味で、日本的経営組織という歴史的財産を持っている日本は、本来は有利な地歩を占めているはずなのだ。一言でいえば、日本国家という全体と日本人たちという諸部分とが組織によって結合されるのである。ところが、日本的経営を状況に合わせて精練すべきまさにそのときに、日本および日本人の唯一の資源ともいうべき国民的な組織化能力が、改革の美名の下に投げ捨てられようとしている。

日本は、かつて世界に名声を馳《は》せた日本的経営という名の組織体制を持っていた。日本的経営とは、いわゆる三種の神器を奉じる組織運営のことであって、一つに終身雇用、二つに年功序列賃金、三つに企業別組合がその神器である。そのことによって組織の基本である構成員の短期的固定性とそれにもとづく活動の長期的安定性が確保される。つまり組織のメンバーが長期目標の下に団結心をもって働くことが可能になる。その力量のおかげで日本は、自然資源が乏しく、また世界にたいして政治的な影響力を行使できないにもかかわらず、稀にみる高度の経済発展を遂げることができたのである。

ところが、今、その経営法が日本経済にとっての桎梏《しっこく》になってきているといわれている。高度情報化によって新しい情報、新しい技術そして新しいシステムが次々と導入される。そしてその中心には、サイバネティックスが設置される。それにたいして、日本的経営のような短期的に固定され長期的に安定した方法では伸縮的に対応できない、新しい事物の取り入れにおいていつも後れをとってしまう、という批判がある。それで、日本的組織を破壊することこそが日本経済を根本的に改革する道だとまでいわれたのである。また、日本的経営を温存させてきたさまざまなレギュレーション（規制）を原則的には廃棄することが経済政策の眼目だとすらいわれた。

しかし、これは根本的に間違った処方箋だといわざるをえない。人工的ではなく人間的な頭脳の集積である組織がなければ、長期未来の危機に対応することができず、それゆえ長期計画が頓挫《とんざ》してしまうからである。また、三種の神器というのもあくまで比喩的な表現であって、実際はさほど硬直的なものではなかったのである。日本的経営といえども、目立って無能な人間を終身雇用したわけではなく、組織にとって障害となるような人間は、時間をかけこそすれ、排除されてきたのである。年功序列賃金にしても、無能な人間の賃金が年功だけで高まったということはやはり稀であったであろう。とりわけ日本では、ボーナスでその人間の能力査定をするシステムになっていたので、その制度をうまく運用すれば年功序列制が過剰に及ぶのを阻止できたはずである。

それどころか、日本的経営では、プロモーション（昇進）をめぐる競合が企業組織の内部において行われていたので、能力にもとづく昇進（および報酬）という原則はつらぬかれていたといってよい。

企業別組合についても、企業別組合が悪いといわれるのは、左翼のがわからの批判としてであるにすぎない。つまり、労働者が企業を超えた産業の枠で、さらには産業を超えた全経済という範囲で、労働者階級の強い連帯をもって資本家階級に立ち向かうべきであるというイデオロギーに立って、企業別組合はそうした連帯を分断するものだ、と批判されたわけだ。企業別組合が実際に果たしていた役割は、表面上は賃金闘争に限定されてはいたものの、企業組織のなかで発生するさまざまな葛藤を調整する、というものである。つまり、企業の一体性を確保するための補助役を労働組合は担っていた。左翼イデオロギーがすでに昔日のものになった現在において、労働組合は企業組織への貢献というメリットにおいて評価されるべきものであろう。

要するに、日本経済の成功がそのまぎれもない証拠であるように、日本的経営はきわめて効率的なものであった。そう断言してさしつかえないのである。そうであるにもかかわらず、高度情報化社会とやらの到来につれて企業のリストラクチャリングの必要がいわれるとき、それは日本的経営を批判するという文脈においてであった。また、リエンジニアリングというのも同じ脈絡においてであった。もともとリストラクチャリングは「再」構造化であり、リエンジニアリングも「再」設計であるから、日本の企業を、日本的経営の本質を守りつつ、再組織化することを含むはずである。しかし実際には、リストラはブルーカラー勤労者の、そしてリエンジニアリングはホワイトカラー勤労者の、馘首《かくしゅ》のことだとされた。だから、そうした勤労者の首切りによって企業組織が解体されることについては、まったく考慮を払わなくてよいとみなされたのである。

企業の現在収益が赤字になったとき、長期計画のなかでそれをいかに取り戻すかと構えれば、その長期計画には勤労者を必要とするに違いないので、安易な首切りに走らないですむ。リストラやリエンジニアリングは、長期プロジェクトのことを考慮の外において、短期的な企業収益を確保するためのものにすぎない。それで企業組織が弱まるとしても、コンピュータ・システムを取り入れることによってそれを補いうると見通された。それでもうまくいかないのなら、アウトソーシングと称してパートタイマーを労働市場から買い入れるともいわれている。

とくにリエンジニアリングにあっては、コンピュータ・システムはホワイトカラー勤労者の知的労働に代位できるとみなされている。なぜなら「高度」情報化なるものは、人間活動のソフトの部門にかんする技術進歩として称えられているのだからである。こうした「組織革命」を喧伝する新経営学の流行によって、日本的経営における組織重要の考え方が大きく傷つけられたのである。

しかし、組織を破壊するということは、短期のことについてしか綿密には計算せず、長期のことについては、一つに後回しにする、二つに世間の気分に従って判断する、三つに国家によって方向を示してもらう、といった類《たぐい》の受け身の態度しかとらないということを意味する。そんな態度でも何とかやっていけるのは、金融方面の取引においては、企業組織による長期計画の立案・遂行ということの持つ比重が小さいからにほかならない。つまり、グローバル・カジノ・キャピタリズムが経済の前面に躍り出てくるような時代の雰囲気にあっては、短期収益のことのみが取り沙汰されるのである。

しかしシンボル・エコノミーは経済の表層にすぎない。その深層にはやはりサブスタンス・エコノミーが横たわっている。つまり物作りの体系が経済の基礎になければ、価格などの象徴の体系も意味をなさない。そして物作りの長期計画にとっては組織が是が非でも必要なのである。なぜならコンピュータ・システムによっては長期未来の危機に対処できないからだ。だから必要であったのは、日本的経営を高度情報化の状況に合わせて再修正、再訓練そして再強化することであったと思われる。組織重視か情報重視か、という単純すぎる二者択一の理屈の下に、日本的経営の破壊が推し進められた。その結果、九〇年代、日本経済は一歩一歩と泥沼に引きずりこまれたのである。それもそのはず、金融をはじめとするシンボル・エコノミーの世界にあっては、すでに、欧米資本の覇権がほぼ確立されているのである。そこに徒手空拳《としゅくうけん》で入っていこうというのは無謀というほかない。

しかも、日本の唯一の財産ともいうべき組織化能力を投げ棄てるという誤った方向において金融のビッグ・バンをやってしまった。金融の市場開放それ自体は、それによって生じるダメージを補塡するように国家や企業が組織を強化しているならば、ということは組織化には規制が必要だということが確認されていたならば、採用せざるをえない、または採用してもよい政策といえよう。しかしそれは、規制緩和のムードに乗るようにして始められたのであり、したがって日本の金融市場は欧米資本に好餌《こうじ》を提供することとなった。しかも、外資系がさまざまな噂を金融市場にばらまいて株価を操作する、というようなことまでもが行われたのである。

もちろん、それは本来ならば犯罪なのだが、日本にはそれを取り締まる法律や調査の体制が整っていなかった。結局、株取引のどうやら半分以上は外国勢によって行われているという状況のなかで、日本的経営はさらにいっそう崩壊の深みへと引きずりこまれているのである。

必要なのは、日本的経営の修正であって、その廃棄などではなかったのだ。とくに物作りにあっては、長期計画とのかかわりで、組織としての力量がますます大事になってくる。その力量によってしか米中の経済的攻勢に対抗できないといって少しも間違いではない。そしてそれは、新しい情報技術の取り入れや新規の起業にたいして消極的であることではけっしてない。そうした前向きの取り組みにあっても、組織の力量が欠かせないということである。

日本人は政官財知の協調を忘れてしまったのか

日本的経営の廃棄は一種の自傷行為である。そういう自傷行為がとんでもない水準にまで落ちてしまったことを示す好例は、「官僚」という言葉にたいして示す日本人の反発である。官僚は英語でいえばビューロクラットである。そしてビューロクラットは組織あるところにかならず存在する。なぜなら組織というのはさまざまな部局のあいだの関係のことであり、その関係を統御するのがビューロクラットつまり官僚であるからだ。だから、官僚は、政府にかぎらずどんな組織にもいる。政府組織の官僚つまり役人は、正しくは政府官僚とよばなければならない。そして企業組織の官僚は企業官僚、宗教団体の官僚ならば宗教官僚、大学の官僚は大学官僚ということになる。

ところが、日本人は官という漢字にごまかされて、官僚ならば政府官僚のことで、そして自分たち民間人には官僚は必要ではないなどと構えている。しかし自分たちの周りをみれば、企業や家族をはじめとして、すべて組織の形態を持っている。自分たちが組織の恩恵を、ということは官僚の恩恵を、大いに享受しておきながら、官僚批判に明け暮れている。その自分自身が官僚かもしれないと考えてみれば、政府官僚についての理解が少しは深まるであろうに、そうしないのは組織を無料で手に入れることができる空気のようなものと感じているからに違いない。

また政府官僚の汚職のようなスキャンダラスな行為が発覚するにつれ、政官財の癒着《ゆちゃく》を許すな、との大合唱が起こった。知識人のことも入れていえば、政官財知の癒着を許すな、これが立派な社会正義になりおおせてしまった。しかし諸外国をみれば、とくにアメリカと中国の政府資本主義では、政官財知のきわめて密接な協力が展開されている。そうであればこそ、両国の国家戦略というものが実効あるものになりえてもいる。アメリカについていえば、アメリカではアメリカニズムがかならずしも徹底的に実行されてはいないということである。アメリカニズムという主義主張に素直に順応しているのは、むしろ、日本人のほうなのだ。そうであればこそ、九〇年代、「官」にたいする途方もない非難が渦巻いたのである。

もちろん、政官財知はそれぞれの職務を守って分離すべきであるが、分離したあとでどういう協力体制を組むかということが大事なのである。明治時代、民権運動が起こったときに、薩長の国権か、それに反対する民権か、といった議論が高まった。それにたいして福澤諭吉が「官民協調」を提唱したのもその趣旨においてである。つまり、一度たりとも政府の招聘《しょうへい》に応えることなく民間人の立場を貫こうとした福澤諭吉ですら、やはり官と民との協調なしには明治の時代がもたないといわずにはおれなかったわけだ。

今は国際関係がさらに複雑になっているので、政官財知の「分離にもとづく協力」ということが何層倍にも必要になっている。その矢先に日本人は政官財知の協力関係を破壊し、その結果、官と民とのあいだの情報交換や協力遂行の場が消失しようとしている。そのこと自体よりも、日本人が国家の全体像を見失ってしまったこと、政官財知の組織的関係の意義を忘却してしまったことが懸念されるのである。

そうした組織破壊による損失は、ヴェンチャー・ビジネスの起業ブームなどによって補われるものではない。ヴェンチャーとは、元来、「向こうみずの振る舞い」ということであって、それの成功する割合は小さいとみておかなければならない。アントレプラナシップ（企業家精神）の元々の意味も「利鞘《りざや》をとる」といったくらいのことである。向こうみずに利鞘をとる、などといった態度は、金利差による利鞘であれ情報格差にもとづく差額利潤であれ、長続きするものではない。少なくとも平均でいえば、ヴェンチャー・ビジネスの前には死屍《しし》累々《るいるい》の憂き目が待ち構えている。

仮にそれが現代人の子孫たちの市場に待ち構える逃れ難い未来なのだとしても、その進行を速める必要は少しもない。ゲマインシャフトとゲゼルシャフトの有機的結合のための具体像を構築し、そうすることによって組織を打ち固めておくのが現代人の子孫にたいする義務だとすらいえよう。その意味でも、経済は道徳と無縁でおれないのである。

22 組織は道徳に支えられる

一九九八年、LTCMという金融投資会社が突如として破産の危機に陥った。アメリカ政府は、市場原理などはものかは、一晩でそれを救済し事なきをえた。聞けば、その投資会社はロシアの国債を山ほど買っていたのだという。つまり、一方では、精妙な数理統計学の公式にもとづいて、敏速な投資活動を展開していたにもかかわらず、他方では、ロシア国家の組織的体制や米露の組織的な関係については、公式発表を信頼する、という迂闊《うかつ》にはまっていたという。

未来がすべて確率的に予測できるものとしての「危険」地帯にすぎないなら、サイバネティックス（情報工学）が未来へのサイバー（舵取り）をやってくれるであろう。しかしLTCMの例が示しているように、確率計算などの当てはまらぬ「危機」地帯が未来には広がっている。そして危機にたいするガヴァナンス（舵取り）には、どうしても人間の組織がなければならない。人間はなかなか見捨てたものではなく、計算機には不足している想像力や企画力そして行動力や団結力を持っているのである。

人間の組織であれば、そこに道徳が誕生し成長し、維持され改変される。試みに企業というものを観察してみられよ。無人の工場もあるが、一般的には、人間が勤労している。実際、六十億の人類にあって、家庭のものを含めれば、その大半が勤労しているのである。またそうでなければ、企業の製品を買ってくれる人がいなくなる。

組織の重要性を二十世紀の二〇年、三〇年代に発見したのは、アメリカ人の偉大な貢献であった。そして組織に大破壊を仕掛けたのは、というよりそうせよとの要求をその八〇年、九〇年代に世界につきつけたのは、アメリカ人の矮小《わいしょう》な我欲であった。実は、アメリカは(半ばかつての日本を真似て)組織を再建しつつある。哀れを催すのは日本であって、その唯一の歴史的財産ともいうべき「組織作りの能力」をアメリカの命令通りに投げ捨てている。

そしてほとんど徒手空拳《としゅくうけん》で金融の賭博場に馳せ参じ、さっそく詐欺にあって途方にくれたりしている。そういう腰の定まらぬ振る舞いに及ぶことそれ自体が、国民の道徳力の衰微の現れである。先祖にも子孫にも申し訳ない、と素直に思う日本人がもう少しいてもよいのではないか。

組織は不確実性にたいする準備

人間の行為すべてがそうであるが、経済行為もまた未来の不確実性に直面する。将来にたいする見込みのことを経済学ではエクスペクテーション(期待)といい、それは読んで字のごとくエクス(外を)スペクト（見る）ということである。つまり未来という外部をどうみるかが、現在という内部を大きく左右する。たとえば企業の将来期待にもとづく投資が、現在の経済景気を動かすのである。また消費者にあっても、貯蓄は将来期待にもとづくのであり、それが消費を通じて現在の景気を左右することになる。

市場の均衡というものも、正確には、期待通りに物事が実現することをさす。一口に需要と供給の均衡というが、現在の需要や供給には未来への期待が含まれている。だから需給一致とは「期待の実現」ということにほかならない。

しかし実際に均衡などが起こりえないことは、自分の生活を振り返ればすぐわかる。おのれの生において期待がその通りに実現されることは、ごく稀《まれ》である。国家についても然《しか》りであって、外交・軍事・内政が期待通りに実現されることはまずない。その意味では、不均衡であるのが経済であり、そして社会一般だといってよい。

この不均衡が大きくなれば、どんな経済主体も倒れざるをえない。だから、物事が期待に沿って進むことはないという前提の下に、その不均衡にたいする準備をしなければならないのである。

オーガニゼーション（組織）こそは、不確実性と不均衡にたいする準備の最も重要な柱である。組織において仕事をするということは、単に人々が契約を結んで共同の企てに参加するということではない。まして や、契約時において未来を合理的に予測してそうするということではない。それが組織なら、状況は刻一刻と変わるわけであるから、当該の組織に参加するかそれから脱出するかについても、刻一刻と決めていかなければならなくなる。

どんな組織も朝《あした》に形成されて、夕べには解散し、また翌朝に形成されるといったものではありえない。

組織にかかわる人々は、多少とも長期にわたって、格別の事情が生じないかぎり生涯にわたるといったこともけっして例外ではないというような形で、その組織のメンバーでありつづける。人間の生涯にかかわる選択としての参加・脱出、それが組織の成員となるかどうかということなのである。

組織において、少なくともその中核において、そのメンバーシップが短期的には固定されている。経済のことを離れてわかりやすい例でいえば、婚姻関係はまさにそうしたものである。もちろん離婚ということが起こりうるが、離婚というのは不慮の出来事であり、基本的には偕老同穴《かいろうどうけつ》つまり生涯を共にする契約として婚姻が結ばれる。しかし考えてみれば、五十年後のことについてまで当事者の男女が期待を組み立てられるわけがない。それにもかかわらず、家庭という組織を作って生活を共にするのはなぜか、それは、未来に起こる一連の不均衡に、夫婦は共同して対応するという相互の決意が婚姻関係を支えているからである。

経済活動における組織も、婚姻関係ほど強いものではないが、そうした性格をもっている。たとえば企業に就職するとき、当該企業が倒産するかどうかの瀬戸際まで追い込まれれば別であるが、少々の不景気では離職しないと勤労者は構えている。企業のがわもそのように構えて雇用している。少なくとも企業組織の中核となることを予想しているホワイトカラーやブルーカラーにかんしてはそうである。未熟練労働者やパートタイマーたちだけが、短期雇用を前提にして企業組織にかかわっている。

いわゆる日本的経営がそういう長期雇用体制としての組織の性格を、ほかの国の組織とくらべて、明瞭に示しているといわれている。しかしほかの国の組織についても、基本的性格は変わらない。日本の労働者の八割が長期雇用を予定しているのにたいして、アメリカでそうしているのは六割だといった差はあるものの、組織の中心部分が（暗黙の契約としては）長期雇用によって構成されていることには変わりはない。一言でいえば、組織はそのメンバーシップが少なくとも短期的には固定されているということである。

組織が不確実性への防波堤

不確実性と不均衡にたいする準備として、組織がいかに有効であるかを、企業を例にとってみてみよう。企業は、期待が外れたことによる混乱を市場に依拠することによってすぐさま解決するわけにはいかない。たとえば売れ残りの商品を安い価格でさばく市場が簡単にみつかるわけではない。反対に品薄が起こったとき、余計に必要な労働者をすぐさま労働市場で調達できるわけでもない。そうした場合、企業のメンバーたちは、みずからの労働時間を（そしてそれに応じて設備稼働を）伸縮させることによって、商品供給の増減を制御し、そうすることによって市場によっては対応できない不確実性の混乱を収拾することができる。どうしてそれが可能かというと、組織の固定されたメンバーは、不均衡を見込んだ上で行動しているので、たとえば景気がよい場合にはボーナスの上昇を見込んで超過勤務を行うし、不景気の場合にはボーナスが低下することもありうべしとして来たるべき景気回復を待つ、というふうに振る舞うからである。

また、市場はもちろん売買の取引をなす場所であるが、しかし取引内容のすべてが契約書に明記されているわけではない。取引相手にたいする「信頼」が何ほどかあればこそ、市場は円滑に機能する。その信頼がどうして生まれたかといえば、これまでの長期にわたる取引関係の経験からである。もちろん、これにも文化の差があって、アメリカでは、できるだけ微細な契約書を作るという形で、不信が支配している。

しかしそのせいで、社会の訴訟費用が異様に膨らむという惨状を招いてもいる。

いずれにせよ経済活動は、横軸としての市場的競争と縦軸としての組織的規制、という二次元の空間のなかで営まれる。日米の経済摩擦にしても、アメリカが横軸の市場的競争に傾いており、日本が縦軸の組織的規制に傾いている、ということからくる確執なのである。その経済摩擦を解決するための妥当な方法は、両軸とも必要なのだということを認めるかぎり、日本がアメリカに妥協して横軸の市場的競争に近づくことが必要であろうが、同時にアメリカもまた日本に妥協して縦軸の組織的規制を受け入れるということでなければならない。

ところが経済学では、経済のすべてがあたかも横軸の市場的競争だけで成り立つし成り立つべきだ、という見方が普及しているので、しばしば縦軸の組織的規制の現実が不当であるかのようにいわれている。そういう歪《ゆが》んだ経済観をエコノミストが世間に喧伝《けんでん》するという事態になってもいる。

これはイデオロギー以外の何ものでもありはしない。そのイデオロギーにあっては、たとえば、市場的競争の理想的な姿は、競売人あるいは指値人がいて、彼のつける価格に応じて需要者と供給者がそれぞれどれだけ買うか売るかということを示し、そこで不均衡があれば、たとえば需要超過であれば、指値を上げてみせる、逆に供給超過であれば指値を下げてみせる、というふうに価格調整で均衡が達成されるということになっている。

だがそんな市場は、株式市場や卸売市場の一部にあるだけである。普通の最終取引つまり小売市場では、供給者側が商品の値段を定価として示し、それに応じて消費者が購買量を決める。その定価は、原材料や労働の価格を与えられたものとして、それに利潤マージンを加える、というやり方でおおよそ決められる。

そして長期的には在庫の減増に合わせて供給者が価格を上下させる。つまり財・サーヴィスの受給が短期的に一致することはめったにないのである。

この需給の不一致は、価格の長期的修正によってだけではなく、雇用や設備の増減などによっても調整される。というより価格調整は、既存の顧客を失うという恐れが大きいので、数量調整が市場均衡への第一の手立てとなることが多いのである。

組織は道徳によって支えられている

現実の経済にとって最も致命的な打撃となるのは、市場機構が異常な混乱に見舞われることだといってよい。九〇年代に、価格破壊などという経済改革論が出され、それが多くのエコノミストによって支持されるという事態が生じていたが、それは経済の現実を知ろうとしないものたちの謬見《びゅうけん》にすぎない。価格についての安定した期待のなかで、市場の不均衡は主として数量調整で行う、それが現実の経済である。価格が不安定になり、それゆえ価格についての期待もきわめて不確実だというのなら、企業も家計も市場に親しむことはできないのである。

賃金が短期的に固定されているのは、勤労者が組織のなかに短期的に固定されているからだ。そして勤労者は、人間である以上は当然のこととして、価値を抱くし、慣習を守る。また組織のなかで共同の目標も形成し、協働のための役割システムを設置する。その結果が雇用の短期的固定性である。

その固定性は組織のなかに文化、政治そして社会があるということの反映と解釈される。そこにおける価値の問題を理解するためには文化学的な素養がなければならず、慣習については社会学的な知見が必要になり、権力については政治学的な洞察がなければならない。つまり純粋経済学では、組織というものに支えられている経済の現実の、ごく一部をしか分析できないのである。

経済の分析よりも重要なのは、組織における人間活動が道徳によって支えられていることについての解釈である。勤労者のかかわる技術、価値、慣習そして権力のあいだに平衡をもたらすのは道徳のほかにはありえない。技術の操作における緻密《ちみつ》な態度、価値の受容における誠実の姿勢、慣習の反復における忍耐の構え、権力の行使における怜悧《れいり》の振る舞い、こうした営みがすべて道徳に関連している。その意味で、経済学といえども、本来はモラル・サイエンス（道徳知）の一部でなければならないのである。

マルクス派の経済学が道徳知と無縁であることは論を俟《ま》たない。それは経済を社会の基礎的な過程であるととらえ、その物質過程は法則として展開されると考えている。マルクス派経済学のなかに組織という総合的な人間関係にたいする考察はみじんもみられず、したがって経済における道徳の要素もまた完全に切り捨てられている。

近代経済学にしても、人間の物質的（もしくは技術的）な欲望が基本に据えられており、それにかんする純粋交換の動きをとらえるのが経済学であるとしている。いずれにせよ、グンナー・ミュルダール（一八九八～一九八七　スウェーデンの経済学者・政治家）のいった「経済学帝国主義」が今の経済学を彩っている。つまり人間・社会の「基礎」が経済学によって明かされるというわけだ。そんな学問によっては、経済における組織の役割を、そして組織をめぐる人間の道徳的な営みを説き明かすことなどはできるわけがない。

もちろん、経済学帝国主義を信じているのはエコノミストだけなのだが、経済問題が切実になってくると、人々はあわてふためき、やはり物質が大事だ、やはり金銭が大切だ、やはり経済がすべてだといいつのり、それで経済学が幅を利かしはじめる。それに乗じてエコノミストたちが、またぞろ経済学帝国主義を無自覚のうちに社会にばらまいていく。九〇年代もまさにそうした時期であった。

未来の不確実性に対処するため、企業は組織を作り、そこで労働という人間的要素が短期的には固定されることになる。そのこととかかわって、労働と結合される資本もまた短期的には固定要素となる。資本の所有権である株式はごく短期的に売買されるのではあるが、設備としての資本は労働と結合されるほかなく、その労働が固定的である以上、資本もまた何ほどかは固定されざるをえないのである。いいかえると、時間をかけて資本を増やす投資という行動が、企業にとっては焦眉《しょうび》の課題となるわけだ。そして投資が未来の不確実性に直面するのはいうまでもない。

所有者と経営者の権力争い

新規雇用と投資を決めるための長期計画にあって、その最大の責任者は経営者である。コーポレート・ガヴァナンス（法人企業の統治）の主役は、長期計画の立案と遂行を担当するマネージャー（経営者）である。その経営にあって、未来の不確実性に対処するためのものとしての組織のことに重大な関心が払われるのはいうまでもない。というより、マネージャーの定義は組織を統治するものということなのだ。

ところが今のアメリカにおいては、企業統治の目的は株主の利益を最大化することにおかれている。そうしないような経営者はすぐさま株主たちによって交替させられるし、さらには当該の企業にたいするM&A（合併吸収）が株式市場で起こることになる。

なぜ経営者の地位がかくも低くなったのか。それは、七〇年、八〇年代において、アメリカの経営者階級が、物作りの方面において、主として日本とのせめぎ合いに敗北し、そのため企業統治における力量を喪失したからであろう。その結果、株主が企業統治の実権を握ることになり、株価の最大化が企業目的になったということである。

奇妙なことに、アメリカとの物作りの競合において勝利したはずの日本の経営者たちが、九〇年代が進むにつれ、企業統治の権力を株主に譲りつつある。この経営者の自信喪失は、主として、九〇年代前半における経済バブルの崩壊によるものである。しかしそれだけではない。一つに、アメリカが世界の（実物ではなく）金融のパワーを掌握して、日本の経済界にさまざまな攻撃を仕掛けてくるということがあった。二つに、日本の経営者が、繁栄に溺《おぼ》れるなかで、自分の在任期間しか配慮せず、長期計画についての責任を放棄するというエゴイズムに浸りはじめた。三つに、敗戦のトラウマにはじまる戦後日本のアメリカにたいする劣等感が、政治から文化にまで及んでいた。こうした背景のなかで日本の経営者は自信喪失に陥り、企業統治の権力をその所有者（株主）に譲り渡しているのだ。

しかしアメリカは、企業組織の重要性を理解していたはずなのである。アメリカは、何といっても、「所有と経営の分離」という事実を最初に発見した国である。つまり組織の経営者は、当該組織に固有の経験的情報を身につけているせいで、当該企業の資本の所有者から（ある程度）独立して、みずからに独自の目的（たとえば企業の成長率や市場占拠率の上昇）を追求できる。そのことが強調されたのはまずアメリカにおいてであった。

そして、経済において巨大な組織を発展させたのもアメリカであった。そうであればこそアメリカでは、十九世紀の末から独占禁止法が整備され、巨大組織の横暴を抑えるための対策が練られてもきた。また、巨大金融資本の犠牲となる中小農民の立場を守るべく、すでに一八七〇年代から、いわゆるグレンジャリズム（農民組合主義）が発展してもいた。最近、ポピュリズムというと、単なるポピュラリティ（人気）にもとづいて事を決めるやり方をさしているが、アメリカで発生したポピュリズムはそういうものではなかった。つまりそれは、巨大組織に対抗して一般人民の利益を守るということであり、読んで字のごとく、人民主義である。大地に根を下ろして勤勉と節約に励む人々の意見と行動を重んじるのがポピュリズムだといってよい。逆にいうと、それだけ組織の圧力がアメリカにおいて強かったということである。そして一九三〇年代、現代社会のパワーが財産の所有者からその経営者に移ったのだということを、アメリカはいわゆる経営者革命論として確認した。

アメリカにおける組織論の発達は、経済学以外のところでも進められた。一例を挙げれば社会学の方面で、インフォーマル・コミュニケーション（非公式意思伝達）こそが組織を支えるのだという見方すら出された。組織をめぐる人間関係はフォーマルな契約書の交換によって取り仕切られるようなものではなく、インフォーマルな人間関係が蓄積されていなければ組織は安定性が保たれない、ということである。つまり、関係者の「談合」が組織の内外に展開されなければ組織は持たない、ということが、アメリカにおいても確認されていたわけだ。

最も個人主義が発達したといわれるアメリカにおいてすら組織のことが重要視されていたのである。二十世紀末になって組織の観念が急速に打ち捨てられたにかんしては、アメリカ経済が金融および（主として金融にかんする）情報に頼らざるをえなくなり、それで、世界の余剰資金の金融的投資を引き寄せるために、アメリカの政治力と軍事力を国家的威信の根拠として利用した、という事情がある。（主として物作りの）組織的力量において日本に後れをとったアメリカは、金融・情報における競合という別の土俵を設定したわけだ。それは、他国の物作りの組織体制を弱めることに利得の機会を見出し、そして他国の金融投資を自国に集めることによって、自国の物作りの能力を遅ればせながら向上させようとする戦略であった。

組織のないところでは、道徳は私徳に還元される

しかし、この考え方が根本において間違っているのは、コンピュータ・システムを駆使すれば未来の不確実性を処理できるとみなしている点にある。コンピュータは、それまで勤労者のやっていた企業のルーティン・ワークに代位できるし、その効率もきわめて大きい。しかし、コンピュータによって未来の不確実性を確率的に予測しようとするのは、つまり未来の出来事をすべてリスク（危険）としてとらえるというのは、すでにみたように、知的な詐術にすぎない。いわゆるコンピュータのアルゴリズム（計算法）で未来に対応しようというのは、その迷妄が人々によって共有されているあいだだけ、しかもその迷妄にふさわしい破局がやってくるまでのことなのである。

確率的予測の不可能なクライシス（危機）は、とくに長期の未来を考えるときに発生する。そして企業

は、もしそれが投機会社でないとしたら、長期未来にたいする展望を持たなければならない。危機を孕《はら》んだ不確実性にはコンピュータは対応できない。危機への対応には、経営者を筆頭とする人間の組織力が必要なのである。そして危機には個人の力では対応しきれず、したがって、個人が集まって組織という固定した人間関係を取り結ぶ、それが人間の営み一般についていえることであり、経済もまたそうであるほかない。コンピュータ・システムの導入によるリエンジニアリング（ホワイトカラーの首切り）という発想は、時間のなかで過去を想起し未来を展望して生きる人間存在への、大いなる誤解にもとづいている。

たとえば、株価のことを取り上げてみても、それは企業の現在収益と将来収益の和である。ただし後者については、長期利子率や危機プレミアムで割り引かれなければならない。いずれにせよ、将来収益を予想するに当たっては、当該企業の長期計画およびそれをめぐる危機管理のことが勘案されなければならない。そしてそうするためには、その企業および社会の組織的能力をも考慮しなければならないのである。

企業の長期計画にとって、内面的にはみずからの企業組織が絶対に必要であり、そして外面的には国家による危機管理が、市場を取り囲む条件の整備という意味で、絶対に必要である。サイバー（人工頭脳）システムと組織における人間頭脳のシステム、これら両者の平衡と総合が求められているのだ。

組織としての人間頭脳とあえていうのは、人間のクリエイティビティ（独創性）はけっして個人には属さないからである。個人の独創性のオリジン（源泉）はその国の歴史、社会、文化のなかにこそある。その源泉から英知をしっかりとくみとるために組織の力が必要である。注意深くいえば、個人の独創性を抑圧する閉鎖的・硬直的な組織もあるので、必要なのは開放的・伸縮的な組織だといっておくべきであろう。

たしかに人間頭脳は個人のものではあるが、集団の場における会話、議論そして討論がなければ、個人の頭脳は鍛えられない。そして集団の構成員たちに共通目標と役割関係を与えるのが組織である。既存の組織をそのままの形で守護する退嬰《たいえい》主義は排されるべきであるが、状況の進展のなかで組織を維持・発展させていこうとすると、「保守するための改革」という姿勢に立たざるをえない。つまり日本的経営の英知を保守するためにこそ（いささか硬直気味であった）日本的組織の改革がなされなければならない。具体的には、高度情報化システムと日本的組織との調和をめざすような組織改革が必要であったということである。

しかし、間違った経済改革論がほぼ十年にわたって執拗《しつよう》に展開された。それは、戦後日本人がみずからの歴史、社会そして文化に自信を持っていないことの現れである。日本的経営は日本人の歴史的英知の結集体である。戦後日本人はそれを先祖から引き継いで戦後の経済発展に応用したのだが、それをまるで自然の恵みのようなものとして受け止めてきた。いや、それが恵みであることについてすら無自覚であった。だから、自分たちの子孫にたいして、日本的経営を再整備・再強化して手渡す努力をなおざりにしてきたのである。それどころか、その歴史的財産に破壊を仕掛けるような経済改革論を次々と打ち出すという、歴史への忘恩に走ったのである。

組織の問題を度外視してしまえば、経済における道徳の役割はほとんどゼロに縮退する。人間関係を何らかの徳義によって固定的なものにすること、それが道徳の役割である。組織のないところでは、道徳は単なる私徳に、つまり個人の倫理に、さらには個人の欲望に還元される。公共的なるものとしての道徳が経済活動から切り捨てられてしまう。そういうふしだらな思考を排するためには、まず、経済の根本に組織の要因があるのだということを確認しておかなければならない。

残念ながら、組織は、コンピュートピア（計算機にユートピアをみる思想）によって追い払われているだけではなくて、近現代の個人主義および自由主義によっても深く傷つけられてきた。組織が個人の自由を抑圧するというイデオロギーがほぼ二百年にわたって世界に流布されてきた。その結果、組織をみたら人間の疎外を思え、という意識の回路が近現代人にできてしまった。組織において命令を発するものが命令されるがわの自由を抑圧しているという固定観念が広がったなら、組織はないほうがよいという気分が蔓延《まんえん》するのは当然のことである。

サイバー・スペースに亀裂が入る

かつてテンニース（一八五五〜一九三六　ドイツの社会学者）が強調したように、人間の集団にはゲマインシャフトとゲゼルシャフトがある。ゲマインシャフトは感情共同体、そしてゲゼルシャフトは利益調整体である。

利益調整体にのみ注目していると、集団の構成員のあいだに合理的力量の差があることを確認するほかない。たとえば権力者や富裕者は情報量や資源量が大きいわけであるから、利益調整において有利な立場に立つ。したがって、利益調整体は強者と弱者のあいだの支配・服従の関係だという理解が生まれる。近現代人は、一方でゲゼルシャフトを合理的諸個人による平等な契約関係として歓迎しておきながら、他方でそれを、格差を正当化する制度、とみなして非難する。この自分らの時代への安易な肯定と安直な否定との混淆《こんこう》が、近現代人の心理をして、繁栄の絶頂における深い憂鬱《ゆううつ》、といった状態に追い立てるのである。

ゲゼルシャフトが増えつづけていることは確かであるが、ゲマインシャフトが完全に払拭《ふっしょく》されるというようなことはありえない。感情共同体の典型は、前近代の村落共同体だとされており、また近代はそうした典型に不合理のレッテルを貼ったのであるが、感情共同体の要素は現代にも根強く残っている。というよりそれを残そうとする運動が、たとえばコミュニティ運動のような形で、盛んになってもいるのだ。少し注意深くいえば、ある集団の幾重にも折り重なった「関係性の網目」のなかに自分がいるという自覚が、当該の集団にたいする感情的な固着を強かれ弱かれもたらすということだ。

企業のような合理的な計算のもとに形成されているような組織にあってすら、感情共同体的な性格を保存している。保存しているどころか、企業組織の長期的安定にとって中心的な役割を担っているのはそうした集団感情なのである。というのも、暗黙の長期契約として組織のメンバーになると決意するということは、当該の組織を何ほどかは運命共同体として感じとり受け入れることにほかならないからである。ふたたび注意深くいっておけば、その集団感情は、かつてのような直接的なものではありえない。当該の組織と自分の活動との深いかかわりを省察《しょうさつ》することを通じて間接的に形成されてくる帰属感、それをさして運命共同体とよんだまでのことである。

またそうであればこそ、勤労者の意欲も掻《か》き立てられ、互いの連帯もまた強化され、とくに自分らの企業が危機に直面したときの闘争心が強められる。もしもそういう感情共同体による紐帯《ちゅうたい》が完全に溶けてしまえば、組織がサイバー・スペースに、つまり人工頭脳的に構成された情報空間に、取って代わられることになる。それは、人間がみずからを情報システムの部品の地位に落とすことであり、勤労者がそのような経済の未来像しか思い浮かべられないなら、たしかに、道徳が経済に関与することもなくなるに違いない。だがその道徳の不在は、人間のサイボーグ（人造人間）化であり人間のサイコパス（病理的人格）化である。そのような自己像をみて堪えられるほど人間は強くはない。だから、サイバー・スペースにはかならずや亀裂が縦横に入る。現に、その空間に深入りしようとしたアメリカ社会では、情報関連産業が混乱を呈しはじめ、若い世代は早々と物作りの産業に帰還しようとしているのである。

この世紀の変わり目において、市場主義が自分たちの経済をどれほど痛めつけてしまったかについて、徐々に反省が進んでいる。日本においても、日本的経営を再活用しながら、物作りを中心にして、立ち上がらなければならないという認識が、主として経済の現場のなかで、広まってきている。

たとえば、企業の長期計画を積極的に発表し、そしてそれについて株主、消費者そして従業員を説得し、それを的確に理解してくれる株主、消費者そして勤労者だけが自分の企業を守ってくれればいいのだ、と構える経営者が増えつつある。その長期計画の意義を理解しようとしない株主たちが、短期収益が上がっていないとの理由で自分の企業の株式を売り払ったとて、それに周章狼狽《しゅうしょうろうばい》してはいけないのだ、とそれらの経営者たちは考えはじめている。なぜといって、国際経済に眼をやれば、そこには、国家をはじめとするさまざまな組織の戦略と戦術が渦巻いているからである。そこにサイバー・スペースが広がっていることは事実であるが、その空間もいわゆる「ソフト」がなければ内容空疎にならざるをえず、そして確かなソフト作りはやはり堅実な組織によって行われる。また確かなソフトは、組織の成員が国民道徳を共有し、それを長期計画のうちに具現するという努力によって支えられる。そのことが、ようやくにして、一般の人々にも理解されはじめている。

彼らは、アメリカの経済イデオロギーの上澄み液だけを飲んだような日本のエコノミストたちに猜疑《さいぎ》の眼を向けている。また一般の国民のうちにもアメリカン・イデオロギーに拝跪《はいき》するエコノミストたちへの疑念が少しずつ高まってきてもいる。つまり、「日本的なるもの」を保守しないかぎり、経済のグローバル化つまり世界化にすら対応できないのだという良識が復活の気配をみせているのである。

23 技術が環境に襲いかかる

二十五年ほど前のこと、『エコン族のエコロジー』という冗談めかした評論を書いた経済学者がいた。エコン族とはエコノミストの集団のことで、彼らは、DS十字（つまり需要《デマンド》と供給《サプライ》の交差）の入れ墨を身体に彫って、日々、怪しげな呪術に熱狂しているというのである。アメリカが面白いのは、こういう異端派にも言論を許すところであろうか。

このエコン族が、技術という武器を手にする好戦的なテクノ族と結託して、自然のエコロジー（生態系）に襲撃をかけている。いや、エコン族の習性は、ほとんどあらゆる人間の心性の奥底にとぐろを巻いているものなのであって、どうあがいても、ホモ（人間、つまり地上にいるもの）は、この地上にあるもの一切に害を与えずにはいない。つまり、環境を破壊するなというのは、人間をやめよというのに等しいのである。

だが人間には、地上の未来についても予想する関心と能力がある。そして、自分らの子孫が荒涼たる環境のなかで暮らしている、あるいは暮らせなくなっているのを想像すると、多少とも慄然《りつぜん》たる思いに駆られる、それが人間である。人間には、過去の美しい環境のことを想起して羨望《せんぼう》を感じるのみならず、未来の醜い環境のことを予期して罪悪感に浸る想像力が備わっている。

結局、自分らの悪性のことを自覚する善性、それを引き受けるしかないのが人間の宿命である。その宿命を乗り超える力量があると過信する点で、エコン族とテクノ族は際立っている。それどころか、これら両族による支配が、グローバリズムの掛け声に励まされて、世界の隅々にまで及びつつある。皮肉なことに、グローバリズムなる観念は、環境問題はグローバル（地球的）な形でしか解決できないという脈絡で、出されたものなのだ。そのグローバリズムが地球規模での環境破壊を促しているわけである。ひょっとして、IT（情報技術）によって結びつけられたエコン族とテクノ族は、ET（地球外生命）なのかもしれない。

文明が文化を駆逐する

人間の精神が定型化されるときテクニカル・ナレッジ（技術知）が成立する。目的と手段の次元を固定したままで水平的に新しい技術を開発していく方向での思考と行動の様式をテクノロジズム（技術主義）という。ここで水平的というのは、異次元へ向けての新しい変化ではなく、同次元での変種を作り出すことをさしている。そうしたいわば新味に欠ける新奇さを継続的に打ち出すものとしての技術主義が現代の世界を鷲づかみにしている。それが「文明」の発達である。

他方、「文化」は、プラクティカル・ナレッジ（実際知）にもとづくものと考えられる。そこでは技術知の目的をより高尚にすべく、また技術知の手段をより生活の深部に降り立たさせるべく、垂直的に精神が高められたり深められたりしている。

具体例を挙げていえば、技術知の発達とは、コンピュータという合理的体系の応用範囲を軍事から乗り物へ、乗り物から商売へと広げていくやり方のことであり、そして実際知の発達とは、料理という経験的技能を家庭で、次に儀式の場で、さらには社交の場で、といったように鍛錬していくことである。

前者にあっては、行為の手段価値は計算の速度という点に固定されており、目的価値についても生活の便宜という次元での変化が起こっているにすぎない。後者にあっては、その手段価値は、心身の鍛錬を通じて自己の内奥へと降りていき、その目的価値も、食事の場での会話によって、たとえば「人は何のために生きるのか」といったような次元へと上昇させられていく。いずれにせよ、技術知と実際知は、合理知と経験知におおよそ対応する。そして両者の決定的な違いは、後者には人々の生の営みが直接に関与してくるので、生の目的と手段が絶えず吟味にさらされるというところにある。逆に前者にあっては、人々の生が合理によってパターン化されるのである。

文明が文化を駆逐するにつれ日本的精神の歴史的な蓄積と価値的な基準が失われていく、それが戦後日本の半世紀間なのであった。いや、明治維新以降の近代日本が総じてそうした軌道をひた走ってきた。そして、この世紀末にあって、多くの日本人が「日本の没落」のことを口にしはじめている。そこで思い起こされるのはシュペングラーの『西洋の没落』のことだが、その書は、「西洋」のみの没落を示したものではないのである。ましてや「東洋」の勃興を示唆したものなどではまったくない。

彼が扱っている「文明の没落」には、ギリシャやローマのことばかりではなく、インドや中国のことなども含まれている。つまり、文化によって支えられなくなった文明が没落に至るのは知識の技術化によるのだが、それは今に始まったことでも西洋に限られることでもない。いくつもの文明が衰退する過程を追ってみると、文明が文化から離脱して衰弱していくというのは、ほとんど歴史的法則といいたくなるくらいの根強い傾向である。その傾向線に近代の西洋文明がもののみごとに乗っている、とシュペングラーは指摘したのであった。

アジアにせよ日本にせよ、「アジアの奇跡」といわれているものの実態は技術知の繁殖以外の何ものでもない。シュペングラーの予測の通りにアジアが没落すると断定するいわれはないとしても、環太平洋地域が精神の水平運動にかまけてその垂直運動を衰微させていることは疑いようがない。その精神のインバランスが、晩《おそ》かれ早かれ、それらの文明に難問を発生させるに違いないと思われるのである。

現に、文明没落の兆候が我が国においてもおびただしく観察される。家庭の崩壊、学級の混乱、少年犯罪の増大、少女の風紀紊乱《びんらん》、青少年の学力低下、国民の勤労意欲の減退、役人における綱紀の乱れ、知識人の芸能人化、政治家の腐敗あるいは経営者の活力低下などの形で、文明衰微の兆候が次第にあらわになりつつあるといってよいのではないか。

こういう現象を紋切り型の道徳論によって批判したとて無効に近い。というより、現代の技術主義の根底に突き刺さるような道徳論が必要だということである。技術は、それが「主義」となることによって、異常なばかりに発展してきたのだが、その「主義」は同時に現代人の精神を狭く浅いものにしているのだ。その結果として道徳の荒廃も起こっている。したがって、技術の成果を存分に享受しながら道徳的に生きよう、というのは虫のいい話といわざるをえない。むしろ、現代における道徳は、技術とどう対峙《たいじ》するか、技術への解釈をどう生活のなかに組み込むか、ということをおいては成り立たないのである。

「文明の没落」を予感させるアメリカニズム

さて、現在の技術主義を先導し煽動しているのはアメリカである。アメリカは、軍用技術の民用化を中心にしながら、技術主義を高度情報化という形で精錬させてもいる。冷戦構造の崩壊後にもたらされたのは、少なくともイデオロギーの次元でいえば、アメリカへの一極集中である。つまりアメリカニズムが、価値における技術主義、権力にかかわる自由民主主義、貨幣をめぐる市場主義そして因襲としての個人主義を伴って、世界を一色に塗りつぶしつつある。もちろん世界の実態においては、イスラム圏や旧（および現）社会主義圏がアメリカの政治的および経済的な戦略に抵抗してはいる。しかしそれらの文明圏においても、経済のいわゆる「開放」なしには内政が持たないといった事情になっており、そしてその開放は、ほかでもない、アメリカニズムへの門戸開放ということになるのだ。

アメリカニズムとその世界的展開としてのグローバリズムとは、文化におけるヴァルガリズム（俗悪主義）を広めることによって、現代人の精神活動の根底を腐食させている。文化の衰弱のために、絶頂に達した文明のただなかにおいて、「文明の没落」を予感する憂愁の気分が立ち込めつつある。それが、アメリカニズムに特有の、歴史との紐帯《ちゅうたい》を断たれたものとしての「文明」の、彷徨《ほうこう》の姿なのだと思われる。

インターネットにおける価格情報、醜聞、噂話あるいは暴力映像の氾濫《はんらん》にみられるように、今や世界共通語の地位を獲得したアメリカ語の普及は、あるいはアメリカ語に引きずられて生じる各国語の定型化は、人間のコミュニケーションにおける「表現」の刺激性と「伝達」の速度性とを旨としている。そういうアメリカニズムの流儀によって情報の意味の歴史的な「蓄積」と文化的な「尺度」がないがしろにされているのであってみれば、現代文明はすでにみずからの歴史・文化の環境を破壊し尽くしつつあるといって過言ではない。

高度情報化とともに進んでいるのは、アメリカンな表現法が、一種の政治権力として機能するという事態である。その最もわかりやすい例は、経済取引における数量化可能性の重視という方法が、コミュニケーションの全域を覆いつつあるという世界の現実である。情報の歴史的文化的な含意はせいぜいのところ隠伏的な形でしか関与しないというのが経済取引である。そういう類型の活動が人間の生を占拠するにつれ、アメリカニズムの表現法が政治（権力）として機能するようになったのだ。

人間精神の単純化が自然破壊をもたらした

そのように人間の精神が単層化され、しかもそれが未来への計画を推し進めるための権力となってしまえば、その破壊作用は、歴史・文化の環境を超えて、物理の環境にも及ばざるをえない。その典型例として、現代文明による自然破壊ということを取り上げてみたい。知識における技術主義というものは文明の発生とともに古いわけであるから、自然破壊もまた文明の発展とともに進んできている。地球の自然環境にとっては、人類の存在そのものがグッズ（良き事物）ではなくバッズ（悪しき事物）であるといってさしつかえない。現在の経済成長をストップさせれば自然との共生が簡単にできる、というふうに思うのは軽薄なロマンチシズムにすぎない。人類の存在は、地球環境にとって、とりわけ地球上に存在する動植物の生命体にとって、おおむね有害である。

しかし、近代二百年における自然破壊は、あまりにも急速かつ大量であった。それを比喩《ひゆ》してみれば、それまで平地を滑っていた人間社会が近代とともに離陸して空へ飛び立ち、しかもそれは飛行機ではなくロケットのように、成層圏のはてまでも上昇してやまないかにみえる。そのように近代の自然破壊は矯《きょう》激《げき》である。その過程を支えてきたエネルギーは、十九世紀は石炭、二十世紀は石油といったように化石燃料であった。そして石油にかんしていえば資源の枯渇状態が、間近に迫っているかどうかについてまで確言できないとしても、人類の視野に入ってきてはいる。石炭資源については、その埋蔵量はまだ巨大であるといわれているが、それを実際に掘り出すためには膨大な費用を必要とする。それどころか、見通すかぎり、石炭資源を大量に使った場合に排出される二酸化炭素をはじめとする環境汚染物質を抜本的に除去する手立ては示されていない。

そうならば、文明発展の趨勢《すうせい》を守るべく地球規模での経済発展を推進するためには、原子力エネルギーに頼らざるをえないということになる。風力や太陽光線や（バクテリアなどの）生命を使った新エネルギー源も模索されてはいるけれども、それは必要なエネルギーの一、二割しか満たさないと見込まれている。また、新エネルギーには技術的な困難も多々予想されるのであり、たとえば太陽エネルギーについては、熱を動力に変換し、さらにそれを蓄積するための施設で全土を覆わなければ、必要エネルギーを賄《まかな》えないといわれている。

原子力エネルギーについては、ウランをプルトニウムにまで変換させてやれば、どうやら文明の維持を二千年余にわたって継続することが可能であると計算されている。しかし、プルトニウムは対処困難なほどに強力な汚染廃棄物質を出す。はたしてそれを管理する（技術力だけではなく）政治力が人間社会に備わるかどうかということが深刻に問われている。また、人間の管理能力に完璧ということはありえない以上、少なくとも確率的には事故が起こる。原子力事故が一般に巨大な被害をもたらすことはアメリカのスリーマイル島事故によって示唆され、さらにロシアのチェルノブイリ事故によって決定的に立証された。

ただし、文明の被害について原子力発電の事故のことだけが特筆されるのは、まったく平衡を欠いている。たとえば、自動車事故による死者は、日本だけで年間一万人に達している。それに薬品公害や食品公害の犠牲を、さらには産業（および生活）廃棄物による損害などを加えていけば、被害なしの文明を考えるというのは夢物語にすぎないとわかる。またそれらは技術文明のいわば制度的遺伝として後世が引き受けざるをえないものであり、消費者や生産者の個別的な努力によって回避できるようなものではない。人命もまた物理現象なのであってみれば、文明による自然破壊は人間の内なる自然、つまり生命にまで深く及んでいるのである。

環境破壊は現代文明の落とし穴

経済発展による自然破壊にはどうやら悲観的な展望しか持ちえない。そのことを最も端的に表すのは、二酸化炭素による大気汚染の問題である。その汚染が気候の温暖化を招き、この地球に砂漠化をもたらしつつあるとすらいわれている。二酸化炭素（CO_2）の排出量をいかに抑制するかという国際会議を開いても、結局のところ、各国は、自国の経済発展を優先させ、そうすることによって失業を抑制し所得を維持しようとする。

そうなるのは現代が民主主義社会だからである。つまり各国の内政も外交も民衆の欲望を第一義としなければならない。民衆の支持を得なければ、政治家をはじめとしていかなる指導者もおのれの立場を保証されないのである。そして民衆の視野は、孫子《まごこ》の世代にまではなかなか延びず、ましてや人類世界にかんする百年の大計までには広がらない。現在世代の民衆の欲望にもとづいてしか環境問題は論じられず、そしてそのこと自体が環境破壊の原因なのであってみれば、現代文明は落とし穴にはまるようにして環境破壊へと向かうのである。

実際CO_2問題は解決不能な問題として現代文明の前に横たわっている。これまでの議論はたかだか、CO_2の年間排出量の規制をめぐるものである。逆にいうと、実はCO_2フロー削減率を九〇％くらいにしないかぎり、それはストックとして蓄積されていくということなのだ。大気汚染そしてそれによる地球の温暖化をもたらすのは、CO_2のストックである。そうである以上、自然破壊は無限に拡大していくとみるほかない。なぜなら、海水に溶けたり植物に摂取されたりする分（たとえば一〇％）を除いて、炭酸ガスの排出量を九〇％以上減らさなければならないということは、実質的にいって、現代文明を全面的に破壊することにほかならないからである。

CO_2問題は、文明と自然との共生を安易に語るようなロマンチシズムにたいする強烈な批判となる。たとえば、地球を緑化すれば植物の炭酸同化作用で二酸化炭素のストックを減らすことができるであろうといわれているが、事態はそう単純ではない。多くの植物は何十年か何百年かののちに朽ち果てていき、結局は炭酸ガスに還元される。それを吸収するためにさらに植物を繁殖させなければならないのであってみれば、論理的には、地球上は文明の居場所がなくなるほどに、植物で覆われなければならないということになる。

もう一つ、産業廃棄物のことを取り上げてみよう。これは、文明の「副産物」としての公害ということではない。文明のもたらした製品そのものが、つまり主産物が結局のところ、バッズ（悪しき事物）として環境に送り返されるということである。それをリサイクルさせて再使用することの意義は大きいのであるが、それはあくまで部分的な対処に終わるであろう。というのも現代の文明は、まさしく「熱い社会」として、スタティック（静態的）であることをやめて、絶えずダイナミック（動態的）であろうとしているからだ。

リサイクルの意義は、このダイナミズムの辿《たど》り着く破局を少しでも遅らせることにある。現在世代ではなく未来世代にとって切実なのが文明のカタストロフィつまり破局である。だから、リサイクルのことをはじめとする環境汚染対策は、未来世代への迷惑のことを中心におかなければならないという意味で、道徳問題なのである。しかし「他者」を現在世代に限定しがちの現代人には、この道徳問題に接近する資格がないのである。

技術の発達がいずれ環境問題を解決するであろう、という楽観論を全面否定しようというのではない。大まかにいって、その解決の可能性は五割とすべきなのであろう。現代人の不道徳は、何の根拠もなしに、それを十割と思いたがっている点にある。たしかに、未来世代のことを実感として心配するのは困難なのではあるが、未来への推理をいくたびも繰り返せば、それは実感にまで定着するはずである。その推理の積み重ねにおいて怠惰《たいだ》を決め込むのは、やはり、現代人が現在世代のことのみにかまけるという不道徳に沈んでいるからなのだとしか思いようがない。

環境に襲いかかる人間の「破壊性」

文明は、少なくともその一部は、地球環境にとって、解決不可能な破壊因子である。したがって人類が考えうることは、致命的な自然破壊が到来するのをどれほど遅らせることができるか、自分たちの子孫が生存可能であるような地球環境をどれだけ長く持たせることができるか、という程度の問題でしかありえない。

いや、原子力発電に完全に依拠すれば、炭酸ガス、亜硫酸ガスそして窒素ガスの排出量を実質的にゼロにすることができるとはいわれている。しかし、現在の発電法によれば、六十年でウランが蕩尽《とうじん》されるのことだ。ウランをプルトニウムにまで変換したとしても、その強力な汚染物質はストックとして累積されるのであり、それを解決する見通しがないのである以上、長期的には、自然環境の決定的破壊をどれだけ遅延させるか、それが文明の課題だとしかいえない。

このようなことをいうのは、未来への悲観をふりまきたいからではなく、人間存在を無条件に讃《たた》えるヒューマニズムがどれほど軽薄なものであるかということを指摘したいがためにすぎない。そうした自然破壊へのやみ難い傾きを仮に人間の「悪魔性」というのならば、おのれの悪魔性をしっかりと見きわめることによって、それが暴れ狂うのを抑え込む必要があるということである。

そういう自己抑制を文化として確立させておかないと、環境破壊は内なる環境にまで、つまり人間の生命体にまで及ぶことになる。人間の遺伝子を操作しようとする企てがそれである。人間の生命体としての存在を改善すると称して、その種の科学・技術は、不老不死という恐るべき内部環境を創り出そうとしている。その方向が推し進められると、死の意識との確執のなかで作られてきた文化の全体系が根元から掘り崩されるといっていささかも誇張ではない。

もう少し楽観的にいうと、精神的動物である人間にとって、本当の幸福は「良い形」での精神活動を維持し拡大する点にある。自分の「悪魔性」といっていいすぎなら「破壊性」を、いかに直視し、いかに抑制するかは、人間にとって、困難であるがゆえに、最も真剣に取り組まなければならない課題である。つまり自然破壊の防止に、半ばの絶望と半ばの希望を差し向けるのは、人間にとってめったにない精神的快楽であるととらえなおすこともできる。

さて、問題はそうした何百年にわたる地球の長期の未来について、いったい誰が責任をもって対策を練るのかということである。地球といっても、それは諸国家のあいだのインターナショナル（国際的）な関係としてしか存在しえない。また、国といっても、それは諸地域のあいだのインターリージョナル（地際的）な関係としてのみ存在する。そして国際と地際の両面における平衡のとれた発展を図るのは国家の仕事である。だが、自然環境の問題は、一方ではグローバリズム（地球主義）によって扱われている。というより、グローバリズムの発想によって「国境」のことを軽視せんとしたのは、まずもって自然環境問題においてであったのだ。ところが、国境の壁を具体的にいかに越えるかとなると、その議論と対策はまさに国際的な葛藤に巻き込まれるのである。

他方、ローカリズム（地方主義）によって自然破壊に対処しようとする動きが目立っている。つまり自然保護における住民運動の役割が各国で強まっているのである。これについても発電所や焼却炉などの予定立地点およびその周辺の住民たちが反対運動を起こすや、それに逆らうことは、事実上、不可能になってきている。少なくとも民主主義が普及している先進諸国においてはそうである。ほかの地域も、もしも自分のところに立地されたら反対しようと構えているので、そうした施設の立地にたいする反対運動は全国的な支持を受けがちとなる。選挙民の支持を得られない政策を政治家が掲げるわけもないということで、今やアメリカでもヨーロッパでも、地方自治に重きをおくことに由来する住民運動という形での民主主義のせいで、原発立地は不可能になりつつある。我が国もそのあとを追いつつあるのはどうやら間違いない。

そういう運動に文明の衰退を甘受する構えなどはみじんもない。文明の技術水準が下がることの被害は、未来世代にかかわることにすぎないとして、看過されているだけのことである。

文明への抗議を精神的本能として表明する

国内における地際関係、世界における国際関係そして現在と未来のあいだの世代関係のあるべき姿を誰が代表して考察するのかとなれば、その第一人者は知識人である。というのも知識人は、ほとんど定義上、人々の欲望や利害を分析し解釈するのを仕事としているからである。しかし、そういう意味での知識人をインテレクチュアルとよべば、近現代において、インテレクチュアルは衰微する一方である。そのかわりにインテリジェントが、つまり特定分野の情報に長《た》けた専門人が増えてきている。その傾向がいわゆる高度情報化の動きのなかでさらに加速させられてもいる。知識を総合的に解釈するものが少なくなって、知識を部分的に分析したり現実的に利用するものが我が物顔をしはじめたということである。

大衆の見本は専門人である。大衆人（マスマン）とは、現実に与えられたものを利用することしか知らず、その現状にクリティーク（批判）を差し向けようとはしないような人間のことだ。つまり現実を臨界的（クリティカル）なところまで追い込み、その意味では現実を危機的（クリティカル）なものに変質させること、それが批判的（クリティカル）ということなのである。そうするためには、おのれにより高い精神的な要求を課して、それにたいする返礼を見込まずに、要求実現に向けて努力しなければならない。そうする人間がエリート（選良）であり、そうすることを軽蔑している人間がマスマンである。それゆえ、現実の知識を、というより情報を、利用することしか知らない専門人が大衆の代表ということになる。

文明による自然破壊の張本人は（専門人という種類の）知識人にほかならない。知識人の本来の責務を果たさないという意味での背信の知識人が自然破壊を率先している。自然破壊にたいする歯止めは、真正の知識人であるインテレクチュアルによって、つまり情報を解釈することそれ自体を本務とする知識人によって、与えられるであろう。その知的な指導力が、庶民の生活上の知恵と呼応するとき、自然破壊は大きく抑制されるであろう。コモンマン（普通人あるいは庶民）の慣習的な暮らしのなかには、生活体験にもとづく実際知が蓄えられている。その実際知には、情報の意味の刺激的表現や高速度伝達だけでなく、情報の意味の歴史的蓄積や文化的尺度にかんする知見が含まれている。そうした実際知を解釈し再定着させるのが知識人の仕事である。その庶民と知識人の協力によって、大衆人と専門人とが回転させる高度情報化の歯車が押しとどめられる。そのときにはじめて、自然破壊の流れを抑制することができる。そういうぎりぎりの地点にまで現代文明はやってきている。

そうした庶民と知識人との連携は、残念ながら、いささかも進捗《しんちょく》していない。だから、二十一世紀においてますます高度化するに違いない（技術を含めた）情報から、人類は一体いかなる精神の充実が得られるのか、何の展望も与えられないままでいる。そうならば、若い世代が、「二十歳にしてすでに朽ちたり」といったふうに精神の活力を鈍磨《どんま》させていくのも、まったくやむをえない成り行きといわざるをえない。というより、自分らの孫子が精神的に早々と腐朽していく可能性について、現代人は真剣な考慮を払ってこなかった。その意味で、現代の文化破壊と自然破壊は「大衆の文明」の両面なのである。

しかし、文化破壊と自然破壊が限界にまで達するや、人間はそれに耐えられなくなって、文明への抗議をいわば精神的本能として表明する。それが人間というものだ、といえなくもない。事実、この二十一世紀のとば口において、そういう期待が徐々に広がっているようである。

六章……社会

我々は道徳を取り戻せるのか

24「豊かな社会」の貧しさ

「順境にも逆境がなくはない。逆境にも順境がなくはない」といった哲学者がいた。そんなことはほとんど誰にでも思いつくことで、これを時間軸に延ばしてやれば、「楽あれば苦あり、苦あれば楽あり」となる。だから、「豊かな社会」のあとに「貧しい社会」がくる、少なくともそうかもしれない、と見当をつけるのが常識というものである。

人間は社会的動物であるから、卑近な事柄でいえば、他者との相対で自分の貧富を評価する。また人間が歴史的動物であるということを卑近な事柄に当てはめると、自分の過去と比べての現在の貧富を解釈し、そして自分の現在と比べて未来の予想される貧富について判断を下す。結局、最も大きな富裕感を得られるのは、他者に抜きん出る富裕にやっと辿り着き、それが今後とも続くであろう、と予期される一瞬である。それが至福のときなのである。その証拠に、いつの世でも、老人たちが自分の人生を振り返るとき、苦難を乗り越えた経験しか語ろうとしないではないか。

日本についていえば、そういう一瞬があったとしたら、昭和の最末期から平成の最初期にかけてのほんの数年であろう。たとえば、その至福感に酔ったようにして、「経済大国」から「ゆとり大国」へ、などといったスローガンがまことしやかに掲げられたのであった。

しかし、高く盛り上がった波頭がかならず激しく崩れ落ちるのに似て、日本経済のバブル（膨満）は時を経ずしてバスト（破裂）に転じた。思えば、ローマやロンドンに今もその気配が濃く立ち込めていたように、享楽には憂愁の裏地がぴったりと張りつけられているのである。とくにその破裂の状態において亡国の兆しすらが差すようになると、他国に出し抜かれる不名誉と過去の栄光から転落したことの不面目《ふめんぼく》が、一入《ひとしお》、身に染みることになる。

しかし、豊かさには「何のための豊かさ」という疑惑がつねにつきつけられるのであってみれば、豊かさそれ自体に拘泥《こうでい》するのは、社会的および歴史的な動物として劣等であることの証拠である。憂愁の気分を文化の品位へと転化させる、その努力をやりつづけた文明だけが生き残るし、さらには生き残るに値するとすらいえる。その点において、西欧の文明は日本のそれにたいして一日の長があるのである。我々は、せめて十年間くらい、世界の豊かさをめぐるせめぎ合いの形勢を観望する心の余裕を持つべきではないのか。「高みの見物」もなかなかよいものなのである。

豊かな社会の病理を認識しなかった日本人

一九五〇年代、ガルブレイス(一九〇八〜 アメリカの経済学者)が『アッフルエント・ソサイアティ』という書物を書いて以来、「豊かな社会」という言葉が普及しはじめた。アッフルエントというのは、たまたま日本語の発音と似ていて、「溢《あふ》れる」ほどに豊かという意味である。

しかしガルブレイスの本においてすでに、豊かさの逆説がいくつか指摘されていた。たとえば、インフレーションの進行や社会資本の不足が、市場経済の拡大につれて目立ってくるということである。より一般的にいえば、豊かな社会も不安定や不均衡を免れえないのだと指摘されていたということである。それのみならず、文明論的に考えると、豊かな社会のなかで、人々は豊かさゆえに切実な生の目標を失い、次第に退屈や焦燥《しょうそう》にとらわれる。そういう文明論的思考が、「豊かな社会」論にたいして加えられつづけている。

それを典型的に表すのが、ダニエル・ベルの思想遍歴であった。彼は、一九六〇年代ポストインダストリアル・ソサイアティつまり後工業社会が到来しつつあるのであり、その情報社会あるいは知識社会においては社会全体がこれまでよりはるかに複雑な機能的連関を示すであろうと見通した。だが七〇年代に至って、彼は「資本主義の文化的矛盾」ということを指摘した。つまり、後工業社会においては、とくに青年たちが人生の目標を喪失し、さらにはメインカルチャー(主流文化)を疑ってカウンターカルチャー(対抗文化)あるいはサブカルチャー(下位文化)へと逃れていくのではないかと懸念した。人々の勤労活動や貯蓄活動そして価値感覚や秩序感覚が崩れていき、そうした文化的矛盾のために後工業化段階の資本主義は重大な困難に逢着《ほうちゃく》するのではないか、と予測したわけである。その予測がおおよそ的中したことについては改めて言及するまでもない。

しかし、こうした豊かな社会の病理について、日本ではあまり関心を寄せられず、それゆえ、「日本はほんとうに豊かな社会になりえているのか」といった類《たぐい》の議論しかされなかった。豊かな社会の代表であるアメリカに追いついたかどうか、それが当時の日本人の関心事であった。豊かな社会はほぼ必然的に社会病理を抱え込むのだ、ということについての認識が弱かったのである。

アメリカ文明の上澄み液だけを輸入した日本

敗戦後、政治的、外交的および軍事的に日本はアメリカの傘のもとに入った。文化的にも、欧米文化に追いつけ追い越せということを、国家の活動においても国民一人びとりの生活においても、不動の目標とした。そのために、文化の問題ひいては価値の問題をみずからの能力と判断で自発的に問うということがなかった。つまり文化的価値についてもアメリカの指導に服すると構えていたので、アメリカが実現しつつある「豊かな社会」に根本からの疑念を寄せようとはしなかったのである。

外国の文明や文化への適応を専《もっぱ》らにするときには、その上澄み液だけが輸入されがちとなる。もっといえば、その文物だけが重視されて、その精神については、上辺《うわべ》だけしか理解しないということになる。結局、戦後日本は欧米への、とくにアメリカへの、経済的な適応だけに特化することとなった。そして物質的・技術的な方面でアメリカに追いつけるかどうかということが、日本人におけるほとんど唯一の共通目標とされたのである。

日本人の勤勉さは、物作りに、それゆえ工業のほうに向かいがちのものではあるが、広く解釈すれば、勤勉精神は学問に向けられても、さらには政治や軍事に向けられてもよいはずである。それが経済における勤勉にのみ傾いたのは、経済というものがそもそも「適応」の機能を受け持つ営みだからだと思われる。つまり、目標への適応が経済活動の本質だということである。国家がたとえば「富国強兵」の実現を目標とすると、その目標を達成するために資源やエネルギーや情報を動員するのが経済の役割となる。したがって、アメリカへの「適応」を第一義とすると、目標についての検討がなおざりにされ、いきおい、経済が肥大化するのである。

しかし、さすが一九七〇年前後ともなると、日本の工業成長がどうやらピークに登りつめ、そして成長の幻惑から醒《さ》めてみたら、日本人の眼には公害問題が飛び込んできた。そしてそれは、まぎれもなく、社会資本と民間資本のインバランスという問題なのであった。

経済への過剰適応にたいする反発もまた過剰であった。目標を自発的に組み立てていないものは、手段が矛盾に逢着すると、周章狼狽《しゅうしょうろうばい》するということである。朝日新聞あたりが、「くたばれＧＮＰ」のスローガンに要約されるような、反産業主義運動を煽《あお》り立てた。七〇年代の初めには、経済成長そのものを悪とみるというふうな雰囲気が醸成されたのである。物質や技術は、そもそも、人間生活にとっての手段的な価値にすぎない。経済の産物を手段として、いかに充実した家庭生活、コミュニティ生活、学校生活さらには国家生活を組み立てるか、というように構えておけば、それからの二、三十年において、日本はもっとバランスのとれた真に豊かな社会をつくりえたかもしれない。しかし、非自発的な目標選択がいつもそうであるように、まるで時計の振り子のように、経済主義から反経済主義へと日本の経済世論は急変したのである。

だが、その反経済主義もたちどころに頓挫《とんざ》した。七〇年代の初めにニクソン・ショック、つまり為替の変動相場制が始まり、それとほぼ同時にオイル・ショックが発生し、石油の供給が枯渇するかもしれないとの噂で世間は大騒ぎとなった。実際、OPEC（石油輸出国機構）が価格の引き上げや供給の制限を行いもした。トイレットペーパーの買いだめなどという嗤《わら》うべき事態が進むなかで、国民の気分はあっさりと経済主義に逆戻りすることになった。

さらに、七九年に第二次オイル・ショックが起こった。それらのショックにたいして日本は勤勉に立ち向かい、費用（資源）節約的な技術開発を推し進めた。また公害防止的な技術の開発も丹念に行い、七〇年代の末ともなると、日本は経済におけるスーパーパワーなのだ、と日本人自身が自覚するに至った。日本人は自分らが経済大国の住人であることにやっと気づいたのである。それと同時に、欧米に追いつき追い越すことが至上命令とされていたあいだに日本人の意識に巣喰いつづけていた欧米への劣等感が、優越感に逆転し出した。八〇年代に入る頃から、経済大国であることにおごりを抱くという浅はかな態度が日本人（とくにビジネスマンたち）に目立ちはじめたのである。

当時のアメリカ社会では、家庭、学校、コミュニティ、企業そして政府の秩序が崩れつつあった。秩序に支えられなければ、ピューリタニズムの精神に由来する勤労精神とて成果を挙げられるわけもない。また、ピューリタニズムの文化風土のなかに浪費癖があったはずもないのだが、秩序のないところで貯蓄を使って投資したとて収益が上がりはしないという因果のゆえに、アメリカの貯蓄性向が小さくなったとみるべきであろう。そういうことの結果として、七〇年代から八〇年代において、とくに物作りの方面でアメリカのほとんどあらゆる産業が日本に後れをとるということになった。八〇年前後、日本製品にたいする不買運動や日本の進出企業にたいする打ち壊し運動のようなものまでもが起こったのである。

そういう流れのはてに、八五年に、ニューヨークのプラザホテルでプラザ合意がなされ、アメリカの日本にたいする内需拡大の要求が確認された。日本商品は国内で販路を確保せよ、アメリカに日本商品を売り込むのをやめよ、というアメリカの保護主義が承認されたわけだ。日本はそれに易々と応じ、翌年の八六年に前川レポートが出て、内需拡大のために金融を大幅に緩和することとなった。その後、日本中にばらまかれた貨幣はどこに向かったか。市場財については、物質的に豊かになっていた日本社会においてなおも切実な需要があったのは、まず、大都市およびその周辺での土地・建物つまり不動産の方面であった。次に、いわゆるリゾート開発法に依拠しつつレジャー基地が全国的に展開されるなかで、その過剰流動性（あり余ったカネ）は田園や山林に注がれた。しかし、そのようにして発生した不動産バブルも、九〇年代の初頭に音立てて崩壊するということになった。

その経緯のなかで、戦後の日本の「豊かな社会」には大きな亀裂が走っていることが露呈されてしまった。それは、社会資本の未発達ということであり、いいかえると、国民の非私的な欲望が未充足のままであるということにほかならない。

市場は単純な私的欲望しか処理できない

市場がうまく処理できるのは、基本的には私的財だけである。私的財とは、自分だけで占有できるような財のことをさす。私的財が私的欲望を満たすためのものであることはいうまでもないが、私的欲望には、その特殊な形態として、社会的欲望が含まれている。つまり自分の欲望がかならず他者の欲望とつながる形でしか実現されないような場合がある。これに対応する財を経済学では公共財とよぶ。しかしそうしたいわば社会的財の本質は、私的欲望をめぐる集団的消費という点にあるにすぎない。こんなところにも、まず個人がいて、そして諸個人が契約として社会を形成する、というアメリカ的な思考法が現れているわけである。

ともかく、公園、道路、警察などが社会的財に当たるとされ、もともとはゆっくり散歩したいとか、目的地へ早く達したいとか、安全に暮らしたいとかいったような私的な欲望に発していたのだが、それは社会的なつながりのなかでしか実現できないとみなされるのである。そしてそのような社会的欲望には市場は効果的に対応することができない。

だが、もう一つの欲望がある。それは、メリット・ウォントつまり価値欲求とよばれているものである。つまり、人々の欲望にもとづくのではなく、それ自体のメリット（長所）のゆえに必要と思われるようなものがある。その代表が義務教育である。初等・中等の義務教育は、当該の子供やその親が欲望するかどうかとは無関係に、国民さらには人類全体の見地から価値あることだとみなされるのである。少なくともアメリカ流の経済学ではそのように考えられている。

もちろん、この欲望分類には欠陥がある。個人主義の立場にもとづいて欲望を私的なものとみなしておきながら、個人主義では説明できない義務教育のようなものを強引に持ち込んでいる。国家とか国民という概念を当初の欲望論の外部から導入して、無理やりに価値欲求なるものを接《つ》ぎ木している。では、本来の財分類とはどのようなものなのか。それをまとめると図16のようになる。

本来は、国民各位のなかには、自分一個のことにかんする私的な欲望があるばかりでなく、同時に、自分たちの国家や地域がどうあってほしいかという、社会全体にかんする公的な欲望もあるとしなければならない。それを公的欲望というふうにいえば、人間のなかには私的欲望と公的欲望がある。そして私的欲望に対応するものとして、自分だけで占有できる単純な私的財と、他の人々との集団的なかかわりのなかでしか享受できない社会的財とがある。そのほかに公的欲望に対応する公的財があると考えなければならない。そして公的財にたいしても市場はうまく機能しないのである。

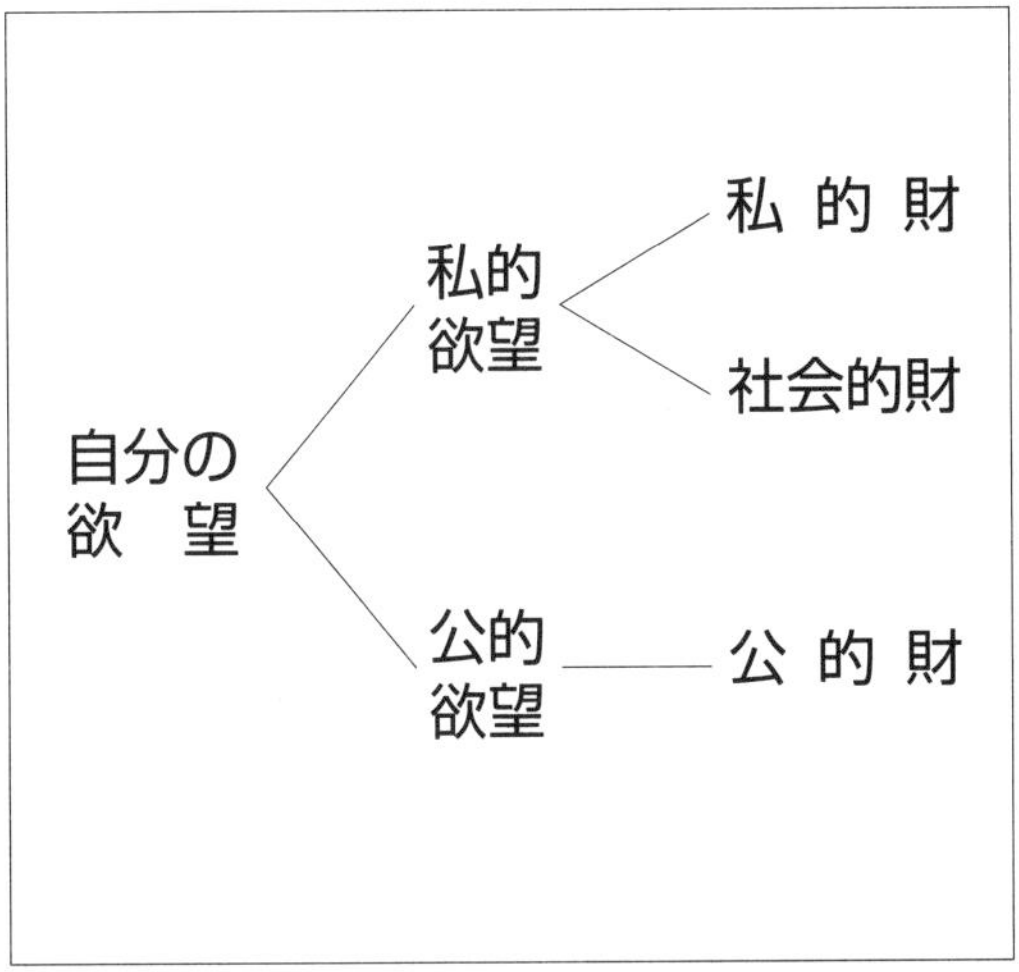

図16　財分類の基本形

市場はそのうちの単純な私的欲望だけしか処理できない。もちろん、私的欲望の特殊な場合とされる社会的欲望については、経済学でさまざまな分析が行われている。たとえば、クラブ財のように、人々が自発的にクラブを作り、クラブの会費を取ってサーヴィスを集合的に供給する、という一種の準市場にかんする分析がある。つまり、国家などの公共団体には頼らずに市民の自発的な行為で自分らの社会的欲望を解決しようとするわけである。しかし、そういう方策は、本質的に、失敗を予告されている。

一つの難問はフリーライド（只乗り）の要因である。つまり、クラブにおいて会員の皆で事に対処しようとしても、各人が自分の欲望状態を正直に申告しない可能性がある。たとえば、本当は公園サーヴィスを切実に欲しているのだが、それを正直に表明してしまうと、受益者負担の原則の場合には、自分が高い費用を払わなければならなくなる。それで、自分はさほど公園は必要としていないと報告する。そして皆で作った公園に只乗りしようとする。公園においては、いったん作られてしまえば、受益に応じた適正な費用を払わないものを排除することは、まずできないのである。

しかし、市場による欲望処理のもっと根本的な欠陥は、肝心の欲望がいかにして形成されるのか、という点にかかわっている。また、消費者の欲望においてのみならず生産者の技術においても、市場機構はその外部からの支えを必要としているということがある。

市場は、その基礎および周囲にいわゆるインフラストラクチュア（下部構造）を持っていなければならない。具体的にいうと、水、電気、道路、鉄道そして港湾のような施設が市場の前提条件として必要である。そのほか、そういう基礎的構造があってはじめて市場における勤労や生産や販売が、また余暇や購買や消費が円滑に進むのだ。そういう「インフラ」は、社会的欲望も関係しているのであろうが、基本的には人々の公的欲望にもとづいて構築されると考えられる。

いずれにせよインフラは市場の外部にあるというよりもむしろ、市場の内部構成を決定的に左右するものとして存在しているのである。現に、日本の経済発展とて、日本政府が戦前から一貫してインフラの整備に努めてきた、ということのおかげなのであった。

市場を支える「インフラ八柱」

さて、市場を基礎づけ市場に枠組を与えるものとしてのインフラにはどのようなものがあるであろうか。15節で触れた「ナショナル・ミニマム」の枠組を市場とのかかわりで整理してみよう。インフラには、大別して、技術的インフラ、権力的インフラ、慣習的インフラそして価値的インフラの四つが考えられる。

まず、技術的インフラには、主要なものとして次の二つが考えられる。

一つは資源・エネルギーの長期供給体制である。これを民間だけでうまく整備することができないのはいうまでもない。たとえば自然資源の供給地は、石油についてはアラブ諸国、鉄鉱石についてはオーストラリアということであるが、そうした資源保有国との貿易取引が民間の短期的な利益に合わないことが多く、したがって、長期的展望の下での政府の活動が必要になる。

もう一つの技術的インフラは、通貨・信用の長期安定体制である。「市場は民間のものだ」という言い方は間違っている。現在の市場はバーター・エコノミー（物々交換経済）ではなく、実際には貨幣的市場である。つまり最終的には貨幣で取引が決済される。その貨幣は誰によって供給され管理されているかというと、公共の金融当局によってである。もちろん、さまざまな民間団体が貨幣を供給し、そして無数の種類の民間貨幣についての無数の交換レートが成立する、というような場合を考えることもできる。実際、中央銀行や大蔵省を廃止して、民間で貨幣の供給・管理を行え、と提案している経済学者もいる。しかし、その場合には、各経済主体が無数の貨幣圏の将来について予測を立てなければならない。そんなことが可能とは思われないが、仮に可能だとしても、そうした予測はきわめて不確実であり、それゆえ貨幣市場は大混乱に陥るであろう。つまり、貨幣市場を安定させるには、信頼に値する貨幣当局がなければならない。

要するに市場経済は、まず、ナショナル・エコノミー（国民経済）として存在し、それが外面においては国際関係を、そして内面においては地際（地域間）関係そして個別主体間の関係を展開する、というふうになっているということである。

次に権力的なインフラとしては、まず危機管理・国策決定の長期計画体制が挙げられる。たとえば、国の外交、軍事および治安にかんする危機管理体制が整っていなければ、その国民経済の力量が問われる。具体的にいえば、いわゆるカントリー・リスク（国家全体の危険）のために、その国の為替レートや株価が下落したり、外国の投資資金が引き揚げられたりするという事態が発生する。また、国策決定についていえば、国民経済がどういう方向へ進み出そうとしているのかという展望が政府によって与えられなければ、企業や家計の個別計画はうまく編成されえないのである。

権力的インフラの第二のものは、政策決定における立法府や行政府の決断力・説得力の長期養成体制である。決断力と説得力をうまく結合したものとしての指導力こそが国民経済の進路を指し示すのである。

さらに慣習的インフラについていうと、これが国民経済にとって最重要のインフラであって、具体的には、家族・環境の長期持続体制がそれに当たる。そこから労働が供給され、そこで消費が営まれるわけであるから、このインフラを歴史的に安定させうるかどうかが市場の活力を大きく左右するのである。

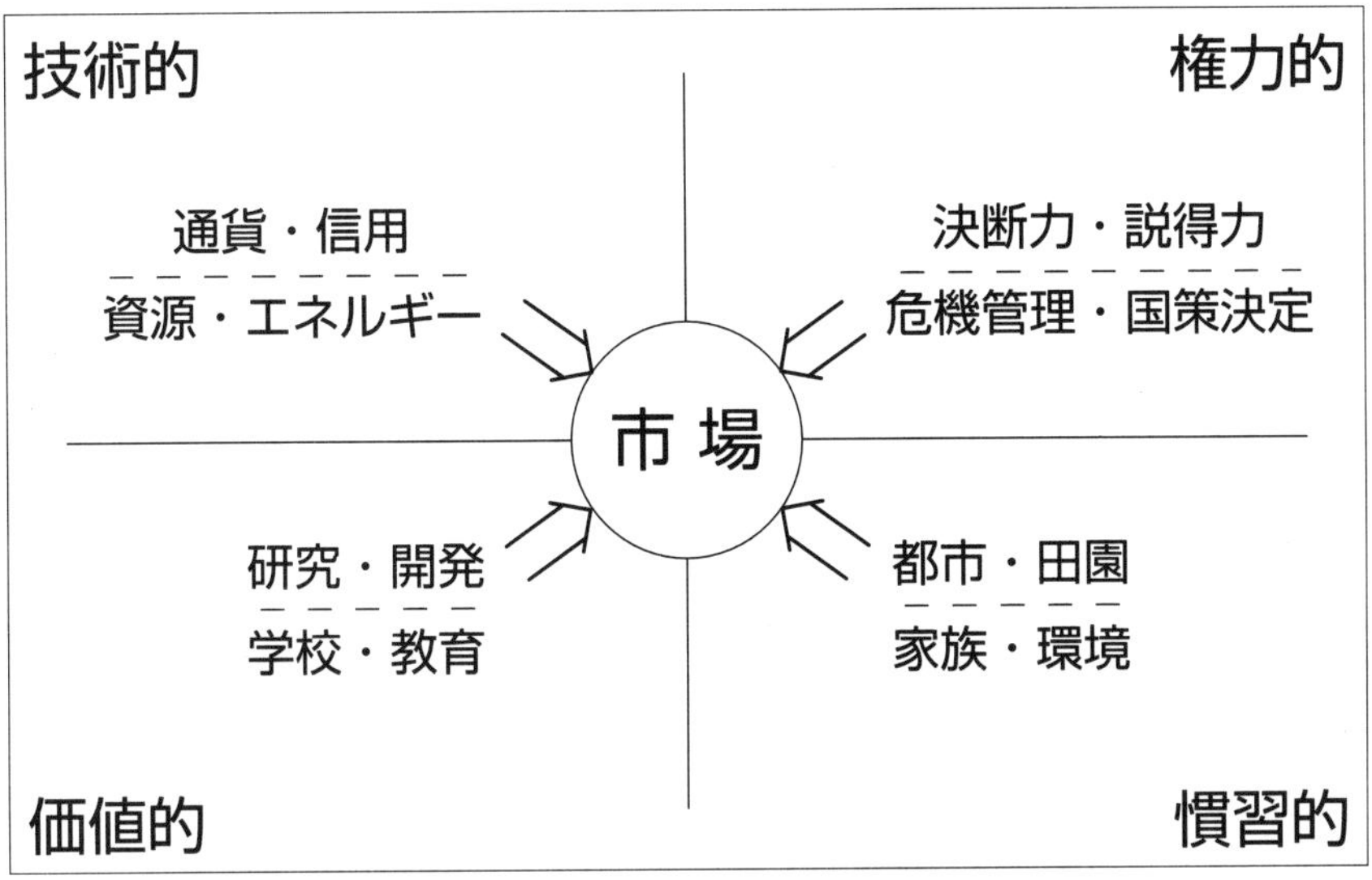

図17　市場を支えるインフラ八柱

それをもう少し社会の平面に移していうと、慣習的インフラの第二のものである都市・田園の長期整備体制が出てくる。それがとくに地域経済の自立性にとって決定的に重要であることについては言及するまでもない。

最後に市場にたいする価値的インフラが考えられる。それは、文化の問題にかかわるからには、過去との連続でいえば学校・教育の長期充実体制であり、未来への変化という点でみると研究・開発の長期発展体制ということになる。

まとめていうと、経済的インフラとして、（1）資源・エネルギー、（2）通貨・信用。政治的インフラとして、（3）危機管理・国策決定、（4）決断力・説得力。社会的インフラとして、（5）家族・環境、（6）都市・田園。最後に文化的インフラとしての（7）学校・教育、（8）研究・開発。つまり、全部で「インフラの八柱」が市場を支え囲み方向づけるのである。

この八本の柱のあいだにおいての平衡がとれていな

ければ、マーケットは宙に浮いたり地に叩きつけられたりする、つまり発散したり縮退したりする。

市場活力は国益抜きには考えられない

これまでの経済学のように、全体の社会から離れた純粋の市場を想定し、そこで純粋な個人の私的な欲望のみを考えて、人々の商品交換がどうなるかについて分析するのは、空理空論にすぎない。

その誤りの見本が市場活力というものにたいする誤解である。

市場活力とは、各企業や各家庭や各人が市場活動に取り組むに当たって発揮する積極的な態度のことであるが、それについて経済学が説明しうるところはまことに少ない。市場理論に特化しているものとしての経済学が説明しえているのは、いわゆるインセンティブ（誘因）の議論だけなのだ。つまり、市場活力を所与として、それを市場の需要・供給として引き出すにはいかなる刺激を与えればよいか、という議論である。逆にいえば、市場活力について経済学は何も発言できないはずなのである。経済活力といえども人間の活力である以上、経済の技術のみならず、政治の権力も社会の習慣も文化の価値も、すべて伴う形で形成される。

つまり、家庭人であれ企業人であれ、その人の歴史観や文明観そして人生観や時代観のすべてにもとづいて市場活力の在り方が決まってくる。市場理論しか知らない経済学は市場活力について発言できることはほとんどないのである。経済学が発言できるのは、市場活力が仮にあるとすれば、それを市場における需給行動へと誘発するためにはいかなる誘因を与えればいいか、ということについてのみである。

一例を挙げると、投資活力があるならば、低金利にしてやると資金コストが安くなるので、投資需要が市場に出てくる。また消費活力があるならば、所得減税をしてやれば可処分所得が増えるので、消費需要が市場に出てくる。それが誘因の議論である。

しかし、肝心の投資活力や消費活力がいかにして形成されているのかについては、経済学は積極的な議論を展開できない。それもそのはず、市場活力は、主として国民の公的欲望に発する「インフラの八柱」とのかかわりで決まってくるのである。市場理論は国民の公的欲望については、それゆえ国益についてはほとんど何の発言もできない。だから、市場活力についても無知なのだといわざるをえない。

九〇年代は、まさにそのことが問われたのだ。つまりアメリカからの規制緩和要求が大手を振って罷《まか》り通り、政府の介入を排して市場に任せよ、政府の邪魔がなければ市場活力が甦《よみがえ》る、という議論が盛んになった。実際に、そういう経済改革が推し進められた。しかし笛吹けど踊らずの体《てい》で、市場活力は一向に高まらなかったのである。つまり、いくら金利を下げても投資需要が出てこないし、いくら減税しても消費需要が出てこない。それも当然で、投資活力も消費活力も低迷しているのである。なぜかというと、国益の八柱が揺らいだままであり、それゆえ日本の国民経済の長期的展望が与えられずにいるからである。市場の長期展望が不明瞭ならば、個別の経済主体の市場活力が強化されるわけがない。

逆にいうと、国益を無視して市場を論じたとて、それは、純粋市場における貨幣的な短期利得の話に限られるということである。そのような話における市場活力は、いわゆるマモニズム（拝金教）以外にはありえない。それが今流行の資本「主義」である。資本「主義」とは、人々が市場において短期的には利潤最大化欲求に駆られ、長期的にはそれをさらに拡大すべく資本蓄積衝動を膨らますような態度のことである。

ナショナル・インフラの崩壊が道徳を衰退させる

しかし、資本「主義」だけが市場活力であるというような社会はかならず挫折する。人間は、特殊な投機家を別とすれば、消費活動や勤労活動に励んでいる。また政府、コミュニティ、学校そして家庭にかかわって生きている。そういう総合的な性格のものとして人間は存在しているのであり、拝金主義者あるいは資本家（というより資本主義者）として社会に登場するのはあくまでも少数にすぎない。そういう歪んだ経済観を奉じているのは、今のグローバル・カジノ・キャピタリズム（世界賭博資本主義）のなかでは、一部のユダヤ資本や華僑資本に顕著なことにすぎない。しかし彼らは、そうせざるをえない歴史的な経緯があってそうしているのであるから、その資本「主義」を非難しても致し方ない。ただ、市場活力そのものについては一丁字《いっていじ》もないといってよいエコノミストたちが、それらの資本主義者たちの振る舞いに市場活力の範を見出しているのは噴飯物《ふんぱんもの》である。

国益の八柱は、もちろん、市場にのみかかわるのではない。その八柱は、もともと、文化的価値そのもののために、またその具体化としての政治的目標そのもののために、そしてその価値や目標を保持するのに必要な社会的安全そのもののために、寄与せんとするものである。つまり人間には、経済的な欲求のみならず文化的、政治的そして社会的な欲求があるということだ。

それらの欲求を踏みにじる形で市場（マーケット）だけが独り歩きするようになると、カール・ポランニー（一八八六〜一九六四　ハンガリー生まれの経済学者）がいったように、社会全体を癌《がん》細胞のように食い荒らす。そのような市場と社会との衝突が起こっているのは、国益の枠組が崩れているからである。人々の道徳的な力は、ナショナルな枠組のなかでのみよく形成されうる。したがって国益の枠組の崩壊は、道徳の衰退を通じて、家族、学校、コミュニティおよび政府を脆《もろ》いものにしていく。その意味において、市場をめぐる国益の八柱は、国民国家の全体にとってのナショナル・インフラなのであり、それゆえそれを動揺したままに放置するならば、国・家つまり「国民とその政府」が危殆《きたい》に瀕《ひん》さずにはいない。現に、ナショナル・ミニマムの体系が混乱し破壊されているせいで、市場経済の混乱のみならず政治の動乱や社会の紊乱《びんらん》や文化の衰退が進んでいるのである。

25 「物神」に憑かれた欲望

右手で右耳のピアスをいとおしそうに撫《な》で、左手で左耳に携帯電話をしっかりと押しつける、そういう風情の青年たちをよくみかける。いつの世にもフェティッシュ（物神）があり、そして世は時に連れるのであるから、長髪がピアスになり、ギターが携帯電話になっただけのことではある。私においてとて、タバコの八割はニコチン効果を狙ってのことであるが、二割はすでに物神と化しているのであろう。

だが、物を神と見立てるのは精神のはたらきであり、そして精神には「精神をみる精神」が含まれているはずである。つまり、自己の物神崇拝ぶりを解釈することのできるこの精神なるものにたいして、精神崇拝を抱いてみてもよいのではないか。是非ともそうしてもらいたいものだ。というのも、精神が錆びついたものたちのあいだには、会話、議論あるいは討論が成り立たないからである。物神崇拝の薄気味悪さは、自己と他者のあいだの言葉の通路を物神の衝い立てで塞《ふさ》ぐところにある。

メソポタミアの昔から、年寄りたちは「最近の若者ときたひには」と文句をいってきた。人類はずっとそうしてきたのだから、文句の言い方には気をつけねばなるまいが、今後ともそうすべきだと私は思う。なぜといって、人間の欲望はかならずしも順調に発達しないことを、年寄りたちは、自分らの失敗多き人生を通じて、よく知っているからである。とくに、怪しげな欲望がふつふつと湧く思春期から青年期にかけて、自分の欲望の多くに恥を感じるくらいでなければ、欲望の有機体にエクスクレッセンスが、つまりイボやコブのような異常突起が発生することになる。

いや、年寄りたちも偉そうなことはいえない。たとえば、勤労は苦痛なり、といったような異常突起物めいた欲望論が、天下の学術書のどまんなかに堂々と書かれている始末なのだ。さすれば、勤労に喜びを見出すものは、企業に対価として入場料を払わなければならないのかという疑問は、既得権益を楽しむ学者からは出てこない。若者たちよ、ピアスを刺し込みすぎて脳にまで穴を空けるのはそろそろやめにして、年寄りたちの愚論に、言葉の槍で穴を空けてもらいたい。

消費者の欲望は自発的なものなのか

社会を全体として市場化させようとする、それが市場主義であり、そしてそれは、基本的には、消費者主権のイデオロギーに立脚している。消費者主権とは何かというと、市場において消費者が至高の選択権を持っているし、また持つべきであるという考え方をさす。

しかしながらそれは大いなる虚偽である。というのも、消費者主権をいうためには、消費者がおのれの欲望をあくまで自発的に形成して、それを市場で徹底して自発的に実現していると想定しなければならない。しかし、欲しいから買っているという消費者の振る舞いも、少し詳しく腑分けしてみると、かならずしも自発的なものとはいえないのである。

一例として、ある住民が自動車を買いたいと思ったとしよう。彼には地価の安いところに住む財力しかなく、それで駅から離れたところに暮らさざるをえない、つまり、自分の家から最寄りの電車駅へ出るためにはどうしても自動車が必要になるということなら、それは自発的選択の結果ではなく、半ば強制された自動車購入だといわざるをえない。反対にいうと、市場における所得分配や都市や産業の構造が別様ならば、自動車への需要は減るかもしれないということである。

また、テレビのスイッチをひねっても、雑誌をめくっても、町を歩いても、いつもそこに自動車文明というものがあり、自動車に親しまずんば現代人ではないといった雰囲気が社会にあるとき、そういう社会環境による広告の効果が陰に陽にその人に及んでいるかもしれない。つまりその欲望は自発的に形成されたというよりも、社会的環境の産物なのである。あるいは次のような場合すらある。現代社会のなかでいろいろな欲求不満を抱えていて、それを解消する手立ては自動車を乗り回すこと以外にはないというのなら、それは防衛的な欲望形成であるといってよい。

要するに欲望の自発的形成というのは、経済学のなかだけで通用している個人主義のイデオロギーから、理屈として導き出されたものにすぎない。人間が社会のなかでいかに存在しているか、あるいは歴史の流れのなかでいかに生きてきたかということを考えてみると、欲望の自発的形成というのはいわば学問的神話以上のものではありえないのである。そういえば、ノーベル経済学賞をもらったある学者が、「結婚・離婚の経済学」というものを発表したことがある。要するに婚姻関係のなかに自分があることの便益と費用の差で結婚したり離婚したりするというわけだ。この学者には、人間の性格のなかにその人の人間関係が組み込まれ、したがってその人の欲望も、また便益・費用も、その人間関係のことを抜きにしては考えられない、少なくともそういう場合が多い、ということが理解できないのであろう。

市場が円滑に機能していて、また各人が自発的に行動している場合、需要と供給が均衡した市場状態を経済学では効率的とよぶ。そして市場主義にあって市場機構が礼賛されるべきものとみなされているのは、この市場競争の効率性という根拠に立ってのことである。しかし欲望形成の自発性が疑われてしまえば、市場均衡を効率的とよんで正当化するのは、結局のところ、市場弁護論にしかなりえない。市場均衡が個人主義からみて一つの価値の実現であるのは、市場において表明されている個人の欲望が自発的なものである場合に限られるのである。

欲望の多側面

さて、欲望形成について有名なのはマズロー（一九〇八～一九七〇　アメリカの心理学者）の「欲望の五段階説」である。それによると、第一段の欲望は生存欲求、第二段のは安全欲求、第三段のは（集団への）帰属欲求、第四段のは（他者にたいする）愛情欲求、そして第五段のは自己実現欲求となっている。

そしてこの諸段階を追って欲望が発展していくというのである。

マズローの五段階説よりも簡単な欲望論が経済学方面では暗黙のうちに採用されている。ケインズもフランク・ナイト（一八八五～一九七二　アメリカの経済学者）も、まず物質的欲望が先行し、それが満たされたあとに精神的欲望が始まるとみなしていた。こういう単純な発展段階説がいまなお普及しているのである。

しかし、欲望が段階的に発展するという見方はまったくの間違いである。たとえば、物質的に貧しい状態にある民族の人たちが、生存と安全のことしか考えていないかというと、さにあらず、現代人よりははるかに頻繁《ひんぱん》に呪術的な儀式を執り行い、そのために膨大な資源や時間を投入している。また彼らに帰属欲求や愛情欲求がないかといえばむしろ逆である。生活における帰属や愛情の確認は現代人の水準をはるかに超えているといってよいであろう。またそうした帰属や愛情にまつわる儀式において指導力や演技力を発揮することに、自己実現の機会を見出しているとすらいえるのである。

そもそも物質と精神という二分法が欲望論にあっては不適切と思われる。どんな物質も、技術という精神のはたらきを加えられたあとで、人間の生活過程に入ってくる。つまり精神にかかわらない物質などを想定してみても、人間の生活にとっては、無意味なのだ。また人間の精神のはたらきが純粋に技術的な機能しか持たぬということは一般的にはありえず、権力的、慣習的そして価値的な機能をも有している。そういう当たり前のことが経済学方面の思想にあってはわかられていない。

生存・安全・帰属・愛情・自己実現という五つの欲求は、歴史的発展のコースにかかわるものではなく、ある欲望の五つの側面と考えるべきものではないのか。欲望を「五つ」の側面においてとらえることの是非については問わないとしても、人間の欲望を人間の精神の次元に据えおき、そこで精神の多側面を考察することが欲望論の出発点でなければならない。

もちろん、人間が自由であるべきだとみなされるなら、自己実現の側面に最大の価値があてがわれることは認めなければならない。だが、「自己」とは何かを考えるや、たとえば、「公と個」にかかわるものとしての人格の営み、「公と集」にかかわるものとしての規律の営み、「私と個」にかかわるものとしての利己の営み、そして「私と集」にかかわるものとしての帰属の営みを、ほとんど同時並行させているのが自分というものだと気づかざるをえない。そのことにもとづいて、自分が国民性、人民性、市民性そして大衆性などの性格を有しているとも自覚するほかない。そういう「自分」の欲望は市場理論で扱いうるような生易しいものではないのである。人間の欲望処理を市場に任せよというのは、欲望が歪曲《わいきょく》させられて、いわゆるミーイストなる利己主義者の私生活における享楽だけが問題であるとか、あるいはいわゆる会社人間としての従属心だけが問題であるとかいうような、偏《かたよ》った場合に限られるのである。

経済学のいう商品は、あるいはより一般的に有形のグッズ（財）および無形のサーヴィスは、物理的と象徴的の二つの特性を持つと考えなければならない。なぜ象徴的特性のことに言及するかというと、人間のイメージ世界はかならずや公人性と集団性を持つと考えられるからである。純粋に私人的で個人的なイメージ世界などはめったにない。つまり、人間のイメージ能力に注目するや、経済学を彩ってきた個人主義（および合理主義）は色褪《あ》せるほかないということだ。したがって、市場均衡を消費者主権の立場から効率的とよんで正当化する経済学のやり方は否定されざるをえないのである。

ただし、この財・サーヴィスに関するイメージ特性は、人々の欲望をフェティシズム（物神崇拝）に誘い込む契機となる、ということにも留意しておかなければならない。物神崇拝とは、読んで字の如く、モノをカミのように崇め拝すること、つまりモノについてのマニアック（狂い）のことである。この場合のモノは、技術的にパターン化されているものなら何でもよく、消費者の場合はたとえば奢侈品《しゃし》、勤労者の場合はたとえば会社への忠勤、生産者の場合はたとえば売り上げ、経営者の場合はたとえばマーケット・シェア（市場占拠率）、資本家の場合はたとえば株価などが物神崇拝の対象となりうる。いずれにせよ、自発的欲望といってみたとて、その自発性のなかに、ある意味での狂気の可能性が宿っているのであってみれば、それらの欲望が市場において均衡していることをもって効率的とよぶわけにはいかないのである。

生産者と消費者の共同イメージのなかに道徳がある

もちろんそうかといって、ガルブレイスたちの主張した生産者主権論が正しいというのではない。生産者主権というのは、生産者が消費者の欲望を形成しているというものである。簡単にいうと、広告・宣伝によって、ほぼ自由自在に、消費者の欲望を開発することができる、とみなすのが生産者主権論である。もちろん社会の表面をみれば、広告・宣伝の巨大なマーケットが大衆の欲望を開発していることは認めなければならない。しかし消費者という人間は、生産者によって全面的に操作されるような弱い存在ではない。そうであればこそ、広告宣伝活動における重要な仕事の一つは、消費者の潜在的な欲望を調査したり推理したりすることにあるのである。

消費者主権論も生産者主権論もともに間違っているといわざるをえないのは、財・サーヴィスには象徴的特性があるからである。その特性は公共的かつ社会的であり、そして文化的かつ歴史的でもある。そういうものとしての象徴世界のなかに消費者も生産者もともに存在している。両者は象徴世界を共有しているということである。もちろんその所有の仕方はまったく同一ということではないであろう。つまり両者のあいだには力関係の差がある。買手市場とか売手市場という言い方に示されているように、その共有イメージをどちらがどのように具体化するかについては、力量の差があるとしなければならない。それは、喩《たと》えていえば、同じ土俵の上で相撲を取っている二人の力士のようなものである。つまり双方とも共同イメージという土俵の上に立っているのである。

しかし現代社会におけるイメージの公共性・社会性は、良かれ悪しかれ、高次化されている。つまり、「変化それ自体」をイメージとする段階にまで至っている。新しいイノベーションが、家庭生活やコミュニティ生活などにどういう実質的影響を与えるかということは二の次にされて、ニューネス（新しさ）それ自体がイメージとして流通している。ほとんどの広告・宣伝がブランニュー（新品）であることを競い合っている。そして変化それ自体がさも素晴らしいことであるかのように世間でいわれはじめると、生産者主権論のがわに分があるということになる。

なぜなら、ニューイメージを実際に作り出すには、資源が必要であるし、組織も不可欠であり、情報も必須だからである。たとえば、自動車のニューデザインを創造するのに必要な資源力や組織力や情報力は消費者にはなく、大きな自動車企業ならばそれらを持っている。財・サーヴィスの変化への嗜好《しこう》が消費者に潜在的にあったとしても、それを特定のものに具体化することができるのは生産者のがわである。変化それ自体が社会の共有イメージとなるようなチェンジング・ソサイアティつまり「変化する社会」にあっては、生産者主権論に軍配を上げざるをえないと思われる。

生産者と消費者の共同イメージのなかに社会の道徳が含まれていることを見逃してはならない。そこには、国民の安定した生活がどういうものであるかについての人々の価値観が潜在している。勤労、消費そして貯蓄にかかわる価値は、人々の落ち着いた生活のなかではじめて保持される。逆にいうと、「変化する社会」は、その新奇なるものの刺激と供給との引き換えで、道徳を破壊するのである。

しかし、変化の創造における生産者の主権とて永遠ではありえない。人々は絶え間のない変化に飽きたり疲れたりすることがある。流行に距離をおいて不易《ふえき》なものに接しながら生きてみたいという欲望も完全に消え失せることはない。だから、今は生産者主権の時代であると断定するのは困難である。必要なのは、市場に現れてくる人間の欲望を消費者が自己解釈すること、その解釈を自分の消費態度のうちに組み込むことである。その際、消費者主権という経済学のイデオロギーをまずもって退《しりぞ》けておかなければならない。

生産者の広告・宣伝に煽《あお》られ、その挙げ句に自分の生活に退屈や焦燥を抱くものに主権などがあるはずがない。適度の安定と適度の変化をともども保つような生活のなかから、自分がどれほど大きな恩恵を受けているかを、消費者は自覚しなければならない。その自覚を妨げるものとして（経済にかかわる）主権論があるのである。またその主権論によって、消費者の道徳的な生き方を破壊しているような市場の状態までもが正当化されているのだ。

しかも近年、ヴァーチャル・リアリティ（仮想現実）の次元に浮遊する欲望というものも生まれつつある。つまり、主として刺激的な映像や音響を用いた仮想の世界が消費者にとって現実味のあるものとして受け取られつつあるというのである。これには人間の欲望にたいする根本的な誤解が含まれている。人間の欲望は、すべて精神のはたらきによって枠づけられるという意味で、ヴァーチャルなものである。リアリティ（現実性）とは、その仮想性が安定的に持続することを通じて醸《かも》し出される存在感のことにすぎない。いいかえると、ヴァーチャル・リアリティのことがことさらにいわれるのは、現実性の安定性・持続性が失われつつあることの反映にすぎない。つまり、消費者の欲望体系が動揺し、目先の変化に振り回されることが多くなったということだ。それは、むしろ精神病理学の対象となるべき事態であって、新しい消費像として喋々《ちょうちょう》すべきことではないのである。

賃金は勤労という苦痛の対価ではない

経済学のイデオロギーがイデア（観念）のロゴス（論理）をすら失っていることは、消費者の裏面である勤労者のことにかんする経済学の歪《ゆが》んだ説明において、もっと明白に現れている。消費のためには所得がなければならず、所得のためには勤労がなければならない。もちろん資産から得る所得もあるわけだが、その資産も、もとをただせば勤労によって作られたものである。その勤労について、経済学は大きな虚偽をほぼ二百年にわたって吐きつづけてきたのである。

経済学において、勤労は不効用、苦痛、不満の種とらえられている。そして苦痛にたいする対価として賃金がもらえるのだと考えられている。効用・不効用、快楽・苦痛あるいは満足・不満を量的に測ることはできないとする場合でも、消費者のいわゆる「選択関数」の値を引き下げるのが勤労量の増大だと説明されている。これは、まさしく事実に反する、棄却さるべき仮説である。多くの人々は、勤労の場に赴くことを苦痛と思っていないばかりか、自分が勤労の場において社会的・公共的な存在になりうることに生の充実を覚えている。少なくともそう期待して勤労の場に出向いている。

もちろん、そうは問屋が卸さずに、実際には勤労が苦痛であったということが起こるではあろう。マルクス派のいうように、その苦痛のうちには、企業における命令への服従という要因がかかわってくることもあるに違いない。しかし、総体としていえば、苦痛もあるだろうが快楽もある、それが勤労だとしなければならない。いや、少なくとも自分の思惑がおおよそ実現されたような勤労については、人間は小さくない満足を覚えるとしてよいのである。これは日本人にとってとりわけ重要な論点だと思われる。日本人はいまもなお世界に冠たる勤労精神を持った国民だと自他ともに認めている。日本のような農耕社会として出発した国では、集団的な勤労生活にもとづく協働の体制が整っており、おおよそ単一民族である（あるいは人種混合が着実に進行した）せいもあって、勤労を尊ぶ価値観が発達してきた。協働として勤労を行うことによって人々は社会的・公共的な存在になっていく。そのことによって得られる人生の充実感が勤労を価値とみなす文化を発達させたのであろう。そしてこういう文化は、強かれ弱かれ、各国にみられるのである。

ほかの言い方をすると、マルクス派の「私有財産制の下における勤労はエリエネーション（疎外）なり」という見方はやはり嘘だということである。労働者の作り出した剰余価値が資本家によって搾取される、という理論が間違っているのみならず、企業にあって労働者が労働「力」というモノになる、という人間観および組織観も誤っている。労働「者」は、あくまで人間として、企業のなかで活動するのであり、そして人間であるかぎり、自分の労働に価値を見出したいと念じるものなのである。

そうならば、経済学のように勤労を不効用とみなすわけにはいかない。逆にいうと、勤労が効用であるというのなら、経済学の理屈からすると、効用たる勤労にたいする対価を、勤労者が企業にたいして支払わねばならなくなる。映画を観るという快楽への対価として映画館に入場料を払うのと同じように、企業に入場料を差し出して勤労させてもらうという馬鹿げた話になってしまう。

勤労は苦痛であるか快楽であるか、選択関数値を下げるか上げるか、などと論じることそれ自体が、経済学に特有の個人主義的な人間観に陥ったことの証拠である。勤労者が労働を企業に提供しても何も対価が返ってこないとか、勤労という快楽への対価として企業に金を払うというようになったとすれば、そこで生じるのは、人間のギブ・アンド・テイクの交換関係が破壊されるという事態である。これこそが人間にとって、苦痛といえば最大の苦痛なのではないか。

慣習が賃金決定の主因

人間の最も本源的な欲望は、みずからをギブ・アンド・テイクの交換関係のなかにおくことである。これは、すでにアダム・スミスがテンデンシー・トゥ・トレードつまり「交換性向」とよんだものであるが、人間が言語的動物であるということから発している。コミュニケーションとは、相手に何かを与えたときに相手から何かが返ってくることである。問いがあれば答えがあり、贈与があれば返礼があり、提供があれば受領があるというふうに、互いの意志（およびそれにもとづく財・サーヴィス）の交換が行われるとき、人は自分が社会的・公共的存在であることを確認することができる。それを望むのが人間にとっての本源的な欲望なのだ。つまり、勤労が快楽であろうが苦痛であろうが、勤労を提供したらそれなりのものが企業から対価として返ってこなければ、自分は人間としての存在を否定されたことになる。そんなことを許す社会制度が長続きするわけがない。

だが、ギブ・アンド・テイクの交換比率はいったいどのようにして決まるのか。経済学の場合は個人主義的に、勤労の苦痛と賃金によって得られる消費の快楽とが均衡するところで賃金が決まる、というように理屈づける。そういう個人主義的な見方を否定する場合、いったいどういう比率で交換が律せられるのがいいのかという問題が発生する。

結論はこうである。勤労と賃金という市場機構の中心点あたりに、ソサイアティつまり社会が顔を出すことになる。つまり、勤労と賃金の交換比率を決定するのは社会的な慣習にほかならないのである。八時間働けば一万円稼げる、それは慣習にもとづく社会の標準にほかならない。逆にいうと、賃金支払いにおいて社会慣習的な標準から大きく逸脱したときには、支払うがわか受け取るがわかの一方が社会的動物として多大の苦痛を覚える。そのようなことが広がるような社会は長続きしえない。つまり慣習という非経済的な要因が、市場のど真ん中に、賃金決定の問題をめぐって出現するのだ。

しかし、一日一万円という比率が、慣習として、どうして安定しうるのか。勤労者はその額の賃金でおのれの家族の生活を組み立てうるのでなければならない。ということは、一万円あれば家族の一日の生活がおおよそ成り立つという見込みがあるということであり、そうであればこそ、人々はその慣習を受け入れる。しかしその見込みが成り立つためには、一万円で何が買えるかがおおよそ期待できるということでなければならない。つまり、少なくとも勤労者の生活に直接的にかかわる財・サーヴィスについては、価格の安定性が見込まれているということである。

これは、市場理論というものにたいする大きな反論である。市場理論にあっては、需要と供給の変動にもとづいて価格が自由自在に変わりうると想定されている。しかし、一日の勤労をやって一万円の賃金を受け取ったけれども、市場変動の結果として、一万円で生活がまったく成り立たないというのでは、家族の生活は崩壊する。そうなれば、八時間働いて一万円という慣習的な比率にたいして、人々は疑問を抱き、そのことが労働市場を混乱させ、ひいては市場全体を破綻《はたん》させる。

逆にいうと、賃金が慣習的に決まっているということは、ほかの商品（とくに生活必需品）の価格は、上がってこの程度、下がってこの程度という幅はあるだろうものの、安定していなければならないということである。市場機構が安定的に存続するためには、労働および生活必需品の価格が、短期的には、おおよそ固定されていなければならないのだ。つまり、いわゆるフィックス・プライス（固定価格）が市場の平均型となるのである。

賃金が（短期的に）固定されていることは、メリトクラシー（能力主義）による賃金体系およびそれにかかわる昇進制度の存在と矛盾しない。慣習による賃金決定というのは賃金の標準値を決めるものであって、能力の差は賃金の標準からの隔たりを決めるのに関係してくるのである。同じようにして、ほかの商品の価格も、需給の差によって短期的にも少々は変わりうる。ただしそれは、一般的には、標準価格（定価）からの微少変化という形をとることが多いのである。

ともかく、フレックス・プライス（伸縮価格）つまり価格が短期的にも伸縮的に変わっていいのだという市場理論は間違っている。勤労という人間的要素に注目するなら、フレックス・プライスは市場にとって危険な状態なのである。少々面白いことに、このように考えたときには、「搾取」の概念がある程度は、甦る。つまり、慣習にもとづくいわゆるジャスト・プライス（公正価格）よりも低い（高い）価格を受け取る（支払わされる）ことに、当事者は被搾取の感情を抱くということである。その感情が広まるなら、市場のみならず社会全体が危機に陥る。

実際、製造業を中心とする物作りの世界は、短期的には、ある程度の固定価格を前提にして動いている。それもそのはず、原材料をいくらで買ってきた、勤労者をいくらで雇ったという事情の下で、生産する品物がどれくらいの価格で売れるであろうかということにかんする安定した見込みがなければ、企業活動は、少なくとも物作りにあっては、大いなる動揺にさらされる。原材料を買い賃金を払う約束をしたけれども、製品価格が大きく下落するかもしれない、といったことが頻繁《ひんぱん》に起こるというのでは、企業活動が順調に進むわけもない。事実、企業はいわゆるマークアップ方式を用い、原価に一定の率で利益を上乗せするという形で価格づけを行っているのである。

金融市場にあっては、財・サーヴィスの取引が高速度でなされうるため、金利や株価や為替交換率が急激に上下したりするというふうに伸縮価格になりがちではある。しかし物作りの世界ではいまもなお、固定価格を標準にしている。しかし金融と実物の世界は無関係ではない。金融資産の大きさが企業の日々の運営や投下資金の手当などに直接的に関与してくる。つまり金融面と実物面は連動しているのである。ところが、実物の固定価格と金融の伸縮価格という非対称があまりに大きくなると、それは両者の企業経営上でのつながりを破壊し、その結果、市場全体が攪乱《かくらん》させられる。それが現に全世界的な規模で起こりはじめてもいる。そういう困難な条件が放置されたままであるのは、市場にあって価格が自由に変動するのが好ましい、とみる迷妄に経済学が沈んでいるからなのである。

ようやく近年になって、国際的な短期資本の移動を監視しなければならないということが、さまざまな国際金融会議で確認されている。つまり、二百兆円といわれる短期資本が、為替レートや株価を激しく変化させ、それが各国の実体経済に深刻な影響を与えている。一部で固定為替相場に回帰する必要が訴えられているほどに、価格安定が市場機構の必須条件であることが認識されつつあるのである。

フリーターからは勤労者の道徳がみえてこない

勤労者はほかでもない人間である。それゆえ家族を持ち地域社会で生活をしている。その生活はあくまで社会のなかにあるのであって、市場は勤労者の生活に部分的にしかかかわってこない。労働が、普通の商品とは異なって、「人間」の活動であるということが経済学では忘れられているのである。精神的（あるいは熟練的）な仕事を勤労とよび、肉体的（あるいは未熟練的）な仕事を労働とよぶ、というような用語法のことはさておくとして、両者を合わせて労働とよべば、労働は人間活動の中心である。その労働についてこうまで倒錯した理解しか示してこなかった経済学的な思想が、こうまで流行しているのはいったいどうしたことか。それは、人間の活動をいわば「技術の相」においてしかみていないからである。

労働をめぐって、技術の効率ばかりでなく、権力や慣習や価値の効果が試されている。つまり、企業や家族にかかわって、命令や役割や意味が指定されたり受容されたりしている。そうした総合的なものとして労働をとらえることに経済学は失敗したのである。経済学だけでなく、近代主義そのものが労働を技術の相に縛りつけたのであった。

もちろん、そうした思考に疑問を差し向けるものがいないわけではなかった。たとえば、アルフレッド・マーシャル（一八四二〜一九二四　イギリスの経済学者）は、労働が特殊な商品であるということをいうために、「勤労者は自分が売ったものがどう使われるかについて無関心ではおれない」と表現した。普通の商品ならば、自分の売った赤煉瓦が橋に使われるか建物に使われるかはどうでもよいことである。しかし労働についてはそうはいかない。なぜなら、売った労働はまさしく自分のものであり、労働条件がどうであるか、そしてその賃金で営まれる生活条件がどうであるかについて配慮せざるをえないのである。

しかも労働は経済にとってけっして部分的な存在ではない。経済活動の中心部にあるのが人間労働である。そのことに気づけば、労働という特殊な商品を通じて市場が社会につながれているのだということを確認するほかない。また、労働から得た賃金で人間は欲望を実現するのだが、その欲望もまた人間の欲望である。人間のものならば象徴的特性があり、その象徴を通じて人間が社会的存在であることを確認させられもする。人間生活の過半を占める労働のうちに社会を成り立たせているものとしての道徳がいかに保存されるか、それを明らかにしないような労働論は人間学として失格なのである。

もちろん、労働をあたかもモノのように扱うという可能性も人間にはある。具体例でいうと、いわゆるフリーターとして、コンビニエンスストアで一日八時間の深夜労働をするとき、それは自分を流通システムの単なる部品と化すことなのであろう。そういうフリーターたちは、自分がかかわる集団の場にたいして積極的な関心はほとんど何も持たないに違いない。だがこれは、人間の欲望充足という点からいえば、かなり問題のある生きかたである。八時間といえば、睡眠時間などを除けば、一日の半分である。その半分もの時間を過ごす場について、何の安全も帰属心も愛情も自己実現感も持てないというのは、いかにも歪んだ生活である。

我が国で、今、一五〇万人を超えるフリーターがいるといわれている。万やむをえず時間契約で勤労をしているものもいるのであろうが、半分以上は、人生設計上のいわゆるモラトリアム期間として、フリーター生活をしているようである。モラトリアムとして歪んだ生活を選ぶというのはいかにも奇妙である。それは、たぶん、フリーターにおける就職・離職の「自由」が物神のように崇《あが》められているせいなのであろう。また、採用するがわに、こうした歪んだモラトリアム人間を利用しようという態度があるが、それは、長期的には、当該の産業の在り方を不安定なものにせざるにはいないであろう。なぜなら、それは産業の組織をひよわなものにするに決まっているからである。

マズローにもとづけば欲望には五つの側面があるはずなのに、フリーターの自由労働は、そのうちの「生存」の側面にしかかかわらない。それは、その人の道徳にもかかわる問題である。なぜなら、道徳とは人間の精神的な力強さということであった。そしてその力強さは、この場合でいえば、欲望の諸側面にバランスをもたらす能力である。生存、安全、帰属、愛情そして自己実現のあいだの矛盾を調整し、それらを総合していく知恵、それが勤労者（つまり消費者）の道徳である。そういう道徳なしに半日を過ごすなら、それはその人の道徳的な力量をかならずや阻害する。そういう道徳的な空虚感は、その人たちの生活態度を乱れさせ、そういう人々が増えるにつれ都市環境が壊されていく。

アメリカに典型的にみられてきた人間を物化および商品化する傾向は、晩《おそ》かれ早かれ、社会を混乱のなかに引きずり込む。その意味でも、日本のアメリカ化には重大な警告を発するべきであろう。

26 輿論《よろん》の道徳、世論《よろん》の不道徳

「大事なことは輿論《よ》に任せよ」、これがデモクラシーを是認するものの根本姿勢である。この姿勢を是認する点で、不肖私も、人後に落ちた覚えがない。しかし「大事なこと」とは何だろうか、「輿論」とは何だろうか、となると私は世間に流通している見解に一度たりとも同意できた記憶がないのである。

私の思う「大事なこと」は、人格・識見・経験において優れた代表者を議会に送り込むことである。それ以上に大事なことが、たとえば大事な政策のようなものが、たくさんあるのではあろう。しかし、人間・社会の事象にたいする「考え方」ではいろいろと意見のある私も、それらの事象の現状となると、一丁字《いっていじ》もない有り様であることが多い。だから、大事な政策は輿論に任せよなどという傲慢《ごうまん》は申さないことにしている。そんな私でも、「人物」にかんする判断力はあるようなので、それら代表者たちに政策を決めてもらい、どうしても腑に落ちない場合には、別の代表者を選ばせてもらうと私は構えている。

次に「輿論」についてだが、それは「世論」とは似て非なるものだ。歴史という名の国民精神の乗り物の「輿《こし》」に、つまり台の部分におかれて、私たちにまで運ばれてきた伝統精神、それが輿論である。それにたいし、伝統精神が過去の帷《とばり》の向こうに隠れても、世間で流行している論がある。それはありすぎるくらいにあって、たとえば昨日まで「消費税は世界に類例のない天下の悪税」といわれていたはずなのに、今日は「消費税率が一〇%を超えるのが世界の常識」ということになるのだ。また、たとえば昨日まで「小選挙区制の導入が日本の政治を抜本的に改善する」といわれていたはずなのに、今日は「小選挙区で過半数の支持をうるためには、国家のことは忘れて地元の利益を優先させなければならないので、矮小《わいしょう》な政治家しか出てこない」といわれている。こういうのを世論という。

最も大事なのは、自分らの論の台座が、つまり輿が何であるかということではなかろうか。それが気分であるとか思いつきであるというのでは話にならない。どこぞの有名教授とか著名評論家がそういっていたというのも、彼らの論の間違いぶりはすでに実証済みなので、論外である。健全な気分や思いつきもあるし、優秀な学術や批評もあるのだが、そういう真っ当な代物は、まず間違いなく、伝統精神という名の良識を踏まえている。そのことを理解しているのが道徳的ということであり、そのことに頓着《とんちゃく》しないのが不道徳ということである。なぜなら、道徳というのはそうした良識のうちの最も基礎的な部分、つまり歴史的に形成され継承された価値論の部分のことをいうのだからである。

現代社会は何をもって徳律としているのか

現代にあって、罪の文化も恥の文化も失われていく。それは、宗教における超越的価値と、その俗世への投影ともいうべき世間的道徳とが、ともども、個人主義と自由主義によって肥大化させられる「自我」の宇宙のなかに、そして技術主義と合理主義によって延長させられる「情報」の世界のなかに、雲散霧消《うんさんむしょう》させられているからにほかならない。しかし徳律がなければ法律も安定しようがなく、徳律も法律も定かならぬとなれば、社会に秩序をもたらすことができない。社会に規制がなくなれば、個人の自由が放埒《ほうらつ》に墜《お》ちて自我が破裂し、技術の合理が錯綜《さくそう》に流れて情報が混乱する。

現代社会はそこでどのようにして規制を導き入れているのか。それは、「多数参加の多数決」というデモクラティズムつまり民主「主義」によってであるが、もう少し具体的にいうと、大衆民主主義によって方向づけられた世論そのものが徳律の地位に登ることによってである。

多数参加の多数決といっても、多数者の好みや利益を公然と振りかざすほど、大衆もその代理人（知識人や政治家）も愚かしくはない。ユーフェミズム（遠回しの言い方）によって自分らを正当化するくらいの才覚を彼らは持ち合わせている。そこで、とくに二十世紀の最後の四半世紀に持ち出されたのが、ポリティカル・コレクトネス（政治的な正しさ）という基準であった。

ポリティカリー・コレクトは多数者の支持によって成り立つ

これはアメリカで生まれてきた価値表現である。移民国家アメリカは人種問題について過敏である。たとえば雇用においてマイノリティーズ（少数民族）への差別が行われているかどうかが大問題となる。紋切り型に就職試験で決めるのが公正だとしてみても、教育を受けるための財力が乏しいために劣等な成績しかとれないという言い分も成立し、その財力差も差別から生じたとみなせば、現実政治の場では、マイノリティーの不満が高まらざるをえない。フェミニズム（女権尊重主義）をめぐっても同じことが起ることについては言及するまでもないであろう。

そうした差別問題はあらゆる国に存在するのだが、アメリカの場合、何をもって差別とみなすのかという判断基準が歴史的に醸成されていない。単にアメリカの歴史が短いからではなく、価値基準の根拠を歴史に求めようとする構えがアメリカには希薄だからである。しかし、何はともあれ規制の体系を作り出さなければならない。そこで俗流の帰結主義が導入される。つまり、ある行為の帰結として社会の秩序が危うくなるなら、それを不当な行為とみなそうというわけだ。それがポリティカリー・コレクト（ＰＣ）、つまり「政治的に正しい」という概念である。確認しておかなければならないのは、アメリカの場合、ＰＣは切実なリアリズムにもとづいて、とくに七〇年、八〇年代の深甚《しんじん》な秩序崩壊のなかから、発明された政治的概念だということである。政治にあってはいわば状況倫理とでもいうべきものがはたらくのであり、それゆえ、目前の状況にたいする政治的有効性が重んじられる。そういうリアリズムから出てきた概念を、思想レベルで論難《ろんなん》してもいささか無効であることをあらかじめ承知しておく必要がある。

そうとわきまえつつも、ポリティカリー・コレクトは、価値基準として、最劣等に近いことは認めるほかない。最劣等の基準でも何もないよりはいい、ということでアメリカではPCが採用されているのだが、その最劣等の基準が全世界に広がりつつあるという点に、現代という時代の不吉さがよく現れている。それもそのはず、現代では、(欲望の)個人主義と(価値の)相対主義によって、人々の個性の差を確認することが最重要とされている。個人間の競合がむしろ推奨されているのであるから、それは当然、集団間の葛藤《かっとう》、軋轢《あつれき》をもたらす。そこから生じる規制の弛緩《しかん》に対処するためには、やはり、ポリティカリー・コレクトの概念に頼るのが最も便利なのである。

もちろん、社会に常識・良識がおおよそいきわたっていると考えられる場合ならば、社会から大きな反発を招かないことは、政治的に正しいのみならず、価値意識や規範感覚にかかわる文化の見地からも正しいということになる。しかしそれにあえて「政治的」に正しいという表現を与えるのは、価値・規範の基準が定かでなくなったからにほかならない。つまりPCは、民主「主義」を、ということは世論を、最高の価値とみなすやり方なのである。

とくに性差別についてのPCは、アメリカにのみ特有のことではありえない。各国とも男女はおおよそ同数で、したがって女権拡張を主張するフェミニズムは発展途上国にも及ぼうとしている。男女のあいだの権利・義務を具体化するに当たっては、はてしない議論が可能で、結局、俗にいえば「結果オーライ」の見地から、ポリティカリー・コレクトによって男女間の相剋を押さえ込もうということになりつつある。

こういう秩序崩壊と秩序再建とがせめぎ合う世界状況をどう解釈するかという場合、その一つの手掛りとして、ポリティカリー・コレクトという徳律を取り上げるのが適切と思われるのである。

ポリティカリー・コレクトというのは、要するに、多数によって支持されるという意味でポリティカリー（政治的）に有効な方策がコレクト（正しい）だ、といわんとするものである。多数の「支持」というのは単純な多数決とは異なる。ある提案にたいして多数者は元来は反対なのだが、少数者から強い不満が起こるような提案ならば、社会を不安定に陥れることを懸念する多数者にとっては、受け入れざるをえないというような場合も含まれる。つまりPCは、多数者の支持によって成り立つのだが、その多数者たるや、社会全体の動きをあらかじめ推察しているという意味で、利口なのである。多数の支持を得るというのは、言葉を換えれば、世論の動向に沿うということである。かつて、世間体に背《そむ》くのを恥とする「恥の文化」を日本に見出そうとしたアメリカ人が、今では、世間体の具体的表出ともいうべき世論に背くのは政治的に誤りだと宣言しているわけである。

大衆迎合的なPCがアメリカの価値観の最後の拠り所

ポリティカルということを、政治家のポリティックス（政治）に直接にかかわる基準としてみるならば、PCの有効性を認めるほかない。政治家はまさしく現実のなかにいるわけで、多数者の世論によって否決されるような政策を提案しても致し方ない。

しかし、アメリカで広がっているPC論は政治論に終わってはいない。たとえば、当人に女性差別の気持ちがなくても、その発言が周囲から女性差別と受けとられるならば、それはPCに反することになる。そこまで世論の支配が貫かれれば、PCは言論統制の基準になっているといって過言ではない。言論それ自体の真善美も偽悪醜もどうでもよいことになり、言論の優劣はすべて世論の支持が多いか少ないかで決まるわけだ。その一つの現れがアメリカの裁判における陪審制である。そこでは、たとえば、空中でオートバイが失速したのは自動車製造会社の責任だ、といったような審判が下されている始末である。大衆迎合的であることがかくもあからさまなPC、それがアメリカという大国における価値観の最後の拠り所になっているところに、大衆による価値破壊が大勝利に終わったことを看《み》て取ることができる。

ポリティックという言葉は、もともと政治的有効性に還元されえない意味を持っていた。ポリティックス（政治）の語源は、ギリシャ語のポリスである。つまり都市国家ポリスに貢献することが最高の道徳とみなされていたわけであるから、ポリティックというと、今でも「賢明な」という意味である。ポリティックは、あくまで人間の公心の在り方として、優れているということなのである。その賢明さは、PCにおけるような、社会全体の動きを推察した上で自分の利害のことを考える多数者の利口さとは、異なるものである。

だが時代が進むにつれ、国家の運営においてさまざまに複雑な作業をなさなければならなくなった。マキャヴェリ（一四六九～一五二七　イタリアの政治家・歴史家）の『君主論』でいえば、政治家のヴィルトゥ（徳）は、権謀術数を逞《たくま》しくするということを含めた、精神の力強さにある。もちろんマキャヴェリにあっては、政治家はフォルトゥーナ（運命）を洞察しなければならないとも説かれてはいる。しかし、卑俗な意味でのマキャヴェリアンにあっては、政治は策略や戦術を中心にして成り立つとされ、それで、ポリティカル（政治）という言葉は、かなりに否定的な意味合を持つことになったわけだ。そのことをおそらくは承知の上で、PCを価値の上層階におくのであるから、それを大衆の居直りとよんでもさほど見当違いではないであろう。いや、アメリカには、日本ほどではないとはいえ、自分がマスマン（大衆人）であることに懐疑を抱くという精神的風土はほとんど備わっていない。トックヴィルのいう「知性に適用された平等主義」は今も健在なのであって、多数者のほうにより多くの知徳があるとみる傾きがアメリカにはある。結局、「世論」というもののプラス・イメージによって「政治」というもののマイナス・イメージを打ち消している、それがアメリカにおける言葉づかいだということになる。

しかし、少数者が巧みに世論というものを操作することができれば、マキャヴェリアンの権謀術数とポリティカリー・コレクトの世論至上主義とが結合される。実際、今の大衆民主主義にあって、マスメディアという少数者による世論操作のせいで、そのような結合が着実に進行しているのである。

「無党派」を肯定することの愚かしさ

そうした世論操作の例は枚挙にいとまがないのだが、ごく最近の事例を一つ挙げてみると、マスメディアにおける「無党派」という言葉の使用法がそれである。政党政治の時代にあって、総選挙に臨んでなおも無党派であることは、政党間選択にかんして無関心もしくは無能力であるというのとほぼ同義である。しかしマスメディアにあって無党派という言葉は、既成政党にたいする不信感、という肯定的な意味を与えられている。その不信感それ自体は頷《うなず》けるとしても、総選挙にあってなおも無党派であるものに可能なのは、本来は、投票棄権か白票投票だけだといってよい。しかし実際にマスメディアで論じられているのは、選挙民の半数近くを占める無党派がどの政党に投票するか、についての予測なのである。そうであればこそ、「無党派の進撃」などといった表現がマスメディアを飾ることになる。つまり、無党派に強かれ弱かれ支持を表明することが最近の総選挙におけるPCになっているのである。そして無党派は、既成政党にたいしてのみならず、政治についておおよそ無関心・無能力にある自分ら自身にも不信を抱いている。そこにあるのは、一種の状況不安であり、したがって彼らの投票行動は、おおむね、状況へのオポジション（反対）を表明するためのものとなり、結局は、オポジション・パーティ（野党）に票が流れることが多くなる。その反権力の動きが現代のマスメディアの姿勢と呼応することになるわけだ。

この例にみられるのは、無党派という政治意識の低い存在に強い政治的影響力を発揮させよう、とするマスメディアの策略であり、それが世論の大勢となることによって、無党派への迎合としての雰囲気を旨とする選挙戦がポリティカリー・コレクトとみなされるようになってしまう。これと類似の現象が社会の全域に広がっていればこそ、現代社会の最大特徴は大衆民主主義だといわれるのである。

「輿論」にあって「世論」にないもの

これは世論の堕落以外の何ものでもない。パブリック・オピニオンのパブリックとはどういうことか。日本語でいうと、それは敗戦までは「輿論」と記されていた。この「輿」という字は音で「よ」、そして訓で「こし」と読まれるが、「荷車の台」の部分をさし、それから「社会の土台」にいる人々という意味が出てくる。つまり、社会の土台にいる人々は一般庶民であって、彼らは、日々の家庭生活、職場生活そして地域生活のなかで、その国やその地方の歴史・慣習・伝統を半ば無自覚にせよ引き受けていると考えられる。世間の要請する「恥の文化」に従っているといってもよい。ともかく、そういう社会の土台からおのずと立ちのぼってくる（歴史感覚にもとづく）常識・良識のことをさして、「輿論」とよんでいたのである。

デモクラシーの成否は「輿論」にかかっている。なぜなら、多数派民衆の意見が健全か不健全かということを抜きにして民衆政治の質を語ることはできず、そして「輿論」は、そこに含まれる庶民の歴史感覚のゆえに、健全性をおおよそ保証されているのである。少なくとも、輿論は物事の大局的な判断において大きく間違うことはないであろう、と期待されている。「物事の大事な判断は庶民に任せよ」と往時の民衆政治家たちは主張したが、その意味は、庶民の担っている歴史の常識・良識を信頼しようということであったのだ。

ところが、敗戦とともに自分らの歴史に自信が持てなくなった日本人は、輿論という文字すら、字画が多いとの理由で当用漢字に入れず、当て字としての「世論」だけが世間に流通することになった。最近では発音も変わって、「せろん」とよばれることが多いということになってきている。また、そのように異なった発音をするほうが、輿論と世論の違いを明確にできてよいのかもしれない。というのも、世論は、現在の多数派民衆に流行している論、ということはマスメディアによって支持されている論、ということだとみなされているからである。つまり、世論には庶民の歴史的な常識・良識としての輿論という含意はほとんどないといってよい。

もちろん、現在に流通している世論とて、世間がもしも歴史的安定性を保っていれば、現在の流行のなかにおのずと過去からの不易《ふえき》な意見が含まれるということになり、輿論と世論の違いも解消ないしは縮小される。しかし、恥知らずの世間に合わせて恥知らずな振る舞いをすることが道徳だ、という倒錯した道徳観が生まれるような状況にまで世間が激変してくると、輿論と世論が乖離《かいり》しはじめる。現在の世間は、新しき論を好み、古き論を進歩の名において軽蔑するようになっている。古きものを引き継がんとする輿論と、古きものを切り捨てようとする世論のあいだに大きな懸隔《けんかく》ができている。その隔たりが極大化しているのが現在只今である。徳知の優劣にかんする最終の基準は歴史の英知にしか求められない。そうである以上、ＰＣをいうよりも、ＨＣつまりヒストリカリー・コレクトというほうがよほどに説得的である。あるいはＰＣといってもさしつかえないが、その場合は、政治と歴史とが大きくは隔たっていないという条件がなければならないのだ。以上をまとめると図18のようになる。

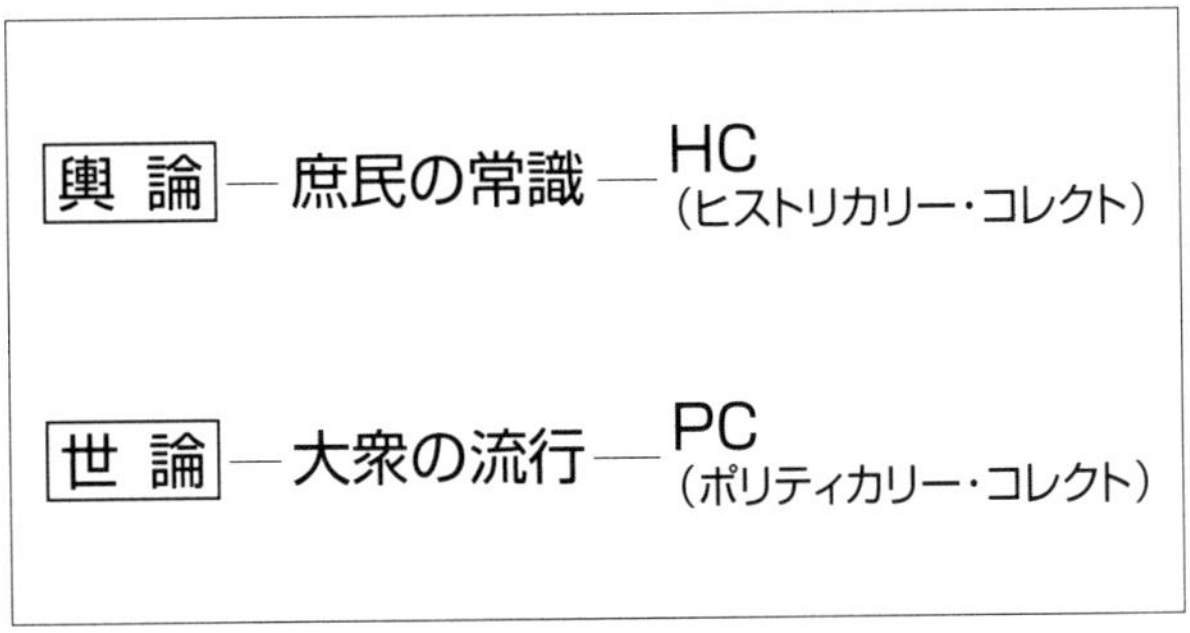

図18　「輿論」と「世論」の違い

　そうはいいながらも、歴史的英知の内容が具体的に何であるか、それはあらかじめ明記できるようなものではない。その具体的な規定は現在の生きている人々が現在の状況のなかで下さざるをえない。つまりＨＣの具体化はＰＣにならざるをえず、また輿論の具体化も世論としてしか現れてこない。しかし今のＰＣはＨＣとのつながりをあえて断とうとしている。ポリティカリー・コレクトの基準を「過去」の歴史のなかに探索するのではなく、政治における「未来」の帰結をどう予測するか、どの方策が最も政治的葛藤の少ない結果をもたらすか、ということによって定めようとしている。その端的な例が差別問題であって、ＰＣは、妥当な格差を探すのではなく、世論に支持されないような格差は、少なくとも見かけの上で、すべて廃止しようとするのである。

差別語を過剰に禁止すると、博愛が偽善に陥る

その結果、アメリカでは、日本もそのあとを追おうとしているが、いわゆる雇用機会均等法というものができてきた。極端な場合でいうと、通常差別されているといわれているマイノリティーの人々を何％か雇わなければならないということになっている。つまり、PCが差別問題に応用されるときに、一種の逆差別すらもたらされる可能性があるのである。逆差別とは、これまで差別されてきた人々を過大に優遇するもので、これまで差別してきた人々が差別を受けるがわに回るということである。

日本の場合、逆差別の例が差別語問題である。言葉のなかには、たしかに、差別意識を伴う形でつかわれてきたものがたくさんある。露骨な差別語を用いるのは、道徳の見地から、禁止されて当然である。とくに、いわゆる被差別部落のことにかかわる差別語には、歴史的にも社会的にも正当化しえない、「絶対差別」とでもいうべき偏見が含まれている。それを禁止しようというのは十分に正当な要求である。

しかし、厳密にいうと、あらゆる言葉が差別語となりうるのだ。たとえば、背が非常に低い人がそのことに劣等感を持っているとすると、目の前の植物の背が低いといわれただけで、自分の被差別意識が刺激されるということも起こりうる。また一般に、価値観を表現しようとすると、人や事や物についての優劣に言及せざるをえず、その際、自分が劣のがわにいると思う人間は差別されていると感じることが多い。そうした被差別意識をもたらしうる言葉をすべて廃止したり制限したりしようとすると、価値観について

の表現が甚《はなは》だしく抑圧されるということになりかねないのである。

また、「シナ」とか「第三国」のように、それ自体としては価値中立的としかいいようのない言葉でも、かつて差別語として使用される傾きの強かったものがある。PCの基準にもとづいてその使用を禁じると、たとえば英語でチャイナとか仏語でシンヌヮとかいうのは構わないが、日本語のシナは許されないということになる。「日本に不法滞在しているけしからん第三国人」という表現も、第三国というのがアメリカ占領軍の行政上の造語にすぎなかったにもかかわらず、禁句とされてしまう。そういう滑稽《こっけい》な事態が頻発《ひんぱつ》してもいる。そのこと自体よりも、(社交の場を含めて)公の場から差別的表現を一切放逐《ほうちく》すると、どんな人間にあっても完全には払拭《ふっしょく》されえない差別意識が私の場に封じ込められ、その結果、かえって差別意識が隠微な形で増殖するということが懸念されるのである。

たとえば「特殊部落」という差別語とのかかわりで「部落」という言葉をつかうことをすら躊躇《ちゅうちょ》する気分が日本の随処にみられる。言葉は一般に多義的であり、その語義は文脈によって定まる、という言語の常識・良識が無視されているのである。いや、いかなる文脈にあっても、言葉の意義が単一になることはまずありえない。それゆえ、PCが言葉づかいにまで及べば、発話者や書記者に差別意識あり、といいつのることもあながち不可能ではない。そうなれば、いわゆる「言葉狩り」である。言葉狩りの最大の弊害は、福澤諭吉の表現を用いれば「人の言路を塞《ふさ》ぐ」ことによって、言論を紋切り型にするところにある。とくに人間関係は博愛と競合あるいは連帯と敵対との微妙な交錯のなかにあるということに注目すると、あえて敵対してみせることによって連帯を引き出す、という言葉づかいが必要になることも認めなければならない。そして敵対的な表現には多少とも差別的な言葉が伴うのが普通である。逆にいうと、差別語を過剰に禁止すると、博愛や連帯が単なる偽善に陥る可能性が強まるということだ。

もちろん、人間の社会関係の基礎では、公平性が保証されていなければならない。その基礎的な公平性を壊すような差別的言語までもが許されてはならない。そうでなければ、コミュニケーション・システムそのものが成り立たないからだ。具体的には、ナショナル・ミニマムすら保証されなくなるように差別が進めば、差別しているがわにすら害が及ぶということになる。その意味では、差別が常習化されることについては、人々はつねに警戒しなければならないのである。

差別語はつかい方によって道徳心を喚起する

しかし同時に認めなければならないのは、人々のあいだの完全平等がありえない以上、ましてや人々は集団を作って行動せざるをえないものであるからには、集団の内部および集団間において、ハイアラキー（位階）が発生するということだ。位階とは格差の構造のことであり、その構造についての表現は多少とも差別（および被差別）意識を伴わずにはいないということである。それどころか、言語的動物たる人間にあって、その人間性の証《あかし》である言語能力そのもののなかに、真と偽、善と悪そして美と醜をはじめとして、人・事・物の優劣にかんする価値の位階が含まれていることを忘れるべきではない。つまり、言語から組織に至るまで、（主観的には差別と感受される）客観的な格差を内蔵しているということだ。それらのすべてを差別として断罪すると、言語（人間）と社会（人間関係）が崩壊してしまう。

ＰＣは、平等と格差というともに対立し合う価値のあいだのバランスのとり方としてのみ評価されるべきものにすぎない。ただ、平等と格差のバランスは、現実的には力関係に左右され、力の強いほうはどれかといえば、多くの場合、上の位階にいるものたちである。それにたいする対抗力として下の位階にいるものたちの力量に重きをおくのがPCだというのは、それなりに納得できることである。

しかし対抗力が強すぎれば、悪平等になったり、言葉狩りで人間性の根源たる言語活動そのものを窒息させたりもする。PCが多数者の支持を当て込むという形で展開されるなら、それは、メトリオクラシーつまり「数量の支配」であって、多数者の専制に堕《お》ちてしまう。アメリカにあっても日本にあっても、その気配が濃厚といってよいであろう。いや、アメリカのPCにもとづく差別反対の動きは、さすが人種差別を一つの重要なエネルギー源として発展してきた国だけあって、日本におけるような偽善を免れているといえるかもしれない。たとえば、黒人への差別語を用いて、黒人が黒人自身を侮蔑《ぶべつ》してみせるという表現法がアメリカにはある。そうすることによって、これまで黒人差別をしていた白人のがわが恥の意識を持つことができ、また黒人のがわも、差別されているということについての不満を心のなかで鬱屈《うっくつ》させるのではなくて、それをジョークとすることによって被差別の意識からみずからを解放することができる。

そういう表現法は各国においてあって、たとえばイタリアでは、北方のロンバルディア系と南方のカラブレーゼ系が、酒場などで差別語を投げ合う、というようなことが起こる。しかしそれには、少々の口喧嘩をあえて演じてみせることによって、両者間の緊張をほぐそうとの狙いもあるのである。

相互反発を通じる相互依存、とでもいうべきコミュニケーションは家庭のなかにもありうる。親子喧嘩も、うまく制御すれば、親子のあいだの溝の深さとそれを超える情の濃さをともに確認することができる。支配と服従、指揮と順応あるいは命令と受容を伴う人間関係にあっては、その関係からの逸脱とその関係への同調を同時存在させる微妙な会話法が必要になるということだ。ポリティカリー・コレクトの流儀に安直に乗ってしまうと、おそらく、差別廃止の世論が人間関係とそこにおけるコミュニケーションをきわめて平板なものにする。人間の多面多層の、時として変幻自在な表現力は、差別語をすら公正の実現のために、つまり平等と格差のあいだの適正なバランスのために、用いることを可能にするのである。

差別は、いうまでもなく、格差の過剰であり平等の過少である。それが是正さるべき不均衡であることは疑いようがない。しかしその非平衡状態にかかわる表現法（差別語の使用）を禁じすぎると、存在して然《しか》るべき格差への配慮がなくなり、挙げ句に、人・事・物の優劣をめぐって感じ論じ行う精神の力量が奪われる。それどころか、「気違いに刃物」というような簡潔で蘊蓄《うんちく》に富んだ辛辣《しんらつ》な表現を禁句として、「精神に問題を抱えているものには人間を殺傷しうる物体を持たせるべきではない」と言い換える、などというような冗長で凡庸《ぼんよう》な偽善的言葉づかいが公の場に溢《あふ》れることになる。またその反動で、私的な場では、無意識の差別的な振る舞いが積み重ねられることになる。差別語は、つかい方によっては、人間の道徳心を喚起する重要な手立てとなりうるのである。

社会に品位を与えてきたノーブレス・オブリージュ

平等主義のイデオロギーにとらわれてしまうと、まだ残る僅少《きんしょう》な不平等が異常なばかりの不満の種となり、差別反対の名目の下に、人間の言葉と人間たちの集団とを破壊しはじめる。その結果は、ノーブルネス（高貴さ）の死である。つまり、優れた言葉づかいと高い地位は、それ自体として、存在を許されないという顚末《てんまつ》になり、長きにわたって人間と人間たちに品位を与えてきたノーブレス・オブリージュの精神が衰弱死に至る。「地位の高いものにより多くの義務が課される」、それがノーブレス・オブリージュである。つまり、高位者は特権を貪《むさぼ》ってはならぬ、特権にふさわしい特務を果たせ、という道徳の表明であり、それは、高位者における差別意識の自己否定だということもできる。

ノーブレス・オブリージュは、ヨーロッパの歴史でいえば、第一次大戦でほぼ消滅したといわれている。とくにイギリスにおいて、第一次大戦で、貴族をはじめとする上流階級の子弟たちが先頭に立ってドイツと戦い、膨大な数の犠牲者を出した。しかも、生き残ったものたちは自分らをロスト・ジェネレーション（失われた世代）だとみなした。現にイギリスでは、第一次大戦後に労働党のマクドナルド政権ができるという形で、社会の階級構造が崩れていった。それにつれて、ノーブレス・オブリージュの道徳も失われていった。

それは先進各国においても同様であって、「失われた世代」という言い方そのものがアメリカから出てきたものである。日本においては、やや遅れて、大東亜・太平洋戦争へ向けて武士道の再興が強引に企てられたとはいえるものの、一般民衆が参加する総力戦にあっては、日露戦争のあたりまでみられたノーブレス・オブリージュはすっかり面影を薄くしていた。そしてこの半世紀間、そもそも義務の観念を持たない大衆の代理人が権力の座に就きつづけている。

道徳的な生き方における優劣を意識しなくなると、数量的な優劣にかんする意識が表面に浮上してくる。世論調査の支持率、選挙の得票率、金銭の稼得力そして技術の効率といったものにのみ関心を払う大衆が社会を占領する。大衆の生のリズムにあって韻律的《メトリカル》な役割を果たすのは数量的《メトリック》な指標の動きであり、それゆえPCが大衆の価値基準になるのだ。注意深くいえば、人間性の核心である言語能力は、その一側面において、技術性を有する。つまり、自分の意思を他者にうまく伝達するためには言葉のパターン化が必要だということである。この側面を軽視する言葉の高尚趣味は、ほぼかならず、その人の言語活動を閉塞《へいそく》させる。しかし、自然・技術にかかわる伝達性のほかに、未来・想像にかかわる表現性、過去・記憶にかかわる蓄積性そして自己・価値にかかわる尺度性の側面を持つ、それが言葉である。これら四者の平衡がなければ、人々は互いの了解に達しえない。こうした了解可能性を打ち壊すという意味で、ポリティカリー・コレクトは精神の政治学からみてインコレクトつまり正しくないのである。

27 「恥の文化」を壊す大衆社会

世界を放浪して歩いて、文化の多様性というものを骨身に染みるほどに味わわされたと述懐している英国のある壮年男性に、「あなたは、究極的には、何を頼りに物事を選択しているのか」と尋ねてみた。彼は、暫《しば》し考えたあと、静かな口調で、「やはり、良心《コンシャンス》によってですね」と答えた。

彼がキリスト教の強い信者であるとはとても思われなかった。それでも、「良心」という言葉が口を衝くほどには、彼はキリスト教圏の引力を受けているということなのであろう。日本人に同じことを聞いて、「恥の感覚ですね」と応じるものがどれくらいいるのであろうか。潜在的には少なくない、と私は考えている。たとえば新幹線で、隣の男性がエロ雑誌の部類を何冊も携えている。そのうち私が、嫌味になるかなと心配しつつ、訳あって原稿用紙を広げて書き物をしていると、彼もそそくさとエロ雑誌を片づけ会社の書類のようなものに眼を通しはじめた。つまりその人も、エロ雑誌を人前で広げるのは恥ずかしいことだと内心ではわかっていたのであろう。

恥の何たるかを知りながら知らない振りをするのは、もちろん、前後左右の人々が同じような振り付けで生活しているからである。そのように、周囲に同化しつつ、自分の精神のなかの良貨を悪貨で駆逐させる人々を「大衆《マス》」とよぶ。私がそうよぶのではなく、そうよぶのが世界の習わしなのである。それが嫌だというのなら、マスには別の訳語を当てていただきたいものだ。

今から二十余年前、「現代日本は高度大衆社会としか思われない、私はそういう愚劣な社会に抗《あらが》う決意だ」と最も大衆的な新聞紙上で書いたことがある。そのとき、ある年配の役人が「あなたがこの世から放逐されるとしたら、そして大衆リンチに遭うとしたら、この文章が証拠の第一のものになりますよ」とコメントした。私は放逐されたのだろうか、そうかもしれない。私は大衆リンチに遭ったのだろうか、そうかもしれない。いずれにせよ、はっきりしているのは、これ以上に恥知らずに生きるには私は弱すぎるということである。

大衆と知識人、という対比くらい見当違いのものもめったにない。現代の知識人は、まず物事の全体像を世論によって描いてもらい、次にその一側面だけを専門知によって色づけして満悦している。その意味で、大衆人の見本は専門人なのである。外国でも日本でもホワット・イズ・ユア・スペシャリティと聞かれたら、私は、「私の専門は専門をなくすことです」と答えることにしている。つまり、さまざまな専門知を批評することを通じて、物事の輪郭と表裏をつかみたいのである。有り難いことに、大衆人ならざる普通人の常識は、その全体像を、経験にもとづいてすでに把握してくれている。

大衆は大衆でないものを嫌う

現代の大衆社会が腐乱状態を呈するにつれ、どうしてそういう事態をすみやかに解決しないのだ、政治家や政府官僚はいったい何をしているのだ、という不満が高まっている。役人の汚職、経営者の背任、青少年の凶悪犯罪、生徒・学生の学力低下、都市環境の汚染、田園の荒廃などが暴露されるたび、マスメディアには責任者にたいする批判と要求が満載されるのである。

しかし確認しておかなければならないのは、大衆の代理人たちが社会のさまざまな部署の権力を掌握するほどに大衆社会が高度になるや、そのような社会はいわば出口なしの状態になるのだということである。つまり、現代人が、とくに先進文明のそれが立ち至っている状況は、有り合わせの処方箋《しょほうせん》で解決できるような生易しいものではないということだ。そのことに気づかないかぎり、大衆化への不満がいっそうの大衆化をもたらす、という皮肉な事態すら起こりうるのである。たとえば、政治家の政治資金をめぐる腐敗を撃とうとして選挙制度を中選挙区制から小選挙区比例代表並立制へと移行させると、自分の選挙区のことのみを考えて国政のことに無関心な政治家が多くなり、その結果、国全体の秩序や進路がいっそう乱れるということになる。

大衆の定義はさまざまでありうるが、ここでの文脈では、「自分の状態を解釈する努力を怠る人々」そして「その解釈を貫くのに必要な現実への疑念と理想への信念とを持とうとしない人々」がマスつまり大衆だということである。ほかの言い方をすると、自分の現状にたいして、深い疑念も強い信念も持たずに、ただ薄ら笑いを差し向けて生きる人、それがマスマンつまり大衆人ということになる。大衆は、一方では、現状に一応の満悦を抱くが、しかしそれは真に納得のいく生ではない。だから、他方では、現状への不満を他者や社会全体にぶつけようとする。あからさまな自己満悦とひそやかな自己不信とのないまぜに生きる、それが大衆なるものの姿だということだ。このように、少なくとも現代の大衆は、精神の資質においてとらえられる。つまり、彼らの財産・所得の大きさ、教育・情報の多さそして地位・権威の高さがどうあろうとも、自分の生が自己満悦と自己不信にとらわれているのなら、その人を大衆人とよぶ。そういう人々が、大衆民主主義の制度のなかに群れなして集っている。そして、多数者の名において、世論や選挙を通じて、自分たちの代理人たちを社会のあらゆるポジションに配置している。

もちろん、すべての人々が大衆人になるなどということは考えられず、今でも、社会の少数派はそういう大衆およびその代理人たちの作り上げている大衆民主主義にたいしてさまざまな批判を浴びせようとする。また、純粋の大衆人はめったにおらず、実際には、大衆性をあらわにしている人間であっても、自分が大衆人として振る舞っていることに何ほどかの自己懐疑を抱いてはいる。さらには大衆人であることから脱却するための努力が何ほどかは行われている。しかし、そうした自己懐疑も自己超克も、結局は、大衆民主主義の枠組のなかで行う、それが現代における民衆の多数派の姿である。

かつてオルテガがいったように、大衆は大衆でないものを徹底的に嫌うのである。現状にたいして深い疑念を抱け、現状を乗り超えるべく強い信念を抱け、と要求してくる人々を多数者の権利において排除しようとする。そうしておかなければ、大衆の心理的安定が保てないからである。大衆を批判するものを大衆は排除する、それが大衆民主主義の最大の機能だといってよい。しかも大衆は、みずからの体制を守るためにデマゴギー（民衆煽動《せんどう》）をすら動員する。オルテガ曰《いわ》く、「ひとたび文明がデマゴーグ（民衆煽動者）の手に堕《お》ちてしまったら、その文明を救済することは、事実上、不可能である」。日本を含めて先進諸国の状況をみれば、オルテガの判断がおおよそ当たっていると思わざるをえない。

売春や殺人までをも自由とよぶ「恥なき世間」

日本を例にとれば、戦後の半世紀間ばかり、道徳が地に堕ちたといわれつづけている。たとえば、規制なき自由は自由の履き違えにすぎないという批判が止んだことがない。しかし、同じことが繰り返しいわれているにもかかわらず、状況はいささかも改善されていない。それどころか、この九〇年代に急速に顕在化したのは、売春や殺人までもに自由の形容が冠されるという異常事態である。八〇年代までは、戦前・戦中の世代が社会のさまざまな権力構造の頂点にいた。そのおかげで、自由の履き違えにも一定の限界が画されていた。その指導者たちは、もちろん多数者によって選挙されたり支持されたわけであるから、大衆人的な性格を持ってはいた。しかし、彼らは、精神の資質においては、戦前・戦中の道徳を、それにもとづく規制観や責任感を、何ほどかは引きずっていた。そのせいで彼らのリーダーシップが大衆社会の動きにたいして一定の制限を施《ほどこ》していたのであった。

しかし九〇年前後、全世界的に、社会のあらゆる部署で世代交代が起こり、日本も当然その流れに巻き込まれた。つまり戦後に生まれたり育ったりした人々が、社会の権力の座に大衆の代表として罷《まか》り出てくることになった。そのせいもあって自由の履き違えを含めて、道徳の荒廃が権力中枢にまで、そして社会の隅々にまで、及んだ。もちろん、完全な不道徳による社会の全面崩壊、というような事態にはまだ達していない。マスメディアは権力の不道徳を暴き立て、そして大衆はその不道徳ぶりを半ば楽しみ半ば怒っている。そのように振る舞うのが大衆文化の一つの定型にすらなりつつある。

他国のことを例にとれば、クリントン大統領のセックス・スキャンダルもそうした類《たぐい》のものである。昔から、一部の権力者はこの手の行為をひそかにはやってきたのであろう。しかし権力者のプライヴァシーがほとんどリアルタイムで全世界に公表されるなどということは、かつてなかった。また権力者のがわにしても、自分の私的な下賤《げせん》さが、一挙手一投足に至るまで全世界に知らされるとなると、かつてならば、憤死といわぬまでも身を隠すといったことになったであろう。しかし、大衆の代表者たるクリントン氏にそのような感受性があるわけがない。そのスキャンダルは、自他ともに、一つのパターン化された文化として受け止められ、暫《しば》し楽しまれたあとで、すみやかに忘れられていくという具合になっている。

大衆社会がひとたび確立されてしまったら、それから抜け出ることはおおよそ不可能なのである。したがって大衆社会の腐敗現象は、部分的な制度改変や特定政策の施行などによって解決できるような生易しい問題ではないのだということを正視しなければならない。

このようにいうのは悲観論からではない。大衆社会がいかなる意味で出口がないのかということを、もしも多くの人が知るに至るならば、そのこと自体が大衆人でなくなることであるし、そういう人々が多くなれば、少なくとも精神の次元において、大衆社会から多くの人々が抜け出たことになる。要するに、人間が変わらないかぎり社会は変わらない、というところにまで大衆社会は到達しているのである。状況が絶望的であることを多くの人が深く感受すること、それに知識人が確かな認識を与えること、それがいわば希望の始まりになる。その意味で、大衆社会のなかで自分も大衆人になりはてていることを自覚しながら、そういう自分に批評を差し向け、その批評を社会的に共有するという言論活動が、いまほど重要なときはないのである。

そのように思われるにもかかわらず、戦後日本では、いわば「恥なき世間」がますます広がり、どんどん荒れ狂うようになっている。実際、とくに年配者において、この恥なき世間の有り様にたいする嘆き節が物陰で唄われている。

日本人にも「罪の文化」があった

問題はこの「恥」ということをどう解釈するかということである。かつてルース・ベネディクト（一八八七〜一九四八　アメリカの文化人類学者）は、日本を訪れたことが一度もないにもかかわらず、アメリカの強制収容所に入れられた日系人にたいするインタビュー調査と書物上の知識だけにもとづいて、『菊と刀』という書物を書き、そこで欧米の文化が「罪の文化」であるのにたいして、日本の文化は「恥の文化」であると規定した。

この場合の罪とはどういうことか。それは、キリスト教圏の話であるから、ゴッドという名の絶対神がいるものとして、絶対神の示す戒律《かいりつ》に逆らうことが「罪」であるとされる。一神教にあっては、一人びとりの人間が神と直面しているとみなされる。他人が許してくれようとも、神が許してくれないなら、その行為は罪だとされる。神と実際に対話ができるのは超人か狂人のいずれかであるから、あくまで仮想の対話において、自分が神の命令に背《そむ》いていると考えれば、自分は罪深い人間であるということになる。そのようにして自分の振る舞いを律する、それが欧米における個人主義的な道徳の基礎となっている。

それにたいして日本の場合、強い宗教感覚がないので、戒律は主として世間の道徳からやってくる。いや、世間にあるのが道徳であるかどうかも不確かなのであって、習性としての世間のやり方つまり世間体に背くことが恥という道徳感なのである。日本人の道徳感はそのようなものだ、とベネディクトはみた。簡単にいうと、宗教的戒律か世間的習俗か、それが日本とアメリカのあいだの文化的な溝だということである。

もちろん、ベネディクトの比較は極端にすぎる。その証拠にベネディクト自身がボロを出している。たとえば、一方で「日本人は本音をなかなかいわない」というふうにいっておきながら、他方、強制収容所のインタビュー調査で日本人がすすんで日本人の欠陥と思われるものを披瀝《ひれき》するのに接して、「日本人は本音を率直に吐露する」といっている。つまり、極端比較をやると、それに合わない事実がいくつも観察されるということになってしまうわけである。

世間体をつくろうのならば、日本人が自分らの弱点にかんする本音を述べるはずはない。世間体に反してでも自分および自分らの欠陥を正直に告白したい、という、ほとんど罪の意識に等しい道徳感を日本人は持っている。また、キリスト教圏においてとて、世間の慣習がないわけではないのである。とくにヨーロッパでは、世間の慣習の体系こそがすべての出発点なのだといおうとする社会学が生まれた。また、宗教は教会という組織によって守られることが多く、そうした組織は半ば世俗的な存在である。教会にあっては、キルケゴール（一八一三～五五　デンマークの哲学者・神学者）が指摘したように、信仰心と離れた「宗教芝居」が演じられているということにもなっている。つまり、ヨーロッパにも世間体の道徳があるということだ。

アメリカについてすら、ウィリアム・サムナー(一八四〇~一九一〇 アメリカの経済学者・社会学者)が、モーレス(社会の慣習)の大事さを強調した。つまり、集団の習俗としてのモーレスが社会のなかでいかに重要な役割を果たしているかを明らかにした。ベネディクトが日本的だといった社会的要素は、アメリカ社会にもしっかりと存在しているということである。

逆に、日本人において、宗教的な意味での罪の意識がなかったかといえば、そんなことはない。日本には自然崇拝および祖先崇拝の宗教的慣習が残っており、たとえば「お天道さまに恥ずかしい」とか、「御先祖に申し訳ない」というふうにいわれてきた。多神教においてとて、最高神は太陽とか始祖のように唯一なのであるから、少なくとも宗教意識の構造としていえば、「絶対者」のことを想念した上での罪の意識が、それへの傾きが、日本人にもあるとしなければならない。

武士道の宗教性

欧米と日本の文化の差は、罪の文化と恥の文化の組み合わせ方の違いでしかないのである。その違いにおいて、ベネディクトがいうような差があることは否めない。日本は、縄文時代において自然崇拝の多神教であったのみならず、それ以後の宗教の流れにおいても多様な淵源《えんげん》があるので、多神教的な精神風土を持つといわれている。たしかに、祖先崇拝を含むものとしての儒教が中国から持ち込まれてくる、仏教が中国を経てインドから流れてくる、近世に入ってからはキリスト教の布教が始まる、というのが日本の宗教史であった。在来のものを含めて、さまざまな宗教感覚が混成されており、そのせいもあって明確な宗教意識に乏しいということにもならざるをえない。

たとえば、これはベネディクトがいう通りなのだが、欧米社会のディシプリン（訓練）には宗教的な絡みがあり、したがってディシプリンには自己犠牲的な要素が入ってくる。軍事「訓練」にあっては、国家のために自分を犠牲として供するという構えが要請されているのである。また学説としてのディシプリンにしても、真理探究への自己犠牲という要素が含まれている。それは、たしかに、神の命令とあらば自分を神への供物として差し出すという精神の延長といってよい。それにたいして日本で訓練というと、自己犠牲の精神は少なく、職人的に自分の技能を磨くというところにとどめられがちである。このような差異が日本と欧米に広範にみられることは否定すべくもない。

しかし、極端比較に甘んじていると大きな誤解をもたらすときがある。むしろ、彼我のあいだに、実体的な同質性をみるのは困難だとしても、形式的な相同性をみることによって事態をうまく説明できる場合が少なくない。たとえば欧米の理性主義と日本の感性主義という比較について、レヴィ＝ストロースは次のようにいっている。日本には、伝統工芸や伝統芸能にみられるように、感覚を精妙に仕分けしようとするディヴィジョニズム（分割主義）があって、それが欧米における論理のアナリティシズム（分析主義）と呼応している。そのように物事を分割・分析しようとする態度が合理的精神の出発点だと、レヴィ＝ストロースはみる。そうならば、日本が近代化（西洋化）に成功した根因は、この分割主義と分析主義との相同性であろう、という解釈が成り立つ。

ところが、そのように説明してみても、日本人の近代化を良しとする価値観はどこからきたのかという疑問は残る。世間体という曖昧《あいまい》な道徳基準しかない日本が、欧米の近代主義にどうしてこれほど馴染むことができるのか。その疑問は実は百年以上も前から突きつけられていて、それに応えようとしたのが、内《うち》村鑑三《むらかんぞう》や新渡戸稲造《にとべいなぞう》のキリスト教徒であった。日本には宗教教育がないのか、宗教教育がなくてどうして道徳が論じられるのか、道徳なしにどうして社会の秩序ができるのか、という批判が欧米人から寄せられたのにたいし、両名は、キリスト教徒になっていたにもかかわらず、いったい自分たち日本人にどういう宗教意識があったのかと自問し、そして武士道を再発見したのである。

『葉隠』における死のすすめと生のすすめ

武士道それ自体は、儒教、仏教、道教、神道などの諸要素を加味しつつ、武士の生き方を規定しようとしたものにすぎない。しかし、そこにおける正義や責任感や廉直《れんちょく》、勇気といった徳義にかんする徹底した態度は、人間に厳しい生き方を指し示した清教徒的な教えに重なるところがある。厳格な規律は宗教的な戒律と互いに変換可能だというのは相当に納得のいく話である。

武士道について最も多く参照にされるのは、山本常朝《やまもとじょうちょう》（一六五九～一七一九　学者）の『葉隠《はがくれ》』である。そこに「武士道というは死ぬこととみつけたり」という有名な文句がある。それは、徳義のためには命を捨ててかかれ、という戒律である。その点に限っていえば、徹底した自己犠牲の精神である。他国の宗教物語では、羊を生贄《いけにえ》に供したり自分の子供を神への供物にしたりということが多い。しかし、自分自身の生命を何らかの価値への犠牲にするよう訴えるのは珍しい。しかもそれを切腹の儀式にまで制度化したのであるから、罪の意識にせよ恥の意識にせよ、中途半端なものではなかったのである。

その点だけを強調すると、いかにも死に急ぐことを称揚《しょうよう》する風変わりな死の哲学だと誤解されよう。というのも、キリスト教では、かつて迫害に抗するものとして殉教《じゅんきょう》の行為が広がったとき、それが自死の流行となるのを防ぐという意味もあって、自殺が禁じられた。つまり神から授かった人間の命を神の命令なしに自分で絶つというのは、傲慢《ごうまん》の罪であるとみなされた。それで、欧米人の眼には、武士道における切腹が非常に奇異なものと映じたのである。

しかし『葉隠』は、ほかの個所では次のようにいっている。「人間一生まことにわずかのことなり、好いたことをして暮らすべきなり」。人生は短い、好きなことをして人生を過ごせという、一読すれば、処世術的なことをいっている。この死のすすめと生のすすめの二つをいかに統一させるか、それが『葉隠』理解の要諦《ようてい》と思われる。三島由紀夫《みしまゆきお》はそれを矛盾とみて、矛盾を含んでいるから『葉隠』は面白い、というふうにいっているが、それは頷《うなず》けない。せめて、その矛盾を解決する方向を示すのでなければ、『葉隠』を読んだことにはならない。

そのためには、次のように解釈するほかないのではないか。人間の好きなことにもさまざまな種類があり、それらには優劣の差があるのだが、人間の最も好むべきことは何か。それは「義」について考え、「義」が何であるかを確認することである。実際、常朝はそのことを強調し、「義」について周囲の人々と談じ合え、そして古人の書物を読み込め、と指摘してもいる。つまり、「好いたことをして暮らす」とは、根本的には、義を発見するための条件を整えるということなのである。そうした努力の結果として、そしてある状況のなかで、これが「義」であるということがおおよそ確定的に判断できるならば、その「義」を守るために、必要とならば自分の命を犠牲に供しようと身構えていなければならぬ。そこで「武士道というは死ぬこととみつけたり」ということになるわけだ。

少なくとも近世以降を眺めてみたときに、武士道は、武士の少なからぬ割合にとって、ほとんど宗教観といってよいような、道徳を指し示していた。しかもそれが制度化されていったおかげで、日本社会は、道徳的な規制を守りながら活力をもって生き抜くという生の形式を作り上げていた。武士というエリート階級が日本社会にそのような文化を与えたのである。そういう文化的素地があったればこそ、明治の近代化が瞠目《どうもく》すべき成功を収めたのだと思われる。

武士道というよい意味でのエリーティズムの残影は、日露戦争の頃まではまだはっきりとあった。大東亜・太平洋戦争期にはその残影はほとんど消えかかっていたが、皆無となったわけではなかった。文化の慣性にはなかなか根強いものがあるのである。

もちろん、文化が形骸化されるということもある。忠君愛国という観念の制度が硬直化してそれを誤用・悪用する形で、天皇主義あるいは国粋主義（排外的な国民主義）のなかに武士道が摂取されたという見方も成り立たないわけではない。しかし道徳観の一点でいえば、武士道的なものが敗戦前まで残存していたといえるし、戦後においても、戦前・戦中を生き抜いた人々が武士道の名残りのそのまた片鱗《へんりん》を、日本社会にとどめていたとみることができる。

日本には罪の意識も恥の意識も、そして両者を統一する意識もあったのである。しかしそれを支えていた主要な社会階級は武士であった。そういうエリート階級の生き方が、下層の社会階級に時間をかけて浸透していった。そのおかげで近代日本は、大東亜・太平洋戦争までは、何とか道徳体系を持ち長らえていた。

それが最終的に破壊されたのが、敗戦・占領においてであった。敗戦のショックとトラウマのなかで、日本の歴史が否定され、そうなれば慣習としての世間体も、それゆえ恥の文化も投げ棄てられる。そうかといって、罪の文化に移るために急にキリスト教徒になるわけにもいかない。結局、恥の文化も罪の文化もともども溶けて流れるに任せるという半世紀間のなかで、ヒューマニズムに煽《あお》られて自我の器のみを膨満させて、そのなかに盛り込むべき人格を持たない、といったような戦後世代が次々と作り出されていったのである。

「世間体を気にするなという世間体」は道徳否定

これを戦争や占領のせいにするのは、いかにも無責任であり、主体性のない話である。民主化の結果として平等化が絶対の正義になれば、武士道的なエリーティズムが根本から否定される。そのような平等社会を戦後世代は歓迎したのである。道徳は、一般に、上層階級から下層階級へと時間をかけて伝播《でんぱ》していくのであるが、少々なりとも武士道の名残りを引き受けていた上層階級が敗戦によって吹き飛ばされ、その空位にアメリカニズムが座することとなった。それに抵抗するような道徳的力強さは、残念ながら、近代日本によっては作り出されていなかったのである。その意味でならば、武士道的なるものは戦前においてすでに形骸に化していたといってさしつかえない。

もちろん、平等社会にも「世間」というものはあり、したがって世間体を気にするものとしての恥の文化は、敗戦によっても完全に打ち壊されはしなかった。

しかし戦後の世間は、世間体を気にするのは「個人の自発的意思」という見地からして恥である、という方向に拍車がかけられていた。ここに、「世間体を気にするなという世間体」が出来上がった。それはいわば自己否定的な世間体であり、そしてそういう空虚な代物《しろもの》を気にする恥の文化が戦後の道徳となった。要するに、それは恥知らずの世間に合わせるのが恥の文化であり、それゆえ、皆して恥知らずに振る舞うという文化、というより文化否定の文化が推し進められることになったのである。

これについては、山ほどの事例を挙げることができる。

公共の乗り物に身体の不自由な人がいたときに、青少年の男子は席を譲らなければ恥だ、という道徳が否定された。人前でセクシャルな絵画や映像が載っているような読み物を広げるのは恥だという道徳も失われた。公道を歩きながら食べ物を口に入れたり出したりするのは恥だという道徳も消え失せた。あるいは公衆の面前で男女が性行為を思わせるほどに抱擁したり愛撫したりするのは恥だという道徳も通用しなくなった。

要するに、私的な欲望のうちには公的な場で剝《む》き出しにしてはならぬものがある、という公徳の感覚がすっかり衰えたのである。だから、人前で携帯電話によってプライヴェイトな会話を、いやその一方だけの喋りを声高にするのは、もはや恥とはみなされていない。人前で化粧に励むこともやがて当人の身だしなみの一種とみなされるのであろう。このようにして、恥が何であるかを知らないし知りたくもないという世間になりつつあるのだが、そういう世間に合わせて振る舞うという恥の文化の形態だけは健在なのである。しかしそれは、世間の流行に合わせて生きるという非文化の振る舞いにすぎない。

しかし、こうした世間における道徳否定の傾向は、日本において目立っていることは確かであるが、現代世界に共通してもいる。むしろそういう傾向をさして大衆化というべきなのであろう。大衆化は日本のみならず世界各国に広がっている。ここに挙げた事例は、アメリカやアジアにも顕著にみられ、ヨーロッパにも少しずつ増えてきている。

ヨーロッパは大衆化にたいする防波堤を築こうとしていた

しかし、ヨーロッパにも大衆化の波は押し寄せているが、いまなお階級社会と慣習制度の長所を守ろうと努めてきたヨーロッパにあっては、公私の区別へのこだわりがまだ残っている。わかりやすい例を挙げれば、セックス・ショップは先進諸国の至るところにあるわけだが、それを裏通りに押し込めておこうとする人々の共同意思がヨーロッパにあっては強いのである。それはヨーロッパ人が私徳において優れているということではまったくない。真相はおそらく逆であって、古代ローマ時代から（二十世紀前半まであった）植民地の時代に至るまで、ヨーロッパ人の多くは、おのれらの性悪をたっぷりと味わってきたのであろう。しかしそうであればこそ、それを公的な場にまで持ち出したとき社会が紊乱《びんらん》のきわみに達するであろうことについて、強く懸念したのである。それを偽善とよんでも構わないが、公共の場で「人が善を為す」ように仕向けるのが公共心なのである。

それは、大衆論において、ヨーロッパに一日の長があることと関係している。つまり、大衆社会が到来することへの恐怖を逸速《いちはや》く感じとったのはヨーロッパであったということだ。大衆化にたいする防波堤をさまざまに築き上げてきた先達《せんだつ》はヨーロッパである。ヨーロッパも大衆化の波に洗われているが、その波をやりすごす制度が、人々の日々の振る舞い方のことを含めて、日米やアジアよりも発達している。たとえば、家族、学校そしてコミュニティを守り、儀礼、慣習そして遺跡を大事にするという暮らし方がまだ脈々と息づいている。近代主義への順応が大衆化ということなのだが、ヨーロッパには、近代主義にたいする軽蔑《けいべつ》の念がそこかしこにみられるのである。

日本には、戦前からの歴史の流れでいえば、ヨーロッパと類似の大衆批判の系譜があったはずである。階級制度と慣習体系も、日本にあって一応は保持されていた。「技術の合理」と「個人の自由」という近代主義の旗が高く掲げられるまでには至っていなかった。だが、敗戦のあと、ヨーロッパの近代史に倣《なら》って「近代的自我の確立」をめざそう、と日本の知識人は主張しはじめた。そして、アメリカ経由で入ってきたヨーロッパ近代の表面像をさらに単純化したマスクを戦後日本人は被ることになった。それゆえ、日本が敗戦と被占領で失ったものを思い起こそうとするとき、ヨーロッパの現実の裏面像が、つまりその反近代の構えが一つの参照点になるわけである。とくにその思想史をみれば、この二世紀間のヨーロッパの思想家は、少なくとも歴史に名を残すほどの人物は、強かれ弱かれ反大衆の姿勢をみせている。それをみてとれなかったのが戦後知識人なのであるから、彼らは日本における非近代的なものをよほどに憎んだのだと思われる。

28 春を売るなかれ、人を殺すなかれ

遊興費を売春で稼ごうとする少女が少なからずいるそうだ。それは、そういう少女の肉体で自分の性欲を充たそうとする中年男たちが少なからずいるということでもある。「少なからず」が実際にどの程度の数字になるかを熱心に調べている学者もいるそうであるが、私は、それが三〇％であっても、驚かない。人間の品性には生来の資質というものも関係していて、人間の三割くらいは、人間の身体を商品として扱うことに大して痛痒《つうよう》を感じない、というような種類の精神の傾きを持って生まれてくるのではないのか。

驚くべきは、それらの少なからざる男女の「他人に迷惑をかけているわけではないのだから、何をやっても咎《とが》められるいわれはない」という言い分を、的確に咎めることのできる道徳論が現代社会にあって準備されていないということである。そればかりか道徳論は、その種の男女の心に届かないのであるから、無効であると宣《のたま》う知識人が、たぶん知識人全体の三割くらいはいる。そういうものが知識人を名乗れるというのも少なからざる驚きに値する。

「品位ある社会を後世に残す」、と構えるのが精神の品性というものだ、という良識を現代人は投げ捨てたのである。またその品性は自分のなかにうごめいているさまざまな欲望について

品定めをする努力によって鍛えられる、という良識も打ち壊された。要するに、「価値」についての語りを後生に聞かせる、という（かつては最高位におかれていた）欲望が、それだけが、この欲望解放の現代社会にあって、封じ込められたわけだ。

「自我」という名の欲望の容器は、道徳という制御装置を外されて、ひたすらに拡大していく。容器は大きくなるのだが、それに盛りつける精神の料理が、売買春に典型的にみられるように、下賤《げせん》な類のものしかなくなっている。件《くだん》の三割のものたちにあってすら、下賤な欲望の実現からは大して満足は得られない。それで、自分の拡大しゆく自我の容器が他者たちの同じく拡大する自我の容器と衝突し、そこで、相手の自我を叩きつぶすという欲望が発生する。あるいは、その衝突に脅えて、自分の自我を抹殺したいという欲望に駆られる。

つまりは「殺人」を欲望リストの最高位におくしかなくなった手合が、その数を徐々に増やしている。そしてたしかに、「人を殺してなぜ悪いのか」という問いに答えられないような社会で殺人が増えるというのは理に叶っているのである。

他者の自我が、その内容ではなく容器としてみえてくるとき、他者はいわば一般的な存在である。この新種の殺人者たちにあっては、他者の特殊な欲望や人格が気に入らぬということではなく、そこに他者がいるということそれ自体が脅威なのである。そしてこの「一般的他者」にたいして抱く殺人衝動こそが、人間性にたいする最大の脅威となる。なぜといって、言語的動物たる人間の本性は、一般的他者に向けて口が開き、一般的他者に向けて耳が傾くようにできているはずだからである。

この新式の殺人にあって、殺される理由は殺人者にとって他者であることそれ自体に求められている。なぜそう思うかというと、私も、大昔に、それと類似の衝動が自分の脳裡にかすかに走ったのを覚えているからである。

人間にはそういう狂った欲望などはないはずだという（ヒューマニズムという名の）虚偽が蔓延し、その虚偽がビジネスの提供する商品となって、我らの共同体《コミュニティ》に満載されている。そうした虚偽の拡大がなぜ起こったのか。それは、人間の自我の内容は、道徳による触媒がなければ、溶けて流れて蒸発する、という良識を現代人が絞め殺したからである。

他人に迷惑をかけないかぎり何をやってもいいのか

「戦後」とは日本的なもの、それゆえ非近代的なものの破壊過程にほかならなかった。とくに、その最終局面ともいうべき九〇年代は、極端な大衆化が世間の最前線に躍り出てしまったという意味で、いずれ語り種《ぐさ》になるに違いない。ほんのひと昔前までは、何とか人々の常識として守られていた道徳的基準が、この十年間で、粉々に破砕されてしまった。戦後の五十五年間、崩れるままにまかされていた道徳体系がついに底を割ったの感がある。

たとえば、援助交際という名の少女売春が、一部の少女たちのあいだで流行しているという。その一部が一割であるか三割であるかについては、その方面の「識者」とやらたちが喋々《ちょうちょう》しているが、いずれにせよ、自発的に売春を行う少女たちの姿が大都市の繁華街において少々目立ってきているとはいえるのであろう。少女売春のことにかぎらず、女性たちの性風俗が、あたかも帝政ローマの爛熟《らんじゅく》期を思わせるかのように、乱れはじめているのである。その爛熟ぶりは、少女売春をどうして禁じなければいけないのかという徳律の説明を、大人たちが首尾一貫してやることができなくなってしまっているというところに露呈されている。つまり、大人の世界における道徳にかんする観念の崩壊が、子供たちの行為における乱脈として現れているのだ。

十九世紀の半ば、J・S・ミルの時代からすでに、自由論の辿《たど》りついた地点は、「他人に迷惑をかけない」という条件つきで、各人が自由に欲望を表現するのを認めるべし、ということであった。他人の範囲をどこまでであるかとか、迷惑の定義は何であるかとかいったような哲学論議が可能なわけだが、それが世間で俗化されると、「周囲の人々に直接迷惑をかけなければ、やりたいことをやっていい」ということだとみなされている。いや、世間どころか、学者たちの世界においてもその程度の自由論が罷《まか》り通っているのが戦後日本である。

前節で述べたように罪の意識においては、神の戒律に反することは禁じられているわけであるから、他人に迷惑をかけなくても、自由にやってはならない行為があるとされている。恥の意識の場合は、「他人に迷惑をかけないかぎり何をやってもいい」というのが世間の道徳律になってしまえば、大衆人と化した人々は、その徳律によって許されている自由を権利とみなし、実際にその権利を行使しはじめるのである。

少女売春のことについていえば、街角でさりげなく、五十歳の男と十五歳の女が、三万円の売春契約を口頭で結び、直接には誰にも迷惑をかけずに、（昔は連れ込み宿、今はラブホテルといわれている場所で）その契約を履行するだけのことである。つまり（今生きている）他人には何一つ迷惑をかけていないわけだ。家庭でも学校でも、新聞でもテレビでも、コミュニティでも議会でも、他人に迷惑をかけないかぎり自由は許されるべきだ、という程度の道徳観しか語られていない。売春少女たちにその道徳と自由とをふりかざされると、大人たちは筋の通った説明ができないままに、淫行条例のようなものを制定して、法律で少女売春を取り締まろうとする。そうした法律を作りたがることそれ自体は、世間の大人たちに、世間で通用している自由論のとは異なる道徳心が抱懐《ほうかい》されていることの証拠ではある。しかし、その意味を子供たちに説明できないというのは、いかにも弱い道徳心だとしかいいようがない。

他人への迷惑といったとき、「他人」として誰を想定するべきなのか。脱歴史的なものとしての近代にあっては、現在世代の欲望に過大な関心を寄せる。つまり、時間軸の上で過去を想起し未来を展望するというふうには構えない。「現在の自分」が、つまり自我が、何よりも優先させられるので、「他人」といったときも、「自分の周囲にいる現在の他人」のことしか視野に入ってこない。そうならば、たしかに、街角の少女売春は他人には迷惑をかけていないということになる。

しかし、かつて福澤諭吉が喝破したことなのだが、他人に迷惑をかけなければ何をやっても自由だ、というのは劣等な自由論にすぎない。「自分」が歴史という精神的土壌において形成されたと認識し、さらに「自分」のうちに、私心や個人だけでなく、公心や集（団）心もあると認識するなら、人はかならず、過去からいかなる道徳を受け継ぎ、未来にいかなる道徳を引き継がせるかについて、無関心ではおれなくなる。あっさりいえば、自分たちの孫子の世代にたいしても何ほどか責任を持たなければならない、ということである。そうならば、それが残されたら将来の世代が迷惑に思うような制度や風習を、現在において禁じるべきだ、という徳律が成立する。つまり、「他人」は現在の他人に限られないし、ましてや目の前にいる他人ということではないのである。そういう空間的および時間的な他人一般にたいして迷惑になるようなことをしてはならない、そう考えなければ、まともなパブリック・ソサイアティ（公共社会）をつくることができない、これが福澤諭吉のいわんとしたところである。

ほかの言い方をすると、人間の精神には、目前の状況に縛られない力がある、ということだ。人間の能力を十分に活性化させるためには、まだ生まれていない人々およびまだ会ったことのない人々のことについてまで想像力をはたらかし、その人々とのありうべきかかわりについて論理力を駆使しなければならない。それを阻害するような行為に徳律（さらには法律）によって制裁を加えるのはまったく当然のことである。

少女売春が放任されるようなことになってしまったら、自分の娘、孫娘そして曾孫娘も、そういう放恣《ほうし》な社会のなかで暮らさなければならなくなる。たとえば彼女らが、街角で中年男たちから売春をしないかと誘われることになる。そのときに彼女らが感じるであろう不快感や社会にたいする失望、というようなことをまで想像するのでなければ、道徳について論じる資格はない。

単なる理屈屋の現代知識人は、自分らの孫子たちにも売買春を好む可能性もあるというかもしれない。そこでどうしても依拠しなければならないのは、経験である。古今東西、少女売春が公認されているような社会がどれほど乱れるものであるか、どれほど多くの人々がそういう社会での人生に不愉快と失望を覚えるものであるかはすでに経験済みである。それは過去のことで、現在と未来には逆のことが起こりうる、と主張しうるためには、自分の知徳にかんする判断能力が過去の何十何百億人に拮抗《きっこう》するほどの偉大な質量を持っていると考えざるをえない。しかし、自分にそのような力量があるなどということは証明できないばかりか、そういっている当人がみじんも信じていないことである。

現に売春を楽しんでいる少女がいるではないか、というのは反論にはなりえない。女性史が教えるところによれば、年若くして自分の肉体を完全に商品化したときに、いずれ大きな精神的ダメージを与えられてしまうことについて、膨大な経験の累積がある。売春をやった自分の過去を簡単に忘れ去って、清純な恋愛なり平常な結婚なりに自在に切り換えるなどということは、人間の能力の限界からして、不可能と断言しないまでも、きわめて困難であろうと考えられる。つまり、一人の少女に売春行為をしてはいけないと諭《さと》すときは、彼女に待ち構えているさまざまな人生の行程にかんして想像力をはたらかさなければならず、しかもその想像力には、さまざまな行程のあいだの優劣にかんするものも含まれていなければならないのだ。

付言すると、少女や中年男子がそうした行為に及ぶのを助長しているのは、セックス産業が表通りにまで進出してくるという現代日本の都市環境である。また性の商品化にかんする記事や広告がテレビ、雑誌、ポスターに満載されるという情報環境のことも無視できない。そういう環境を正せない理由は唯一つ、「他者危害の原則」つまり他人に危害を与えない自由は、他人に迷惑をかけない行為は、すべて許されるべきだとする自由主義の価値観である。

性の商品化それ自体を廃絶せよといっているのではない。その必要に迫られたりその欲望に駆られたりする成年男女は、古今東西、跡を絶たない。だがそれは、公徳においてのみならず私徳においても不徳なのであり、したがってそれを不法とするのにも十分の根拠がある。つまり、性の商品化に向かうものは、それが発覚したときには、不徳の謗《そし》りと不徳の咎《とが》を受ける覚悟でいなければならないということだ。人々のそういう欲望があまりにも強いため、ある種の性の商品化を合法にする場合もある。しかしその場合でも、それにかかわる人間を見下げはてた手合《てあい》とみなす道徳くらいはなければならないのである。

人はなぜ人を殺してはいけないのか

現在の道徳的荒廃の酷《ひど》さを示すもう一つの事例は、「人を殺してどうして悪いのか」という一部の子供たちの理屈に大人たちが有効な反論が組み立てられないでいるということである。

戦争や死刑における殺人は合法である。また違法の殺人であっても、家庭内暴力をめぐる子殺しや親殺しの裁判でしばしばみられるように、大きく情状酌量される場合がある。つまり、その酌量の分だけ、殺人は許されているともいえる。それどころか、年に何十万もの胎児が堕胎によって殺されているというのが、日本の性風俗の現実でもある。

だから、九〇年代の半ばに、オウムというカルト教団が有害ガスで大量殺人を企てるという事件があったとき、その殺人を非とする感情は大いに高まったものの、そのための理路はまったく整えられなかった。そのせいもあって、破壊活動防止法によるオウム解散が頓挫《とんざ》したのだと思われる。

オウム教団は、建て前だけとはいえ、彼らなりの正義を主張していた。つまり（善悪をめぐる最終戦争としての）「ハルマゲドン」に向けての戦いのための殺人ということであった。正義が何であるかは当事者の立場によって相対的である、と宣言してしまった現代において、いったいいかなる思想の論理でオウムを（徳律において）裁きうるのか。

人間の本性がコミュニカティヴ・アニマルつまり言語的動物というところにあるのだとすると、原則論として、コミュニケーションは他者の存在を必要とするのだから、他者を自分の都合で抹殺してはならぬという根本則が成立する。他者を自分の都合で殺しても構わないとしてしまうと、コミュニカティヴ・アニマルという人間の本性を人間自身で否定してしまうことになる。

人間は、この本性を、好むと好まざるとにかかわらず、認めるほかない。というのも、人間が動植物という他の生命体を殺すに当たっての、納得しうる論拠はただ一つである。それは、人間には格別の言語能力があり、そのおかげで精神（認識と感情と意志）があるのであり、そして精神は価値的にいって高等なのだ、人間は人間であることを意識するかぎりそう構えるほかないのだ、というものである。

殺人の公認を原則にしてしまうと、人間の文明・文化のすべてを、そして家族から国家に至るあらゆる場所での人間の行為を、無意味なものにしてしまう。それで構わないといったとて、全き無意味のなかでは、人間は生の途上での選択が不可能になってしまう。そこで道徳の古典的定式が生まれたわけである。「自分が他人から為されては困ることを、他人に為してはならぬ」という格率がそれである。もちろん、この場合の「他人」は先に述べた一般的な他者であるのだが、ともかく殺人についていえば、他人から殺されたくないなら他人を殺してはならない、これが社会秩序の大原則である。

しかし、例外のない原則はない。殺人もまたコミュニケーションの一形態なのであってみれば、コミュニケーションの極限的な場面である戦争や死刑にあっては、さまざまな規則を付加した上で、殺人を合法的とみなすことになる。また道徳についていえば、自分の愛するものが凌辱《りょうじょく》されたとき、それにたいする復讐《ふくしゅう》として相手を殺すことは、今では法律的には罰せられるが、道徳的には許されたり称賛されたりする場合もある。つまり、殺人否認の原則から逸脱する特殊ケースが戦争であり死刑であり、あるいは復讐であるということだ。

したがって、議論されるべきは、カルト教団による殺人は認められるべき特殊ケースに当たるかどうかということであったはずだ。少し一般化して、正気と狂気のあいだのグレイ・ゾーンを「妄想」の状態とよぶことにしたとき、妄想における殺人を許すべきかどうかということである。これはカルトのことに限られない。たとえば、両親からの虐待、級友からの「いじめ」あるいは世間からの疎外が甚《はなは》だしい場合、その（心理的な）被害者は妄想といわれて致し方ない心理状態のなかで殺人に赴《おもむ》くことがある。最近、その種の事件が立て続いてもいる。その種の殺人に社会はどう対応すべきなのか。

人間はコミュニカティヴ・アニマルではあるが、その精神には狂気に向かう可能性が含まれている。そして狂気への途中に妄想が待ち構えている。ともかく、狂気に対立するものを正気というならば、社会は、家族から国家までのあらゆる集団において、正気とみなされているやり方を守るのが徳律および法律のルールだとしなければならない。つまり正気ならざるものの振る舞いをきちんと予防し排除し制裁するという規則体系、それがルールなのである。正気とは何か、それは常識・良識から大きく逸脱していない精神状態のことである。分裂症、躁鬱《そううつ》病、神経症などの気味は、多かれ少なかれ、誰しもにあるのではあろう。また、誤解、錯覚、惑溺《わくでき》などにとらわれない人間もめったにいない。しかし、常識・良識をわきまえていれば、それらを制御する能力がおのずと備わるはずなのである。

少年法の適用年限が下げられないのはヒューマニズムのせい

ところが、狂気に言い分を認めるのがヒューマニズムであるという意見が、とくに知識人の方面において、長きにわたって吐かれつづけている。たとえば狂気こそが創造力の源なのであり、知徳のルールを平々凡々と守る正気の生き方は凡庸にすぎない、というふうにである。ルール破りこそがクリエイティヴかつイマジナティヴなのであり、だからルール違反にたいして寛容であることが自由権の発揚なのだというのである。その意味で、狂気に道を譲る言論が、とくに現代になってから増えている。

現在、とくに子供たちが、妄想に陥らんばかりのさまざまな心理的鬱屈《うっくつ》を抱えがちであるということは確かである。しかしそうであればこそ、人々が正気から妄想へ、さらには狂気へと転落するのを防ぐために、正気を守るためのルールが大事になる。狂気や妄想にとていくぶんかの面白味があるのではあろうが、それを面白いと思うためにも、正気が保たれていなければならないのである。

ルールは明文化された規則にはとどまらない。人々の具体的なコミュニケーションの場において、妄想・狂気への転落を防ぐスタイルというものがある。たとえば、かつては、必要以上に喧嘩沙汰を起こすような少年がいるならば、当該のコミュニティ全体として、その子を一方で咎《とが》め、他方で励ますという会話術が張り巡らされていることが多かった。そういうスタイルが、社会が技術によってシステム化されるにつれ、コミュニティから消失していった。狂気・妄想に嵌《は》まる可能性を持っている個性を正気に立ち止まらせるようなプラクティカル・ナレッジ（実際知）が蒸発してしまったのである。

そこにあるのはテクニカル・ナレッジ（技術知）であって、学校でいえば、どう学習するか、いかに成績を上げるか、どのようにクラスの多数派に溶け込むかといったような、紋切り型のコミュニケーション・システムが支配的となった。それにもかかわらず、いわゆる日教組教育に典型をみる近代教育は、生徒に「自我」の拡大を勧め、「自主」の発揮を促す。この現実における価値の一様性と理念におけるその多様性という分裂のなかで、妄想状態に傾く少年たちが増えて何の不思議もない。ましてや世間に出てみれば、人々の自我や自主が金銭・技術にからめとられているという光景が広がっている。もっとはっきりいうと、性ホルモンが多量に分泌されている少年少女たちの前にあるのは、公共の場における性の商品化をはじめとする快楽刺激手段の氾濫《はんらん》といった事態なのだ。加えて、家庭はといえば、父親が「会社」にへばりつく、あるいはそうせざるをえない、という事情のなかで、実質的に母子家庭も同然のものが多い。そこで子供たちは、母親への甘えと反発というアンビヴァレンス（愛憎並存）に苛《さいな》まれることになる。

日本を含め、先進諸国において少年犯罪の激増、凶悪化そして低年齢化が進んでいるのは、現代社会のこうした客観情勢の然《しか》らしむるところといってよい。念のために確認しておくと、その客観情勢の中心には、現代人たちの主観における技術知への頽落《たいらく》という事態がある。少年たちが実際知を身につけようにも、自然との接触、家族との協力、仲間との交友、未来への希望が技術知によって押しのけられたり圧しつぶされたりしているのであってみれば、それに悲鳴をあげたり反発を逞《たくま》しくしたりするので精いっぱいということになる。

厳密にいえば、いわゆる少年法の下では、少年の「犯罪」ということはありえない。つまり、少年法は刑法ではなく、あくまで教育法であり、家庭裁判所などで当該の少年にいかなる教育的指導を施《ほどこ》すか、というのがその法律の趣旨である。もちろんそれには一理も二理もある。定義上、少年は精神的には未熟であるから、自由意思の整合的な体系を持っているとはいえない。だから、一貫した形での責任も問われない。しかし、十九歳まで人間には自由意思がなくて、二十回目の誕生日に急に自由意思が芽生えるということはありえない。人間の正気としての自由意思は、人生の連続的プロセスとして成長している。だから、少年たちに、いかなる法律をあてがい、それをいかに運用するかについては、時代状況に合わせて判断していかなければならない。とくに現在、子供たちの肉体的成長が速く、技術的情報への接触も早い。そうならば少年法の適用年限を下げることにかんして、もっと正面から議論するほかないはずである。

その議論が遅々として進まない最大の理由はもちろん、ヒューマニズムにある。妄想をすら良き人間性の歪《ゆが》んだ現れにすぎないとみてしまえば、人間性への制限を極小にしようということにならざるをえない。欧米において少年法の適用年限が下げられているが、それとてヒューマニズムへの根本的懐疑に発してのことではないのだ。それは、少年たちの引き起こす事件が多発し、ますます過激になっていることへの実際的な対症療法として、出てきているにすぎない。

ここで、自由がなければ責任もない、というカントの命題についてもう少し厳密に考えてみなければならない。自由といっても、人間には妄想・狂気へと入ってしまう可能性が一般的にあるわけであるから、そして妄想・狂気の発現を社会は防止し阻止しなければならないのであってみれば、「責任ある自由」とは、おのれの正気と狂気・妄想をめぐる葛藤のなかでいかに平衡をとるか、という努力のことだということになる。つまり、「責任ある自由」は、おのれの（可能的な）妄想・狂気を抑える自己規制の態度をおのれ自身のうちに取り込むことによって成り立つ。そしてその自己規制法は、おおよそ、自分の発明によるものではない。「躾《しつけ》」と普通いわれているものを、自分流のやり方においてであるにせよ、ともかくも受け入れるということを通じて、正気が保たれるのである。

両親の義務は子供に公徳を躾ること

少年法の思想にあっては、子供たちは公の場では教育は受けても刑罰は受けないということになっている。そういう過保護の下で、子供たちが妄想の状態のなかで正気と狂気の相剋《そうこく》をいかに乗り切るか、についてのバランス感覚を身につけるわけがない。簡単にいえば、子供への過保護は子供からバランス感覚を奪い、結局、妄想に舞い上がった子供にたいして、一時の対症療法として厳罰を科すということになってしまう。

しかし、過保護へのアンチ・テーゼとして体罰に頼りすぎるのもバランスを失したやり方というべきだ。体罰を禁止するのは論外であるが、必要なのは、この場合でいうと、保護と体罰のあいだのバランスについての実際知なのである。両親であれ教師であれ、他人に迷惑をかける子供を咎めることによって躾をなす。その咎め方において、体罰に頼りすぎると、子供のなかで生理的な痛みと心理的な恐怖が直結し、それがその子供の精神の発達（とくに自分における自由と規制のあいだの平衡感覚）を歪めかねない。体罰の適正な在り方は、公式として書き記せるようなものではないのである。その適正基準は、両親や教師にあって、躾の実践過程で探索さるべきものだとしかいいようがない。しかし、その実践に両親・教師が全人的な努力を払うなら、その基準に接近することができる。というのも、かつては、そういう躾の方法が慣習として、というより慣習に含まれている伝統の英知として、代々、伝承されていたのだからである。

子供は生まれたくて生まれたわけではない。親の選択として子供はこの世に生きることになったのだ。そうならば、その子供にたいする第一の責任を負うのは両親である。その責任感がしっかりと確立されていれば、ということは正気を保っている親ならば、体罰の試行錯誤のなかで、体罰の効果と弊害をそれぞれわきまえるに違いない。そうでなければ、このように長いあいだ親子関係の制度が保たれるはずもない。

ところが、今は、子供の権利の名の下に親の義務が放棄されている。本来は、親には適正な体罰を子供に加える（躾上の）義務があり、子供には適正な体罰を受ける（健全に育つ権利という意味での）権利があるのである。教師と生徒のあいだについても、義務教育は大人たちの教育を授ける義務を規定する制度なのであるから、同じことがいえる。ただし、体罰を行使するのは両親・教師の権利だ、体罰を受けるのは子供・生徒の義務だとしてしまうと、体罰の暴走が起こりかねないのである。

私徳というのは、自分の内面において、たとえば篤実《とくじつ》・清廉《せいれん》に生きようと構えることであり、それにたいして公徳というのは、他者との関係において、たとえば公平・勇敢に生きようと努めることである。個人主義の弊害は、私徳についてはヒューマニズムにもとづいて喋々するが、公徳についてはほとんど一言もないという点である。両親・教師に課される義務の主たるものは、子供たちにたいして公徳を躾ることである。もちろん人々の外面的な関係を律するものとして法律があるわけだが、その法律はどのようにしてできるのか。ヒューマニズムにあっては、結局、私徳しか持たぬ人々が多数集まって、それぞれの便宜《べんぎ》を調整するために法律を作るという（社会契約論の）理屈になっている。自分は他者とどういうつながりを持つべきか、つまり他者との協力・責任・情愛のあるべき姿はどういうものか、についての公徳がなおざりにされている。つまり、パブリック・マインド（公共心）にもとづくものとしてのリーガル・マインド（法律心）が欠如している。所詮《しょせん》、私徳の技術的調整として法律がつくられているものだから、対人関係における公徳が育たなくなっている。公徳にもとづかないような法律は、つまるところ、外的強制にすぎない。そういうものは、隙《すき》あらば破られる、ということにならざるをえない。公徳にもとづいて内発的に法律に従う、それが法律心のあるべき姿だといってよい。

しかし、子供にたいする公徳の躾がなおざりにされている。そういう子供が大人になれば家庭、学校、地域社会、職場、議会のすべてにおいて公徳の欠如が目立つことになる。公共心をなくした人々が、妄想に駆られて、殺人を犯してどこが悪いのだというふうに法律心を踏みにじるのは、近代個人主義のおよそ必然の帰結といってよい。

29 家庭は社交場である――親が子に伝えるべきこと

文明が進むにつれて利己主義者が多くなる、それは不可避のことだと思われている。しかし、人間が根源的には利他主義者であることを知らされるのは家族においてである。つまり、その小さな人間関係の束のなかで、人は相手のことを気にかける。夫の立場からすれば、妻のこと、両親のこと、子供のこと、そして兄弟姉妹のことを順に配慮する。

もちろん、その配慮は、家族の場合にはあきらかに身体言語を含めた広い意味での言葉によってなされている。その言葉による配慮の流れの最後になって、そのように配慮の言葉を紡いでいる「自分」というものが存在していることに気づく。いいかえれば、人間が利己的存在であるとしても、それは（他者に配慮するという意味での）利他の振る舞いの最終段階に現れるのである。そのことを家族という社会構造および家庭という社会空間が体得させてくれる。

そうしたものとしての家庭が壊れていくとき、人間はエゴイストに育っていく。実際、理不尽な凶行に及んでいる青少年のほとんどが、壊れた家庭から出てきているのである。したがって、人間の本性がエゴイスティックかどうかではなく、文明が必然的に家庭を破壊するものであるかどうかが問われるべきなのである。なるほど、働き手における職住の決定的な分離、情報媒体から発せられる休みない享楽への誘い、学業成績による人間の篩《ふる》い分け、少子化と高齢化、飢えからの解放、などといった文明の「成果」は、可能性としては、家族の構造を不安定にさせる。つまり、人間は文明の発達とともに病的なまでに鋭い自意識を持たざるをえなくなり、その自意識の過剰が家庭を壊すのである。しかし、家族解体の可能性を現実のものにしたのは、さしたる努力なしに家族・家庭を維持することができる、とみなした文明人の野蛮さである。

しかも、あろうことか、文明の語り部である知識人たちが家庭のなかに主としてみようとしたのは、「自由への抑圧」であったのだ。そのテーゼに、まず素直な女性たちが、次に女性に弱い男性たちが従った。その結果、「自由にたいする規律」を習得できなくなった人間たちが、人間関係を失うという意味での「失関症」に罹《かか》った。それは同時に、生きいきとした感情を失うという意味での「失感症」でもある。それで、「引きこもり現象」が少年から青年へ、青年から壮年まで広がりつつある。

失関および失感の状態でなおも生き延びようとすると、人間は利己的であらざるをえない。利己的でしかなくなれば、社会のなかに残っている徳律も法律もすべて自分を縛る鉄鎖のようにみえる。また、鉄鎖ならば切るしかあるまいと構える。あるいは、そう構える気力をすら失って、鉄鎖を身体の一部だとみなす。それが利己的人間という名の病人の主たる症状なのである。

家族・家庭を当事者にとっても部外者にとっても魅力的なものにする努力は、人生にとって最も意義のある、ひょっとしたら唯一の、事業である。その事業に大きく失敗したら、広い社会のなかで、人間は社会的動物としては失格者として生きるほかなくなる。そうなるのが道理である。文明はその道理を破壊した。だから、文明の社会も瓦解に至る道理である。

家族制度にたいする攻撃

言語ほどではないとはいえ、家族は人類の発生とともに古いとされている。レヴィ＝ストロースにいわせると親族の基本構造は、明確には意識されざる形において、いわゆる近親相姦の禁止というタブーを守るための、女性を交換するシステムである。つまり、婚姻を通じて各家族が他の家族に女性を差し出すということである。これは、家族にまで人間の「交換性向」(アダム・スミス)が貫かれている、という見方である。その説の真偽はともかくとして、何千年さらには何万年にもわたって家族制度が維持されている。そういうものを、自分たち特定の時代の、特定の能力による、特定の価値観をふりかざして打ち壊す、というのは文化破壊の野蛮行為ではないのか。家族を壊すことによって人間が自由になると見込むものが後を絶たないが、その見込みに十全の保証があるというわけではまったくないのである。かくも長きに及んで存続してきた家族制度にたいしては、好むと好まざるとにかかわらず、その重みを引き受けなければならない。つまりその重さのおかげで自分が社会につなぎとめられているのだと知る必要がある。そう考えるのが常識・良識の第一歩ではないのか。

家族にたいする自分の態度を振り返ってみると、それをもたらした自分の知情意（つまり知識、感情そして意志）それ自体が、家族とのかかわりにおける自分の育ち方に強く依存している、と思わざるをえない。自分の理性も感性も行為も家族とのかかわりで形成されてきたことに否応もなく気づく。家族をめぐる人生の「体験」（およびそれに意識化の作業を加えたものとしての「経験」）の場を破壊するということは、自傷行為であり、また自分らの子孫にたいする他傷行為である。

だが、二十世紀に入るあたりから、イギリスでいえばエドワード期の頃より、進歩主義を標榜《ひょうぼう》するものたちが家族制度に攻撃を仕掛けはじめた。自由恋愛や同性愛が、今風にいえばニュー・ライフとみなされはじめたわけだ。日本においても明治の末あたりから、岩野泡鳴《いわのほうめい》の徹底した個人主義がその見本であるように、家族制度を個人の自由にたいする抑圧装置として批判する動きが起こりはじめた。そして二十世紀後半ともなれば、アメリカであれ日本であれ、家族を抑圧の場とみなす風潮が強まり、アメリカ・カリフォルニアなどでは、離婚率が五〇％を超えるということになっている。日本でも、東京などでは離婚率が二五％に達し、またシングル・ライフやシングル・マザーとよばれる生活様式が広がっている。そればかりか、アメリカでは同性結婚を公認する州が出はじめ、それを好意的に受けとめる論調が日本のマスメディアにはある。

確認さるべきは、こうした家族制度にたいする執拗《しつよう》な攻撃を先導し煽動《せんどう》してきたのは、主として知識人だということである。しかも大方の知識人は、自分らが家族制度に多大な損傷を与えてきたにもかかわらず、こうまで家族制度の紐帯《ちゅうたい》が緩んでしまったら、もう後戻りはできないのだから、この家族解体という新しい状況を受け入れざるをえない、などと世間に勧告するときている。

しかし、家族制度がいかに強い粘着力を持っているかが、実は、その崩壊過程においてすら示されている。つまり、離婚率が五〇%を超えようとも、離婚の前には結婚があったのである。また同性結婚にせよシングル・ライフにせよ、それが意味を持つのは、スタンダードとして男女の婚姻があるからである。早い話が、そうした新式の生活が社会の一標準となれば、人口の減少によって人類は滅びに向かうこと必然とみなければならない。シングル・マザーにしても、まず間違いなく、養育や教育における困難のために、二人以上の子供を持つというわけにはいかなくなるであろう。要するに、それらの新式生活は、「暗黙の長期契約」としての婚姻にたいするカウンターカルチャー（対抗文化）にすぎない。

家族の四つの機能

家族の重みは、まず、人間の性格形成における家族の影響力という点にある。家族は、大きく分けて、四つの機能を果たしている。

一つは文化的機能である。人間の文化的営みの中心をなす言語能力の基礎が家族において養成されているということだ。最初に、母と子の身体的接触のなかで幼児言葉の訓練が行われる。もう少し意識の発達した子供は、父母の振る舞いの差を感じとることを通じて、男の言葉づかいと女の言葉づかいの違いを習得する。割りきっていえば、主として母親を通じて言葉の感情性を身につけ、主として父親を通じて言葉の論理性を学ぶ。三つ子の魂百までというが、深い潜在意識のレベルに、両親を経由して形作られた言語能力がその人の人格の礎石として横たわっているのである。

二つめの機能は政治的機能である。人間は、言葉を用いて、未来への計画を立てる。そのために目的を定め、そのための手段を探す。そういう未来への活動の土台もまた家族において作られる。家族全体のことでいうと、何がしかの金銭・物財・精神の蓄えをなして未来に備える。そして、未来への目的を選択し、その蓄えの使い方を決めていく。耐久消費財の購入、家族旅行、子供の教育、事業計画あるいは遺産相続など、家族はつねに何ほどか不確実な未来に挑戦しており、そこにおける決断と（家族およびその周辺への）説得は本質において政治的な機能である。

第三の機能は経済的機能である。この場合の経済的というのは、目的と手段の関係を実際に遂行することをさす。その遂行につれて、家族は、職業や学校や近隣の外部環境や親子・兄弟の内部条件に、刻一刻と適応していかなければならない。経済的といって狭ければ、それは技術的な過程だといってもよく、そこで子供は生活の合理性にかんする訓練を受けるのである。

合理性といい技術性といい、広い意味においてのことであって、たとえば、その家庭の社会的な立場や地位にふさわしい生活を営むことなども含まれる。社会は一個の巨大な「舞台」なのであり、それゆえ家族にもロール・プレイ（役割演技）が要求される。また家族の成員たる両親や子供たちにも、たとえば社長夫婦とか学者家族とかいった立場・地位をみずからにあてがう、つまりロール・テーキング（役割取得）を行う、ということになる。だからそれは、技術的というよりもむしろ適応的な機能といったほうがいいかもしれない。

最後は社会的機能である。これは歴史的といいかえてもいいのだが、文化的、政治的そして経済的な機能を果たすなかで、家族という小さな集団はさまざまな葛藤に巻き込まれる。内面的には夫婦のあいだや親子のあいだに葛藤が生じる、外面的には学校や近隣や職場との葛藤が起こる。それらの葛藤を調整して、家族を再統合しなければならない。つまり、家族の構造を統合したり家族構成員のパーソナリティ(人格)を統合したりする必要がある。そのために家族は団欒《だんらん》や社交の場を設けるということになる。

これら文化、政治、経済、社会の四方面にわたる機能は、家族のみに特有なことではなく、まさに国家を含めてあらゆる集団が担わなければならないものである。集団のみならず、一個の人間の生活においてもそれら四機能の平衡が必須なのだが、それは成人についていえることであって、子供は家族のなかで初めてそうした生活の多面性を学習することになる。

父性と母性の役割分担

つまり人間は、家族の営みを通じて人間活動一般に必要な諸機能を、またそれらの機能の組み合わせとしての人間活動の「構造」を、いわば原基の形において経験する。このことを抜きにしては人間は、おそらく、いくら書物を読もうが、いくら機械を利用しようが、構造的に安定した生活を営むことができない。現に、家族という場所を失った人々は、とくに子供たちは、大なる割合で活動上の機能障害に陥っている。そのわかりやすい例が、少年の非行である。とくに近年において目立っているのは、深刻な少年非行の少なからざる割合が家庭環境によって生じているということである。たとえば、父親が不在であるような家族、つまり家庭における責任を父親が放棄して母親のみが家族を与《あず》かっているような場合に、子供たちの異常行動が目立つ。念のために申し添えておくと、これは、母子家庭ならばかならず非行少年が出来上がる、ということでは全然ない。母子家庭には、子供の養育・教育において、異常なばかりの負荷がかかるということである。

日本において特別なのは、いわゆる「父性の喪失」が格段に進んでいるという点であろう。これは、直接的には大都市における父親の職住分離のせいと思われるが、間接的には、戦後の平和主義や民主主義のなかで、父親が家族の「危機管理」に責任を持たなくなったことの現れといえる。つまり両親の役割分担が崩れているのである。太古の昔から、他者との接衝や競合は主として男が行い、家事は主として女が引き受けるということになっている。もちろんこれには例外があって、一部の前文明的な国々では、母親が外で働いて父親が家事を切り盛りするということも行われている。しかし、おそらくはその心身の構造的な差異のためであろうが、父親が家族の外面的な活動に従事し、母親がその内面的な仕事に専念するという役割分担が家族の基本型であるようだ。

ただし、この役割分担がいつも円滑にいくとはかぎらない。とくに子供にたいする要求や命令の面で、父母の振る舞いが矛盾することがよくある。たとえば、父親が子供に「子供らしく元気に遊べ」というのにたいして、母親が「もっと勉強しなさい」というふうにである。しかしこれをダブル・バインド（二重拘束）などとよんで、父母の意見の矛盾が子供の性格を分裂させる、などと騒ぎ立てる必要はない。子供は両親のあいだの矛盾から、「よく遊びよく学ぶ」のが正解だと見当をつけるのである。

いずれにせよ、人間はホモ・ソシオロジクスつまり社会的役割を担う動物である。その役割体系を固定的にとらえる必要はないものの、役割のことを無視して人間活動を論じることはできない。コミュニカティヴ・アニマルとしての人間は、社会という人間関係の網目を舞台として、その上で役割を演じることによって、互いに意思疎通を行うのである。またその役割演技を通じてそれぞれの人格を形成していく。

もちろん人間の活動は、単一の役割を終生演じるほど単純ではない。互いの役割を交換することもあるし、一人の人間がいくつかの役割を交互に演じるということもある。またその演技のための脚本は、いいかえれば役割の割り振りと役割の内容指定は、舞台の進行につれて逐次書き直されていくことが多い。その意味で人間の活動は不確実である。しかしそうであればこそ、人生の演劇にいかなる脚本を与えるかについて、人間は多大の関心を抱かずにはおれないのである。家族は、そうした演劇としての人間活動にとって、最も重要な舞台であり、そこでの役割構造の中心は父性と母性の関係である。

女性は感情的な能力において豊かであるが論理的な能力に不足しており、男の場合は逆である、という生物的な差異が本当にあるのかどうか、ここでは問わない。仮にそうだとしても、それが今のような男女分業の形をとるのは、近代における新しい情報や新しい技術をめぐる理性の独り歩きのせいだ、ということを強調すべきなのかもしれない。いずれにせよ、時代環境のなかで、男と女のあいだの生来の性質の差に応じて、役割分担がおおよそ決まってくることは否定すべくもない。

夫婦別姓は子供の躾を駄目にする

だが近年、この役割分担そのものを性差別として指弾する声が強い。その好例がいわゆる夫婦別姓問題である。夫婦別姓を許す法律が日本の国会に上程されかかったという事実にみられるように、これは一部フェミニストの特異な主張ではないのである。少なくとも現代日本人が夫婦別姓への強力な反対論拠を持ち合わせていないことは確かといえる。日本では、家族の姓は夫婦のいずれか一方のものをとると法律で決められていて、慣習上、男のほうの姓をとることが圧倒的に多い。女性がわからいえば、自分のたとえば三十歳まで使ってきた名字を社会的な場で失うことである。それが女性の権利にたいする侵害であると批判されているわけだ。仮に結婚までの名字をニックネームとして使ったとしても、たとえば自分のニックネームとパスポートなどに記される名字とが違っているのは不便である、という場合もたしかにありうる。

しかし、別姓の場合には、生まれた子供の姓をどうするかという大問題が起こるのであってみれば、同姓・別姓の利便や不便を論じていても収拾がつかない。論じられるべきは、姓問題において男女の役割分担をどう認識するかということである。

家族の姓は、当然ながら、当該の家族が社会という外部にたいして示すものである。中国のような別姓システムは、男女それぞれの出自家族を明示しようというもので、強固な血統意識に根差している。いずれにせよ、姓は家族の対外的な表示なのであって、家族の内部では名前でよびあっているわけである。欧米でも家族の内面ではクリスチャンネームが互いの呼称である。家族の姓はその外面において重要となるということを押さえておけば、家族にとって外面的な働きをするものは誰であるかがまず問われなければならない。それは男であることが多く、それゆえ男の姓を家族の姓とする、という傾きになったと思われる。もちろん、女たちが社会に、というより男たちの産業社会に、進出していくにつれ、女もまた家族にとっての外面的な働きを担当することになる。それに応じて女たちの姓も家族に冠せよという動きが出てくる。

しかし、ここで厄介な事態が生まれる。男と女が外面的な働きをほぼ均等に分担し、それゆえ家族に、二つの姓をあてがうとすると、外部の人々はその家族をどういう姓で呼んでいいのかがわからなくなる。そうかといって、男女の姓を足して二で割るなどという笑止の沙汰をやってしまえば、男女ともに姓の継承性が失われる。子孫における継承性はさらに乱れる。

そういう技術的なことよりも、現代社会における家族の標準的な在り方として、主として男が外部にたいして、そして主として女が内部にたいして、それぞれ責任を持つべし、という道徳が失われることのほうが重大である。こうした分業体制にもとづく男女の協業こそが家族を作り上げるのだ、という価値観が壊される。もちろんそれは標準型であるから、それから逸脱する家族があって当然である。しかしその逸脱とて、標準からの距離が測定されていなければ、逸脱に必要な努力がどのようなものであるかがわからなくなる。

この標準型の崩壊は、子供の教育上、大きな弊害をもたらす。

家族の外部にはさまざまな危険や危機が待ち構えている。外部の他者と（基準の明確なものとしての）競争を行い、さらには（基準の不明確なものとしての）競合をなさねばならない。その過程で、嫉妬《しっと》や怨嗟《えんさ》もあれば裏切りや背信もある。そういうものを味わって我が家へと帰ってくる父親は、家族とのつきあいのなかで、外部の危険・危機を乗り切るにはいかなる才覚と努力が必要であるかを、主としてさりげない会話を通じて、妻子に伝える。それが子供への躾《しつけ》の根本となる。なぜといって躾の基本は、他者の前での振る舞い方を教えることだからである。

現代社会にあって父親の家庭における滞在時間があまりにも短くなってしまっているのに、それに加えて父親の役割を夫婦別姓などによってさらに曖昧《あいまい》にするのは、子供の躾という点からみて、ほとんど犯罪的といってよいのではないか。

主婦の仕事は家族をめぐる社交のアート

他方、母親は、標準としては、家族の内面の仕事を引き受ける。その種の仕事は、一般に、おおよそ同じことの繰り返しが多い。つまり、炊事・洗濯・掃除にせよ出産・育児・(家庭内) 教育といい、ルーティン・ワークであることが多い。その繰り返しを凡庸《ぼんよう》きわまりないと断じるものが増えている。しかも、キャリアウーマンとやらが専業 (とよばれている) 主婦たちの人生の在り方を貶《おとし》める、という光景までみられる。

同じことを繰り返すということは、人間の活力が乏しいことの現れではない。逆に、同じことを繰り返すことができるのは、その人に活力がふんだんにあるおかげなのである。それのみならず、まったく同じことの繰り返しということは家事においてもありえない。たとえば料理がその典型であって、日々の繰り返しのなかにも日々の微差をみつけるというようなやり方で、その主婦の人格をかけた味というものができてくる。また、その料理を誰にいかに供するかについて、つまり家族をめぐる社交のアートのようなものを、主婦は作り出すことができる。人間の経験の基礎的な層にはいわば「反復の持続」がなければならない。人生の流れは、まず恒常性があって、その上に少しずつ変化が積み重ねられる、というふうに進んでいく。少なくともそれが人生の標準型である。そういう流れを把握するのが家庭における女性の仕事である。そのデイリー・ワークは、愚かな人にはいかにも凡庸にみえようが、少しばかりの洞察力があれば、なぜゲオルグ・ジンメル（一八五八～一九一八　ドイツの哲学者・社会学者）が「家庭を作ったのは女性の偉大な功績であった」といったのか、すぐ了解できるのである。

主婦の仕事にたいする軽侮《けいぶ》は、男たちからも発せられている。いわゆる「会社」での仕事を特権視して、自分たちの妻の「家」での仕事を軽蔑するかのごとき言動を男たちはそれこそ「繰り返し」てきた。そのツケをいよいよ支払わされているのではないか。夫から感謝も評価もされないようなデイリー・ワークにはこれ以上従事できない、と妻たちは反発しはじめている。つまり家庭問題の根は男女関係の歪《ゆが》みにあるということである。恒常的とみえる家事も、仔細《しさい》にみれば、というより視点を変えれば、けっして単調でも単色でもない。たとえば、夫婦が恒常的に行っている性行為は、それ自体としては、公の場で展示することのできない、個的で私的な、さらには獣的な行いである。というより、その獣性に愛情交換をはじめとする文化的象徴化を施《ほどこ》すという、いわば自然と文化の境界線上の営みを行っているのが夫婦である。その営みを凡庸と断じるのは、いわば文化への冒瀆《ぼうとく》に当たる。

エイジつまり年齢は、エリック・エリクソン（一九〇二～九四　アメリカの精神分析学者）のいうように、人生のステージつまり舞台である。年齢を加えるということは、人生という演劇が進行することにほかならない。家庭は、それ自体が社交の舞台であるのみならず、より広い世間との社交のための演技の準備場なのだ。したがって、そこで営まれる夫婦生活や親子生活は、人間の人生をドラマとして成り立たせる前提条件なのである。

性行為の所産として、多くの場合、子供が生まれてくる。両親と子供とのあいだには、今では三十歳近くの世代格差がある。そういう異世代が一つ屋根の下で暮らしているのであるから、可能性としては、そこに大きな緊張・圧力が充満して当然である。

世間では、若いものたちの気持ちはわからないとか、古い人間たちの気持ちはわかりたくもないというふうに、世代間葛藤が演じられている。しかし、そういう人々は自分らの足下をみていないのである。自分の家庭には、まさに性行為の結果として、大きく離れた異世代のものたちが日々同居しているのだ。自分が下の世代に何を伝えるか、上の世代から何を受け継ぐかという世代間のコミュニケーションが家族のなかで行われているならば、世間での世代間葛藤に驚いたり嘆いたりすることはない。いずれにしても、家族は社会の縮図であり、社会の難問と同種のものが家族のなかにつねにあるといって過言ではないのである。

どんなエイジつまり時代も、性差および世代差の仕組の上に成り立つ。「年寄りの男」でも「若い女」でもよいが、ともかく、一方の性の特定の世代だけが我が物顔をしている時代というのは、その演劇的構成において歪《ゆが》んでいる。そしてそうした歪んだ時代は歪んだ家庭と互いに映し合っているのである。

家族には、夫婦と親子のみならず、親戚や兄弟姉妹というものがある。同性間もしくは異性間の葛藤の原初的形態が、また、友人間の葛藤の擬似形態が、親戚のあいだや兄弟・姉妹のあいだで休みなく演じられている。それのみならず、社会が物質的に豊かになってくれれば、しばしば、ペットが家族の準構成員となる。人間と動物の愛情交換が行われるとともに、ペットは、人間たちの葛藤を昇華させる聖域ともなる。つまり、第三者としてのペットがいることによって、ペットへの愛情表現を通じて人間たちの葛藤を止揚《しよう》する、という複雑な演技が家族のなかで行われている。さらに、家族には隣人たちがいる。隣人関係は、それがコミュニティの基本であるからには、相互の依存や連帯を建て前としている。だから、そこに、何ほどかの感情共同体が生まれることは否定できない。しかし同時に、隣人関係の潜在層には、いつも、相互の反発や敵対が隠されている。とくに現代の都会にあっては、隣人は実質的には未知の人である。つまり都会の隣人関係は危うい平衡の上に成り立っているのだ。

家庭という場を、普通の職業の場のように技術的・合理的なシステムで処理することは不可能である。それほどに複合的であるのが家族である。女性たちがデイリー・ワークを繰り返すのも、そういう多様に分裂し錯綜《さくそう》している場は、ある種の恒常的な活動を中心に据えなければ、維持することができないからだといってよい。

近代社会で拡大させられてきた、あるいは公共の場にせり出してきた、産業的・職業的な活動と比べて、家族の構造ははるかに多様性に満ちている。そのことを当事者たちが正しくとらえていないものだから、家族の維持のために注ぐ努力が量的に減少し質的に拙《つたな》くなっている。現代におけるはてしない難問の製造所、それが家族だ、ということになってしまっているのだ。その結果、子供たちが社交（人間交際）の基本を生活のなかで習得できなくなり、そしてそれに拍車をかけるようにして、システム化された学校やコミュニティが子供たちを待ち構えている。そこで子供に生じるのは失関症とでもいうべき傾向、つまり人間関係を取り結ぶ能力の喪失である。社交的動物としての人間にあって、失関症に陥れば、人間らしい感情も失われていく。無機的な表情や行動を示す若年者が増えているのはそのためだと思われる。

夫婦における死の共感

家族の抱えている複雑さのうちの最たるものは、人間の死および死についての意識だと思われる。人間だけが死のことを明確に意識する。それを意識するがゆえに人間は、人生という物語によって時間を解釈するという特別の動物になる。そして、その死がどこで迎えられるかというと、多くの場合、家族の場においてなのだ。とくに平常時においては人間の死を看取《みと》るのはその家族である。

死は終局的にはあくまで当人のもの、つまり個的かつ私的な出来事である。他人の死にいろいろと想像をはたらかすことはできるけれども、本人が感じとる死の意識と比べれば、他人による死の洞察は部分的かつ皮相的なものでしかない。しかし死は、個的で私的なものであるにもかかわらず、人間は、自分だけでそれを引き受けるには弱すぎる。「人間は考える葦《あし》である」とパスカルはいったが、その意味は、死について考え、考えることによって恐れてしまう弱い存在が人間だ、ということにほかならない。

人間は、死にゆく自分を我が事のように感じとってくれる他人がいる、と思うことによって、死の不安や恐怖を克服しようと願う。夫婦というものの真の複雑さは、連れ合いの死をほかの誰よりも深く思いやるという予見のうちに夫婦が生きているという点にある。今でいえば、他人の死は、相当に身近な人間の死であっても、一週間もたてばおおよそ記憶の片隅へと追いやる。もちろん何年も経ってから、他人の死についていわば思想的に深い思いを抱くことは可能だが、実感において、自分が死を迎えたほどの深い感覚で他者の死を受け止めるという可能性は、夫婦をおいてほかにはまずない。夫婦という連れ合い関係のなかでは、その関係が希薄になったといわれている今でも、相手の死を自分の死のように感じとっている場合が少なくない。また、そうであると思えばこそ、自分がかならず死ぬということの、というよりそのことを意識するということの絶望に耐えることができているのである。

そこに一夫一婦制の秘密があるということかもしれない。一夫一婦制の（とくに財産相続をめぐる）歴史的由来はともかくとして、一夫一婦制の根拠は、死の意識を引き受けることができるのは、一人の男と一人の女の長期にわたる濃密な関係の場以外にはほぼありえない、という実存的な事由にあるのだと思われる。訳知り顔の文化人類学者が一夫多妻制もあるとか一婦多夫制もあるというが、なぜ一夫一婦制の普及力が強いのかということを説明しようとすると、自己の死については他者との感情的に深いコミュニケーションを必要とする、という事実に注目せざるをえない。平均でいって五十年に及ぶ固定的で複合的な男女関係だけが、そうした死についての共感を可能にするのである。

死の問題は男女関係のいわば出口にかかわることであるが、その入り口でいえば、多くの場合、男女の婚姻に至る接触は、ほとんど偶然から始まる。同じ学校とか同じ職場とか、同じ地域とか同じ友人とか、偶然といってさしつかえないものを契機として男女が結婚に達する。浅薄な合理主義で解釈すると、それは偶然にすぎないのだから、ほかの偶然に遭遇したら、ほかの異性に乗り換えていいのではないかということになり、たとえば結婚・離婚を繰り返す。その手合が日本でも増えつつある。しかしその合理は、人生という長期の期間にあっては、まったくの不合理に転化するのだ。

人生が偶然に左右されるというのは、男女関係にかぎらない。自分がどの国の国民であるかは、自分の選択ではない。両親が性行為をなしたことの偶然の産物といえる。その国家がたとえば戦争のような危機に直面するのも、それに自分が直接にかかわらざるをえない年齢にあるというのも、偶然である。そのほか、自分と職場、地域、学校などのかかわりにもすべて偶然が作用している。人間は合理的と思われる計画を立てて活動しているのだが、それは、偶然という大海を小舟でかろうじて渡っているようなものにすぎない。人間の未来はいつも偶然からくる（確率的に予測できるものとしての）危険と（確率的に予測することなどはできないものとしての）危機とに直面しているといわなければならない。人間がおのれの生に何らかの物語を与えるということは、そうした危険や危機にたいしていかに責任をもって応じるか、その責任の取り方のなかで自分の人格をいかに形成するか、ということにほかならない。

男女の偶然に発する長期的接触の場は、人生一般にともなう偶然の危険・危機にいかに立ち向かうか、ということのための最大の訓練場だといえる。男女関係において責任をとれないような人間は、おそらく職業上の危機にたいしても責任をとれないであろうし、ましてや国家の危機に際して責任をとれるはずがない。

そう考えると、男女関係の基本は、偕老同穴《かいろうどうけつ》とはいわないまでも、どちらかが死に至るまで連れ合い関係を保とうとする暗黙の契約である、とみなければならない。それが人間の人生に結構《けっこう》を、つまり「良い形」を、与えるための必要条件だということができる。

一夫一婦制は、人間存在のそういう深い必然に発することだと思われる。

婚姻関係が乱れているということは、現代人の危険・危機にたいする対応能力が弱くなり、危険・危機への対応を福祉政策や安全保障条約といった社会のシステムにすべて委《ゆだ》ねようとしていることと密接につながっている。現代人の危険・危機にたいする無能力および無責任が、はしなくも婚姻制度への軽侮として現れているのではないか。

家庭内コミュニケーションの変幻自在ぶり

男女関係にせよ親子関係にせよ、そこで行われていることは、たしかに何の変哲もないことの繰り返しである。それだけを強調すれば、家庭の場での人間は実にちっぽけな存在である。革命を呼号している人間も宗教の説教をしている人間も、家庭のなかでは所詮《しょせん》ドアーフ（小人）である。しかし、ドアーフであればこそ、自分の視線が低くなって、低くなったぶんだけ、人間の有り様について細かなことがみえてくる。あえて極端をいえば、連れ合いのちょっとした表情のなかに人生の深淵《しんえん》を窺《うかが》い、子供のちょっとした沈黙のなかに自殺へ向かうものの苦悩を感じとることができるということだ。

現代人は、優秀な技術でみずからを武装し、大げさな理論を口にし、途方もない計画を発表している。そうした大きな変化へ向けて突撃せんとしている現代人は、いかにもジャイアント（巨人）にみえるのだが、それは、人間存在の細かな絵模様がだんだんみえなくなってくるということである。

ドアーフたちによる濃密なコミュニケーションの場、それが家庭である。現代人はそのことを忘却したのみならず、家庭という小さな空間のなかで、互いに相手を呑み込む勢いで、それぞれの個的かつ私的な自我を肥大化させている。しかしその肥大した自我のなかに収まるものはといえば、新技術による新刺激、といった程度のものにすぎない。しかもその刺激の持続力たるや、陽炎《かげろう》のように短いのである。そして凪船のように膨らんだ空虚な自我は、家族が大きくひびわれるときに、同時に破裂するのである。

だが、ジャイアントにならんとする傾きが人間のなかにあることを素直に認めなければならない。というのも、人間の言語活動はかならずや新しい表現を創り出すようにできているからである。その新しい表現の可能性において、自分が主体であることを自覚し、その主体性の発揮に自分の自由を感じるというのも、言語的存在としての人間の逃れがたい傾きである。このことを家庭についていえば、家庭というのは一面からみれば濃密なコミュニケーションの閉じられた場であるのだが、他面からみれば、家庭は外部に向かって開かれ、外部からの新しい刺激に応じて徐々に内部も変えていきもするということである。

その意味では、家庭は社交の場である。外部のものたちを招き寄せて社交を営むのも家庭の仕事に含まれる。昔は、時節や出来事に応じて他者を招き寄せ、そこで馳走《ちそう》を供し、会話をはずませる、という活動を家庭はやっていた、少なくとも中流以上の家庭にあってはそうであった。今も、ヨーロッパの中流以上の家庭は、他人をもてなす最高の仕方は、家庭に招くことだと考えている。立派なレストランで高価な料理を馳走するのはまだ低水準のもてなしであって、家庭の料理と家族との会話が他者にたいする信頼の最大の表現法とみなされている。

家庭人は、外部のものたちとの社交の能力をどのようにして身につけるのか。それは、家庭の内部がすでにして社交の場だ、ということによってである。夫婦や親子のあいだにおいてとて、感情的一体性にもとづく相互了解というのは、厳密には、成立しえない。男と女そして親と子は、互いにどれほど背丈を低くして細やかなコミュニケーションをやってみたとて、結局のところは、わかりあえない。家庭は、外部と比べればもちろん同質空間であるが、それをさらに腑分けしてみれば、そこには異性間および異世代間の、いわば他人同士のコミュニケーションが展開されている。その面では、家庭のなかでも何ほどか他人行儀の会話や振る舞いが要請されるのだ。互いの親近と疎隔《そかく》とをほとんど同時に展開してみせる、という意味で家庭内コミュニケーションは表現上のかなりに高度なアートだといえる。家庭が内部的には女性中心となるのも、そのアートにおいてどうやら女性のほうが優れているからだと思われる。

ジンメルは、女性の「媚態《びたい》」を分析して、「イエスとノーの同時存在」ということをいった。女性の媚態には男性を惹《ひ》きつけると同時に撥《は》ね返すという二面性があるということだ。たとえば夫婦のあいだには「おまえ」「あんた」という馴れ合いの関係があるのだが、同時に、所詮偶然に発した関係ということもあって、相手にたいする配慮や礼儀もなければならない。親子の関係においても、「おい」「なんだ」という乱暴が許されているが、同時に相手の真剣な問いにたいしては真剣に応えるというような作法がなければならない。つまり、家庭のなかで、主として親しさと冷ややかさの組み合わせや交替をめぐって、イエスとノーとの同時存在をうまく表現するための訓練がなされているのである。そういう訓練があればこそ、外部のものを社交に招いたときに、巧みな社交を家族がこぞって展開することができるということになる。そういう（身振りを含めた意味での）言葉づかいの両義性において、女性の能力は、少なくともその潜在能力は、男性のそれをどうやら凌駕《りょうが》しているらしいのである。

家庭を引き受けられないものは何事も引き受けられない

社交術とは、具体的には、言葉づかいにおけるバランス感覚である。言葉づかいの実際知が家庭およびその周辺で訓練されていなければ、学校においても地域においても、職場においても議会においても、言葉を上手に駆使できるわけがない。職場のことを例にとれば、職場は合理的な打算の場であって、家庭は感情的な親愛の場だというのは極端比較にすぎない。会社のなかにも、愛情や信頼をめぐる共同体的な要素が何ほどかはある。ましてや一緒に仕事をしている同僚ともなれば、競合相手でありながら連帯相手でもある。その二重性にうまく対応できなければ、職業人として失格である。と考えてくると、社交のアートを鍛える不可欠な場所、それが家庭だということに気づかざるをえない。

社交というのは単なる世間知がやりとりされる場ではない。むしろ、人間のなすことのすべてが社交だといったほうがよほど正しい。福澤諭吉はそれを「人間交際」とよんでいる。彼によれば、「すべての学問は人間交際のためのもの」である。たしかにその通りで、コミュニカティヴ・アニマルは人間交際の場でその言語能力を実践するほかないのである。政治的表現であれ日常的実践であれ認識的実践であれ、社交なしの実践はありえない。そして諭吉は人間交際つまり社交において決定的なのは、言葉づかいにおける徳と知、とくに（人間関係を律するに当たっての）公徳と公智だと指摘してもいる。その意味で、言葉づかいの訓練場である家庭は一個の公共空間なのである。

社交には、ということは言葉には、さまざまな二重性がつきまとっている。あの人は思慮深い、という簡単な科白《せりふ》にすら、あの人は慎重だが臆病だ、あるいは逆に臆病だが慎重だ、といったふうに、二重的な意味合が何ほどかは随伴するのである。そうした二重性の凝縮した場所が家庭である。だから家庭を引き受けられないものは何事も引き受けられないのである。

家庭は社会からの逃避先ではない

家庭のなかに社交の原型があるというふうに考えることは、家族を共同体とよぶかどうか、あるいは共同体という言葉をいかに解釈するか、ということと深い関係がある。通常、家族が共同体であるというのは、その感情的一体性に注目してのことである。そこから類推して、かつての村落共同体も天皇制日本も感情的一体性によって彩られたゲマインシャフトだといわれている。しかし、家族においてすら、感情的一体性によって塗りつぶされているわけではない。そんなところに社交が展開されるわけもない。社交とは自他のあいだの距離を縮めるとともに伸ばす、という同時的な作業のことだからだ。

家庭をあえて社交の場とよぶのは、感情的一体性を持つのが共同体だという論にたいして距離をおきたいがためである。家庭のなかに社交があるということは、そこにすでに家族構成員たちの私心のみならず公心が、そして個心のみならず集心があるということである。そのことを踏まえて、家族を共同体とよぶときには、共同体ということの意味を別様にとらえなければならない。

つまり、共同体を形式もしくは枠組としてとらえるということだ。家族にあって、コミュニケーションの形式がきわめて多様であり、その多様な諸形式が重なり合わされているところに、感情的一体性がいわば仮象として浮かび上がる。だからそれは、日本語の通常の語感からいえば、共同「体」というよりもむしろ共同「形」といったほうがいいのかもしれない。しかし「体」には、体裁とか体面という言葉もあるように、「形」という意味があるのであるから、あえて言い換える必要はないであろう。

そのようにコミュニケーションの諸形式の重なり合ったものとして共同体のことを定義すれば、国家を共同体とよんで何の不都合もない。その意味は、やはり日本の国・家（つまり国民とその政府）には何ほどか特有の形式的な枠組があって、それが日本の徳律や法律に表されているということである。その意味でも家族は、国家をはじめとする諸集団をいかに引き受けるかということの原点となるのである。

逆にいうと、家族を形式的であるのを超えた内容的な共同体としてしまうと、国家を国粋主義的に賛美する見方につながって、日本のものはみんな愛して外国のものはすべて排するという排外主義に陥る。コミュニケーションの形式は、外部のものを招き寄せるための形式でもあるわけであるから、それを国家でいえば、国際社会とつきあうための日本の形式へと、つまり開かれたナショナリズムへとつながっていくことができる。

近年、日本人の活力が衰えているといわれているが、その最大の原因は家族というものを社会からの（それゆえ国家からの）逃避先とみなしてきたからではないのか。家庭におけるコミュニケーションの訓練は、むしろ、自分が「国の民」となるための、そしてコミュニカティヴ・アニマルとして快苦相半ばする社会に参画するための、出撃準備なのである。家庭に引きこもり、そうすることによって家庭を破壊するという傾向が世界の各国にみられはする。しかし戦後日本は、家族から国家に至る一切の共団体を壊すことに進歩を見出すという精神の勾配《こうばい》を、急速度で滑り落ちたせいで、その傾向があまりにも顕著なのである。それが現下における日本人の活力低下の元凶なのだと思われる。

30 地域社会は道徳の訓練場である

地域社会のことを英語でコミュニティとよぶのが人々の習わしになりつつある。コミュニティとは「共同的《コモン》であること」だ。しかし地域社会のことを日本語で「共同体」とよぶと、人々は「人間の個性を抑圧する場」のように聞こえて嫌だと不平をいう。とりわけ個性尊重に喧《やかま》しい知識人が共同体という言葉に反発する。もう少し言葉というものに誠実にならなければ、知識人として恥ずかしいのではないか。

地域共同体といわれてたじろぐものたちが、「共同《コモン》の意味《センス》」および「共同《コモン》の感覚《センス》」としての常識《コモンセンス》を大事と思うわけがない。コミュニティは、その景観やそこにおける仕来たりを通じて、とくに子供たちが常識を養う場所である。景観といい仕来たりといい、コミュニティの構造にかかわることであるから、その常識には、地域共同体に貢献するのが人々の「権理」である、という命題が含まれている。

権理というのは福澤諭吉の時代の言葉で、今、それは権利といういささか卑しい言葉に変わってしまった。人間は地域共同体のなかで社会的動物になり常識を身につけることができるのだから、そのお返しに地域共同体に貢献しなければならないのではないか、というように自分の公心をめぐって「正しく《ライト》」理《ことわり》を権《はか》った上で、自分に許されていると判断される行為がある。その行為の可能性が権理《ライト》である。

それにたいし権利は、正しい理のことなどはそっちのけで、地域共同体からどれだけの利益を得ることができるかを、私心の上で権ったものである。そういう権利のぶつけ合いをやりつづけた結果、そこを訪れる他者たちに自信を持って展示できる共同体がなくなった。それが現代日本人の都市であり田園である。いいかえれば、自分らの公心を具体的に示す最大の手立てを自分らで壊したわけだ。日本の大人たちは、自分たちの公心がいかに貧しいかを社会に平然とさらした挙げ句に、自分らの子供たちに公心が乏しいと嘆いている。

言葉は、最終的には自分は何者かと問うためのものだとしても、その前に、他者に差し出されなければならない。それと同じく地域共同体も、他者に展示されるべきものである。その展示物を作らずに壊すのみというのは、現代日本の最大のスキャンダルではないのか。子供たちの教育課程に「奉仕義務」を含ませる段取りになっているが、その奉仕の対象たるコミュニティなるものが大人たちの奉仕の精神によって作られてきたとはとても思われない。それがコミュニティの現状である。

あえて乱暴にいうが、奉仕《サーヴィス》とは奴隷《サーヴィテュード》として仕事をすることである。問題は何にたいする奴隷なのか、ということだ。病院をはじめとするさまざまな公務《パブリック・サーヴィス》の施設は、実のところ、人々の権利の調整の場所であることが多い。そんなところで奉仕をさせても、子供たちの公心や権理が高まるとは思われない。大人たちの公心・権理の活動を子供たちに展示し、そこで子供たちに奉仕させるのが筋道であろう。だがそのためには、まず、共同体という言葉を忌避《きひ》する大人たちをどうにかしなければならない。それを子供たちの実力で始末してもらうのでは、ポル・ポトの所業になる。結局、日暮れて道遠しといえども、一人びとりが地域共同体における子供の躾《しつけ》方、老人の介護の仕方、挨拶の仕方、社交の仕方、相互扶助の仕方、庭やヴェランダの展示の仕方、商売の仕方において、公心・権理を発揮していくほかないのではないか。

人々の生き方と深く関係している都市・田園

都市および田園のコミュニティ（地域社会）を形成する作業において、戦後、我が国は失敗を重ねてきた。というより、国民およびその政府は、その問題に主たる関心を払ってこなかったということである。だから、今の日本は、金銭的および技術的に世界のまぎれもなき大国でありながら、世界に誇るべき都市や田園を持ち合わせていない。そのことが国の内外で認められてしまってもいる。

世界に展示することのできるコミュニティとはどのようなものであるのか、それについてはいろいろな議論がありうる。しかし衆目のおおよそ一致するところとして、田園の最高形態はイギリス南部（ケント州あたり）にあるといってよいのではないか。ガーデン・オブ・イングランド（イギリスの庭）といわれているその地方には、実際、いくつもガーデニングの見本のようなものが点在していて、観光客を集めている。

すでに十七世紀から、ヨーロッパでは、いわゆるプラント・ハンター（植物採集家）という独特の職業があり、宮廷などから援助を受けていた。その頃から世界に頭角を現しはじめたイギリスも、世界から集めた植物のうちで自国に移植・栽培できるものを見つけ出し、そうすることによって、イギリスの（食料のみならず）景観を飾りたて、具体的にはみごとな庭園を作ってみせる、という努力を開始した。それが大々的に展開されたのはヴィクトリア期においてであって、そういう長い経緯の下に、今、イギリスにみごとな田園地帯が広がっているのである。

他方、都市についていうと、これも大方の意見として、最も魅力的な都市群はイタリアに展開されているのではないかといわれている。古代ローマ以前から始まる都市国家群が、その長い文化の変遷をすべて蓄積しつつ現代に生かしているのであるから、文明と文化の融合を楽しめるのは、どうやらナポリ以北のイタリアではないかということになっている。

田園にせよ都市にせよ、その在り方は、単に物財の面での環境ということだけではなく、コミュニティにおける人々の生き方と深く関係している。わかりやすくいえば、イギリスの田園地帯では、多くの人々が、人生における最大の喜びは庭作りにある、といったような生き方をしている。イタリアの都市においても、多くの人々が、歴史の豊かな都市のなかで家庭生活および社交生活を楽しむことが人生の課題である、といった趣きで暮らしている。

日本にはイギリスに優るとも劣らぬ歴史があるし、その自然風土も、世界に類例がないといっていいささかも誇張ではないほどに、恵まれている。だから、時間をかけて系統的に整備していたならば、とくにその金銭力と技術力をもってすれば、日本は世界に冠たる都市・田園の社会的システムを構築できたはずである。そうならなかったのは国民にその自覚がなく、それゆえ政府もその準備をしなかったということだ。その結果、経済大国・日本は、気がついてみたら、見るべき都市・田園を持ち合わせていないということになっている。

日本に諸外国の観光客があまり来ないのは、日本の物価が高いからとか英語が通じないからという理由だけとは思われない。物価のことにさほど意を払わない諸外国の金持ちの旅行好きも、日本語を喋れる外国人も、日本には魅力を感じていないようだ。日本の魅力、それは日本語を喋れる外国人に法外なカネを払う企業が多い、ということくらいだと彼らは考えている。それは、観光客を深く感動させるような都市・田園が日本に少ないからではないだろうか。

そういう状態を正当化するために、たとえば西洋の建築物は石材中心で耐久力があるのにたいし、日本のは木造建築が多いので、その歴史的保存が難しい、ということがよくいわれる。しかしそれは、やはり弁解にすぎない。

ヨーロッパ全般にみられることであるが、まず都市を取り囲む形で広大な田園が広がっている。田園には、当たり前のことだが、石造の建築物が乱立しているわけではない。田園にあるのは植物であり、そして木造の建築物も少なくない。というより、木造の建築を、用意周到に加工し保存している、それがヨーロッパの田園風景を美しくみせている一つの要素だといえる。そういう田園に囲まれていればこそ、都市の輝きも増すということになっている。

四、五百年の歴史を持つ木造建築物が、文化的な施設としてばかりではなくて、人々の日常生活のなかに組み込まれるかたちで保存されている。しかもそれが、技術文明と巧みに結び合わされている。要するに、歴史の維持に払われている時間と費用が並でないということだ。日本の場合、公共機関が特別の政策として古い建物や品物を保存することはあっても、国民生活全般と有機的に組み合わされる形での歴史の保存には、あまり意を用いてはいないのである。

コミュニティ環境の破壊が「恐るべき子供たち」を生んだ

コミュニティの姿は人々の意識に、とりわけ道徳観に、大きな影響を与える。たとえば美意識についていえば、スラム街に美を感じることもありえないことではないが、一般的には、落ち着いた景観を持ったコミュニティのなかで人々の美意識が養成される。その養成にとって、人々が、物心のつく前からどういう自然や文化に接するか、ということが肝心である。過去を想うことが、すでにして、現在への批評の第一歩である。過去を想わせる環境が貧しければ、人々の言動もまた乱雑になりがちとなる。とくに荒れ果てたコミュニティ環境のなかで育つ子供たちは、その性格形成において、深刻なトラウマを負うのである。つまり、美のみならず善や真の意識も、グッド・フォーム（良い形）という観念と結びついているのであってみれば、人々の生活における感覚に均衡を与えてくれるような環境条件を必要とする。都市・田園の環境条件が整っていれば、人々の振る舞い方にもある種の安定が訪れる、と期待できる。そうした期待を無残に踏みにじるようなコミュニティ破壊を半世紀間に及んで続行したのであるから、戦後日本が道徳から遠退《とおの》いたのも当然といわなければならない。

環境が人間の活動のすべてを決定するわけではもちろんないのだが、幼少年の段階でいえば、環境から受ける影響は大変に大きい。その点、自負心をもって他者に見せることのできるようなコミュニティ環境を作るのに失敗した、作ろうと心掛けることすらしなかったというのは、戦後日本人の生き方およびその基準としての道徳を溶けて流れさせる引き金になった。子供たちに良いコミュニティ環境を残すべく努めないような大人たちに、子供たちが強い信頼を寄せるわけがない。戦後世代は、過去からの物心両面の遺産をほぼ蕩尽《とうじん》したのだ、といってさしつかえないであろう。そうした不道徳に決算書をつきつけている、それが今のいわばアンファン・テリブル（恐るべき子供たち）の反乱なのだと思われる。

二十世紀前半までの日本は、むしろ、そうした環境作りに精出していたのだ。実は、イギリスのガーデニングそしていわゆるガーデン・シティ（田園都市）の創出は日本からの強い影響の下になされたのであった。それくらい、明治中期までの日本は美しかった。都市が全体として一個の巨大な庭園であるかのように思わせるコミュニティ作りが日本の随処で行われていたのである。

とはいうものの、近代主義によるコミュニティ環境の破壊も、すでに百年も前から顕著ではあった。だから、戦後の問題性とは、そういうコミュニティ破壊への反省を戦前以上に乏しくさせてしまった点にある。あの大戦争による破壊のせいで、近代日本の内なる破壊性についての自覚もまた破壊されたということなのであろう。しかしようやくにして、現代日本人はみずからのコミュニティが惨状を呈しつつあることに気づきはじめた。日本にあって都市の荒廃は、大都市の繁華街において最も目立っている。一言でいえば、商業主義が露骨すぎるために、「ソドムの市」めいた雰囲気が立ち込めているのである。そして地方の小都市にまでそれが及んでいる。コマーシャリズムに呑み込まれた都市のなかを徘徊《はいかい》している大衆の姿は、まぎれもなく、束の間のファッションに漂うもののそれである。そこに犯罪者およびその予備軍ともいうべき外国の不法滞在者が次第にその数を増してくるのであるから、日本の都市群を特徴づけているのはいわば爛《ただ》れ現象だといえよう。日本の弱年者たちがそういう荒廃をむしろ都市の常態と思っている。そういう光景が広がってくると、都市コミュニティを壊したことの結果として次世代の感覚世界が深い溷《こん》濁《だく》に入ったのだ、と思わずにおれない。

都市の構造が公共的イメージを反映する

もちろん、コミュニティ破壊も人間性の必然だといえなくもない。イギリスを例にとれば、産業革命期のコミュニティ破壊はすさまじいものであったし、その環境破壊のなかでロンドンは犯罪都市に変貌したといっていいすぎではない。また、羊毛産業の勃興《ぼっこう》や農業の資本主義化によるエンクロージャー・ムーヴメント（囲い込み運動）によって、イギリスの田園は徹底的に荒廃させられたのであった。イタリアにおいてとて、オーストリアやフランスなどの外国勢力も関与した絶え間のない戦乱・内乱のなかで、歴史的な文物が無残に破壊されていったのである。そして今、アメリカの諸都市には銃器や麻薬が溢《あふ》れている。そしてアメリカを見習おうとする発展途上諸国での都市・田園の破壊は眼を覆うほかない有り様になっている。というように数え上げてみると、戦後日本のコミュニティ破壊はまだ軽症だという見方もできるのであろう。

だが、西ヨーロッパに一日の長があることは認めなければならない。西欧は、十九世紀においてコミニュニティ破壊が極点まで達したとき、歴史の軌道修正をしなければならないと自覚したのである。日本にとって今がそうした自覚のときなのかもしれない。その自覚が日本の各地で澎湃《ほうはい》と起こっているともいえる。しかし同時に、せっかくのそうした動きが、市場主義的な動きによって、次々と蒸発させられている。つまり、九〇年代における未曾有の長期不況から脱け出るためにいかに市場を活性化させるか、ということが各地の住民の最大関心になっている。しかもそれが、規制緩和の掛け声の下に実行されようとしている。そうした規制なき市場化がコミュニティ破壊をもたらす。なぜといって、コミュニティとは規制の体系のことにほかならないからだ。その現状に堪えられないものは、西欧のことを、あるいは日本の過去のことを、繰り返し参照しなければならないのである。

一口に都市・田園といったが、人間におけるコミュニティ破壊の性向をどうみるかは、国民国家の形成に当たって都市と田園のどちらがイニシアティヴを発揮するかということと深いかかわりがある。通常、環境主義に立てば田園とそこにおける農業こそが国土の基盤であるとされる。それにたいして都市は新しい実験を行いつづける場所であるのだから、国土の破壊へと向かわざるをえないとみなされる。

しかし、そうした二分法には無理がある。国土の保全のためにはイマジネーション、アイディアそしてプランが必要である。自然と文化の保存のためにも新しい発想が必要であるとすると、都市の革新的な精神こそが国土の保全にとって決定的なのだということになる。都市の活動を除いては田園の維持はありえない、都市と田園の有機的関連も確保できない、というのはその通りなのであろう。

ここでも参考に値するのは、西欧における都市の内容および都市と田園の連関である。ヨーロッパ諸都市の平均的な形態は、シティ・センターに、教会のような宗教的・文化的な建物、市庁舎のような公共的・政治的な機関そしてギルド会館やマーケットのような経済的・商業的施設が並んでいるというものである。つまり、文化と政治と経済という三角形が、市民の集う広場を、つまり社会の中心を、囲んでいるのだ。それは、都市の構造が人々が社会にたいして抱く公共的なイメージを、反映しているということである。近代的な工業や商業は都市の中心には現れてはこない。それらは都市の周辺部もしくは新市街地におかれている。

それのみならず、都市部と田園部はできるだけ有機的な連結を保てるように配慮されている。つまり都市と田園を一まとめにして、その地域の自律性が確立されるようになっている。都市の生活物資の相当部分が周辺の田園からおおよそ供給される。だから、イタリアの都市がその典型なのだが、周辺の田園を含んで都市国家となっているのである。かつて中世から近世にかけて、農民たちは基本的には都市の城壁のなかに暮らしていた。都市間の抗争が起こったら、城内に逃れるためである。城内からの出向として農業に従事するという形で、都市と田園がつながれていた。その残響がヨーロッパの諸都市にはまだ聞こえるのである。日本においてとて、城下町や門前町はパブリックなものを中心にして構成されていた。都市と田園の連結も密であった。しかし日本の近代化には、そういう歴史の遺産を破壊するのが進歩だ、とみなすところがあった。とくに戦後になると、市場的利益を優先させて私的空間を拡大し、採算重視で遠距離から商品を運び、というよりそうした商品のためのマーケティングを重視することが都市の基本的な活動となったのである。

首都・東京のど真ん中には皇居という日本国の象徴的な場所がありはする。しかしその周りは大企業のビルディングが並んでいる。また、東京にも明治神宮とか新宿御苑のようなものがありはするのだが、人々の公共生活の中心になっているわけではない。狭い住空間に育つ子供たちのためにと称して児童遊園地がたくさん作られてはいるけれども、そうした人工的な遊戯施設に、子供たちは親しめないでいることが多い。

また、東京がマンモス化して、そこに政治および経済の機能が一極集中化してしまった今の事態を改善すべく、いわゆる「首都移転」が当然のこととして推し進められているのも奇妙である。「集積のメリット」を投げ捨てるなという反対論もあるが、それ以上に反対の論拠となるのは、首都はその国の公共イメージを演出する場所だという点である。政治に始まり経済、社会を経て文化に至るまでの国家の総合的な姿が表現されていてこその首都である。東京の諸機能を分散させることは、疑いもなく、ただでさえ分散している日本の国家イメージを雲散霧消《うんさんむしょう》させる仕儀となるであろう。

コミュニティ作りに住民の道徳観が現れてくる

公共意識の問題を端的に表す一つの事実がある。それは、西欧の諸都市では、私宅の外面は公共的なものだと認識されているということである。そのことが法律によって定められている都市も少なくない。たとえば壁の色、ブラインドの色、庭の姿、屋根の色までもが、コミュニティの条例で制限されているということである。要するに、外装については、コミュニティの全体に影響を与えるので、道徳的および法律的な規制を加える、それが住民の公心の現れだとみなされているのである。したがって、そのようなコミュニティには統一性が醸し出される。官庁の主導する都市計画によってであれ、住民による共同の企てとしてであれ、コミュニティ全体の有機的構造を守るために、私権への規制が行われている。そのことを歴史の流れのなかで確認してきたという経緯がある。ヨーロッパの都市さらには田園には、統一美とでもいえるものがみられるのはそのためである。

日本人は集団主義的で、欧米人は個人主義的だといわれるが、コミュニティの概観からいえば、集団主義といいたくなるほどの統一性がヨーロッパのコミュニティにはある。それにたいして日本では、個人主義の極端ケースではないかと思われるくらいに、各人の勝手放題の寄せ集めがコミュニティだということになっている。これは集団主義か個人主義かということではない。西欧では公人としての意識が集団への配慮を促し、日本では、私人としての執着が個人への埋没をもたらした、というふうに解釈すべきである。

その意味で、コミュニティは住民の道徳が具現する場所だといってよい。住民たちが自分らの私心と公心のバランスを、そして個心と集心のバランスをどうとるか、その平衡感覚としてのモラル(つまり慣習)がコミュニティ作りのなかに具体的に現れてくる。留意すべきは、コミュニティ作りを建物や景観のような物理的な側面に限定してはならないということである。というより、そうした物理的な側面に、住民の道徳の在り方が示されているととらえるべきなのだ。一例を挙げると、コミュニティの子供たちの振る舞いにたいして、コミュニティの大人たちが多かれ少なかれ全体として責任を持って善導しようと構えることとは、コミュニティの景観をコミュニティ全体として構築することと呼応しているのである。

西欧は近代革命を率先したがゆえに、その弊害にたいする感受性も早く鋭かった。イギリスに起こったのは工業革命ではなく農業革命であった、という意見すらあるくらいである。たしかに、ヨーロッパ諸国のほとんどが農業国といってよく、それで、食糧自給率もおおよそ一〇〇%前後である。逆にいえば、工業革命にたいしてみずから制御を施《ほどこ》したということであり、その結果、近代化へのブレーキが人々のコミュニティ活動のなかに内包されることとなった。戦後日本には、近代化へのアクセルは備わっていたが、そのブレーキはなきに等しかったのである。

地域の自律性それ自体については、日本国憲法（第九二条）に、アメリカの地方自治の観念を模倣したものとして、明記されてはいる。しかし、この地方自治の問題をめぐってヨーロッパとアメリカのあいだには大きな隔たりがあったのだ。ヨーロッパの場合には、歴史にもとづくコミュニティという観点が貫かれている。そしてそれは、歴史を率先して壊したがゆえに歴史を執拗《しつよう》に保存することの必要を知った、ということの反映でもある。

それにたいしてアメリカの場合、歴史なき新天地にコミュニティを形成するということであったから、その地方自治は、最初に個人ありき、ということから始まる。もちろん、アメリカにあっても、清教徒的な一体性や西欧に範を仰ぐという劣等感の残滓《ざんし》があるので、単に個人の欲望を野放しにするということにはなっていない。しかし、そういう往時の意識が薄らぐにつれ、諸個人の欲望を社会的に調整する場がコミュニティである、という地方自治の思想が強くなっている。たとえば、市民のいわゆるプロポジション（提案）を次々と住民投票にかけるというのが、地方自治の基本だとされている。

念のためつけ加えておくと、アメリカ中西部におけるように、都市文明に汚されていない自分たちの生活スタイルを守ろうとする運動のなかで、歴史感覚にもとづくスモール・タウンが作られてきもした。あるいは、ヨーロッパからの文化継承のおかげで大学都市というものが整備されていて、そこでは、知的な公共意識にもとづいて、私的かつ個的な欲望にすすんで規制を施そうとするような地方自治が展開されてもいる。しかし、全体としてみれば、アメリカの地方自治が歴史から遊離していることは、拭《ぬぐ》うべくもない。そして、そういうものとして地方自治が日本に移植されたのである。

歴史なきローカリズムは道徳を破壊する

今の日本で、規制緩和運動に励まされるようにして、住民運動と住民投票が地方自治の中心的課題であるかのようにいわれている。しかし「住民」とは何であろうか。英語でいえば、それはインハビタントであり、ハビット（習慣）のイン（なか）に住まう人々のことだ。つまり住民というのは、そこに住民登録をした人のことではなく、その地の習慣を共有した人々のことである。そしてその習慣のなかには、住民が共有している公共精神の表現法も、ということは道徳の体系も、含まれている。

アメリカは、モータリゼーション（自動車化）の国ということもあって、一カ所に定住して、そこにおける慣習を習得するのが住民の義務である、という観念は弱い。日本では、元来そういうものとしての住民意識が強かったのだが、戦後、それは古き共同体感覚だと批判されてきた。結果、少なくとも観念の上では、アメリカ的な地方自治が普及してしまった。

つまり自治といい自律といい、その土台がどこにあるかを問う必要がある。その土台を各住民の欲望の集合とするのか、それともそれらの欲望を基礎づけ枠づけるものとしての地方的慣習（およびそこに内蔵されている地方的伝統）におくのか、という違いが問われているのである。

日本ではその点がまったく曖昧《あいまい》にさせられたままである。その一つの証拠とでもいうべきものは、九〇年代において、世界に日本を拡散させようとするグローバリズムの思想と地方自治を推し進めようとするローカリズムとが並立させられたことである。本来、グローバルとは広域的ということであり、そして広範囲に通用する基準を探そうというのがグローバリズムである。それはローカリズムと真っ向から矛盾する。あっさりいえば、世界がどうであれ国家がどうであれ、自分らの地域社会の地方色を守ろうとするのが地方自治の根本精神としてのローカリズムである。その地方色の意義を確認するためにこそ、住民は歴史に自分らの生活を根づかせようとするのである。

しかし地方の慣習を軽んじる歴史なきローカリズムは、地方の特色を諸個人の欲望にまで分解するのであるから個人主義と同じである。そして、個人主義と両立するグローバリズムがあるとしたら、それは、グローバルなルールが諸個人のあいだの利害調整を図ってくれるという見方だけである。それはむしろ道徳の破壊を促進する人間観であり社会観である。住民の利害の種類も内容も、持続せる慣習のうちに内包されている道徳にもとづいてしか規定できないはずなのだ。そのことが近年の地方主義にあっては無視あるいは軽視されている。そうであればこそ、彼ら地方主義者は世界主義などという空論を叫ぶことに躊《ちゅう》躇《ちょ》を覚えないのである。

地方自治の本来の姿はそういうものではない。それぞれの地域に、他の地域とは違う独特の歴史や文化があり、それにもとづく独特のルールがある、という考え方が地方自治を支える。いいかえれば、道徳は、実体としては、つねに地方色に彩られているということである。しかし、いうまでもなく、どんな地域も完全に孤立しているわけではないのであるから、地方的なるものとしての道徳は多少とも他の諸地域との関連についての考察を含んでいる。というよりローカリズム（地方主義）とは異なるものとしてのリージヨナリズム（地域主義）は、外面においてインターリージョナル（地際的）な関係を、そして内面においてインターパーソナル（個人間）の関係を伴うということだ。

おそらく健全な住民の公共意識は同心円状をなしているのであろう。そこでは、中心にインターパーソナル（個人間）の関係、そして周辺に国家間の関係についての意識が配置されているのであろう。そしてその公共心の同心円の中間あたりに、地域のことについての意識があり、それが経験的にみて最も大きな重みを持つ。そう考えるところから地方自治は始まるべきなのだ。なぜ地域が重いかといえば、そこが人間性の中心をなす人間交際（社交）の活動の場だからである。現代日本のように、そうした社交の場を次々と壊した挙げ句に地方自治をいうのは本末転倒といってよい。

「住民とは何か」を問わない住民運動はエゴである

村でも町でも市でもいいのだが、その内部にあっては、自分たちのコミュニティの歴史に愛着を寄せる、また愛着を持てるものを維持し創造すべくコミュニティの社交に参画するのが真の住民である。また外部からやってくるものにたいして、これが自分たちのコミュニティです、どうぞご覧ください、気に入ったら褒めてもらいたいし、気に入らなければ批判してもらいたい、と構えることができるのが真の住民である。住民の自己形成を伴わないような住民運動は、つまるところ住民エゴに終わる。

たとえば、原発やゴミ処理場の建設にたいしてヴィート（拒否権）を発動するだけの住民投票は公共活動には該当しない。拒否権は、専制にたいする抵抗としてのみ意味を持つ。専制がない場合には、何らかの公共的提案を含むのでなければ、公的な投票とはいえないのである。たとえば、「原発はエネルギーの大消費地である東京に立地せよ」というのは一つの公共的提案でありうる。そういう類《たぐい》のものを一切含まない単なる拒否行動は、住民エゴといわれて致し方ないのである。

住民意識がかつて閉鎖的なムラ意識になり、ムラ意識に反するものを村八分と称して排除していたという経緯があった。それを批判する必要はあるのだが、地域の公共性そのものを壊すようなことが戦後日本では行われてきた。日本の小さなコミュニティに、イギリスのパブのような独特の社交場があるわけではない。そうであればこそ地方の人たちは、引きも切らず大都市にファッションを求めて流れていく。また大都市の新しいファッションを逸速《いちはや》く取り入れることこそが地方人の活力なのだと誤解されている。そういう背景の下に行われる住民運動は否応もなくエゴイズムのにおいがつきまとうのである。

そうしたコミュニティの自己崩壊に耐えかねて、さまざまなコミュニティ形成運動が開始されてはいる。しかし、その組織化はいわゆる市民運動主義者によって進められていることが多い。それら主義者たちは、ローカリズムとグローバリズムと両立不能な価値を平気で押し出し、結果として、コミュニティを多数派住民の欲望に売り渡している。また、そうした市民運動の背後には、党派的利益を担う諸政党・諸組織が控えていることが少なくない。集会場や公園の設立といったようなものがそうした市民運動の成果として喧伝《けんでん》されてもいる。しかし「戦後」に何の疑問も抱かないそれらの政党・組織は、たとえば自由・平等・博愛といったような観念をばらまくのに奔走して、規制・格差・競合の観念にはほとんど見向きもしない。そんな運動から自分たちの地域の歴史や文化を確認し、それにもとづいて道徳を再興するような方向が出てくるはずもないのである。

実際、そういう市民運動の成果について住民たちが無関心であることが多い。さまざまな施設は作られたが利用されないといった有り様になっている。つまりその種の市民運動が住民の生活実感にまで降り立ってはいないということである。市民運動家に率先される住民運動が空回り状態になっていながら、それが暴露されていないのは、マスメディアがその成果を礼賛しているからではないのか。

どだい、セルフガヴァメント(自治)の思想が、戦後にあって強調されすぎている。たとえば、大学の学生自治や教授会自治の実態に端的にみられてきたように、自治の能力に欠けたものたちの自治は混沌や停滞しかもたらさない。オルテガのいった「大衆の反逆」とは、自治能力を持たないものとしての大衆人たちが、その「みずからの限界に反逆して」自治に乗り出すことをさしていたのである。今、市民運動や住民運動とよばれているものの多くに、その意味での「大衆の反逆」のにおいが漂っている。その意味で、今を住民運動の時代とみなすのは、一つの幻覚なのだと思われる。というのがいいすぎだとしたら、「私民」の集まりにすぎない市民であることをやめて、「公民」としての住民の立場からのコミュニティ形成運動が求められるということである。

31 死生観が道徳を鍛える

日本は最長寿の国である。そして戦後日本人は生命第一主義に徹してきた。そうならば、最高の価値が世界最高の水準で実現されているのであるから、至福の気分に浸っていればよいではないか、ということになる。だが、そういう幸福感は誰の表情にも浮かんでいない。それどころか、街路や広場そして建物や電車のなかでみかけるのは、世界最高といいたくなるほどの、不愉快そうな顔相や身振りや言葉づかいの集まりである。つまり「虚無」の瘴気《しょうき》がこの列島を包んでいるように感じられる。

この瘴気の発生源を尋ねていくと、生命それ自体にこだわる戦後的な気分、態度、思想の塊にぶつかる。つまり、生き延びること以上に大事なことはないと構えたとたんに、生命は一切の価値を打ち砕く石臼に変じたのである。それもそのはず、延命のためには卑劣も狡猾《こうかつ》も、横柄も野蛮も、臆病も怯懦《きょうだ》も、裏切りも背信も、卑屈も屈従も必要になることが多い。自分がそのような人間にすぎないと内心で思っているものが、どうして明朗闊達《めいろうかったつ》に振る舞えるであろうか。

ましてや、いかに長命でも死はかならずやってくる。延命という第一価値は絶対に実現されないのである。そればかりか、死を忌《い》みすればするほど、死への不安・恐怖が高まる。戦争におけるような死の実体は人々から遠退いていくが、そのぶんだけ、死の観念が心中深くに食い込んでくる。そういう生命第一主義の挫折のことを直観してのことであろうか、とくに若者たちは死の想念へと引き寄せられていく。死はまず映像として若者たちの脳髄に突き刺さり、次にその映像のなかの被害者なり加害者なりの立場に自分を同一化させて、自他への殺人に傾いていく。

現に、そういう光景が我々の眼の届くところに広がっている。それは「生の本能《エロス》」と「死の本能《タナトス》」の葛藤なんかではありはしない。肉体的な生の繁殖が精神的な生を枯死《こし》へと近づける。つまり、生への渇望すらを萎えさせる。それゆえ精神がおのれの生を取り戻すべく、生の渇望が否応もなく湧いてくると想像される状態を、つまり殺人という危機的状況を、作り出さずにはおれなかったのである。このように、生命重視は生命軽視へと簡単に転化しうるのである。

道徳は、さしあたり、人間の外部にある慣習として立ち現れてくる。しかしそれは、人間精神の内部にある、意義ある生を送って死にたいといういかんともしがたい価値への欲求が、歴史のなかで徐々に形を整えてきたものなのだ。そして「意義ある生」における最大の難関は、自分がどういうふうに死ぬのかという予期が現在の生の意義をすら左右するという問題を、どう解決するかという点である。つまり道徳の中心には、死に方についての知恵がなければならない。その知恵を軽はずみにも虚無主義と誤認したために、生命尊重主義のほうがおびただしい虚無を招き寄せ、ついに知恵なき殺人に子供たちを追いやっているのである。

生命至上主義について

戦後の「平和」「ヒューマニズム」「民主」そして「進歩」といった定型化された観念が社会に浸透するに当たっては、生命至上主義といってよい気分を国民の多くが共有してしまったという事情がある。

平和「主義」とは、簡略にいうと、人間が死の危険の少ない平和な状態で暮らすことそれ自体に最高の意味がある、という考え方である。次にヒューマニズムつまり人間「主義」にしても、人間は、試行錯誤をしながらも、少しずつ完成された知徳の状態に近づくという思想である。人間の完成可能性を想定してしまえば、人間が生き延びていることそれ自体に究極の意味があるということになる。

民主「主義」についても然《しか》りであって、人間の（すべてとはいわなくとも）多数派は、ヒューマニズムによって礼賛され平和主義によって守護されるべき良き性質を持っているのであるから、多数参加と多数決に特別の意味がある、とみなすことであり、つまりは多数者の生存を至高とすることだ。進歩「主義」も同じであって、変化はかならず良き結果をもたらすと確信することであるから、変化創造の主体たる人間の生命を至上ととらえることになる。

いずれにせよ、人間性への無批判な礼賛が陰に陽に行われてきたのである。そうした自己への疑念なき信念は、当然、自己への軽信をもたらす。自己の存在意義が軽信されてしまえば、自己が生命として存在しつづけること、それが価値の最高峰に立つことになる。だから、この生命至上主義をどう始末するかは、現代日本の思想的混迷を解く鍵となりうる。もちろん、生命という手段がなければ人間の生の目的もまた意味をなさない。しかし生命はあくまで手段価値を持つにすぎず、生命に目的価値はないのである。もしも人間の生が価値として否定されるべき目的しか見出しえていないならば、そして今後も見出しえないと確信されるのならば、手段としての生命もまた価値を持たない。そう考えるのが常識・良識というものである。

もちろん、人間の生命は他の生命の犠牲のうえに成り立つのである以上、生命至上主義というのは正確には間違いであって、「人間」生命至上主義といわなければならない。つまり人間とは何なのか、という問いが残るわけで、それへの回答は、人間には、その類《たぐい》まれな言語能力のおかげで「精神」が備わっており、その精神から価値の観念が生まれる、ということ以外にはありえない。しかし、それは精神主義とは異なるものである。精神に価値あり、とするほかに文明や文化について語ることの根拠を求められないということである。たとえ仮説としてでも、価値の源泉は人間精神にあるとしておかなければ、「より良き言葉を選ぶ」ことを本旨とする人間活動についていささかの言及も叶わず、ということになってしまう。

その意味では、今流行中の環境主義や自然主義の思想はやはり否定されざるをえない。生命礼賛の延長で、他の動植物も同じ生命ではないかと構えるのが自然主義および環境主義の特徴である。少なくとも世俗ではそのように受け取られている。人間のほかならぬ「精神」が、ある種の動植物を人間の仲間もしくは身近の関係者とみなしているので、それらの生命を尊重しようということにすぎないのである。つまり、自然主義や環境主義を受け入れたとしても、自然や環境を大切と思う人間の精神は何ものであるか、という問いを保ちつづけるほかない。

その人間の精神がおのれの死にたいして不安や恐怖を抱くということはあっさり認めなければならない。しかしその不安や恐怖もやはり人間精神の所産だということを認めなければならない。人間は、生きているあいだは死を体験していないわけであるから、死が何ものであるかを知り尽くすわけにはいかない。しかし人間は、死について自分の精神が考えることができる、ということを知っている。そして精神によって考えられた人間の死とは何かというと、ざっくりいえば、自分の生命の終焉《しゅうえん》とともに自分の精神も不連続に断ち切られるということだ。死のあとには、自分の精神にとっては、無としかいいようのない状態が待ち構えている。つまり、おのれの精神が無に向かって進んでいるということに人間の精神は不安と恐怖を抱くのである。

死の不安・恐怖への対処法は死について語りあうこと

かつてルクレティウス（前九四頃〜前五五　ローマの詩人）が宗教の発生を論じて、人間の不安・恐怖を緩和しようとして宗教が創られたのだといった。たしかに、人間の死をめぐって宗教的な儀式が発達したについては、死にたいする不安・恐怖の意識があったに違いない。その不安や恐怖の緩和策が儀式として慣習化され制度化され、そのなかに自分の精神を閉じ込めているかぎり、死とは何か、死とともにやってくる無とは何か、などと考えなくて済んでいた。

しかし、そういう死にまつわる儀式・制度は昔のような形には復活しえない。なぜかといえば、人間がその儀式の意味するところをすでに知ってしまったからである。死の不安・恐怖の解消策だと知ってしまったら、その儀式・制度に自分の精神を埋没させることができない。たとえば、死後の自分は「あの世」にあるわけではないし、輪廻《りんね》転生《てんせい》で他の生命に蘇《よみがえ》るわけでもないと知ってしまった以上、死の不安・恐怖は死をめぐる宗教的儀式によっては解消されなくなる。このことが最も強く現れるのは、人間の精神について考えることを仕事としているもの、つまり知識人においてである。知識人が死の不安・恐怖に最も苛《さいな》まれているのは、彼らが死について語ることが多かったからにほかならない。

いや、現代人は、主として学校や情報機関を通じて何ほどかは知識人になっているのであってみれば、死の不安・恐怖に悩まされているのは現代人なのだということもできる。あっさりいうと、死んでしまえば、自分の身体は単なる物質になり、自分の精神は無と化す、と正しく知らせたのは知識だということだ。

そういう意味では、知識人は死の儀式を破壊してきた。そういうことをしておきながら、大方の知識人は、自分は家族に見守られて死にたいとか、自然に溶け込んで死にたいなどと呟《つぶや》いている。そういう知識人の自己慰安は許されてよいものではない。

というのも、家族の制度や自然の体系の破壊を率先したのは知識人だからである。家族は自由の妨げであり、自然は技術によって切り取られるべき対象である、という考えを知識人は推し進めてきた。それなのに家族や自然によって自分を死の不安・恐怖から守ってもらおうというのは、どだい虫がよすぎるし、またそういう便利な家族や自然はもはや姿を消したのである。

そうならば、現代人は、死の不安・恐怖が何を意味するかについて、精神を奮い起こして語ったり書いたりすることによって、自分の死について自己了解を試みるほかに手はないのではないか。書き言葉にせよ話し言葉にせよ、他者とのコミュニケーションのなかで行われるものであるから、死についての自己了解は他者との共同了解を何がしかは伴う。つまり、自分の関係者との共同了解をとりつけるというやり方だけが、現代人に残されている死の不安・恐怖への対処法である。

そしてその対処法の中心には、どういう死の形を選びとるかという問題が据えおかれている。つまり、自分の死を直視するほどに自由になってしまった人間の精神は、おのずと、どういう死を選択するかという自由の問題に直面せざるをえないのである。

安楽死・尊厳死という呼び方にたいする疑問

結論を先にいうと、思想的に一貫せる唯一の死に方は、シンプル・デス（単純死）、つまり簡便な自死を選ぶことである。自分が精神的存在としてもう活動できない、あるいはそれ以上活動すると自分のあるべきと思う精神の在り方を裏切る、という単純なことがありありと見通せたとき、そのときには自死を選ぶしかない。簡単にいうと、精神が死んだときには人間も死んでいるとみなし、そこでなお生き延びようとすると、自分の生命を目的なき手段に貶《おとし》めることだ、と考えることである。しかもそのように自己を貶めることは社会全体に、とくに自分の周囲に、負担を強いることである。それは人間の精神にとって認め難いことである。

自分が死んでしまえば、あるいはすっかり惚《ぼ》けてしまえば、そのときには自分の精神は不在もしくは失格状態になっているのであるから、死後や耄碌《もうろく》状態について考えてみても「致し方ない」というふうにいう人がたくさんいる。しかし、それは間違っている。というより「致し方ない」と考えることが不可能なのである。人間の精神は将来について予測したり想像したりすることができる。たとえば、自分が耄碌して徘徊《はいかい》老人になり、さらに植物人間となって延命したとき、自分の家族をはじめとする関係者がどう感じ、どう思い、どう振る舞うであろうかを、「現在において」予測・想像することができる。そして重要なのは、その予測・想像が現在の自分の生に影響を与えてしまうという点である。

一例を示せば、自分が、現在、「正義のためには死をも厭《いと》わないのが人間だ」と息子にいいたくなったとしよう。しかし、耄碌状態や植物人間状態になった自分の面倒を息子がみると想像すれば、その息子は「このように惨めな死に方をするのならば、正義のためには死を厭うな、という父親の科白《せりふ》には根拠はないのではないか」と思うであろうと予測され、結局、息子に向かって「正義のためには死を厭うな」とはいえなくなるということだ。自分の老後や死後のことを自分がどう予測・想像するかによって、現在の自分の状態が変わってしまうと考えたら、自分の死に方を選ばなければならなくなる。そういう方向に自分の生のコースを選んでいくほかなくなる。

そういう自死に単純・簡便の形容を付すのは消去法的な理由による。まず、安楽死という言い方は不適当と思われる。患者が瀕死《ひんし》の苦悩を長引かされているとき、それは、患者本人の苦痛のみならず患者の家族の苦悩のことを考えると、ヒューマニズムに反するとの理由で、延命装置を外したり致死物質を投与したりするのが安楽死とよばれている。

しかし、まず身体的な意味での苦悶《くもん》に終止符を打つのが患者本人の精神にとって安楽かどうかがわからない。まず、当人が意識において苦痛と感じていない場合があるし、身体的に苦悶の表情がいくらかあったとしても、それは生命体としての反応にすぎないかもしれない。また、事前に「安楽死」させてくれるように患者が依頼していたとしても、それはあくまで「事前」の判断であって、死に際しての判断はかならずしもそれと同じではない。したがって安楽ということがいえるとしたら、それは、大なる可能性で、患者の看病をしている人たちの苦痛を減らすという意味においてである。

しかし患者を安楽死させた「事後」において、その看病人は、自分の精神がもう少し強ければ、患者を生き延びさせることができたかもしれない、さらには医学上の奇跡が生じたかもしれない、という精神的な苦痛にとらわれるということもありうるのである。つまり安楽死の観念における苦痛、苦痛の減少というのは、死にゆくものにとっても、それを看病するものにとっても、いわれているほど確かなことではないということだ。

それ以上に適切でないのは尊厳死という言い方である。たとえば、医療器具のチューブを全身に突き刺されたまま延命するというわゆるマカロニ症候群は、人間の尊厳に反するという言い方がある。しかし、それは人間の身体の通常の状態を尊厳とよんでいるだけのことである。人間の尊厳は、生命にではなく、それを手段とする精神的な活動のうちにこそ宿るというべきであろう。

たとえば、七十五歳まで卑怯《ひきょう》・狡猾《こうかつ》に生きてきて、健全な精神の痕跡《こんせき》をほとんど残していない人間に、たかだか楽な死に方をしたというだけで、尊厳死の形容を与えるわけにはいかないのである。尊厳死という言い方そのものが人間礼賛のヒューマニズムに立っている。だから、それには、人間精神の尊厳についてはことさらに考えなくてよいという含意《がんい》が隠されているのである。

結局のところ、人間の生命は手段的な価値しか持たぬという考え方を貫くと、精神的にみて、ここで自分の生命を終えさせるのが「良い」と判断したときに、自死を選ぶ、それが精神の安楽と尊厳を保つ死に方だということになる。それを単純（簡便）死とよぶのは、死という生命の終焉そのものには格別の意味はない、ということを示さんがためである。付け加えておくと、単純・簡便という形容には、周囲の人々に物理的厄介をあまりかけないような自死の形が好ましい、という意味も含まれている。

ただし、法律には許されていない自死の形態について、たとえば毒物や銃器の使用について、どう考えるかという問題が残りはする。原則論としていうと、法律に違反しはするけれども道徳には合っているということもある、と考えておくほかない。その場合、法律的な面倒を周囲のものに及ぼさないというのも自死の単純さ・簡便さに含まれることになる。

死の選択は生の選択にほかならない

周囲のものへの厄介・面倒という点で、最も配慮しなければならないのは、自分が自死を選んだことについて周囲のものが精神的苦痛を覚える可能性ということである。たとえば、自分が「ひそかに」毒物や銃器を手に入れて自死を選んだ場合、近親者が当人のそういう孤独な心境のことをあとから思いやって、苦痛を感じるかもしれない。その可能性が大いにあるということを当人はあらかじめ予測・想像できる。それゆえ、否応もなく、自分の関係者には、とくに連れ合いには、自分が自死を選ぶことについて、納得をとりつけておかなければならなくなる。そうしないと、自分の家族たちの精神的苦痛のことがあらかじめ予想されて、自分の現在の（死に至る）生が納得できないものになる。もちろん、周囲にそうした納得をさせるには努力が必要である。その努力の要点は、死の選択は生の選択にほかならない、と説明することにある。つまり、死と生は表裏一体であることを周囲に知らせることだ。

いうまでもないことであろうが、重要なのは意図的な自死ということであり、その場合の「意図」とは、自分の精神のキャパシティを十全に活用することをさしている。つまり、衝動的な自死は、自分で選んだ死ではあるが、その選択は人間精神の活力を弱化・縮小させた結果にすぎないので、意図的な自死には入らない。

意図的自死にたいする常套《じょうとう》的な反論は、人間もまた生命体であるからには、その生命体を自分で死に至らしめることには、制御しがたい不安・恐怖がつきまとう、その意味で無理な死に方であるというものである。しかし、自分の生命の断絶よりも怖いのはその永続である。つまり絶対に死ねないことが死ぬほどに怖い、という逆説を人間精神は抱えている。というのも、この世に生起する事柄は、一見新しそうにみえても、基本的にはかつて生じたことの焼き直しであり修正にすぎないということを、人間精神は晩《おそ》かれ早かれ洞察するに至るからである。おおよそ知悉《ちしつ》した事柄が無限に繰り返すことに人間精神は耐えられない、少なくとも耐えられないであろうと予想する。逆にいうと、納得がいく死に方という条件付きであるが、死ねるのは死ねないのよりもはるかに安楽だということである。

死が怖いのは、死が近づくにつれて押し寄せてくるであろう後悔の念のせいではないのか。あのときああしておけばよかった、これからこうすることも生きていればできないわけはないのに、などといった後悔の念が死の不安・恐怖として押し寄せてくる。人間は完璧に生きることはできないので、後悔の念を完全に振り払うことはできない。しかし、自分の人格の形がおおよそ定まるあたりから、後悔ができるだけ少なくてすむような生き方を選びつづけていれば、その生が自分の能力のおおよそ限界なのだと納得がいく。つまり死の間際における後悔が無駄なことだと了解できる。

そして、後悔の念をできるだけ少なくするためには、自分の心身の最終点である死について、納得できる形で死を選びとること、それへ向けて自分の生を追い込んでいくことが必要である。換言すれば、自分の将来における納得的な死から自分の現在を眺めること、そして自分の現在の生にもとづかせて死をみつめること、つまり生の展望における現在（それには過去が内蔵されている）と未来のあいだの相互応答によって、つまり生と死の表裏一体化によって、後悔の念を封じることができる。

死の選択のことを抜きにして、老人介護問題を論じても詮《せん》ないのではないか。いわゆる核家族化の進展のなかで、公的介護が必要となるのはやむをえぬ成り行きである。老人の介護は本来、家庭の仕事であるのだが、核家族はその仕事を担い切れない。三世代同居が、老人介護の点からいえば理想なのであろう。しかしその条件が整う気配は少しもないし、また老人介護を唯一の事由とする同居は、晩かれ早かれ、挫折に向かうであろう。

そういう制度論をやる前に、老人がまず納得のいく死の迎え方を身につけなければならない。連れ合いがいるかどうか、孫子がそばにいるかどうか、それは第二次的の問題にすぎない。本人がいかに死ぬか（＝生きるか）によって必要な介護の質量も変わってくるのである。介護の議論は、生き延びることそれ自体に最大の価値をおくところから始められている。そのことを疑うのでなければ、介護は単に物理的・経済的な問題であるにすぎない。死を選びとる老人が人生の最終局面で、いかなる人間関係を取り結ぶことができるか、というふうに構えるのが老人問題を考えるに当たっての本道なのではないか。

死の選択にかんする心の準備を繰り返すこと

昔のように、戦争や天災そして飢えや疫病が避けようもなくやってくるのなら、そういうときは死ぬものと心の準備をしておけばそれでいいのだが、現代文明はそういう外部から訪れる死の危険や危機を制御しようとする。したがって、そういう危険・危機における死の覚悟がほとんど空理空論に化していく。それで、最も考えやすいケースは、自分がまず内部から死に向かうということ、つまり老衰や病死に向かうとき、いかに意図的な自死を選ぶかということになる。

たとえば「おまえの命はあと一年だ」という医学的な診断が下されたとする。その宣告通りに生きていると、最後の三カ月、死の苦悶を自分および周囲にさらすことになる。もちろん、誤診の可能性もあるし、医学における例外状態として病気が治ることもある。しかし、医学の診断が正しいと仮説し、周囲の了解を可能なかぎりとりつけた上で、自分で自分の生命に早めに終止符を打つ、それが現在の日本において最も起こりやすい形の意図的自死である。

いや、自死の選択は老衰や病気においてだけ突きつけられるのではない。今でも、勇気と思慮そして正義と節度、といった徳が完全に死に絶えているわけではない。そして、それらの徳を守り抜くために自分の生命をかけなければならないという局面が現在でも起こりうるのである。たとえば、自分の目の前で自分にとって大事な人間が辱《はずかし》められており、そこで自分が死ぬことを覚悟して抗《あらが》えばその人を守ることができるかもしれないという場合がある。死を賭《と》して他人を守るということについて、家族をはじめとする周囲のものたちの了解をあらかじめとりつけるか否か、それが家族およびその周囲の在り方を変える。または、自分があまりにも不当な形で不名誉を被るとき、相手を殺して自分も死ぬ、という選択をなさねばならないことが今でもありうる。家族や学校、政治組織や宗教組織あるいは会社やコミュニティのなかで、そういう死の選択に際会《さいかい》するかもしれないと考え、それについて自分の意志を見究《みきわ》め周囲の了解を固めておかなければならない。

そういう努力がなければ、国家のためとか人類のためというような科白は、空語にすぎなくなる。そういう意味において、死の選択にかんする思考実験を繰り返す必要があるし、その繰り返しによって意図的な死の実行も容易となるのである。

臓器移植をめぐるヒューマニズムの間違い

意図的自死の視点に立つとき、いわゆる臓器移植を別の角度から議論することが可能になる。精神的動物としての人間にとって、自分が深く長く情愛や信頼を寄せている人間にたいする臓器の提供は認めなければならない。というのも、その人間がいなくなれば自分自身の精神が混乱や崩壊に誘い込まれるからである。

だが、人間の生命一般が延命に値するとなると、醜いことが生じうる。脳死状態になった自分の息子の臓器が匿名の誰かに移植されたとする。しかしその誰かは実は悪党でもあるかもしれない。その人物が核戦争のボタンを押して百万人を殺すことになるかもしれない。そこまでいかないとしても、自動車運転のルールをすら守らず、五人の人間の生命を奪うことになるかもしれない。そう考えると、自分が臓器移植について責任を持てるのは、自分が「良い」と思う相手だけだということになる。未来のことについて正確な予測は下せないのだが、自分に納得のいく予測として、この人物は大丈夫と思われる相手には、臓器移植を行っても構わない。それが価値ある精神の形を守り抜く手立てだと了解できるからである。

人間一般の生命を延長させることを是とする臓器移植の思想は間違っている。それは、過《あやま》てるヒューマニズムの発想にすぎない。自分が臓器のドナーとなる登録をしていても、実際に脳死状態になれば、レシピエント（臓器受領者）が自分の臓器を譲るに値する人物かどうかを判断できない。そのとき、自分の信頼できる人物たち、たとえば家族にその判断を委《ゆだ》ねるほかない。あるいは比較的に公正と思われる第三者機関にレシピエントの選別を任せることになる。いずれにせよ、臓器移植が一般的に是か非かを論じるわけにはいかないのである。強いていえば、人物についての価値判断が至難であることを思えば、現在におけるような臓器移植の一般的是認論には異を唱えざるをえないということになる。

他方、脳死判定にたいする次のような反対論も受け入れ難い。たとえば女性の脳死者に出産能力があると判明している。その脳死者から臓器移植をすれば、もちろんその胎児も死ぬ。というわけで、脳死をもって人間の死と定めてはならぬとする意見がある。しかしこれもヒューマニズムの間違いに属する。結論をいえば、胎児を持った脳死者という死者の臓器を摘出してはならない、と決めればよいだけのことだ。

脳死者も生者だとしてしまうと、逆の危険性が見込まれる。極端な場合をあえて挙げると、人間のうちにはネクロフィーリアつまり死体愛好者がいるのである。だから脳死者との性行為に及ぶものがいる、それも人間の可能性だとわきまえておかなければならない。精神の介在する余地のない性行為は、原則として、不徳かつ不法としてよいのである。いいかえれば、精神活動の死が人間の死にほかならないということだ。脳死者の胎児についていえば、可能性としては、精神的存在である。その可能性を大事にしようとすると、そのような脳死者からの臓器提供を禁じるのは、その胎児の可能的精神に価値をおいてのことであって、脳死者を生者として尊ぶことではないのである。

死における人間の根源的平等

話を戻すと、死の選択および死後の処置については、自分で思索を重ねるのみならず、関係者との語らいが必要なわけだが、それのもたらす副次的効果もけっして小さなものではない。

死について語り、そして周囲との了解が高まるにつれ、死にたいする不安・恐怖が衰えてくる。ほかの言い方をすると、死の不安・恐怖を死についての語らいによって飼い馴らすこともできる。沈黙のままで死に直面していると、太陽と死は直視するなかれ、という格言が教えるように、死の不安・恐怖に取り込まれていく。反対に、死についての表現は、死と生とのあいだに言葉という媒介項をおくことになり、それが緩衝帯《かんしょうたい》となって、死を飼い馴らすことができる。ここまで死について考え尽くしたのだから、死がいつ訪れても怖くはない、という心境に少しずつ近づくことができる。死の不安・恐怖のことがことさらにいわれるのは、実は、死についての語らいが不足していることの現れなのだ。死についての精神の怠惰《たいだ》が死についての精神の痙攣《けいれん》をもたらすのである。

たとえばチベット仏教にみられる『死者の書』は、それ自体としては、嘘話である。しかし、死にゆく人間がいかにして三途の川を渡ったかというような話でも、真っ当な人生を送った人間はめでたくあの世にゆくことができると思わせることによって、瀕死者を死の不安・恐怖から逃れさせることができる。

しかし現代人は、そういう昔風の語りには納得しない。『死者の書』のようなものを信じるのは狂気であるし、それを信じると称するのは詐欺師である。つまり現代人には、あくまで生者の書として、死を語り積み重ねていく以外に死を飼い馴らす方法はないのである。

だが、その語りにおいて、自分の闘病記などを公共的な情報機関で報告するというふうなことは、基本的には、許されないことである。なぜといって、まず闘病記なる代物《しろもの》についていえば、書かれるべきは闘病記ではなく自死決行記でなければならない。人間はいかにすれば自死を遂行できるかを世間に知らせるのは、有益な行為である。しかし、死ぬことを予定せず、生きる意志とそのための方法のみを記したような〝生き抜くための闘病記〟は、安直なヒューマニズムを世間にばらまいているにすぎない。

のみならず闘病記の発表には、一般に、不公正がつきまとう。闘病記の発表者は、一般に権力者や著名人といった、特別の立場にある。許し難いのは、彼らはその闘病記の発表によって自分らの死の不安・恐怖を和らげていることである。自分の病気との闘いが世間から感心されることを期待し、そうなることによって自分の死に意味を与えているわけだ。それ自体は頷《うなず》ける行為なのだが、見逃しにできないのは、死の不安・恐怖における不平等という点である。特別者だけは闘病記の公表を通じて死の不安・恐怖を小さくすることができる。大方の人々は、そういう機会に恵まれず、たとえば裏町の薄汚い病院で自分の貧しい家族だけに見守られて、人知れず死んでいく。

この世は不平等から逃れえない。格差を背負って生きればこそ、人間の自由に意味が宿ってくる。しかし格差が許されるのは、人間が根源において平等であるとされているからであり、その根源的平等の最たるものが、死における平等なのである。金持ちであれ貧乏人であれ、上層階級にいるにせよ下層階級にいるにせよ、人間が死にたいして抱く不安・恐怖は、基本的に平等である。しかも、死は人生の些事《さじ》ではなく、まさしく決定的な出来事である。そうした死における平等性があるからこそ生における格差が、基本的には容認されて然《しか》るべしということになっている。著名人の闘病記の公表は、その死における平等性を乱すという意味で、道徳的には認め難いのである。

生命至上主義がニヒリズムを蔓延させる

生命至上主義は近現代における最大の不道徳といってよい。なぜなら、人間が生き延びることを第一義としてしまうと、法律に違反しなければ、いや違反しても発覚しなければ、延命のためには何をやってもいいという虚無主義が蔓延《まんえん》するからである。生命至上主義は、人命という手段価値にすぎないものを至高の高みに登らせることによって、目的についての一切の価値判断を放棄させる。その意味で、人命はニヒリズムの苗床なのだ。

そうした生命をめぐって自分の内部から起こってくる不道徳の根を断つには、自分の生命を自分で抹殺してしまうこともありうべし、と構えるほかない。どういう徳義を守るためにどう死ぬべきか、そのことを価値観の最高峰におけば、自分の生命から不道徳が生まれるという人間の最大の弱点を、あらかじめ封殺することができる。

意図的自死について考え語ることが一般民衆の習わしになるということは、おそらく、ありえないであろう。しかし、少なくとも知識人にあっては、イデオロギー(観念の体系)について語るのが彼らの仕事であるからには、虚無主義によって自分の精神が食い荒らされるのを防ぐべく、自死について考究しなければならない。というのも、みずからの語る観念の体系が人命の前では発言力を持たぬと承認するのでは、知識人は単なる臆病そして単なる卑怯の代弁者にすぎなくなるからだ。近代知識人がそういう価値からの逃亡を企てつづけてすでに久しい。そうした逃亡者になりたくないのなら、価値について語るものはすべて、死生観について一貫せる思想を組み立てざるをえない。死の不安・恐怖のうちで最大のものは、それまでの自分の生が無意味であったと思うニヒリズムにほかならないのである。

もちろん、誰しも死んだ体験がないからには、死についてはは語りえぬものが多々ありはする。しかし、そこで死について沈黙したままでいると、ニヒリズムに足をすくわれる。語りがたいことをあえて語ってみせるためには、自死の思想を探求しなければならない。死ぬ気にならなければ、死に向かって生きる気力が湧《わ》いてこない。

そして自死について語っているうち、語りは何ほどかはつねにパブリックなものであるから、その言葉のパブリックな連関のなかに自分の生＝死がおかれることになる。つまり、自分の言葉に公的な責任を持たなければならなくなり、そこでようやく人間に死ぬ勇気が備わることになる。つまり価値についての公的な発言は、それへの有力な反証が挙がらないかぎり、みずからその実行を引き受けることを要請する。そうなのだと予定したときにはじめて、自分の生＝死にインテグリティ（過不足のない筋道）が伴うことになり、それが死に甲斐および生き甲斐の根拠となるのである。

おわりに

私は自分が一個のアナクロニストであることに誇りを感じてきた。時代錯誤者は、時代の流れに遅れるぶんだけ、その流れに批評的であることができる。そればかりか、未来とは、現在において構成されるイメージ、ヴィジョンそしてプランの総体のことなのだが、そうした未来展望がもし過去回帰にもとづいていないとしたら、それは単なる夢想である。

私には少々の夢想癖があるので、夢想の快楽についても有効さについてもわきまえているつもりではある。しかし、ロゴス（論理）のみならずミュートス（物語）も、経験にもとづいていなければ、それを語っている自分自身をすら納得させることができない。とくに、複数の論理や神話が自分の心に浮かぶ場合、そのいずれに軍配を上げるかについては経験に問うてみなければならない。そしてそれを実際に問うものは、歴史を振り返る以上は、時代遅れにならざるをえないのである。

時代の流れに寄り添おうと躍起になっているものは、未来へ向けて前のめりになっている自分の姿を問おうとしていない。そういう人々にたいしてはどんなロゴスもミュートスも通じるわけがない。可能なのは、彼らが前傾姿勢で疾走し、そして折り重なって倒れるのをみていることだけである。未来へのアクション（活動、作用）にしか関心のないものたちがいかなる惨めな結末を迎えたかを半世紀に及んでみてきたら、過去へのリアクション（反動、反作用）のほうがはるかに魅力的ではなかろうか、と後生に警告を発したくなる。

私におけるような保守の構えを「変化への恐れ」とみるものがいるが、そういう御仁はすでに精神的に引っ繰り返っている。なぜといって、反動もまた未来における変化として生じるのだからである。未来にかんする健全な御伽話《おとぎばなし》は、未来において過去が再現する、という筋書きでなければならない。たとえば、今から百年後に、高々度情報社会のただなかで、土方歳三が白刃をかざし、坂本竜馬が懐に短銃を抱いて活劇を演じるということだ。そうするのが、「復古《リストレーション》＝維新」あるいは「再巡《リヴォルーション》＝革命」を渇望するものとしての、真の変革者の務めである。

このような御伽話を心中で語りながら本書の散文は書かれた。道徳論は、元来、アレゴリーつまり寓喩《ぐうゆ》によって表現されるのが最も効果的なのであろう。つまり、具体的な人・物・事によって抽象的な意味・価値・道徳を比喩するという方法である。本書にあってそうした方法を露骨な形で採用することは許されなかった。私に『新イソップ物語』を書く自由はなかったのである。

しかし、本書で批評したさまざまの（多くの場合は間違っている）意見は、ある意味で、『イソップ物語』に出てくる烏であり犬であり狐である。それらの意見は、それらの動物に似て、我欲と我が儘と虚栄に走って、結局のところ、道徳の壁にぶつかって引っ繰り返っている。私にそういう寓喩への思いがあったことを察して下されば、執筆者として有り難いのみならず、私の散文をさらに気楽に読むことが可能になるのではないかと思料する次第である。

本書の執筆について扶桑社から依頼があったとき、私は、まず、漫画家の小林よしのり氏に相談した。氏が、「新しい歴史教科書をつくる会」において一方ならぬ努力をつづけていることをよく知っていたからである。氏は私に「書くべきです」と強調された。私が責任者となって「公民」の教科書を執筆したのも、「新しい歴史教科書をつくる会」をせめて側面から援助するのが知識人の責務と考えたからである。そうならば敬愛する西尾幹二先生の執筆された『国民の歴史』のあとに続くのも、ましてや畏友《いゆう》小林氏の勧めもあるとなれば、私の責務と心得るほかなかった。賛同をいただける内容になったかどうか、それについては覚束《おぼつか》ないが、本書が御両氏の味わってこられた御苦労にたいするいささかの慰藉《いしゃ》となることを願っている。そして、もちろん、「新しい歴史教科書をつくる会」の理事や会員の皆様には、拙い執筆でしか協力できない私の非才と怠慢を侘びるとともに、今後の御健闘を祈ってやまない。

扶桑社書籍編集部の星野俊明氏には企画、編集そして校正のあらゆる段階で、筆舌に尽くし難いとはこういう場合にいうのであろうといっていささかも誇張でないような、御世話をいただいた。また同部の織田曜一郎氏も、この大部のものについての編集・校正の作業を熱意をもって手伝って下さった。御二方に心から感謝申し上げる。

平成十二年九月十五日

西部 邁

「新しい歴史教科書をつくる会」役員（理事・監事）

会　長　西尾　幹二（電気通信大学教授／ドイツ文学）

副会長　高橋　史朗（明星大学教授／教育学）

理　事（五十音順）

伊藤　隆（政策研究大学院大学教授／東京大学名誉教授／日本史学・近代史）

坂本　多加雄（学習院大学教授／日本政治思想史）

田久保　忠衛（杏林大学教授／国際政治学・国際関係論）

田中　英道（東北大学教授／美学・西洋美術史）

種子島　経（ＢＭＷ東京株式会社前社長／フォルクス・ワーゲン・グループ・ジャパン株式会社特別顧問）

中島　修三（弁護士）

西部　邁（評論家／発言者塾主宰）

芳賀　徹（京都造形芸術大学学長／東京大学名誉教授／比較文学）

藤岡　信勝（東京大学教授／教育学）

理事待遇　小林よしのり（漫画家）

理事・事務局長　高森　明勅（国学院大学講師／神道学）

監　事　古賀　正（東邦レーヨン株式会社　相談役）

富樫　信子（公認会計士）

「新しい歴史教科書をつくる会」へのお問い合わせは
〒一一三-〇〇三三　東京都文京区本郷二-三六-九　西ビル一階
ＴＥＬ〇三-五八〇〇-八五五二　ＦＡＸ〇三-五八〇四-八六八二

著者紹介

西部 邁（にしべ すすむ）

一九三九年北海道生まれ。一九六四年、東京大学経済学部卒業。
横浜国立大学経済学部助教授を経て、東京大学教養学部教授となる。
「経済倫理学序説」（中央公論社）で吉野作造賞、
「生まじめな戯れ」（筑摩書房）でサントリー学芸賞を受賞。
一九八八年三月、東京大学教授を辞任。
現在、評論家として旺盛な言論活動を展開し、第八回正論大賞受賞、
一九九四年春より月刊言論誌「発言者」の主幹として活躍中。秀明大学教授。
著書に「大衆への反逆」（文藝春秋）、「大衆の病理」（NHKブックス）、
「歴史の復権」（東洋経済新報社）、「人間論」（日本文芸社）、
「死生論」（日本文芸社）、「破壊主義者の群」（PHP研究所）、
「世人に言上したきことあり」（新潮社）、「思想の英雄たち」（文藝春秋）、
「国家と歴史」（秀明出版会）、「知性の構造」（角川春樹事務所）、
「福澤諭吉」（文藝春秋）など。

国民の道徳

平成十二年十月三十日　初版第1刷発行

著者……西部 邁
編者……新しい歴史教科書をつくる会
発行者……齊藤 繁
発行……（株）産経新聞ニュースサービス
発売……（株）扶桑社
東京都港区海岸1-15-1
（105-8070）
電話 03(5403)8871（編集）
03(5403)8859（販売）
http://www.fusosha.co.jp/
写植・製版……共同印刷（株）
印刷・製本……大日本印刷（株）
©2000 Susumu Nishibe ISBN4-594-02937-X
定価はカバーに表示してあります。落丁・乱丁は扶桑社販売部宛にお送り下さい。
送料は小社負担にてお取り替えいたします。